Günter Born

Windows 10

▶ Einstieg und Praxis

Markt+Technik

ISBN 978-3-945384-71-8

Espenpark 1a
90559 Burgthann

Produktmanagement Christian Braun, Burkhardt Lühr
Bearbeitung Martha Born
Herstellung Jutta Brunemann
Korrektorat Alexandra Müller
Covergestaltung David Haberkamp
Coverfoto © envfx – Fotolia.com
Satz inpunkt[w]o, Haiger (www.inpunktwo.de)
Druck Media-Print, Paderborn
Printed in Germany

Inhaltsverzeichnis

Liebe Leserin, lieber Leser

Windows 10 ist das Betriebssystem von Microsoft, das auf PCs, Tablet-PCs, Smartphones oder der Xbox One läuft. Es ist sowohl für die Bedienung per Maus und Tastatur als auch für Touch-Displays geeignet.

Neuerungen wie die geänderte Benutzeroberfläche, der Umgang mit den neuen Windows-Apps oder die Touchscreen-Bedienung wollen erkundet werden. Andererseits gibt es den bekannten Desktop samt dem wieder eingeführten Startmenü und einige Funktionen früherer Windows-Versionen, die allerdings einige Änderungen aufweisen. Dieses Buch gibt Ihnen den roten Faden an die Hand, um in Windows 10 auf Desktop-Systemen oder Tablet-PCs einzusteigen und dann Schritt für Schritt die wichtigsten Funktionen zu erkunden (Smartphones mit Windows 10 Mobile sowie die Spielkonsole Xbox One bleiben außen vor).

Lesen Sie Kapitel 1, um sich über die Neuerungen der Bedienoberfläche auf Desktop-PCs zu informieren. In Kapitel 2 zeige ich Ihnen, wie die Bedienung auf Tablet-PCs erfolgt und was es mit den Apps auf sich hat. Kapitel 3 befasst sich mit der Frage, wie Sie auf Laufwerke, Ordner und Dateien zugreifen und wo diese gespeichert werden.

Nach dem Einstieg geht es in den restlichen Kapiteln »um die Praxis«. Sie lernen die Funktionen zum Anzeigen von Fotos oder zur Wiedergabe von Musik sowie Videos kennen. Surfen im Internet, E-Mail-Kommunikation, das Verwalten von Terminen, mit Freunden bei Facebook in Kontakt bleiben, bei Twitter posten, all dies wird in Windows durch Apps oder Programme unterstützt und im Buch vorgestellt. Ein eigenes Kapitel zeigt, wie Sie Windows anpassen und einrichten.

Microsoft entwickelt Windows 10 ständig weiter und liefert neue Funktionen per Update nach. Auch die PC-Hersteller nehmen Anpassungen vor oder liefern eigene Software mit. Die sich dadurch eventuell ergebenden Abweichungen bleiben in diesem Buch unberücksichtigt.

Ihnen, liebe Leserin und lieber Leser, wünsche ich viel Spaß und Erfolg im Umgang mit dem Buch und Windows 10.

Günter Born

www.borncity.com

Kapitel 1

Start mit Windows

Windows 10 kommt mit einer Benutzeroberfläche, die sowohl die Verwendung von Tastatur und Maus als auch eine Fingerbedienung auf Touchscreens (Tablet-PCs) ermöglicht. Dieses Kapitel stellt Ihnen die wichtigsten Elemente der Windows-Benutzeroberfläche im Desktop-Betrieb vor und zeigt Ihnen, was Sie über den Umgang mit Windows wissen müssen. Zudem lernen Sie, wie Sie Windows mit der Maus steuern oder die Fingerbedienung verwenden können.

Windows 10 für viele Geräte

Das von Microsoft entwickelte Windows 10 ist erstmals für verschiedene Gerätefamilien ausgelegt. Das Betriebsprogramm (auch als Betriebssystem bezeichnet) läuft auf normalen Desktop-Computern, auf Tablet-PCs, auf der Spielkonsole Xbox One sowie auf Smartphones (Windows 10 Mobile). In diesem Buch wird aber nur die Verwendung auf Desktop-Computern und Tablet-PCs behandelt.

Bei Desktop-Computern und (Mini-)Notebooks erfolgt die Bedienung von Windows 10 meist per Tastatur und Maus oder mit dem hier unterhalb der Tastatur sichtbaren Touchpad. Windows 10 kann auch über einen berührungsempfindlichen Bildschirm (als Touchscreen bezeichnet) bedient werden. Je nach Modell besteht aber die Möglichkeit, wie hier auch gezeigt, eine Tastatur zur Bedienung anzudocken.

Auf die Bedienung dieser unterschiedlichen Gerätevarianten mittels Tastatur, Maus und Fingereingabe kommen wir gleich noch zu sprechen. Die Spezifika der Tablet-PC-Bedienung werden dann in Kapitel 2 behandelt.

All-in-one-PCs

Es gibt auch noch sogenannte All-in-one-PCs, bei denen alle Komponenten des Computers im Bildschirmgehäuse untergebracht sind. Diese Geräte besitzen meist Tastatur und Maus zur Bedienung. Verfügt der All-in-one-PC über einen Touchscreen, ist wahlweise auch eine Fingerbedienung möglich.

Anmelden an Windows

Nach dem Einschalten und Hochfahren des Geräts ist in Windows eine Benutzeranmeldung erforderlich. Im Folgenden erfahren Sie alles Wissenswerte darüber.

Sperr- und Anmeldebildschirm im Überblick

Wird ein Computer mit Windows gestartet, zeigt dieser nach dem Laden des Betriebssystems den sogenannten Sperrbildschirm. Auf dem Sperrbildschirm sind neben einem Motiv das aktuelle Datum und die Uhrzeit sowie ggf. der Status der Netzwerkverbindung oder andere Informationen zu sehen.

Dieser Sperrbildschirm erscheint auch, wenn das Gerät einige Minuten nicht benutzt wurde. Die Anzeige des Sperrbildschirms verhindert, dass Unbefugte den Bildschirminhalt einsehen können.

Um den Sperrbildschirm auszublenden und sich an Windows anzumelden, gibt es verschiedene Möglichkeiten.

- Auf einem System mit Touchbedienung schieben Sie den Sperrbildschirm einfach mit dem Finger zum oberen Bildschirmrand hoch.
- Bei Mausbedienung lässt sich der Sperrbildschirm ebenfalls mit der Maus nach oben, zum Bildschirmrand, wegziehen.
- Bei einer vorhandenen Tastatur reicht es, eine beliebige Taste zu drücken, um den Sperrbildschirm auszublenden.

Dann sollte die Anmeldeseite sichtbar werden. Deren Darstellung hängt davon ab, wie Windows eingerichtet wurde.

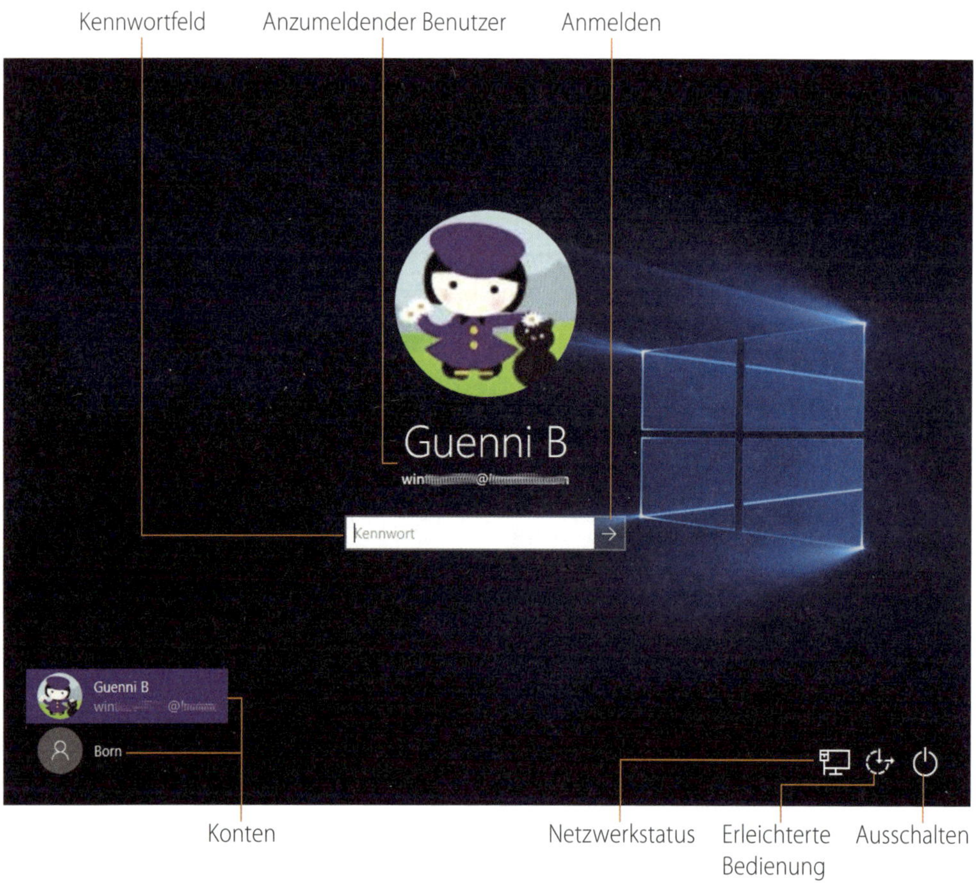

- Auf der Anmeldeseite ist auf jeden Fall das Symbol eines Benutzerkontos zu sehen. Eventuell werden in der linken unteren Ecke auch Symbole für mehrere Benutzerkonten eingeblendet.
- Ein Symbol in der rechten unteren Ecke der Anmeldeseite ermöglicht es, Funktionen zur erleichterten Bedienung (z. B. Sprachausgabe, Bildschirmlupe etc.) abzurufen.
- In der rechten unteren Ecke findet sich ein Symbol *Ausschalten*, um Windows zu beenden und den Computer herunterzufahren. Außerdem wird der Netzwerkstatus eingeblendet.

Nun ist eine Anmeldung an einem Benutzerkonto, unter dem Ihnen eine persönliche Arbeitsumgebung bereitgestellt wird, erforderlich. Die Vorgehensweise hängt etwas davon ab, ob Sie mit Maus und Tastatur oder mit Fingerbedienung (z. B. auf einem Tablet-PC) arbeiten.

Anmelden per Fingerbedienung

Bei einem Gerät, das nicht über eine Tastatur verfügt, sondern ausschließlich über einen berührungsempfindlichen Bildschirm (Touchscreen) bedient wird, sind folgende Schritte zur Anmeldung notwendig:

1 Tippen Sie mit dem Finger auf das Symbol des gewünschten Benutzerkontos.

2 Tippen Sie auf das angezeigte Kennwortfeld.

3 Tippen Sie das Kennwort des Benutzerkontos über die eingeblendete Bildschirmtastatur ein, und bestätigen Sie dies mit der [↵]-Taste.

Alternativ können Sie auf die *Anmelden*-Schaltfläche rechts neben dem Kennwortfeld tippen.

Windows zeigt bei Kennwortfeldern anstelle der eingegebenen Zeichen nur Punkte an.

Über das Symbol des stilisierten Auges am rechten Rand des Textfelds wird die Eingabe im Klartext eingeblendet. Bei der Touchbedienung drücken Sie dazu den Finger auf das Symbol. Verwenden Sie eine Maus, positionieren Sie den Mauszeiger auf dem Symbol und halten die linke Maustaste gedrückt.

Wurde das Kennwort korrekt eingegeben, gelangen Sie zur Windows-Startseite (siehe folgende Seiten).

Schaltfläche und Textfeld

Dabei handelt es sich um Bedienelemente. Eine Schaltfläche kann viereckig oder rund sein und eine Beschriftung oder ein Symbol aufweisen. Bei der Anwahl wird die zugehörige Funktion ausgeführt. Textfelder sind viereckige Bereiche, in die der Benutzer einen Text eingeben kann. Kennwortfelder sind spezielle Textfelder, bei denen das eingegebene Kennwort in der Anzeige durch Punkte ersetzt wird.

Anmelden mit Tastatur und Maus/Touchpad

Desktop-Computer oder Notebooks besitzen entweder eine Computermaus oder ein Touchpad zur Bedienung. Bewegen Sie die Maus auf einer Unterlage, oder streichen Sie beim Touchpad mit dem Finger über die Sensorfläche, wandert am Bildschirm ein Mauspfeil (Mauszeiger) mit.

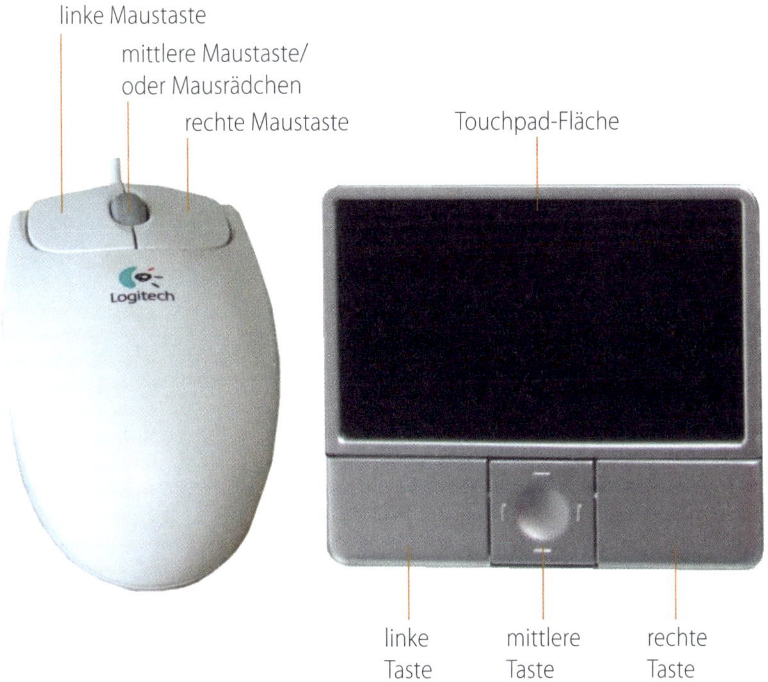

Sowohl die Computermaus als auch das Touchpad besitzen zusätzliche Tasten. Zur Windows-Bedienung benötigen Sie nur die linke und die rechte (Maus-)Taste. Bei einem mit einer Maus oder einem Touchpad und einer Tastatur ausgestatteten Computer erfolgt die Anmeldung mit den folgenden Schritten:

1 Verschieben Sie den Mauszeiger (durch Bewegen der Maus oder indem Sie mit dem Finger über das Touchpad streichen) ggf. so lange, bis er über dem Symbol eines Benutzerkontos steht. Das Verschieben wird als »Zeigen mit der Maus« bezeichnet.

2 Drücken Sie kurz die linke (Touchpad- oder) Maustaste (auch als »Klicken mit der Maus« bezeichnet), um das Benutzerkonto auszuwählen.

3 Klicken Sie mit der linken Maustaste auf das Textfeld *Kennwort*, und tippen Sie das Kennwort über die Tastatur ein.

4 Drücken Sie die [↵]-Taste oder klicken Sie am rechten Rand des Kennwortfelds auf die Schaltfläche *Anmelden*, um das eingegebene Kennwort zu bestätigen.

Bei korrekter Eingabe des Kennworts sollte Windows von der Anmeldeseite zum Windows-Desktop oder zur Startseite (bei Tablet-PCs) wechseln. Bei einer fehlerhaften Eingabe des Kennworts weist Windows die Anmeldung ab. Dann müssen Sie die Fehlermeldung durch Anklicken (oder Antippen) der *OK*-Schaltfläche bestätigen. Anschließend lassen sich die Anmeldeschritte wiederholen.

Startseite und Windows-Desktop

Zum Arbeiten stellt Windows die sogenannte Startseite sowie den Windows-Desktop bereit. Beides wird im Folgenden kurz vorgestellt.

Die Startseite im Tablet-Modus

Bei Tablet-PCs bzw. im Tablet-Modus zeigt Windows 10 nach der Anmeldung die sogenannte Startseite. Über diese Startseite erhalten Sie Zugriff auf die sogenannten Apps, Windows-Programme und -Funktionen. Die Startseite besteht aus viereckigen Symbolen, die als Kacheln bezeichnet werden.

- Über die Kacheln lassen sich die zugehörigen Apps oder Programme (Windows-Anwendungen) aufrufen.

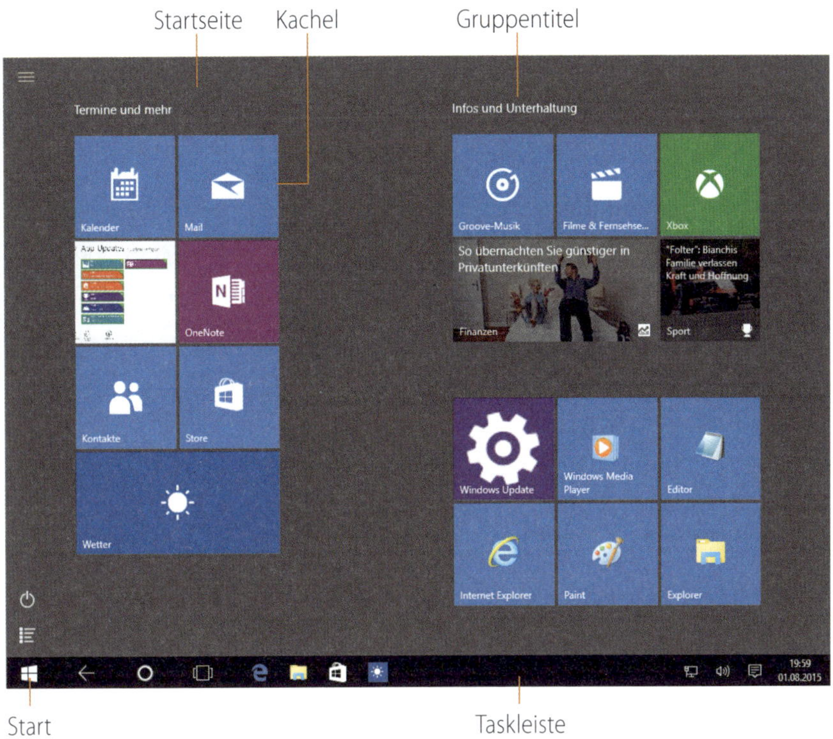

- Am unteren Rand der Kachel wird der Name der App oder des Programms eingeblendet. Kacheln weisen standardmäßig ein App- oder Programmsymbol auf.
- Manche Apps können in ihrer Kachel auch Informationen (z. B. Temperatur, Fotos, Anzahl eingetroffener Mails, Statusmeldung etc.) anzeigen.
- Die Kacheln werden dabei in Gruppen auf der Startseite angeordnet. Jede Gruppe kann einen Gruppentitel aufweisen.

Am unteren Rand findet sich noch die im Folgenden gezeigte Taskleiste. Über die Kacheln und die Elemente der Startseite sowie der Taskleiste lässt sich Windows bedienen. Auf die Details gehe ich in Kapitel 2 näher ein.

> **Apps und Windows-Anwendungen**
>
> Seit Windows 8 unterscheidet man bei den Programmen zwischen den sogenannten Apps und den Windows-Anwendungen. Apps können nur aus dem Store bezogen werden, während eine Windows-Anwendung auch direkt aus dem Internet oder vom Hersteller bezogen und installiert werden kann.

Der Windows-Desktop

Windows 10 wird auf Systemen, die mit Maus und Tastatur bedient werden, nach der Benutzeranmeldung den Windows-Desktop zeigen. Dieser besteht typischerweise aus einem Hintergrundbild sowie einer Art »Balken« am unteren Bildrand.

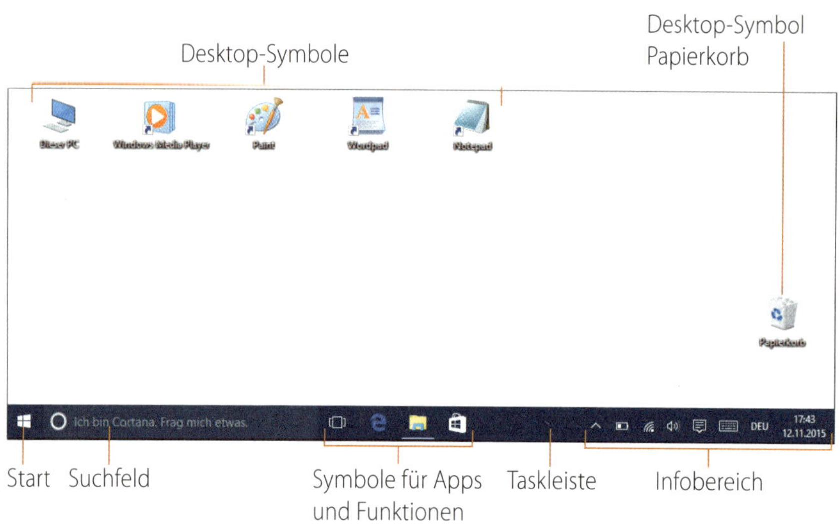

- Der »Balken« am unteren Rand des Bildschirms ist die Taskleiste. Dort zeigt Windows Ihnen verschiedene Informationen an und stellt Schaltflächen zum Abrufen von Funktionen bereit.
- Am linken Rand der Taskleiste befinden sich die Schaltfläche *Start*, das Suchfeld sowie weitere Symbole für Apps und Funktionen. Diese Elemente dienen zum Aufruf verschiedener Programme und Funktionen (z. B. zum Anzeigen von Internetseiten oder Ordnerfenstern).

- Rechts in der Taskleiste befindet sich der Infobereich, in dem der Zustand verschiedener Geräte und die Uhrzeit sowie das Datum angezeigt werden.
- Zudem sind auf dem Desktop noch das Desktop-Symbol eines Papierkorbs und ggf. die Symbole weiterer Programme zu sehen.

Die Funktionen des Papierkorbs, des Windows-Desktops und der Taskleiste lernen Sie auf den folgenden Seiten kennen.

In der hier gezeigten Abbildung habe ich den Desktop mit einem weißen Hintergrund versehen und in der Höhe etwas beschnitten. Enthält der Desktop bei Ihnen mehr Symbole, Fenster oder einen anderen Hintergrund? Jeder Benutzer kann den Windows-Desktop an seine Bedürfnisse anpassen, und bei der Installation von Programmen wird der Desktop ebenfalls häufig verändert.

Arbeiten mit dem Desktop

Auf Systemen, die mit Maus und Tastatur versehen sind, erscheint nach der Benutzeranmeldung der Windows-Desktop zum Arbeiten. Im Folgenden erhalten Sie einige Informationen zum Desktop und zum Startmenü und erfahren, wie Sie mit den Elementen des Desktops arbeiten.

Desktop-Elemente verwenden

Auf dem Windows-Desktop und in der Taskleiste finden Sie verschiedene Elemente, die Sie mit der Maus bedienen können.

1 Zeigen Sie mit der Maus in der rechten unteren Ecke des Bildschirms auf das Feld mit dem Datum und der Uhrzeit. Bewegen Sie die Maus wieder weg.

2 Klicken Sie nun mit der linken Maustaste (oder der linken Touchpad-Taste) auf das Uhrzeit-/Datumsfeld.

Zum Zeigen verschieben Sie einfach die Maus, bis der Mauszeiger über der Uhrzeit steht. Bei einem Touchpad streichen Sie mit dem Finger über die Sensorfläche, um den Mauszeiger zu positionieren.

- Beim Zeigen auf einige Elemente (wie hier der Uhrzeit) erscheint ein kleines Textfenster mit Zusatzinformationen, das als QuickInfo bezeichnet wird. Im aktuellen Beispiel blendet Windows den Wochentag und das Datum ein. Sobald die Maus nicht mehr auf das Element zeigt, schließt Windows das QuickInfo-Fenster automatisch.
- Windows zeigt beim Anklicken des Uhrzeitfelds ein Kalenderblatt mit dem aktuellen Datum und der Uhrzeit an. Das Fenster verschwindet, sobald Sie an eine andere Stelle des Desktops klicken.

Solche QuickInfo-Fenster lassen sich auch bei vielen anderen Elementen abrufen, indem Sie auf das Element zeigen. Das ist ganz hilfreich, wenn Sie einmal nicht genau wissen, was ein bestimmtes Element macht.

Aber Sie können auch andere Elemente in der Taskleiste und auf dem Desktop per Maus oder Finger anwählen und Reaktionen auslösen.

3 Klicken Sie mit der Maus (oder dem Touchpad) auf das Ordnersymbol in der Taskleiste, indem Sie die linke Maustaste drücken. Oder tippen Sie am Touchpad auf das Symbol.

Windows öffnet nun das hier gezeigte Ordnerfenster auf dem Windows-Desktop. Gleichzeitig wird die Ordnerschaltfläche in der Taskleiste etwas hervorgehoben. Das signalisiert, dass dieser Schaltfläche ein geöffnetes Fenster zugeordnet ist.

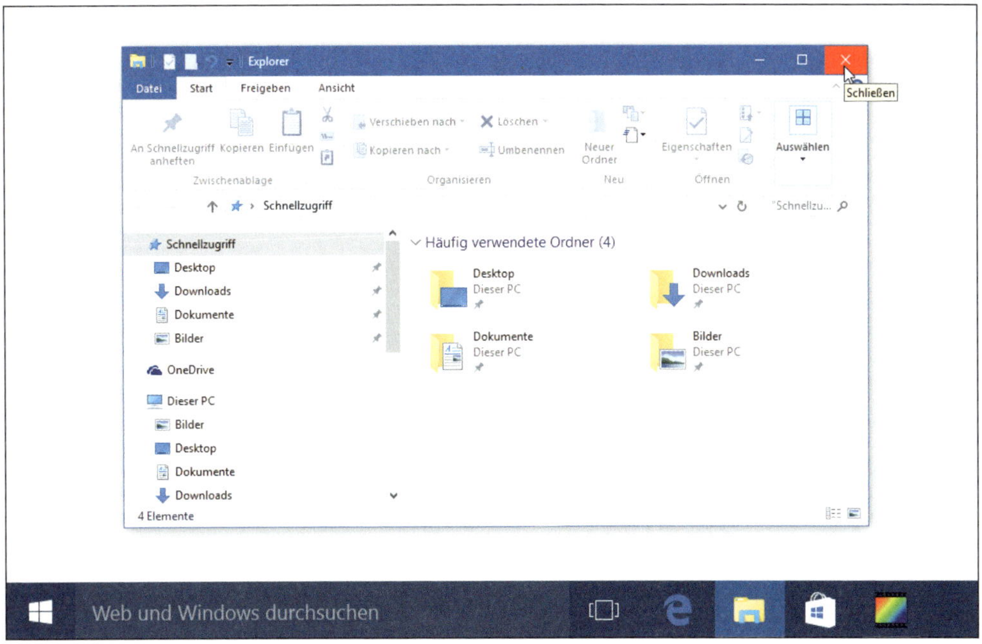

4 Um das Fenster wieder zu schließen, klicken Sie mit der Maus oder tippen mit dem Finger in der rechten oberen Fensterecke auf die Schaltfläche *Schließen*.

Bereits beim Zeigen mit der Maus auf die Schaltfläche blendet Windows die QuickInfo mit dem Text »Schließen« ein. Bei Anwahl der Schaltfläche schließt Windows das Fenster und beendet das zugehörige Programm oder die App bzw. die Windows-Funktion.

5 Doppelklicken Sie mit der Maus auf ein Desktop-Symbol (z. B. *Papierkorb*, *Dieser PC* etc.).

Doppelklick bedeutet, dass Sie zweimal kurz hintereinander die linke Maustaste (oder Touchpad-Taste) drücken. Wichtig ist, dass dieses zweimalige Drücken der Maustaste ganz schnell aufeinanderfolgt. Alternativ können Sie an einem Touchpad auch zweimal auf das Symbol tippen. Dann öffnet sich das zugehörige Programmfenster (z. B. das Fenster *Dieser PC*).

Das Verhalten beim Anklicken mit der linken Maustaste hängt vom gewählten Element ab. Bei einem Taskleistensymbol öffnet sich das Fenster des Programms oder der Windows-Funktion. Ähnlich verhält es sich mit den Elementen des im Folgenden vorgestellten Startmenüs. Wählen Sie dagegen ein Desktop-Symbol z. B. per Mausklick an, wird dieses nur markiert (farbig hervorgehoben). Klicken Sie auf eine freie Stelle des Desktops, hebt dies die Markierung wieder auf. Erst ein Doppelklicken oder Doppeltippen auf das Desktop-Symbol öffnet das zugehörige Fenster.

Mit den oben beschriebenen Techniken haben Sie gelernt, wie man Programme oder Funktionen durch Anklicken (z. B. in der Taskleiste) oder per Doppelklick (auf dem Desktop) aufrufen und die zugehörigen Programmfenster öffnen kann.

Desktop-Symbole anordnen

Befinden sich mehrere Symbole auf dem Desktop, können Sie diese anordnen. Das geht ganz einfach – durch Ziehen mit der Maus oder Verschieben mit dem Finger. Hier die Technik am Beispiel des Papierkorbs auf Ihrem Windows-Desktop.

1 Zeigen Sie mit dem Mauszeiger auf das Symbol des Papierkorbs.

2 Drücken Sie die linke Maustaste, halten Sie diese weiterhin gedrückt, und bewegen Sie die Maus auf der Unterlage.

Oder ziehen Sie das Symbol am Touchscreen bei gedrücktem Finger auf dem Desktop.

Der Mauszeiger wandert über den Bildschirm. Unter dem Mauszeiger wird gleichzeitig ein zweites Symbol des Papierkorbs angezeigt, das am Mauszeiger mitgeführt wird.

3 Sobald Sie das Symbol des Papierkorbs in die rechte untere Ecke des Desktops gezogen haben, lassen Sie die linke Maustaste wieder los. Beim Ziehen mit dem Finger heben Sie diesen ab.

Windows legt jetzt das Symbol des Papierkorbs an der Stelle, an der Sie die linke Maustaste losgelassen haben, ab. Nach dem Ziehen eines Symbols oder Fensters ist dieses noch markiert. Um die Markierung des Symbols nach dem Ziehen aufzuheben, klicken Sie mit der Maus an eine freie Stelle auf dem Desktop.

Wenn es nicht klappt

Springen bei Ihnen die Symbole nach dem Ziehen sofort an die letzte Position zurück? Klicken Sie in diesem Fall mit der rechten Maustaste auf eine freie Stelle des Desktops.

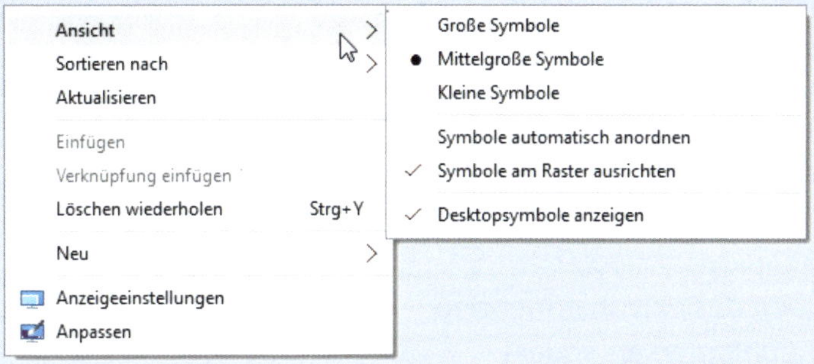

Sobald Windows das sogenannte Kontextmenü öffnet, zeigen Sie auf *Ansicht*. In dem sich dann öffnenden Untermenü darf der Eintrag *Symbole automatisch anordnen* kein Häkchen aufweisen. Das Häkchen zeigt an, dass die zugehörige Option eingeschaltet ist. Ein vorhandenes Häkchen löschen Sie, indem Sie mit der linken Maustaste auf den Eintrag *Symbole automatisch anordnen* klicken. Das Menü wird geschlossen. Anschließend lassen sich die Symbole auf dem Desktop anordnen.

Ein **Menü** zeigt verschiedene Einträge zur Auswahl an. Das mit der rechten Maustaste geöffnete **Kontextmenü** enthält dagegen nur solche Einträge, die Windows (oder ein Programm) als momentan – im direkten Zusammenhang mit der Situation – passend zusammengestellt hat. Am Touchscreen öffnet sich das Kontextmenü, wenn Sie den Finger länger auf den Desktop oder ein Element drücken und dann den Finger abheben.

Ein Menü bzw. Kontextmenü wird bei Auswahl (z. B. mit der linken Maustaste) eines Eintrags automatisch geschlossen. Oder Sie drücken die Esc-Taste bzw. klicken oder tippen auf eine Stelle außerhalb des Menüs.

Desktop-Symbole einblenden

Windows ermöglicht es, bestimmte Desktop-Symbole wie *Papierkorb*, *Dieser PC* etc. ein-/auszublenden.

1 Falls die Symbole fehlen, klicken Sie mit der rechten Maustaste (oder der entsprechenden Taste auf dem Touchpad) auf eine freie Stelle des Desktops und wählen im angezeigten Kontextmenü den Eintrag *Anpassen*.

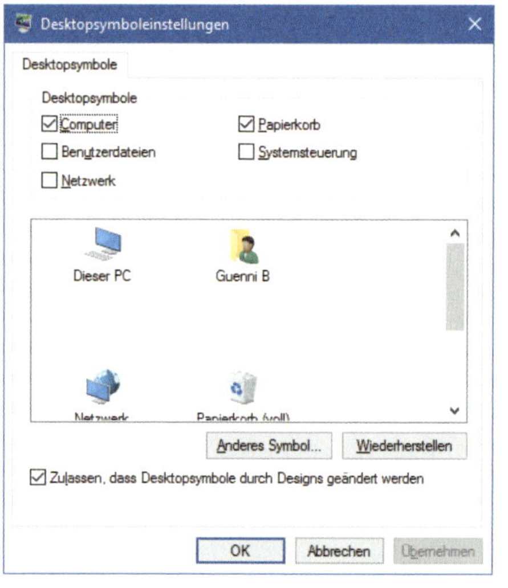

2 Anschließend wählen Sie im Fenster *Einstellungen* die Kategorie *Designs* und klicken dann auf *Desktopsymbol-einstellungen*.

3 Klicken Sie im Eigenschaftenfenster *Desktopsymboleinstellungen* auf der Registerkarte *Desktopsymbole* das Kontrollkästchen des einzublendenden Symbols (z. B. *Computer*) an, sodass dieses mit einem Häkchen markiert ist.

4 Klicken Sie auf der Registerkarte *Desktopsymbole* auf die *OK*-Schaltfläche.

Das Eigenschaftenfenster wird geschlossen, und auf dem Desktop wird neben dem Papierkorb zusätzlich das Symbol (z. B. *Dieser PC*) eingeblendet. Auf die gleiche Weise können Sie weitere Symbole (z. B. *Benutzerdateien*) anwählen, um diese auf dem Desktop einzublenden. Zum Ausblenden gehen Sie genauso vor, löschen aber im Eigenschaftenfenster *Desktopsymboleinstellungen* die Markierung der betreffenden Kontrollkästchen

> Ein **Eigenschaftenfenster** ist eine besondere Fenstervariante, die eine oder mehrere Registerkarten aufweisen kann. Auf einer **Registerkarte** lassen sich Eigenschaften einsehen und ändern. Ein Kontrollkästchen ist ein als Viereck dargestelltes Auswahlelement, um eine Option zu setzen oder zu löschen. Ein Häkchen signalisiert die gesetzte Option.

Arbeiten mit dem Startmenü

In Windows 10 steht bei Desktop-Systemen wieder das Startmenü zur Verfügung. Dieses Startmenü ist die zentrale Stelle, um Apps, Windows-Anwendungen und Funktionen aufzurufen. Die Abläufe zum Aufrufen einer App, einer Windows-Anwendung oder -Funktion sind gleich.

1 Klicken Sie in der linken unteren Ecke des Desktops in der Taskleiste auf die Schaltfläche *Start*.

2 Windows öffnet das Startmenü, in dem Sie den gewünschten Eintrag per Mausklick (oder durch Antippen auf dem Touchscreen) wählen.

> Die gleiche Wirkung wie das Symbol *Start* hat das Drücken der ⊞-Taste. Diese Taste finden Sie auf der Tastatur und bei Tablet-PCs ggf. an der Gehäusefrontseite.

Das Startmenü ist in verschiedene Spalten unterteilt, in denen Sie die Symbole zum Aufruf verschiedener Apps, Windows-Funktionen und -Anwendungen finden. Für das Startmenü gilt Folgendes:

- In der linken Spalte finden Sie am oberen Rand das Symbol für den aktuell angemeldeten Benutzer. Über das Symbol erfolgt der Zugriff auf Befehle zum Abmelden vom Benutzerkonto etc.
- Unter *Meistverwendet* werden die Symbole zum Aufruf häufig verwendeter Elemente eingeblendet. Diese Liste wird dynamisch durch Windows erstellt.
- Besitzt ein Eintrag am rechten Rand ein kleines Dreieck? Das Dreieck öffnet beim Anklicken ein Untermenü zum Zugriff auf Dokumente dieses Programms.
- Im unteren Bereich der linken Spalte sind die Einträge zum Zugriff auf den Explorer (Kapitel 3), auf Einstellungen, die Funktionen zum Herunterfahren sowie zur Anzeige aller installierten Apps zu finden.
- In der rechten Spalte sehen Sie die als Kacheln bezeichneten Symbole von Apps, Anwendungen und Funktionen. Auf manchen Kacheln werden dynamisch Informationen wie Nachrichten, Wetterdaten etc. angezeigt. Das ist einstellbar.

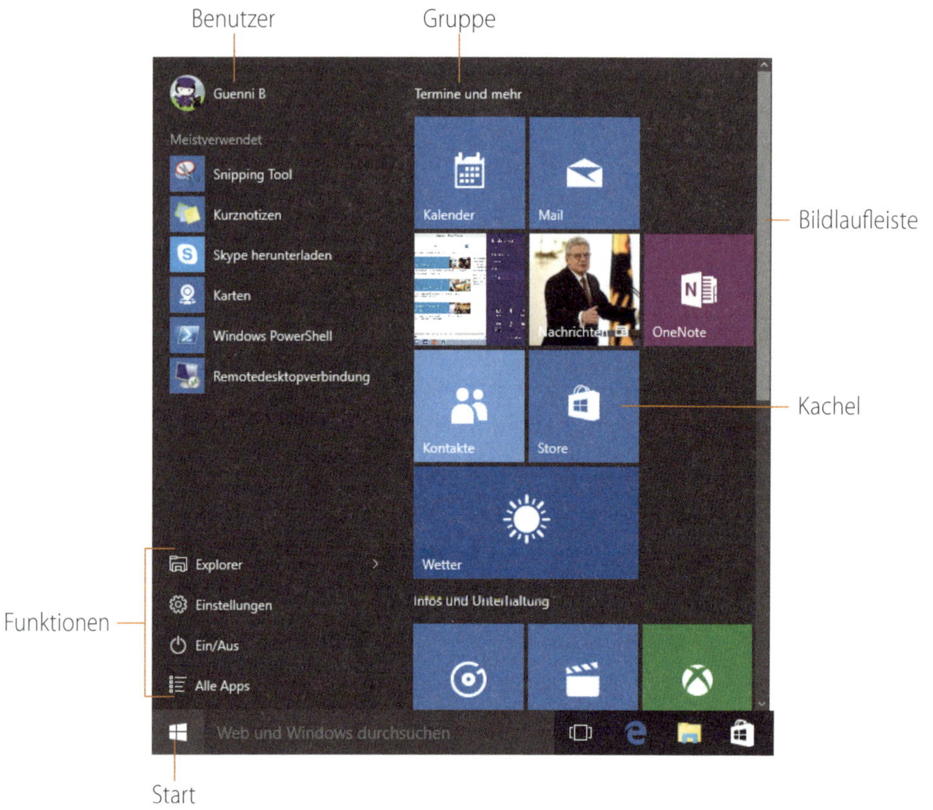

Klicken Sie auf einen solchen Startmenüeintrag, wird die betreffende Funktion oder das zugehörige Programm aufgerufen.

> Die Kacheln werden in Gruppen zusammengefasst – und am rechten Rand finden Sie ggf. eine Bildlaufleiste, um in der Kachelliste zu blättern. Zudem lässt sich die Breite des Startmenüs durch Ziehen am rechten Rand verändern. Diese Techniken lernen Sie weiter unten, im Abschnitt zum Umgang mit Fenstern, kennen.

Zugriff auf »Alle Apps«

Im Startmenü werden nur ausgesuchte Kacheln und Einträge aufgeführt. Eine Liste aller installierten Apps und Anwendungen erhalten Sie unter *Alle Apps*.

Liste Alle Apps

- Es reicht, in der linken Spalte des Startmenüs auf den Eintrag *Alle Apps* zu klicken oder zu tippen. Dann wird die Liste aller Apps in dieser Spalte eingeblendet.
- Über *Zurück* am unteren Rand gelangen Sie zur vorherigen Darstellung des Startmenüs zurück.

Innerhalb der Liste blättern Sie bei Bedarf über eine Bildlaufleiste nach oben oder unten. Wird der Schriftzug *Neu* rechts neben *Alle Apps* eingeblendet, wurden neue Apps installiert.

Unter dem Buchstaben W finden Sie diverse Ordnersymbole wie *Windows-System* und *Windows-Zubehör*, die im Startmenü als sogenannte Programmgruppen fungieren. Klicken Sie auf das Symbol einer Programmgruppe, finden Sie einige ganz nützliche Windows-Programme wie das Malprogramm Paint oder das Schreibprogramm WordPad.

Das Schnellstartmenü

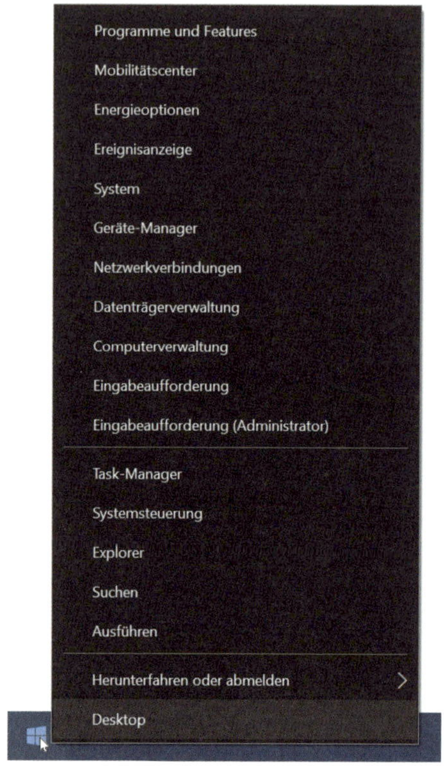

Klicken Sie mit der rechten Maustaste auf das Symbol *Start* der Taskleiste oder drücken Sie am Touchscreen den Finger etwas länger auf das Symbol, öffnet Windows das Schnellstartmenü. Über dessen Einträge können Sie direkt auf verschiedene Windows-Funktionen wie den Explorer, die Suche etc. zugreifen.

> Ob der Hintergrund des Menüs weiß oder schwarz ist, hängt davon ab, welche Windows-Updates installiert wurden. Hier kann Microsoft auch zukünftig immer mal wieder Änderungen vornehmen.

Das Startmenü anpassen

Bei Bedarf können Sie den Inhalt des Startmenüs nach eigenen Bedürfnissen anpassen.

- Klicken Sie in der rechten Spalte des Startmenüs auf eine der Kacheln, und halten Sie die linke Maustaste gedrückt. Dann lässt sich die Kachel durch Ziehen per Maus an eine andere Position in der betreffenden Spalte verschieben. Am Touchscreen legen Sie den Finger auf eine Kachel und ziehen diese an die gewünschte Position.
- Klicken Sie in der linken Spalte einen Eintrag oder in der rechten Spalte eine Kachel mit der rechten Maustaste an, öffnet sich ein Kontextmenü. Dort finden Sie Optionen, um einen Eintrag als Kachel in der rechten Spalte anzuheften (*An „Start“ anheften*) oder aus der rechten Spalte wieder zu entfernen. Bei Kacheln von Apps ermöglicht es der Eintrag *Größe*, die Kachelgröße zu wählen. Über *Live-Kachel deaktivieren* bzw. *Live-Kachel aktivieren* schalten Sie die Anzeige dynamischer Inhalte wie Nachrichtenschlagzeilen auf den

Kacheln von Apps ein oder aus. Welche Kontextmenüeinträge angezeigt werden, hängt vom angewählten Element ab.

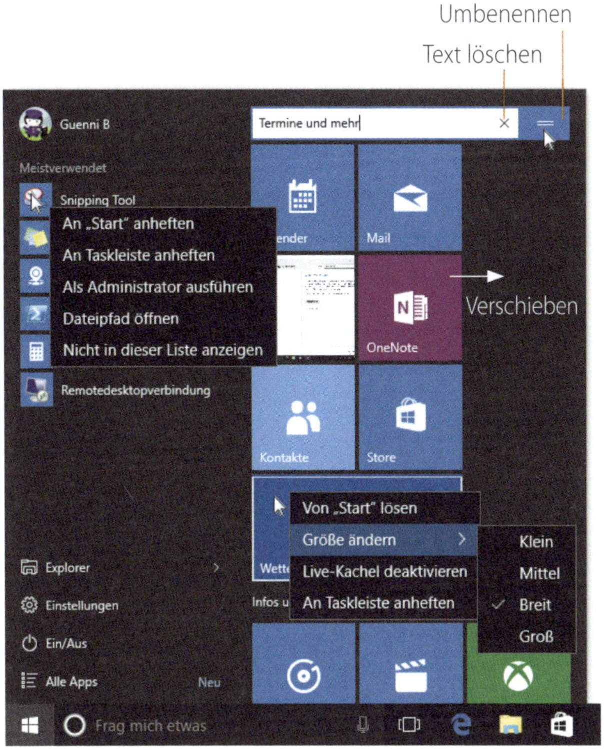

- Um den Titel einer Kachelgruppe zu ändern, klicken oder tippen Sie auf diesen Titeltext oder auf das (beim Zeigen auf den Gruppennamen eingeblendete) Symbol *Umbenennen*. Anschließend ändern Sie im Textfeld *Gruppe benennen* den Gruppennamen. Die Änderung wird übernommen, sobald Sie auf eine Stelle außerhalb des Textfelds klicken oder die [↵]-Taste drücken.

Die Schreibmarke (blinkender senkrechter Strich) zeigt an, wo Zeichen geändert werden können. Die Schreibmarke positionieren Sie im Text, indem Sie die gewünschte Stelle anklicken oder indem Sie die Marke über die Cursortasten [→] und [←] verschieben. Über die [⇐]-Taste werden Zeichen links und über [Entf] Zeichen rechts von der Schreibmarke gelöscht. Zudem gibt es die Möglichkeit, über die Schaltfläche *x* am rechten Rand des Textfelds den kompletten Inhalt des Textfelds zu löschen.

Die Änderungen am Startmenü wirken sich (wie beim Desktop) nur auf das aktuelle Benutzerkonto aus.

Die Suchen-Funktion benutzen

In der linken unteren Ecke des Startmenüs finden Sie das Suchfeld *Web und Windows durchsuchen*. Erfahrene Benutzer können auf dieses Textfeld klicken oder tippen und einen Begriff (z. B. »Rechner«) oder einen Befehl eintippen. Windows durchsucht das Startmenü (und das Internet) nach Einträgen, die den Begriff enthalten.

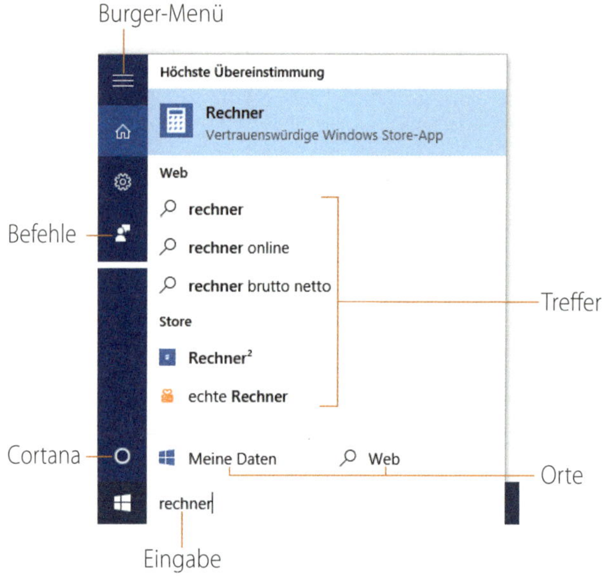

Die Treffer werden dann in einer eigenen Spalte angezeigt. Klicken Sie mit der Maus auf einen solchen Treffer, wird die App, die Anwendung oder die Webseite des Treffers geöffnet. Auf diese Weise rufen Sie Apps oder Programme sehr schnell auf, ohne im Startmenü den jeweiligen Eintrag suchen zu müssen.

> Ein Kreis 
>
> am linken Rand des Suchfelds signalisiert, dass die Sprachassistentin Cortana eingerichtet ist.

Die Sprachassistentin Cortana

Cortana ist die in Windows 10 enthaltene, lernfähige Sprachassistentin. Diese kann Sie bei der Suche im Web und auf dem PC unterstützen, Ihren Terminkalender im Blick behalten und mehr. Die Sprachassistentin lässt sich über ein Symbol des Suchfensters oder über eine App im Startmenü aufrufen.

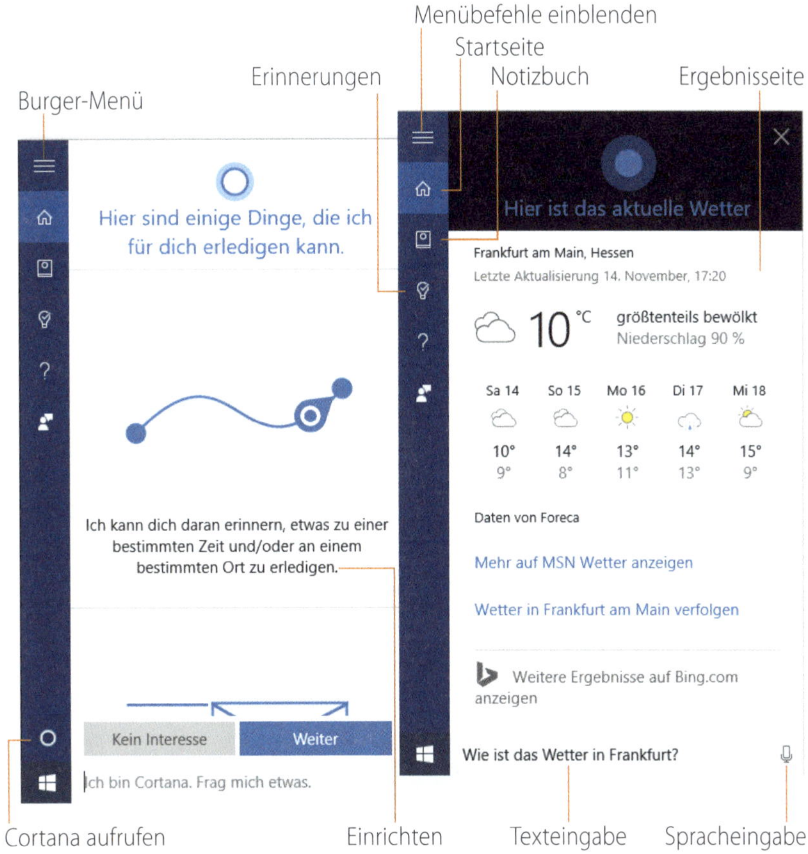

- Bei eingerichteter Sprachassistentin klicken Sie auf das Textfeld und formulieren eine Frage als Text.
- Klicken Sie auf das Mikrofonsymbol, ist auch eine Spracheingabe der Frage möglich. Die erkannte Spracheingabe wird im Textfeld angezeigt.

Cortana zeigt anschließend die Ergebnisseite an. Hier ist die Antwort auf die Frage »Wie ist das Wetter in Frankfurt?« zu sehen. Über die Symbole in der linken Spalte können Sie auf verschiedene Befehle zugreifen.

- Klicken Sie auf das Symbol des Burger-Menüs, um die Namen der Menüeinträge rechts neben den Symbolen einzublenden.
- Über das *Home*-Symbol mit dem Häuschen gelangen Sie zur Cortana-Startseite zurück.
- Das Symbol *Notizbuch* blendet eine Liste mit Einträgen (*Über mich*, *Verbundene Konten*, *Einstellungen*, *Nachrichten*, *Wetter* etc.) ein. Darüber können Sie Einstellungen und Optionen anpassen.

- Das Symbol *Erinnerungen* ermöglicht es Ihnen, Terminerinnerungen mit Uhrzeit und Ort hinzuzufügen. Klicken Sie auf die Schaltfläche *Neue Erinnerung*, füllen Sie die angezeigten Felder *Denke daran, ...*, *Ort* etc. aus, und klicken Sie auf die Schaltfläche *Erinnern*. Cortana wird Sie bei Fälligkeit erinnern, indem die eingetragenen Erinnerungsdaten auf dem Desktop eingeblendet werden.

Die Anzeige von Cortana verschwindet, sobald Sie auf den Desktop oder die *Start*-Schaltfläche der Taskleiste klicken bzw. tippen.

Beim ersten Aufruf ist eine Einrichtung von Cortana erforderlich. Ein Assistent führt Sie ggf. durch die Schritte, und Sie müssen die Standorterfassung des Geräts zulassen und ggf. das Mikrofon einrichten. Die Auswertung der Anfragen erfordert zudem eine Internetverbindung, was bei Mobilfunkverbindungen schnell das Datenvolumen ausschöpfen kann.

Arbeiten mit Programmen und Fenstern

Nachdem Sie nun den Umgang mit dem Desktop und dem Startmenü beherrschen, lernen Sie noch Techniken zum Umgang mit Fenstern und Programmen kennen.

Programme aufrufen

Auf den vorangegangenen Seiten haben Sie einige Möglichkeiten zum Aufrufen von Apps, Programmen und Windows-Funktionen kennengelernt.

- Sie können Symbole auf dem Desktop per Doppelklick anwählen, um das zugehörige Programm zu starten und dessen Programmfenster zu öffnen.
- Einträge und Kacheln im Startmenü öffnen beim Anklicken oder Antippen ebenfalls das Fenster der App, der Anwendung oder der Windows-Funktion.
- Und Sie können in der Taskleiste auf die Symbole angehefteter Programme und Apps klicken bzw. tippen, um diese zu öffnen.
- Fehlt der Eintrag zum Aufruf der Anwendung im Startmenü oder auf dem Desktop, verwenden Sie die auf der vorangegangenen Seite gezeigte Suche und tippen oder klicken auf den ausgewiesenen Treffer in der Liste der Suchergebnisse.

Windows stellt für Fortgeschrittene noch weitere Methoden zum Aufrufen von Programmen bereit.

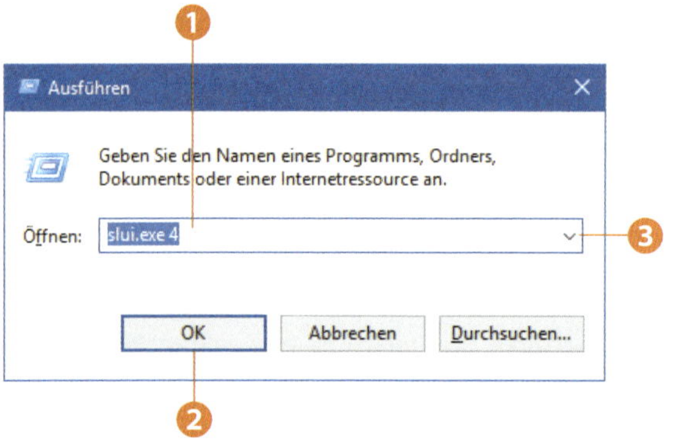

1 Drücken Sie die Tastenkombination ⊞+R, öffnet sich das Dialogfeld *Ausführen*.

2 Im Feld *Öffnen* ❶ tragen Sie dann einen Befehl ein und führen diesen durch Anwahl der *OK*-Schaltfläche ❷ aus.

Bereits eingegebene Befehle lassen sich über das Kombinationsfeld (kombiniert Textfeld und Listenfeld) abrufen ❸.

> Das Dialogfeld *Ausführen* erfordert aber, dass Sie den genauen Befehlsnamen eintragen. Falls Sie einen Programmnamen nicht kennen, wählen Sie die Schaltfläche *Durchsuchen* des Dialogfelds an. Es öffnet sich ein Dialogfeld, in dem Sie zur gewünschten Windows-Anwendung navigieren und deren Programmdatei auswählen können.
>
> Den Eintrag *Ausführen* finden Sie auch in dem auf den vorangegangenen Seiten erwähnten Schnellstartmenü.
>
> Manche Windows-Anwendungen und -Funktionen erfordern die Ausführung mit Administratorrechten (z. B. der Eintrag *Eingabeaufforderung (Administrator)* im Schnellstartmenü). In der Systemsteuerung sind die entsprechenden Einträge mit einem stilisierten Schild gekennzeichnet. Programmdateien können Sie mit der rechten Maustaste anklicken und den Kontextmenüeintrag *Als Administrator ausführen* wählen.

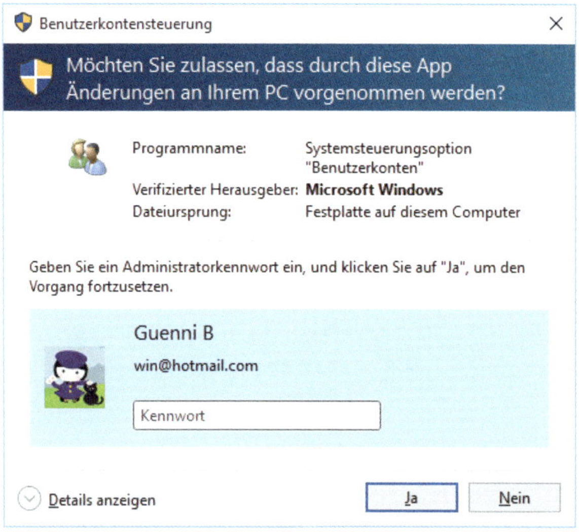

Daraufhin öffnet Windows das Dialogfeld *Benutzerkontensteuerung* und fordert Sie auf, mit der *Ja*-Schaltfläche zu bestätigen, dass der Befehl ausgeführt werden darf. Verwenden Sie ein Standardbenutzerkonto, fragt die Benutzerkontensteuerung zusätzlich das Kennwort des Administratorkontos über das hier gezeigte Dialogfeld ab. Dies soll den Benutzer vor unbedachten Systemänderungen oder Handlungen schützen bzw. ihn warnen.

Datum und Uhrzeit anpassen

Neben Programmen lassen sich auch Windows-Funktionen (z. B. über das Schnellstartmenü, über die Systemsteuerung oder über die Taskleiste) aufrufen. Dies möchte ich am Beispiel der Uhrzeitanzeige demonstrieren.

1 Klicken Sie am rechten Rand der Taskleiste auf das Feld mit der Uhrzeit und dem Datum, wird die Seite mit der analogen Uhrzeitanzeige und dem Kalenderblatt eingeblendet.

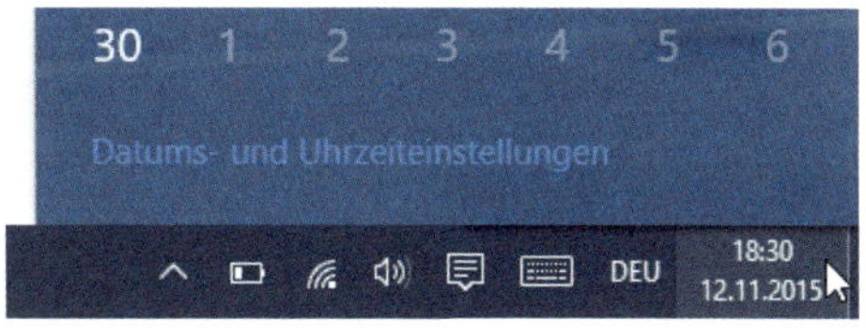

2 Wählen Sie nun den Eintrag *Datums- und Uhrzeiteinstellungen ändern* auf der gezeigten Seite an.

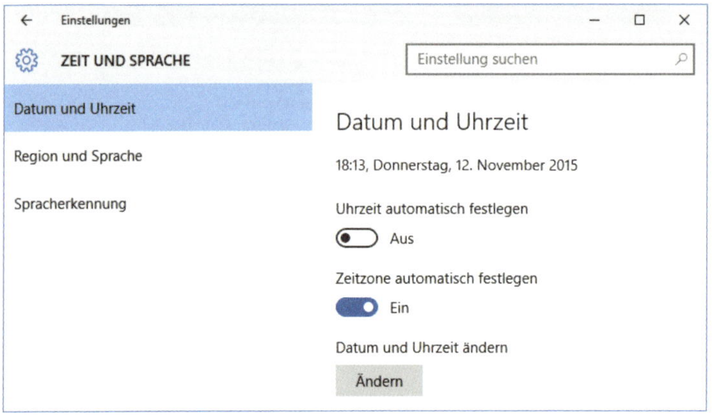

3 Stellen Sie im angezeigten Fenster *Einstellungen* in der Kategorie *ZEIT UND SPRACHE* in der Unterkategorie *Datum und Uhrzeit* den Schalter *Uhrzeit automatisch festlegen* auf *Aus*, und klicken Sie im Anschluss auf die freigegebene Schaltfläche *Ändern*.

Windows öffnet daraufhin ein Fenster, über dessen Elemente Sie das Datum und die Uhrzeit sowie die Zeitzonen anpassen können.

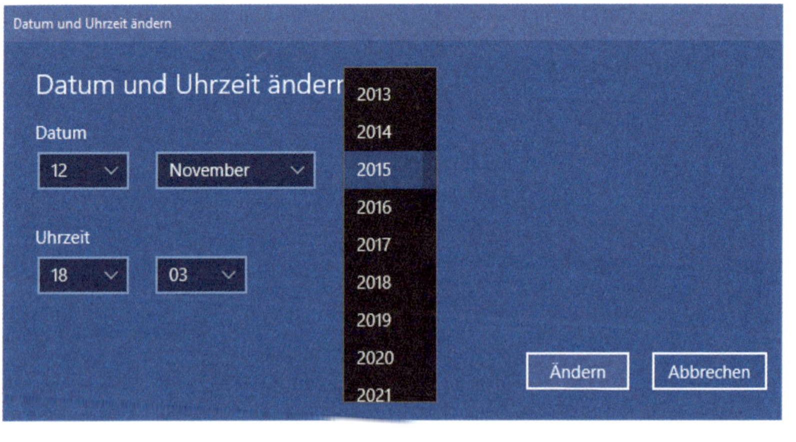

4 Klicken oder tippen Sie bei Bedarf auf die gewünschten Listenfelder, und wählen Sie in der angezeigten Liste den passenden Wert (hier z. B. das Jahr). Zum Einstellen der Uhrzeit wählen Sie die Stunden- und Minutenfelder an und klicken bzw. tippen auf den passenden Wert. Sobald Sie das Fenster über die *Ändern*-Schaltfläche schließen, werden die Änderungen übernommen.

Die Zeitzone lässt sich im Fenster *Datum und Uhrzeit* über das Listenfeld *Zeitzone* anpassen. Für die automatische Anpassung der Sommerzeit gibt es ebenfalls einen Schalter, den Sie auf *Aus* stellen können. Blättern Sie über die Bildlaufleiste des Fensters nach unten, können Sie den Eintrag *Zusätzliche Datums-, Uhrzeit- und Ländereinstellungen* wählen. Dann öffnet sich ein Eigenschaftenfenster, auf dessen Registerkarte *Datum und Uhrzeit* die Zeitanpassung ebenfalls möglich ist. Auf der Registerkarte *Internetzeit* des Eigenschaftenfensters finden Sie die Optionen, um die Uhr automatisch mit dem Internet abzugleichen. Hier können Sie ggf. den voreingestellten Zeitserver *time.windows.com* durch die Adresse einer zuverlässigeren Variante (*ptbtime1.ptb.de*) ersetzen.

Programme beenden und Fenster schließen

Sobald Sie ein Programm mit den auf den vorangegangenen Seiten beschriebenen Schritten starten, zeigt dieses ein Programmfenster an. Beim Aufruf von Windows-Funktionen erscheint ein Dialogfeld oder ein Eigenschaftenfenster. Wird das Programm nicht mehr benötigt, schließen Sie dessen Fenster, um die Programmausführung zu beenden. Dazu reicht es, die *Schließen*-Schaltfläche in der rechten oberen Ecke des Programmfensters anzuwählen. Diese Schaltfläche findet sich bei allen Fenstern, Eigenschaftenfenstern und Dialogfeldern.

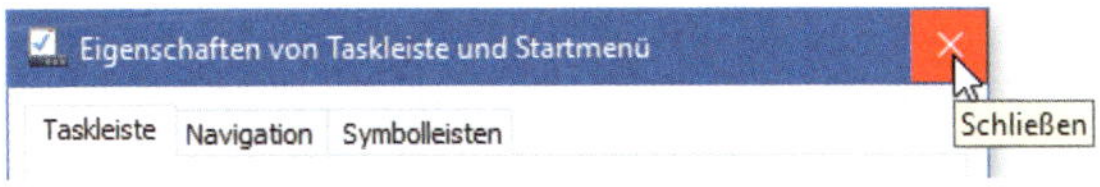

Bei Dialogfeldern und Eigenschaftenfenstern bewirkt die Schaltfläche *Schließen*, dass noch nicht über die *OK*-Schaltfläche bestätigte Änderungen verworfen werden.

In Dialogfeldern und Eigenschaftenfenstern finden Sie oft die Schaltfläche *Abbrechen*, bei deren Anwahl alle vorgenommenen Änderungen beim Schließen des Elements verworfen werden. Die Schaltfläche *Übernehmen* bewirkt dagegen, dass die Änderungen wirksam werden, aber das Element (also das Dialogfeld oder Eigenschaftenfenster) weiterhin angezeigt bleibt.

Programme zeigen meist ein Meldungsfeld mit einer Warnung wie z. B. *Möchten Sie die Änderungen ... speichern?* an, wenn noch ungespeicherte Änderungen eines Dokuments vorliegen.

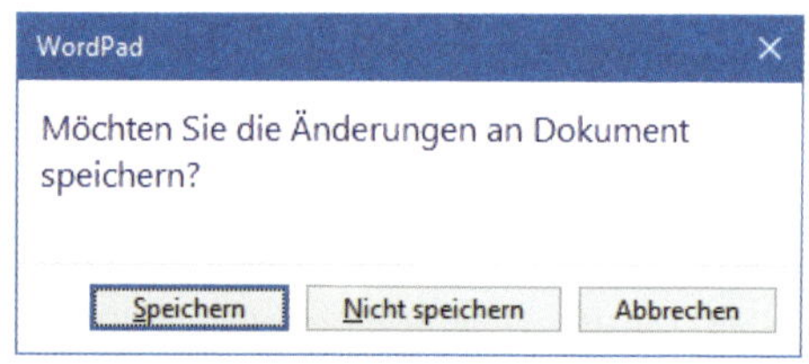

Über die *Speichern*-Schaltfläche veranlassen Sie, dass die Änderungen gesichert werden, während die Schaltfläche *Nicht speichern* das geänderte Dokument verwirft. Mit der Schaltfläche *Abbrechen* wird das Beenden des Programms abgebrochen, und Sie können mit der Windows-Anwendung weiterarbeiten.

Fenster zeichnen sich dadurch aus, dass sie in der rechten oberen Ecke mehrere Schaltflächen zum Anpassen der Fenstergröße (z. B. *Minimieren*) aufweisen. Dialogfelder und Eigenschaftenfenster besitzen dagegen in der Regel eine feste Größe und weisen nur eine *Schließen*-Schaltfläche in der rechten oberen Ecke auf. Dialogfelder dienen zur Anzeige von Informationen oder zum Festlegen von Optionen.

Die Elemente eines Fensters

Um mit Windows zu arbeiten, sollten Sie die wichtigsten Elemente eines Fensters kennen. Einsteigern möchte ich noch einige Informationen zur Benennung der einzelnen Fensterelemente geben. Wählen Sie dazu das Symbol *Explorer* und die App *Wetter* im Startmenü an. Windows öffnet jeweils ein Fenster für den Explorer und für die Wetter-App. Der Inhalt des jeweiligen Fensters hängt dabei vom zugehörigen Programm bzw. von der App ab. Das Schöne an Windows ist aber, dass der grundlegende Aufbau der Fenster bei allen Windows-Programmen, Apps und

-Funktionen gleich ist. Die beiden hier gezeigten Fenster sind deshalb typisch für viele App- und Windows-Fenster.

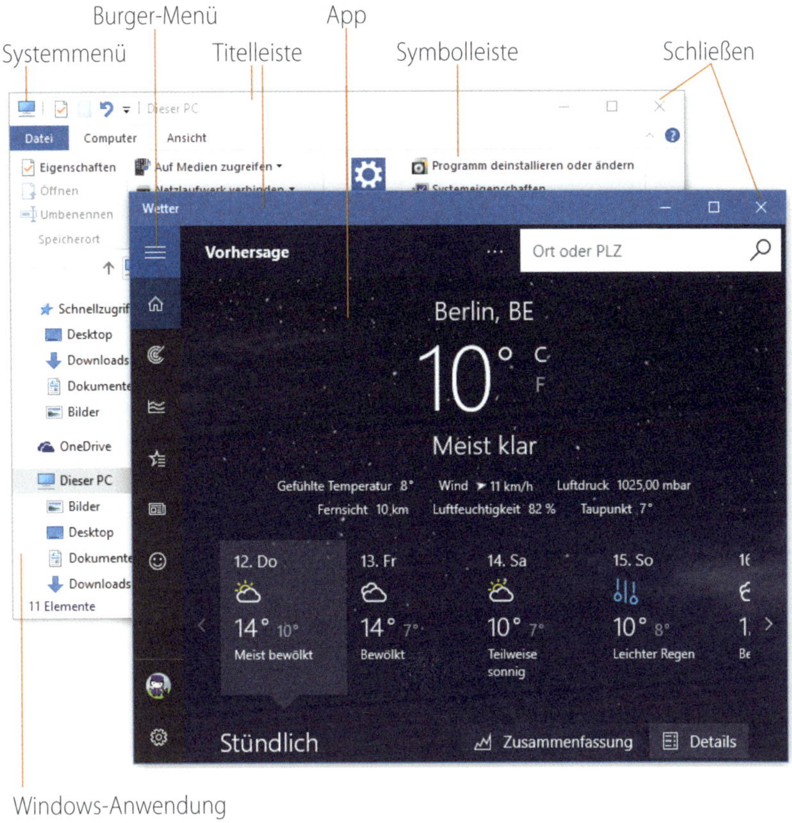

- Am oberen Fensterrand findet sich die sogenannte Titelleiste, in der Windows Ihnen den Namen der App, des Fensters oder der geöffneten Dokumente (z. B. *Dieser PC*) anzeigt.
- Die Schaltflächen in der rechten Ecke der Titelleiste dienen zum Abrufen bestimmter Fensterfunktionen. Die Schaltfläche *Schließen* haben Sie auf den vorangegangenen Seiten bereits kennengelernt.
- Manche Fenster besitzen zudem in der linken Ecke der Titelleiste noch das Symbol des sogenannten Systemmenüs mit Befehlen zum Schließen, Minimieren und Maximieren des Fensters. Außerdem kann die Symbolleiste für den

Schnellzugriff mit weiteren Schaltflächen vorhanden sein. Bei Apps finden Sie dagegen das sogenannte Burger-Menü in der linken oberen Ecke, über das sich der Symboltitel in der linken Spalte des App-Fensters einblenden lässt.

- Unterhalb der Titelleiste ist bei vielen Fenstern und manchen Apps eine (oder mehrere) Symbolleiste(n) oder ein Menüband zu finden. Über deren Symbolschaltflächen können Sie häufig benutzte Funktionen direkt anwählen.
- Im Fußbereich weisen manche Fenster noch eine optionale Statusleiste auf. Dort kann das Programm Zusatzinformationen (Seitenzahl bei einem Brief, Elemente eines Ordnerfensters, Größe eines Fotos etc.) anzeigen.

Innen im Fenster wird dann dessen Inhalt dargestellt. Details zu den einzelnen Funktionen lernen Sie im Verlauf dieses Buches noch kennen.

> Je nach Windows-Programm findet sich bei manchen Fenstern unterhalb der Titelleiste noch eine Menüleiste mit Namen wie *Datei*, *Bearbeiten*, *Ansicht* etc. Über die Menüs lassen sich Funktionen aufrufen. Apps besitzen diese Menüleiste in der Regel nicht.

Fenster verschieben und die Größe anpassen

Für manche Aufgaben (z. B. das Schreiben eines Briefs, das Bearbeiten eines Fotos etc.) ist es ganz hilfreich, wenn das Fenster auf die Größe des Bildschirms vergrößert wird. In anderen Situationen ist es besser, das Fenster ganz auszublenden (zu minimieren) oder in der Größe zu verändern. Zudem gibt es gelegentlich die Notwendigkeit, ein Fenster auf dem Windows-Desktop zu verschieben.

- Zum Verschieben eines Fensters ziehen Sie einfach dessen Titelleiste (z. B. bei gedrückter linker Maustaste oder mit dem Finger) an die gewünschte Stelle auf dem Desktop.
- Wählen Sie in der Titelleiste des geöffneten Fensters die Schaltfläche *Maximieren* ❶, vergrößert Windows das Fenster so weit, bis es den gesamten Bildschirm einnimmt (Vollbildansicht).
- Um das Fenster auf die vorherige Größe zurückzusetzen, wählen Sie in der rechten oberen Fensterecke die jetzt mit *Verkleinern* bezeichnete Schaltfläche ❷.

Das Vergrößern auf Vollbildmodus und das Reduzieren auf die vorherige Fensterdarstellung sind auch per Doppelklick auf die Titelleiste des Fensters möglich. Zudem können Sie die Tastenkombinationen ⊞+↑ und ⊞+↓ für diesen Zweck verwenden.

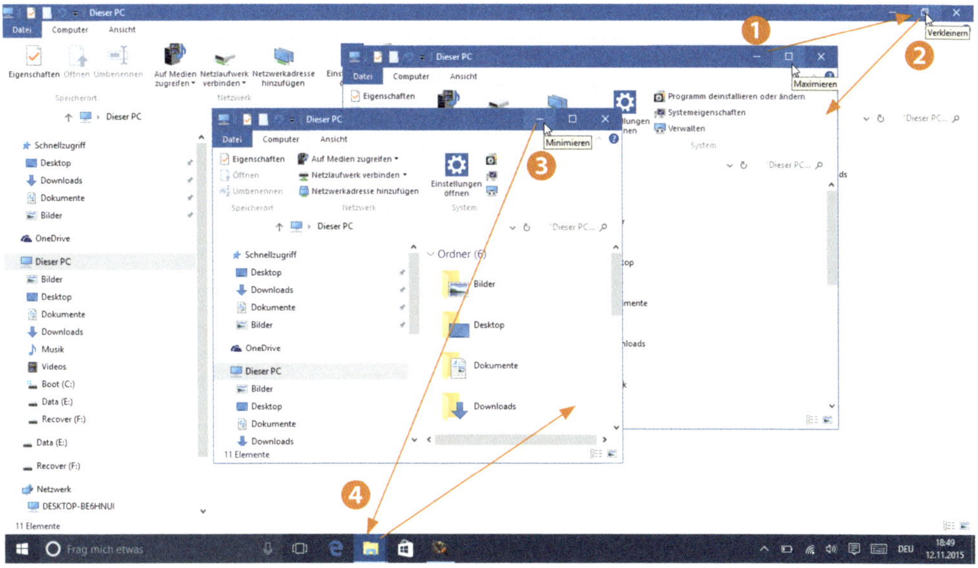

- Brauchen Sie ein Programmfenster für kurze Zeit nicht mehr, lässt sich dieses über die Schaltfläche *Minimieren* der Titelleiste 3 ausblenden.
- Für jedes geöffnete Programmfenster zeigt Windows in der Taskleiste eine Schaltfläche 4. Wurde ein Fenster minimiert, ist nur noch dessen Schaltfläche sichtbar. Wählen Sie die Schaltfläche (z. B. mit der Maus) an, stellt Windows das Fenster in der vorherigen Größe wieder her.

Um das Programm zu beenden, können Sie das Fenster (wie auf den vorangegangenen Seiten gezeigt) über die *Schließen*-Schaltfläche schließen.

»Schütteln« Sie ein Fenster über dessen Titelleiste, werden alle im Hintergrund geöffneten Fenster minimiert. Ein erneutes Schütteln über die Titelleiste des Fensters stellt die minimierten Fenster wieder her. Mit der Tastenkombination ⊞+M minimieren Sie alle Fenster, und ⊞+⇧+M stellt die minimierten Fenster wieder her.

Klicken Sie auf den rechten Rand der Taskleiste, blendet Windows ebenfalls alle Fenster aus. Ein zweiter Klick auf diese Stelle öffnet die Fenster erneut.

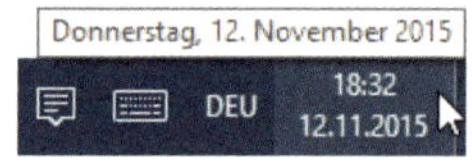

Fenster an- und abdocken oder stapeln

Ziehen Sie das Fenster an der Titelleiste zum oberen Bildschirmrand, dockt Windows das Fenster dort an und vergrößert es zum Vollbildmodus. Ziehen Sie die Titelleiste des Fensters dagegen zum rechten oder linken Bildschirmrand, dockt Windows das Fenster an der Seite an. Das Fenster nimmt dann die Höhe des Bildschirms und die halbe Bildschirmbreite ein. Wichtig ist beim Ziehen lediglich, dass der Mauszeiger (oder der Finger bei Touchscreens) den Bildschirmrand erreicht. Das Gleiche bewirken die Tastenkombinationen ⊞+← und ⊞+→. Ziehen Sie die Titelleiste vom Bildschirmrand ab, wird das Fenster abgedockt und in seiner vorherigen Größe wiederhergestellt. Auf diese Weise ordnen Sie zwei Fenster nebeneinander auf dem Desktop an. Darüber hinaus können Sie das Kontextmenü der Taskleiste mit einem Klick der rechten Maustaste öffnen. Im Kontextmenü finden Sie ebenfalls Möglichkeiten, um geöffnete Fenster zu stapeln, zu minimieren oder nebeneinander anzuordnen.

Die Fenstergröße stufenlos verändern

Auf den vorangegangenen Seiten haben Sie ein Fenster über die Schaltflächen in der rechten oberen Ecke zum Vollbildmodus vergrößert oder ausgeblendet. Häufig ist es jedoch vorteilhafter, ein Fenster stufenlos auf die gewünschte Größe einzustellen.

- Zeigen Sie mit der Maus **1** auf den rechten oder unteren Rand oder auf die rechte untere Ecke eines geöffneten Fensters. Dann nimmt der Mauszeiger die Form eines Doppelpfeils an.
- Ziehen Sie den Rand (bei gedrückter linker Maustaste) nach außen, wird das Fenster vergrößert. Schieben Sie den Rand nach innen, verkleinert Windows das Fenster. Erreicht das Fenster die gewünschte Größe, lassen Sie die linke Maustaste los.

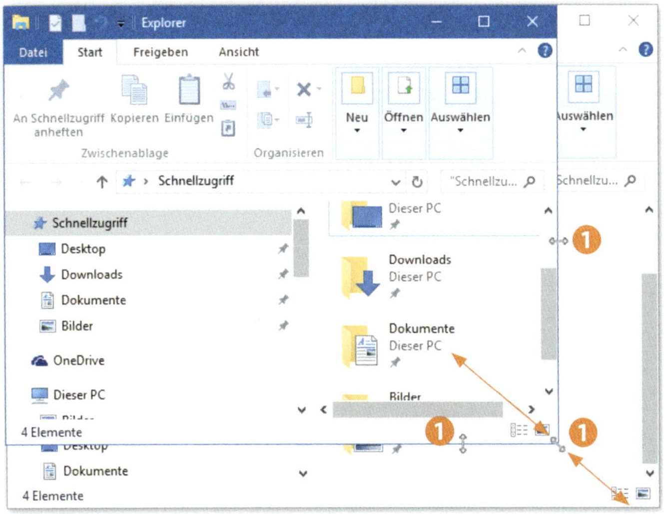

Windows passt bereits beim Ziehen die Größe des Fensters entsprechend an. Sie können auf diese Weise die Größe eines Fensters beliebig verändern.

> Die Größenänderung des Fensters funktioniert sowohl bei Anwendungen als auch bei Apps. Bei Dialogfeldern ist meist keine Größenänderung möglich, und bei einigen Fenstern wird die Funktion auch gesperrt. Zu erkennen ist dies meist an der fehlenden Funktion der Schaltfläche *Maximieren*.

Blättern im Fenster

Manchmal ist ein Fenster zu klein, um den Inhalt des geladenen Dokuments (z. B. ein mehrseitiger Brief, ein großes Foto) anzuzeigen. Dann enthält das Fenster am rechten oder manchmal auch am unteren Rand eine sogenannte Bildlaufleiste. Diese Bildlaufleiste ermöglicht Ihnen das Blättern im Fenster, um andere Dokumentteile anzuzeigen. Sehen wir uns dieses Verhalten einmal an.

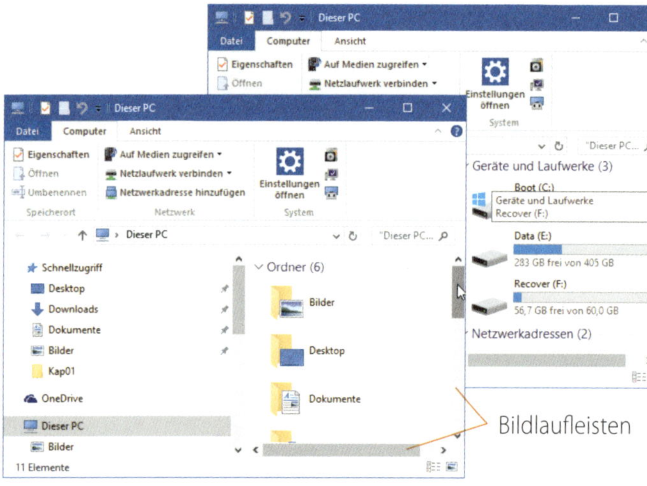

1 Öffnen Sie das Ordnerfenster *Dieser PC*, und verkleinern Sie es so weit, dass die Bildlaufleisten zu sehen sind.

2 Ziehen Sie den Schieberegler (auch als Bildlauffeld bezeichnet) der vertikalen Bildlaufleiste nach unten (bei der horizontalen Bildlaufleiste wird der Schieberegler nach rechts gezogen).

Beim Verschieben scrollt Windows den sichtbaren Bildausschnitt, sodass Sie andere Teile des Fensterinhalts zu sehen bekommen. So lässt sich auf einer Webseite vom Seitenanfang im Text nach unten blättern oder ein anderer Ausschnitt eines Fotos ansehen.

> An den Enden der Bildlaufleiste sehen Sie die Pfeilsymbole ^ und ˅. Ist Ihnen das Scrollen mit dem Schieberegler zu grob, können Sie mit einem Mausklick auf die jeweilige Schaltfläche schrittweise im Dokument blättern. Die Spitze des Pfeils zeigt dann die Richtung an, in die geblättert wird.

Wechseln zwischen (Programm-)Fenstern

Eine der Stärken von Windows-Anwendungen liegt darin, dass Sie mehrere Fenster gleichzeitig auf dem Desktop anzeigen können (bei Apps funktioniert dies im Desktop-Modus ebenfalls). Allerdings können Sie immer nur mit einer

Windows-Anwendung oder App, deren Fenster sich im Vordergrund befindet, arbeiten. Um zu einem anderen Fenster (und damit zum zugehörigen Programm bzw. zur App) zu wechseln, bietet Windows verschiedene Möglichkeiten.

- Am einfachsten ist es sicherlich, einen sichtbaren Teil des Programmfensters (z. B. die Titelleiste) anzuwählen ①, um dieses in den Vordergrund zu holen.
- Oder Sie wählen in der Taskleiste die Schaltfläche mit dem Symbol des gewünschten Programms, um das zugehörige Fenster in den Vordergrund zu holen. Sind mehrere Fenster eines Programms geöffnet, fasst Windows diese in einer Gruppenschaltfläche zusammen ②. Zeigen Sie auf die betreffende Schaltfläche, blendet Windows die Miniaturvorschau der Fenster ein. Wählen Sie dann die eingeblendete Miniaturvorschau an, um das Fenster in den Vordergrund zu holen.

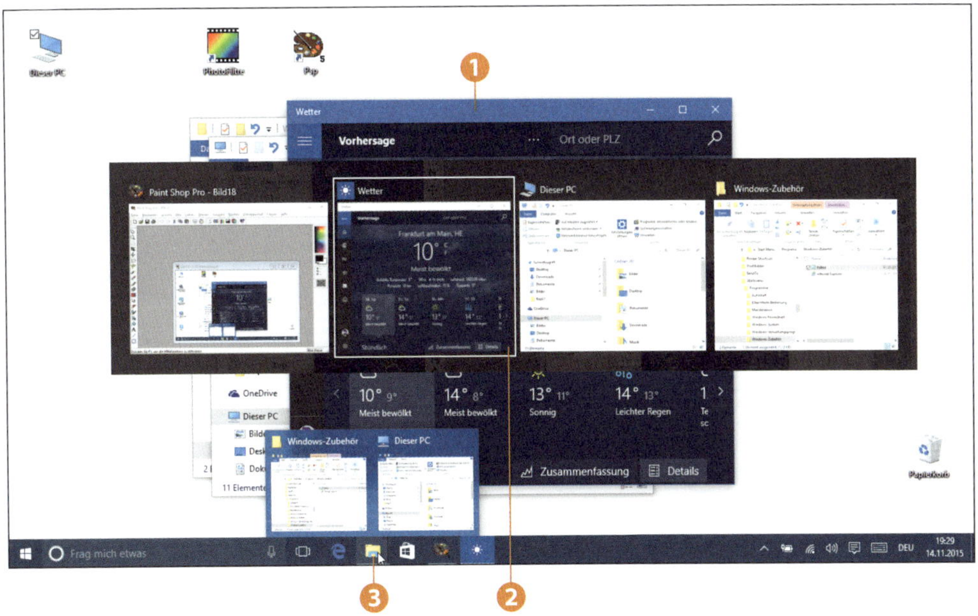

- Wer sich etwas besser mit Windows auskennt, kann die Tastenkombination Alt+↹ zum Umschalten zwischen Programmen verwenden. Halten Sie die Alt-Taste gedrückt, und drücken Sie die ↹-Taste. Windows blendet dann eine Taskleiste ③ mit den Symbolen aller geöffneten Programmfenster und

Dialogfelder ein. Halten Sie die Alt-Taste weiter gedrückt, und tippen Sie auf die Tab-Taste, um schrittweise die Programmeinträge in der Liste zu markieren. Lassen Sie die Alt-Taste los, wird das zuletzt gewählte Programmfenster in den Vordergrund »geholt«.

- Um schrittweise direkt zwischen den geöffneten Fenstern umzuschalten, drücken Sie die Tastenkombination Alt+Esc. Jeder Druck der Esc-Taste bei gleichzeitig gedrückter Alt-Taste holt ein anderes Fenster in den Vordergrund.

Welche Variante Sie zur Programmumschaltung verwenden, bleibt Ihnen überlassen.

Sprunglisten verwenden

Klicken Sie die Schaltfläche eines laufenden Programms in der Taskleiste mit der rechten Maustaste an (oder schieben Sie das Symbol leicht nach oben), öffnet sich eine sogenannte Sprungliste. Sofern die Anwendung dies unterstützt, enthält die Sprungliste auch Einträge, um direkt auf zuletzt geöffnete Dokumente (hier z. B. Ordner) der Anwendung zuzugreifen.

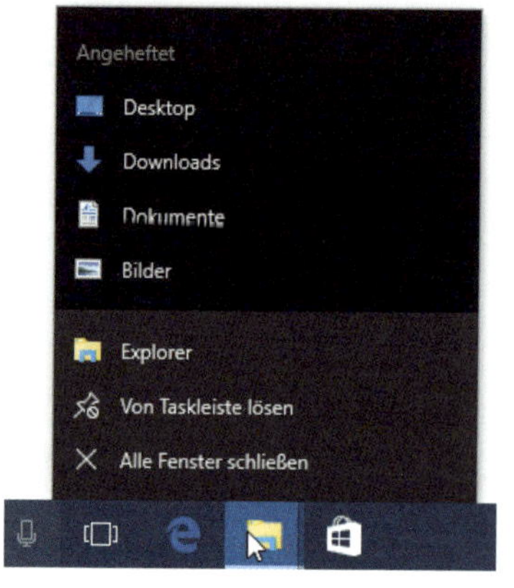

Symbole an Taskleiste anheften/lösen

Der Eintrag *Programm an Taskleiste anheften* richtet dauerhaft eine Schaltfläche des laufenden Programms in der Taskleiste ein. Alternativ öffnen Sie das Startmenü (z. B. mit der Windows-Taste). Dort klicken Sie eine Kachel oder einen Eintrag mit der rechten Maustaste an und wählen im Kontextmenü die Option *An Taskleiste anheften*. Dies ist zum schnellen Aufruf häufig benötigter Anwendungen ganz hilfreich. Der Eintrag *Programm von der Taskleiste lösen* im Kontextmenü einer angehefteten Schaltfläche macht die Anheftung rückgängig. Zudem können Sie die Schaltflächen in der Taskleiste mit der Maus (bei gedrückter linker Maustaste) nach links oder rechts ziehen und die Reihenfolge der Symbole nach Belieben sortieren.

Benachrichtigungen im Info-Center

Eine der Neuerungen gegenüber früheren Windows-Versionen ist das Info-Center, in dem Windows 10 Benachrichtigungen auflistet. Zudem finden Sie dort Kacheln zum Abrufen verschiedener Funktionen.

- Zum Einsehen der Benachrichtigungen klicken Sie im Infobereich der Taskleiste auf das Benachrichtigungssymbol.
- Anschließend können Sie im Info-Center die Benachrichtigungen einsehen, diese ausblenden oder Funktionen aufrufen.

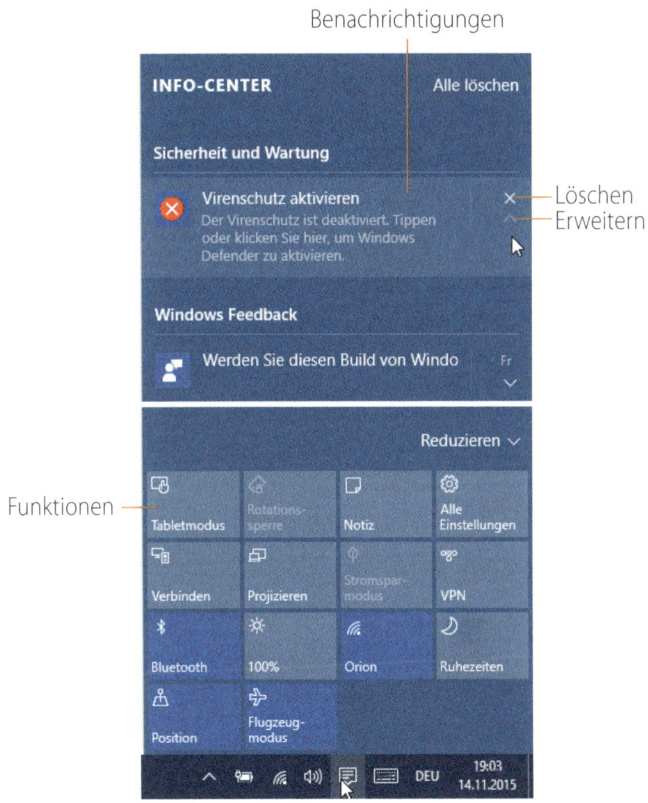

Die Benachrichtigungen werden im oberen Teil der Leiste angezeigt. Über *Alle löschen* lässt sich der Bereich leeren. Klicken Sie auf das Symbol *Erweitern*, wird die *Löschen*-Schaltfläche zum Entfernen einer Benachrichtigung eingeblendet.

Im unteren Bereich der Leiste finden Sie Kacheln zum Zugriff auf bestimmte Funktionen. Mit *Notiz* wird z. B. die App OneNote zur Notizeingabe geöffnet. Über *Tabletmodus* schalten Sie den in Kapitel 2 beschriebenen Modus für die Touchbedienung ein. Welche Kacheln im unteren Bereich der Leiste eingeblendet werden, hängt aber von den Fähigkeiten des Geräts ab.

Taskansicht: mehrere Desktops verwenden

Windows 10 besitzt noch eine Funktion, die ich Ihnen vorstellen möchte. Man kann mit mehreren Desktops (als Taskansicht bezeichnet) arbeiten.

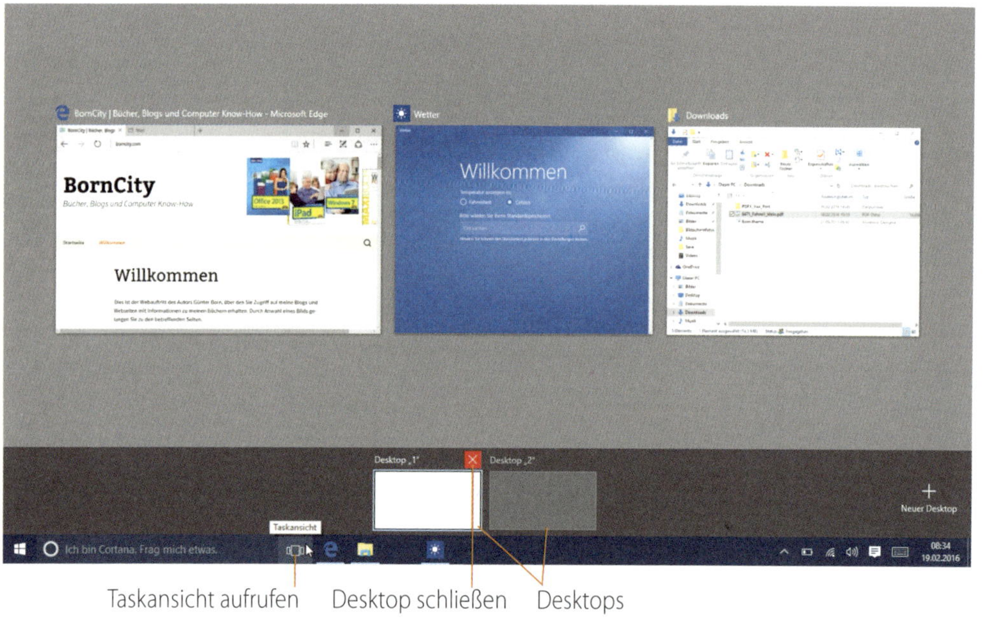

- Wählen Sie in der Taskleiste das Symbol *Taskansicht* an, öffnet sich eine Miniaturvorschau der erstellten Desktops.
- Über das Symbol *Neuer Desktop* lassen sich zusätzliche (virtuelle) Desktops öffnen.
- Bei Anwahl des Symbols *Taskansicht* blendet Windows die Miniaturansichten der vorhandenen Desktops auf dem Bildschirm ein.
- Eine Miniaturansicht ist hell hervorgehoben und gehört zum aktuell angezeigten Desktop.

- Wählen Sie eine andere Miniaturansicht an, wird der zugehörige Desktop angezeigt.
- Die Schaltfläche *Desktop schließen* neben einer Miniaturansicht ermöglicht es Ihnen, einen virtuellen Desktop zu schließen – die Fenster wandern dann zum nächsten geöffneten Desktop.

Öffnen Sie nun Apps und Anwendungen, werden diese dem aktuellen Desktop zugeordnet. Schalten Sie über die Taskansicht zu einem anderen Desktop, verschwinden die geöffneten Fenster. Sie sehen also immer nur einen Desktop samt den dort geöffneten Fenstern. Der Ansatz hat bei sehr kleinen Displays Vorteile, wenn man viele Fenster geöffnet hat. Dann lassen sich diese auf mehrere Desktops verteilen.

Projizieren auf einen zweiten Monitor

Ist ein zweiter Monitor am Rechner (z. B. per HDMI-Kabel) angeschlossen? Drücken Sie die Tastenkombination [Win]+[P]. In der dann eingeblendeten Seitenleiste lässt sich über Einträge wie *Nur PC-Bildschirm*, *Duplizieren*, *Erweitern*, *Nur zweiter Bildschirm* vorgeben, wo und wie die Ausgabe erfolgen soll. Im Modus *Duplizieren* wird der Hauptbildschirm auf den zweiten Monitor gespiegelt, während mit *Erweitern* ein erweiterter Desktop auf dem zweiten Bildschirm erscheint.

Darüber hinaus lässt sich im Info-Center die Kachel *Verbinden* wählen. Dann erscheint eine Seitenleiste, in der erkannte Drahtlosempfänger auswählbar sind. So können Sie dann den Desktop per Miracast-Standard an ein geeignetes TV-Gerät oder einen Miracast-Empfänger übertragen.

Desktop und Taskleiste anpassen

Auf den vorangegangenen Seiten haben Sie erfahren, wie sich Programme als Kacheln oder Schaltflächen an das Startmenü oder die Taskleiste anheften lassen. Im Folgenden wird kurz erläutert, wie Sie weitere Anpassungen an Desktop und Startmenü vornehmen können.

Den Desktop-Hintergrund anpassen

Falls Sie der Hintergrund des Windows-Desktops stört, lässt sich dieser anpassen, indem Sie Designs oder Hintergrundbilder zuweisen.

1 Öffnen Sie das Kontextmenü des Desktops (z. B. indem Sie mit der rechten Maustaste an eine freie Stelle des Desktops klicken), und wählen Sie den Kontextmenüeintrag *Anpassen* ❶.

2 Anschließend wählen Sie im Fenster *Einstellungen/PERSONALISIERUNG* in der linken Spalte eine Kategorie ❷.

3 Danach passen Sie in der rechten Spalte ❸ die gewünschten Optionen für die betreffenden Elemente an.
In der Kategorie *Hintergrund* lässt sich der Desktop-Hintergrund über das gleichnamige Listenfeld ❹ zwischen Bild, Volltonfarbe und Diashow umstellen. Die Volltonfarbe wird über die angezeigte Farbpalette ❺ gewählt. Soll ein neues Design zugewiesen werden?

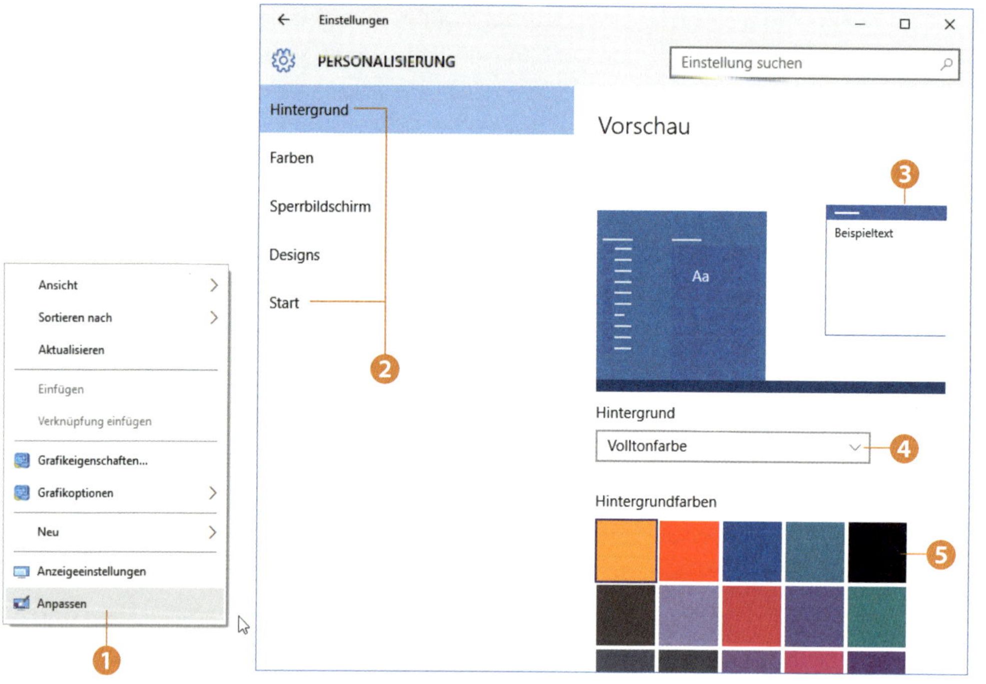

4 Wählen Sie in der linken Spalte ❷ die Kategorie *Designs* und dann in der rechten Spalte den Eintrag *Designeinstellungen*.

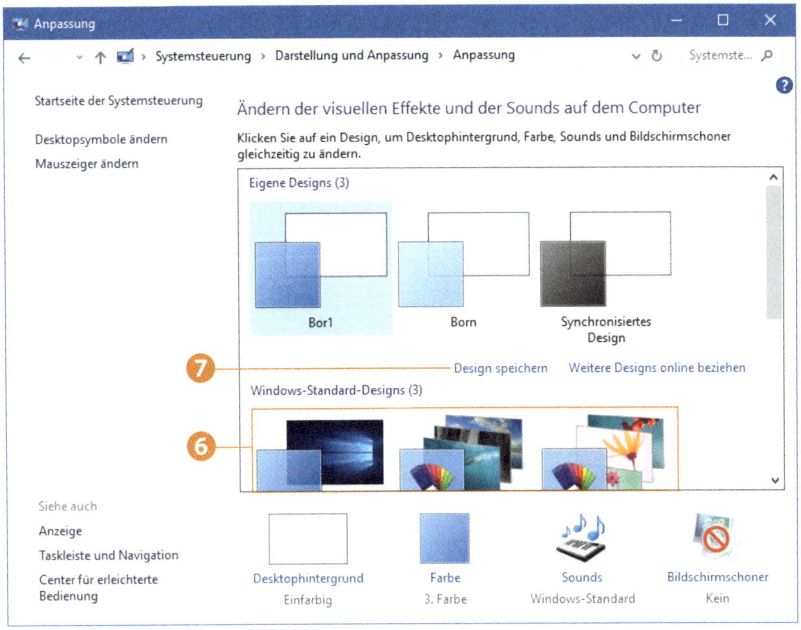

5 Anschließend wählen Sie im Fenster *Anpassung* ein neues Design 6 aus der Gruppe *Windows-Standard-Designs*.

Das Design wird sofort nach der Auswahl zugewiesen. Über das Design werden das Hintergrundmotiv des Desktops, Fensterfarben und ggf. sogar Symbole verändert.

Design speichern und löschen

Wählen Sie im Dialogfeld den Hyperlink *Design speichern* 7, um das aktuelle Design samt den ggf. vorgenommenen Anpassungen unter einem Namen zu sichern. Der Hyperlink öffnet ein Dialogfeld, in dem der Name des Designs abgefragt wird. Gespeicherte Designs finden Sie in der Gruppe *Eigene Designs*. Klicken Sie ein eigenes Design mit der rechten Maustaste an, können Sie im Kontextmenü den Eintrag *Design löschen* wählen. Das zu löschende Design darf nicht aktuell zugewiesen sein, sonst fehlt dieser Kontextmenüeintrag. Markieren Sie dann ggf. eines der Windows-Standarddesigns, und versuchen Sie das Löschen erneut.

Verknüpfungen auf dem Desktop anlegen

Installieren Sie Programme (d. h. Windows-Anwendungen), legen diese häufig ein sogenanntes (Verknüpfungs-)Symbol auf dem Windows-Desktop ab. Ein Doppelklick auf ein solches Symbol ermöglicht den schnellen Start des zugehörigen Programms. Sie können Symbole von Programmverknüpfungen auf dem Windows-Desktop auch selbst einrichten.

1 Öffnen Sie ein Ordnerfenster (z. B. über das Symbol der Taskleiste ❶), und navigieren Sie zu dem Ordner, in dem das gewünschte Programm (Windows-Anwendung) gespeichert ist. Wählen Sie dazu in der linken Spalte des Fensters das Laufwerk und den Ordner ❷ des Programms (z. B. *Windows*).

2 Suchen Sie den Eintrag für das gewünschte Programm ❸, und öffnen Sie das Kontextmenü des Programms (EXE-Datei), indem Sie dieses mit der rechten Maustaste anklicken oder den Finger länger auf die Stelle am Touchscreen pressen und dann loslassen.

3 Wählen Sie im Kontextmenü die Einträge *Senden an/Desktop (Verknüpfung erstellen)*.

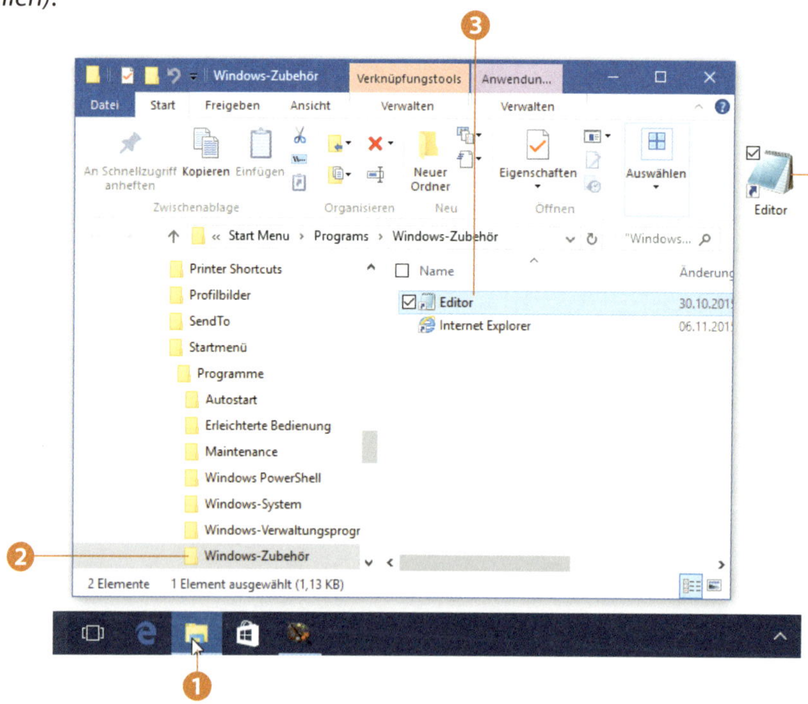

Windows legt dann eine entsprechende Verknüpfung ❹ auf dem Desktop an. Auf diese Weise können Sie sich häufig benötigte Programme als Verknüpfungen auf dem Desktop einrichten. Der Umgang mit dem Ordnerfenster und das Umbenennen einer Verknüpfungsdatei werden in Kapitel 3 beschrieben.

Verknüpfungen suchen und anheften

Sie finden einige Windows-Programme wie den Editor (*notepad.exe*) oder das Textprogramm WordPad (*write.exe*) im *Windows*-Ordner. Noch schneller geht es, wenn Sie die Suche auf der Startseite verwenden, den gefundenen Programmnamen in der Trefferliste markieren und dann zum Desktop ziehen.

Im Kontextmenü einer Programmdatei (*.exe*) gibt es die Einträge *An „Start" anheften* und *An Taskleiste anheften*, um die Windows-Anwendung als Kachel zur Startseite bzw. als Schaltfläche zur Taskleiste hinzuzufügen. Ob Sie lieber mit Desktop-Verknüpfungen oder doch eher mit Verknüpfungssymbolen in der Taskleiste arbeiten (siehe den Abschnitt »Wechseln zwischen (Programm-)Fenstern«), bleibt Ihnen überlassen.

Taskleisteneigenschaften anpassen

Öffnen Sie das Kontextmenü der Taskleiste, finden Sie Einträge, um Funktionen aufzurufen oder die Taskleiste anzupassen.

- Der Kontextmenüeintrag *Symbolleisten* ❶ öffnet ein Untermenü. Durch Anwahl der Befehle können Sie diese markieren oder die Markierung wieder aufheben. Markierte Befehle veranlassen Windows, das betreffende Element in der Taskleiste einzublenden.
- Über weitere Befehle können Sie auf dem Windows-Desktop geöffnete Fenster überlappend, gestapelt oder nebeneinander anzeigen oder alle Fenster ausblenden, um den Desktop anzuzeigen.
- Wählen Sie den Kontextmenüeintrag *Eigenschaften* ❷, um das Eigenschaftenfenster *Taskleisteneigenschaften* zu öffnen. Über verschiedene Registerkarten ❸ passen Sie die Eigenschaften der Taskleistenelemente an.

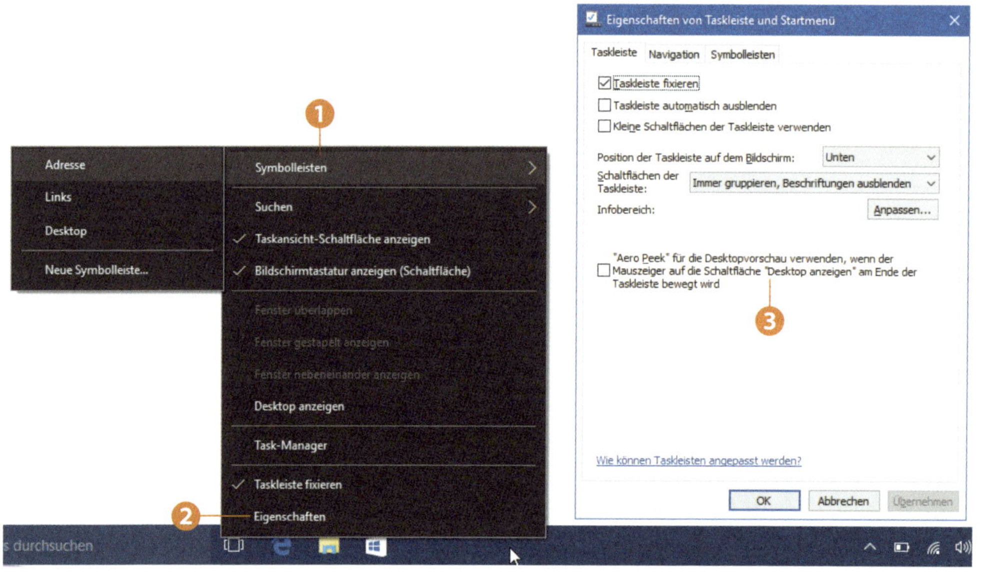

Schließen Sie das Eigenschaftenfenster über die *OK*-Schaltfläche, um die Änderungen zu übernehmen. Das Kontextmenü schließt automatisch, sobald Sie etwas anderes auf dem Desktop oder in der Taskleiste anwählen.

Task-Manager zur Kontrolle

Eine besondere Bedeutung hat der Eintrag *Task-Manager* im Kontextmenü der Taskleiste. Er öffnet das gleichnamige Fenster, in dem die momentan laufenden Apps und Windows-Anwendungen aufgelistet ❶ werden.

Wählen Sie einen Eintrag aus ❶, können Sie die zugehörige App oder die Windows-Anwendung über die Schaltfläche *Task beenden* ❷ entfernen. Dies ist z. B. hilfreich, wenn ein Programm abgestürzt ist und nicht mehr reagiert.

Über die in der linken unteren Ecke des Fensters sichtbare Schaltfläche *Mehr Details* ❸ schalten Sie zur erweiterten Darstellung ❹ um. Auf verschiedenen Registerkarten können Sie die verbrauchte Rechenzeit, die Arbeitsspeicherbelegung etc. von Apps oder Programmen, die angemeldeten Benutzer und weitere Informationen einsehen.

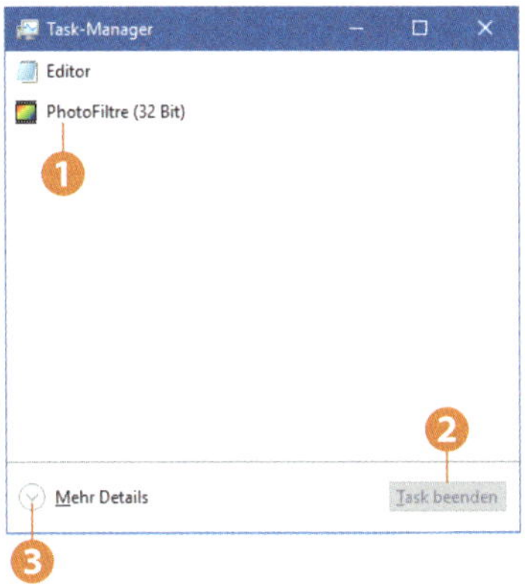

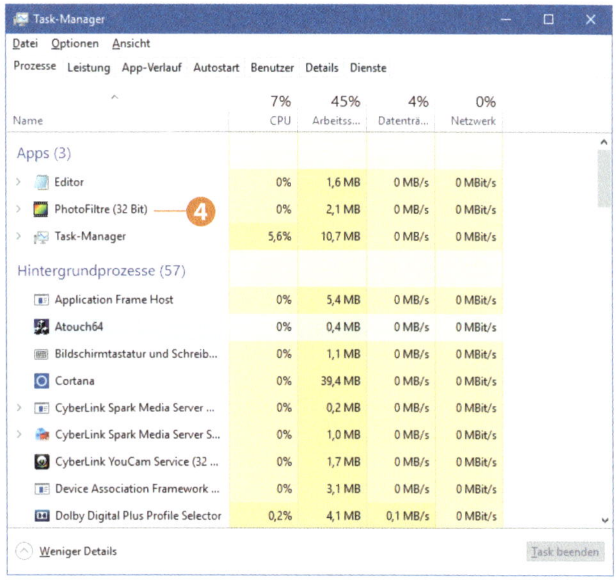

Abmelden und beenden

Zum Abschluss möchte ich Ihnen noch zeigen, wie Sie sich vom Benutzerkonto abmelden oder Windows beenden und den Computer herunterfahren können.

Benutzer abmelden

Zu Beginn dieses Kapitels haben Sie die Anmeldung am Benutzerkonto kennengelernt. Manchmal ist es auch erforderlich, sich wieder vom Benutzerkonto abzumelden (z. B. um einem anderen Benutzer Zugang zu seinem Konto zu gewähren).

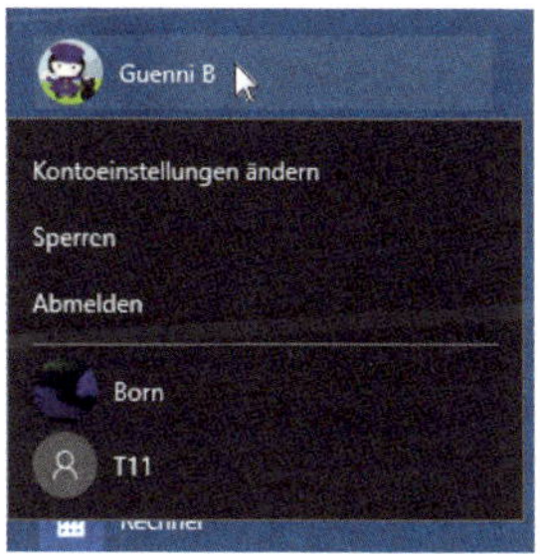

1 Öffnen Sie das Startmenü über die Schaltfläche *Start*, und wählen Sie den Eintrag des Benutzerkontos.

2 Anschließend wählen Sie entweder den Eintrag *Sperren* oder *Abmelden* aus.

Beim Eintrag *Abmelden* werden allen laufenden Apps und Windows-Anwendungen beendet. Sie gelangen zur Anmeldeseite mit den Benutzerkonten (siehe Kapitelanfang) zurück und können sich an einem anderen Benutzerkonto oder am gleichen Benutzerkonto erneut anmelden.

Der Eintrag *Sperren* veranlasst die Anzeige des Sperrbildschirms. Dies verhindert während Ihrer Abwesenheit den Zugriff durch Unbefugte auf das Gerät. Melden Sie sich dann erneut am Benutzerkonto an, können Sie sofort weiterarbeiten, da alle Apps und Fenster beim Sperren geöffnet bleiben.

Wechsel zu einem anderen Benutzerkonto

Sind mehrere Benutzerkonten eingerichtet, tauchen deren Namen mit im Menü auf. Wählen Sie einen solchen Kontennamen aus, gelangen Sie direkt zur Anmeldeseite dieses Benutzerkontos. Sie können sich dann an diesem Benutzerkonto anmelden, während die Sitzung am vorherigen Benutzerkonto pausiert. Melden Sie sich am Benutzerkonto ab und am alten Benutzerkonto wieder an, können Sie direkt mit den noch geöffneten Apps und Fenstern weiterarbeiten.

Windows beenden oder neu starten

Wenn Sie den Computer nicht mehr benötigen, sollten Sie Windows beenden und den Rechner herunterfahren.

1 Öffnen Sie das Startmenü über die Schaltfläche *Start*, und wählen Sie den Eintrag *Ein/Aus*.

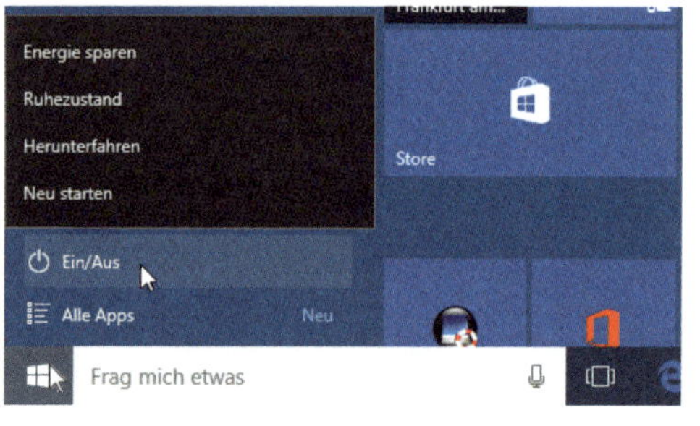

2 Wählen Sie im eingeblendeten Menü den Eintrag *Herunterfahren*.

Beim Zeigen auf *Herunterfahren* erscheint bereits eine QuickInfo mit dem Hinweis auf die Wirkung des Eintrags. Wählen Sie den Eintrag aus, beendet Windows alle geöffneten Apps und Programme. Anschließend wird der Computer heruntergefahren und abgeschaltet.

Sie können im angezeigten Menü auch den Eintrag *Energie sparen* wählen. Dann bleiben alle Apps und Fenster geöffnet, und Sie können nach dem erneuten Einschalten sofort weiterarbeiten. Bei Akkubetrieb wechselt Windows vom Energiesparmodus in den Ruhemodus, sobald die Akkukapazität zu weit abgesunken ist. Über *Neu starten* wird Windows beendet und anschließend automatisch wieder gestartet. Dies ist gelegentlich bei der Installation von Updates oder Windows-Anwendungen erforderlich.

Fazit

In diesem Kapitel haben Sie die wichtigsten Techniken zum Umgang mit Windows kennengelernt. Sie können nun Apps und Anwendungen aufrufen, zwischen verschiedenen App- und Anwendungsfenstern sowie zwischen Startseite und Windows-Desktop wechseln. Sie wissen, wie Sie sich an Windows anmelden und das Betriebssystem herunterfahren können. In den folgenden Kapiteln lernen Sie den Umgang mit weiteren Windows-Funktionen, dem Windows-Desktop sowie mit Programmen und Apps kennen.

Kapitel 2

Bedienung für Fortgeschrittene

In Kapitel 1 haben Sie die Bedienung von Windows per Maus und Tastatur sowie den Umgang mit dem Windows-Desktop und Fenstern kennengelernt. Auf Tablet-PCs ist eine Fingerbedienung per Touchscreen möglich. Im Folgenden werden die Bedienung des Touchscreens auf Tablets und der Umgang mit der Startseite, mit Apps, mit dem Windows Store sowie mit der Hilfe behandelt.

Grundlagen der Touchbedienung

Auf einem Tablet-PC mit angeschlossener Tastatur und Maus bzw. einem Touchpad (z. B. ein Microsoft Surface) kann Windows 10, wie in Kapitel 1 beschrieben, im Desktop-Modus bedient werden. Verwenden Sie dagegen den Touchscreen am Tablet-PC, ergeben sich ggf. einige Besonderheiten bei der Bedienung, die im Folgenden beschrieben werden.

Der Touchscreen als Mausersatz

Möchten Sie den Touchscreen eines Tablet-PCs als Mausersatz verwenden? Dann sollten Sie die folgenden Bedientechniken kennen:

- Tippen Sie auf ein Element (Symbol *Start*, Desktop-Symbol, Fenster), entspricht dies einem Klick mit der linken Maustaste.
- Doppeltippen Sie z. B. auf ein Desktop-Symbol, um einen Doppelklick per Maus auszuführen und die Funktion aufzurufen.
- Legen Sie den Finger auf ein Element (Desktop-Symbol, Titelleiste eines Fensters), und ziehen Sie den Finger über den Touchscreen. Dies entspricht dem Ziehen per Maus, das Element wird auf dem Bildschirm verschoben.
- Drücken Sie mit dem Finger ein paar Sekunden auf ein Element, wird dieses mit einem Viereck markiert. Heben Sie den Finger ab, öffnet sich ein Kontextmenü. Diese Technik entspricht einem Klicken mit der rechten Maustaste.

Außerdem können Sie durch Wischen mit dem Finger in Fenstern blättern oder diverse Funktionen abrufen und mit zwei Fingern die Vergrößerung (Zoom) ändern. Die Funktion *Drehen* lässt sich ggf. in Apps verwenden, um ein angewähltes Element (z. B. ein Foto) mit zwei Fingern in der Anzeige zu drehen. Tastatureingaben erfolgen ausschließlich über die Bildschirmtastatur.

Eingaben per Bildschirmtastatur

Bei Touchbedienung erfolgen alle Texteingaben über die Bildschirmtastatur. Die Bildschirmtastatur ❶ wird automatisch eingeblendet, sobald der Benutzer im App-Fenster ein Textfeld ❷ mit dem Finger anwählt. Anschließend lassen sich die angezeigten Tasten per Finger (oder Maus) bedienen, um die zugehörigen Buchstaben oder Ziffern im Textfeld einzutragen.

- Die Taste ❸ besitzt die Wirkung der [↵]-Taste auf einer normalen Tastatur. Oberhalb befindet sich die [⌫]-Taste ❹, mit der sich eingegebene Zeichen (links von der als senkrechter Strich angezeigten Textmarke) löschen lassen.
- Über die Taste [&123] in der linken unteren Ecke ❺ schalten Sie das Tastenlayout zur Ebene der Zifferneingabe um. Dort finden Sie auch das in E-Mail-Adressen benutzte @-Zeichen oder das Euro-Währungszeichen.

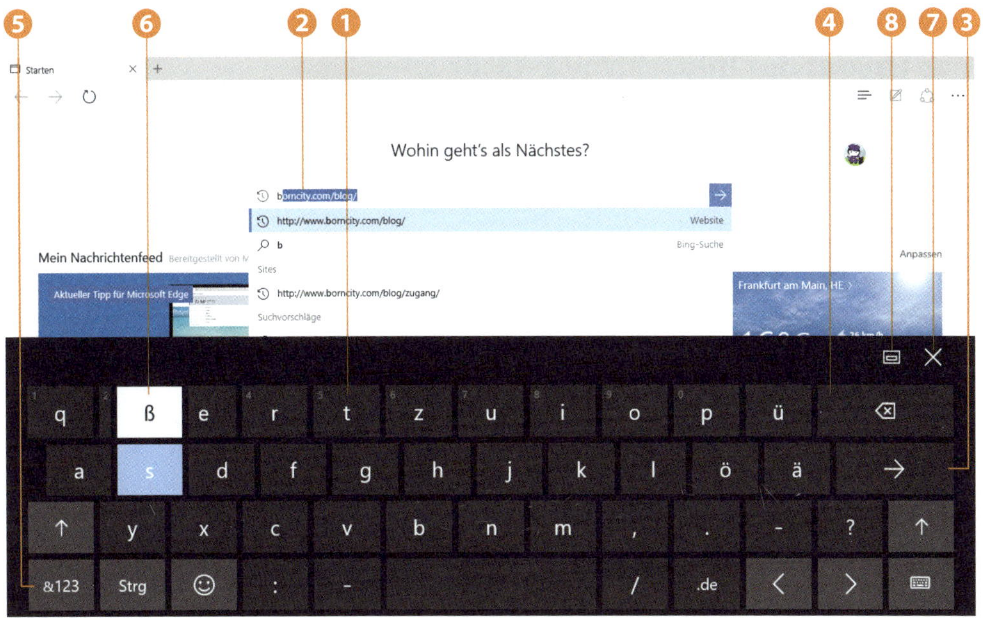

- Um Sonderzeichen wie das ß einzugeben, wählen Sie einfach die betreffende Taste (hier die Taste für den Buchstaben s) für ein paar Sekunden an. Windows blendet dann eine erweiterte Tastenbelegung in einer Palette im Vordergrund ein ❻, und Sie können das Zeichen wählen.

Über die Schaltfläche *Schließen* ❼ lässt sich die Bildschirmtastatur ausblenden. Die links daneben befindliche Schaltfläche ❽ verankert die Bildschirmtastatur am unteren Desktop-Rand. Die verankerte Bildschirmtastatur reicht dann über die gesamte Breite des Bildschirms. Tippen Sie erneut auf die Schaltfläche, wird die Verankerung gelöst, und die Bildschirmtastatur kann über den oberen Rand per Maus oder Finger auf dem Windows-Desktop verschoben werden.

Bei Windows-Anwendungen, die auf dem Windows-Desktop laufen, klappt das automatische Einblenden der Bildschirmtastatur bei Anwahl eines Textfelds oder des Dokumentbereichs allerdings nicht. Wählen Sie dann in der Taskleiste die Tastaturschaltfläche an.

Das Layout der Bildschirmtastatur anpassen

Die Bildschirmtastatur unterstützt unterschiedliche Layouts. Zur Auswahl des Layouts wählen Sie die Schaltfläche in der rechten unteren Ecke der Bildschirmtastatur an ❶.

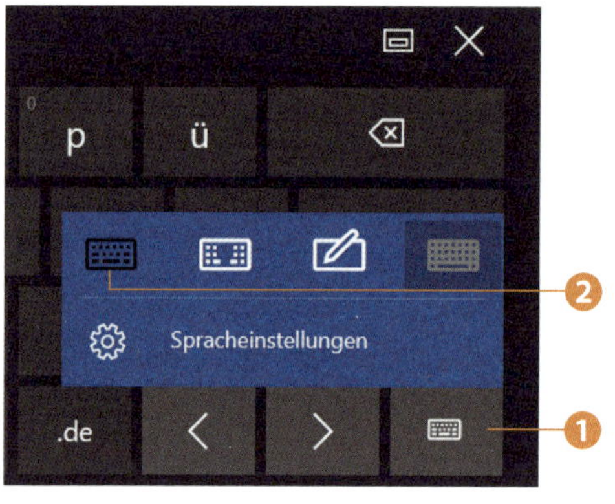

In der im Vordergrund eingeblendeten Palette ❷ können Sie dann über die beiden linken Symbole zwischen der hier sichtbaren normalen und der geteilten Bildschirmtastatur ❸ umschalten. Das Symbol mit dem stilisierten Stift aktiviert die Handschrifteingabe (siehe folgender Abschnitt), während das rechte Symbol die Bildschirmtastatur ausblendet.

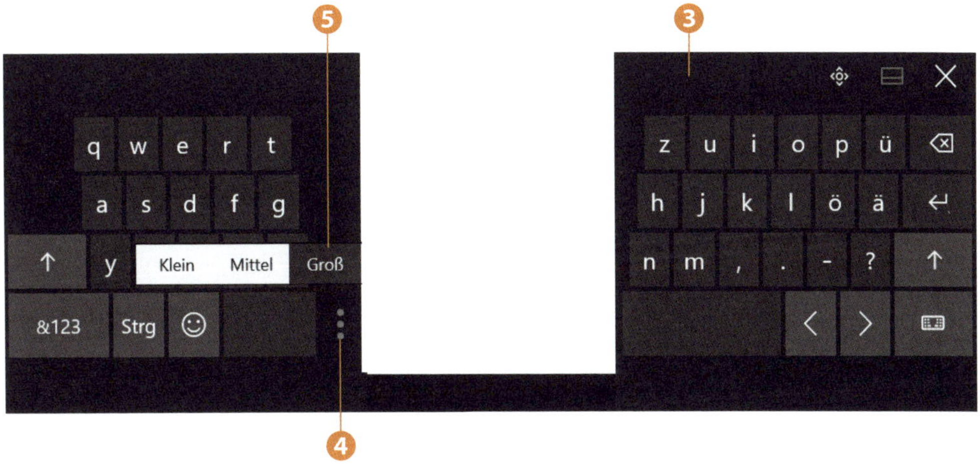

Sind Ihnen die Tasten zu groß oder zu klein? Schalten Sie das Layout der Bildschirmtastatur gemäß den obigen Hinweisen zur geteilten Darstellung um. Dann werden rechts, neben der [ ]-Taste des linken Tastenblocks, drei senkrechte Punkte angezeigt 4. Tippen Sie diese Punkte an, erscheint eine Palette 5, über die Sie die Darstellung der Tastenkappen zwischen klein, mittel und groß umstellen können.

Tastaturlayout auswählen

Sind mehrere Tastatursprachen installiert, lässt sich die Tastenbelegung (das Tastaturlayout) zusätzlich zwischen diesen Sprachen umstellen. Wählen Sie die Taste in der rechten unteren Ecke der Bildschirmtastatur, um die erweiterte Palette einzublenden. Anschließend wählen Sie im oberen Teil eines der angezeigten Sprachschemata aus, um das Layout umzustellen.

Handschrifteingabe am Touchscreen

Bei Touchscreens ist eine Handschrifteingabe mit einem Stift möglich. Die Windows-Handschrifterkennung wandelt die Stifteingaben im Eingabebereich ❶ in Schreibschrift um und ermöglicht die Übernahme als Text in das gewählte Eingabefeld ❸.

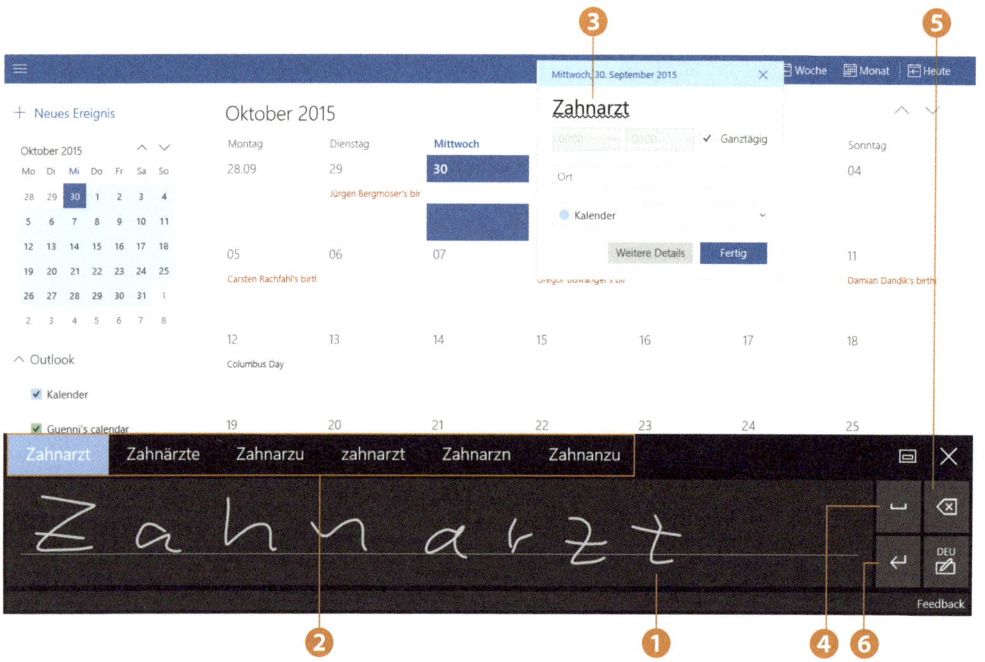

1 Um Windows auf eine Handschrifteingabe per Stift einzustellen, blenden Sie als Erstes die Bildschirmtastatur durch Antippen eines Eingabefelds ❸ ein. Wie das geht, haben Sie auf den vorangegangenen Seiten erfahren.

2 Wählen Sie die Taste in der rechten unteren Ecke der Bildschirmtastatur, um die Palette mit den Tastaturlayouts einzublenden (siehe Abschnitt »Das Layout der Bildschirmtastatur anpassen«).

3 Nun wählen Sie das Tastensymbol mit dem stilisierten Stift, um zur Stifteingabe zu wechseln.

Windows blendet den Stifteingabebereich in der Anzeige ein 1. Erkannte Zeichen werden als Vorschläge 2 oberhalb des Eingabebereichs angezeigt. Durch Antippen können Sie die korrekte Schreibweise auswählen. Neben der Zeile des Eingabebereichs für die handschriftliche Eingabe finden Sie am rechten Rand noch einige Tastensymbole, um ein Leerzeichen einzufügen 4, um ein bereits im Eingabefeld vorhandenes Zeichen links von der Eingabemarke zu löschen 5 oder die Eingaben zu übernehmen 6.

Arbeiten mit der Startseite und Apps

Zum Arbeiten stellt Windows im Tablet-Modus die sogenannte Startseite bereit. Sie können Apps (und die auch als Desktop-Apps bezeichneten Windows-Anwendungen) aufrufen. Dabei ergeben sich einige Änderungen zum Desktop-Betrieb, die nun vorgestellt werden.

Wissen zur Startseite

Über die Kacheln der Startseite erhalten Sie Zugriff auf die sogenannten Apps, Windows-Programme und Windows-Funktionen sowie die Taskleiste (siehe Erläuterungen in Kapitel 1 im Abschnitt »Die Startseite im Tablet-Modus«).

- Die Kacheln werden in Gruppen angeordnet – und oberhalb der jeweiligen Gruppe wird ggf. ein Gruppentitel angezeigt. Tippen Sie auf einen Titel, lässt sich dieser per Bildschirmtastatur anpassen.
- Auf einer App-Kachel können Informationen (z. B. Fotos, Börsenkurse, Wetter oder Schlagzeilen) angezeigt werden. Man spricht dann von »Live-Kacheln«.

Über die Kacheln lassen sich die zugehörigen Apps oder Programme (Desktop-Anwendungen) aufrufen.

- Am unteren Rand der Startseite finden Sie die (auch auf dem Desktop verwendete) Taskleiste. Dort lassen sich optional die angehefteten App-Symbole sowie die Symbole geöffneter Fenster anzeigen.
- Zum Ein-/Ausblenden der App-Symbole öffnen Sie das Kontextmenü, indem Sie mit dem Finger etwas länger auf die Taskleiste drücken, und wählen im Kontextmenü den Eintrag *App-Symbole anzeigen*.

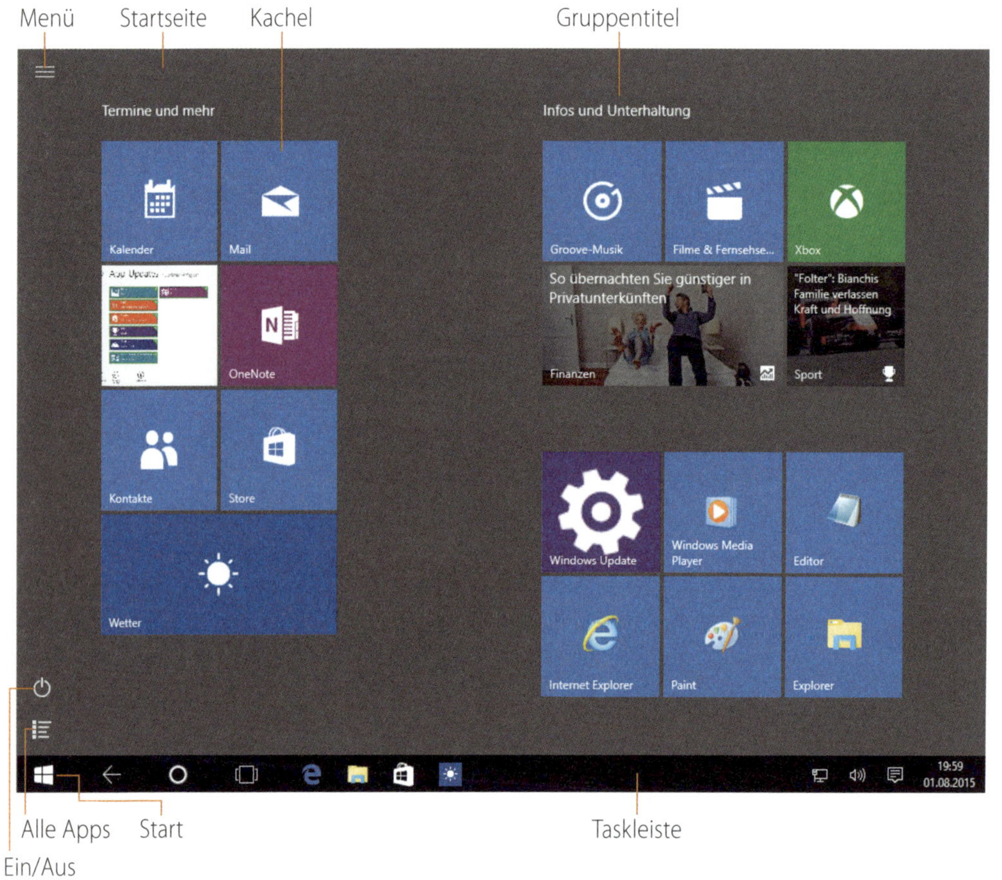

- In der linken unteren Ecke ist das in Kapitel 1 (Abschnitt »Windows beenden oder neu starten«) beschriebene Symbol *Ein/Aus* zu finden. Bei dessen Anwahl öffnet sich ein Menü mit Einträgen zum Herunterfahren oder Neustarten von Windows.
- Das Symbol *Alle Apps* blendet die Liste aller installierten Apps und Anwendungen, in alphabetischer Ordnung sortiert, als Liste am linken Bildschirmrand ein.
- Tippen Sie auf das Burger-Menü in der linken oberen Ecke, erscheint die linke Spalte des in Kapitel 1 beschriebenen Startmenüs auf der Startseite. Dort erhalten Sie (über das Symbol des Benutzerkontos) Zugriff auf die Einträge zum Abmelden vom Benutzerkonto, zum Zugriff auf häufig verwendete Programme oder auf die Einträge *Explorer* und *Einstellungen*.

Die eingeblendeten Leisten aller Apps oder der Startmenüspalte verschwinden, sobald Sie auf einen Punkt außerhalb der Spalte tippen.

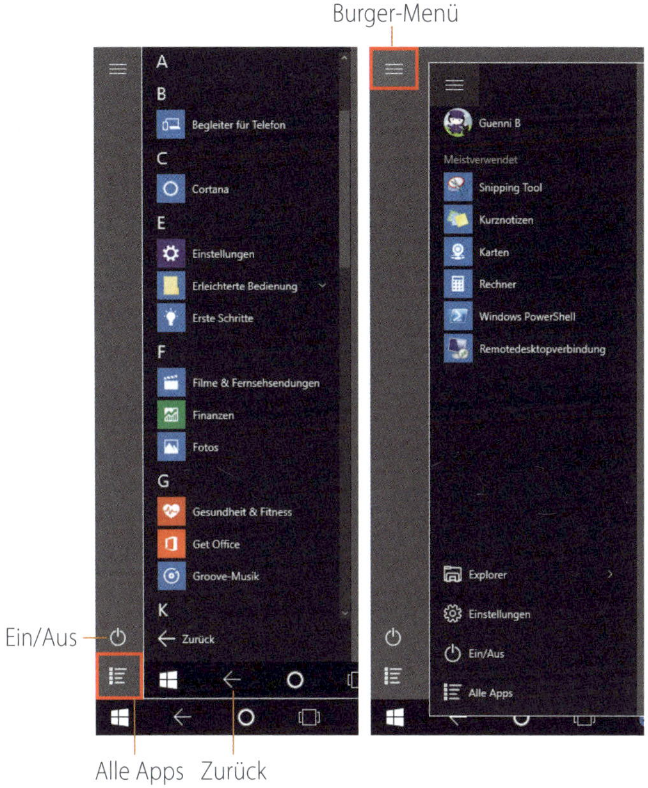

Das Symbol *Start* in der linken unteren Ecke öffnet keinesfalls das Startmenü wie im Desktop-Betrieb. Vielmehr schaltet Windows beim Antippen von *Start* zur Anzeige der Startseite um. Das ist hilfreich, falls gerade eine App oder eine Windows-Anwendung geöffnet ist und die Startseite verdeckt. Das hier mit *Zurück* beschriftete Symbol eines Pfeils ermöglicht Ihnen, schrittweise die vorher eingeblendeten Apps und Anwendungen einzublenden.

> Enthält die Startseite bei Ihnen mehr Kacheln, als auf dem Bildschirm angezeigt werden können? Wischen Sie einfach auf der Startseite mit dem Finger am Touchscreen nach oben oder unten, um in der Kachelliste zu blättern.

> Die gleiche Wirkung wie das Symbol *Start* hat das Drücken der ⊞-Taste. Diese Taste finden Sie bei Tablet-PCs ggf. an der Gehäusefrontseite.

Kachel auf der Startseite anpassen

Markieren Sie auf der Startseite eine Kachel, z. B. indem Sie den Finger ein paar Sekunden am Touchscreen auf die Kachel drücken. Eine markierte Kachel weist in der rechten oberen Kachelecke eine stilisierte Pinn-Nadel und am unteren Rand einen Kreis mit drei Pünktchen auf.

- Durch Antippen des oberen Symbols mit dem stilisierten Pinn wird die Kachel bei Touchbedienung von der Startseite entfernt.

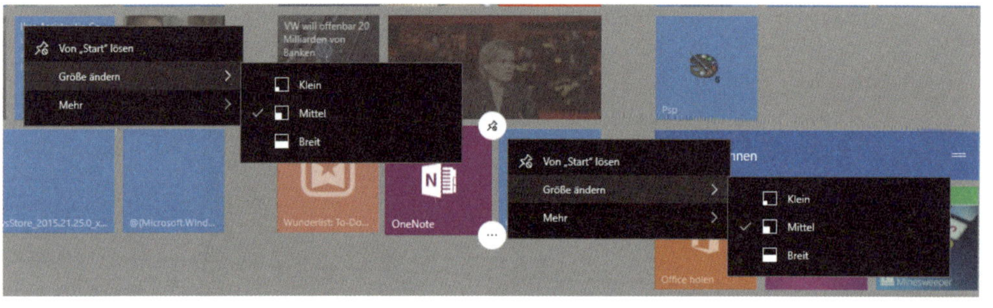

- Um eine App oder Anwendung erneut an die Startseite anzuheften, tippen Sie auf das Symbol *Alle Apps*. In der eingeblendeten Liste aller installierten Apps und Anwendungen drücken Sie den Finger etwas länger auf den gewünschten Eintrag. Wenn Sie den Finger abheben, wählen Sie im Kontextmenü den Eintrag *An „Start" anheften*.
- Um Kacheln neu anzuordnen, verschieben Sie die gewünschte Kachel auf der Startseite mit dem Finger oder der Maus an die neue Position. Auf diese Weise lassen sich die Kacheln bestimmten Gruppen zuordnen und innerhalb der Gruppe neu anordnen.

Tippen Sie auf den Kreis mit den drei Pünktchen, öffnet sich ein Menü mit verschiedenen Einträgen.

- Über Einträge wie *Klein*, *Mittel*, *Breit* und *Groß* können Sie die Größe der App-Kachel anpassen.
- Mit *Live-Kachel deaktivieren* bzw. *aktivieren* legen Sie fest, ob die App Inhalte (z. B. Wetter, Nachrichten etc.) dynamisch auf der Kachel anzeigen darf.
- Über *Weitere Optionen* öffnen Sie ein Untermenü. Dort finden Sie Möglichkeiten, um die App an der Taskleiste anzuheften, zu deinstallieren, den Dateipfad bei Anwendungen zu öffnen etc.

Die angezeigten Befehle hängen von der jeweiligen App oder Windows-Anwendung ab.

Ist eine Maus oder ein Touchpad am Tablet angeschlossen, öffnet ein Rechtsklick direkt das Kontextmenü. In diesem Kontextmenü finden Sie Einträge, um Kacheln von der Startseite zu lösen, die Größe zu ändern oder Apps zu deinstallieren. Das Symbol mit dem Pinn oder der Kreis mit den drei Pünktchen wird nicht angezeigt.

Apps starten und beenden

Um eine App (oder Anwendung) unter Windows über die Startseite aufzurufen, sind nur wenige Handgriffe erforderlich, die Sie bereits kennen.

- Zum Starten einer App tippen Sie auf dem Touchscreen die Kachel (oder den Eintrag in *Alle Apps* bzw. in der Burger-Menü-Spalte) mit dem Finger an. Bei Mausbedienung reicht das Anklicken mit der linken Maustaste.
- Um bei Bedarf eine weitere App oder Anwendung zu öffnen, wählen Sie das Symbol *Start* in der linken unteren Bildschirmecke. Anschließend wählen Sie auf der angezeigten Startseite die Kachel der gewünschten App oder Anwendung.
- Ist eine App oder Anwendung als Symbol in der Taskleiste angeheftet, reicht das Antippen dieses Symbols, um das zugehörige Programm zu öffnen.

Mehr gibt es eigentlich zum Starten von Apps nicht zu wissen. Und auf die gleiche Weise werden auch Windows-Anwendungen über Kacheln der Startseite aufgerufen.

Im Tablet-Modus werden Apps und Windows-Anwendungen immer im Vollbildmodus geöffnet, d. h., das Fenster nimmt den gesamten Bildschirm ein. Das heißt, die zuletzt geöffnete App oder Anwendung ist auf dem Bildschirm sichtbar und kann verwendet werden. Wie Sie zwischen mehreren Apps bzw. Anwendungen umschalten, erfahren Sie auf den folgenden Seiten.

1 Um eine App zu schließen, wischen Sie mit dem Finger vom oberen Rand der App-Seite etwas nach unten.

2 Tippen Sie dann in der eingeblendeten Titelleiste auf die *Schließen*-Schaltfläche.

Windows beendet dann die App zwangsweise, und Sie gelangen zur Startseite zurück.

> Bei Windows-Anwendungen sehen Sie in der rechten oberen Ecke des Bildschirms immer die *Schließen*-Schaltfläche. Durch Antippen dieser Schaltfläche lässt sich die Anwendung beenden.
>
> Ist am System eine Maus angeschlossen? Im Tablet-Modus wird beim Zeigen mit der Maus auf den oberen Rand der App-Seite die Titelleiste mit dem App-Namen eingeblendet.

Apps und Anwendungen nebeneinander öffnen

Apps und Anwendungen belegen im Tablet-Modus normalerweise den gesamten Bildschirm. Ist es erforderlich, mehrere Apps oder Anwendungen nebeneinander auf dem Bildschirm zu zeigen, ermöglicht Windows 10 dazu eine geteilte Bildschirmdarstellung mit mehreren geöffneten Apps oder Anwendungen.

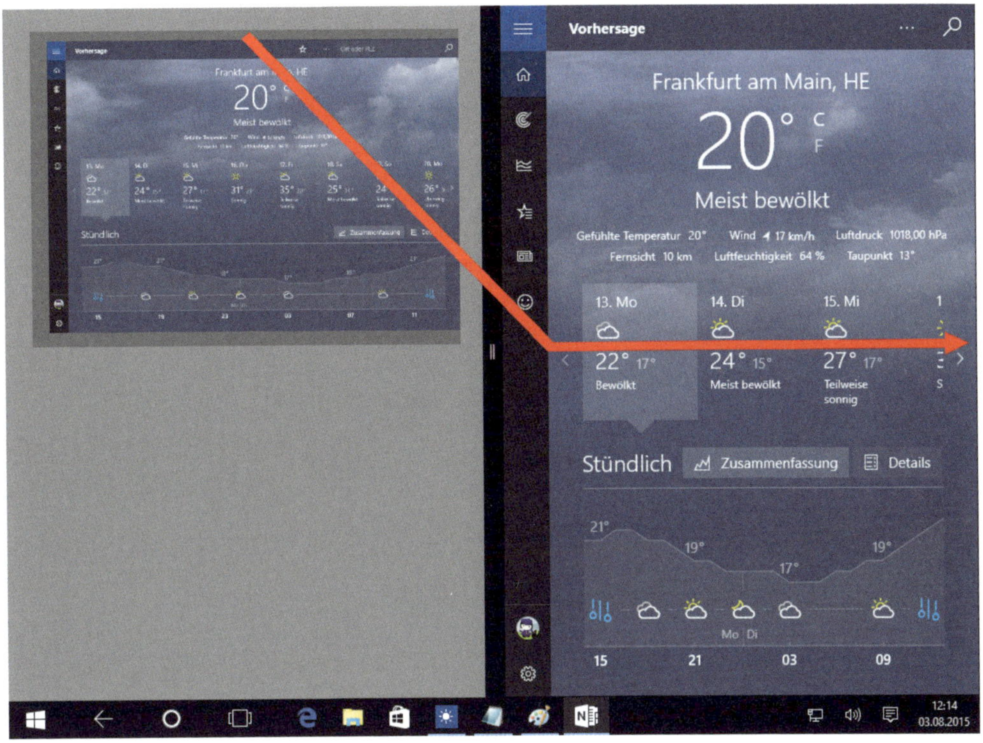

1 Wechseln Sie zur Startseite, rufen Sie z. B. die Wetter-App auf, und warten Sie, bis die App-Seite angezeigt wird.

2 Ziehen Sie die App-Seite vom oberen Bildschirmrand (per Finger) ab und dann das verkleinerte App-Fenster zum rechten (oder linken) Bildschirmrand.

Das funktioniert alles, wie im letzten Abschnitt beschrieben. Der Finger muss lediglich auf dem App-Fenster (bzw. die linke Touchpad- oder Maustaste) gedrückt bleiben. Wenn Sie alles richtig machen, dockt Windows das App-Fenster (wie in der Darstellung oben sichtbar) am Bildschirmrand an.

3 Tippen Sie auf *Start*, und öffnen Sie eine zweite App oder Windows-Anwendung in der freien Fläche. Wenn alles klappt, werden auf dem Bildschirm die Seiten beider Apps nebeneinander angezeigt. Sie können also bequem mit einer App arbeiten und Informationen aus der zweiten App im Auge behalten.

Die Teilung der Anzeige anpassen oder aufheben

Zwischen den beiden App-Seiten wird ein schwarzer Balken, das Teilerfeld, mit zwei senkrecht angeordneten Linien eingeblendet. Das Teilerfeld lässt sich per Finger oder Maus nach rechts oder links schieben, um wahlweise die linke oder rechte App-Seite verkleinert anzuzeigen.

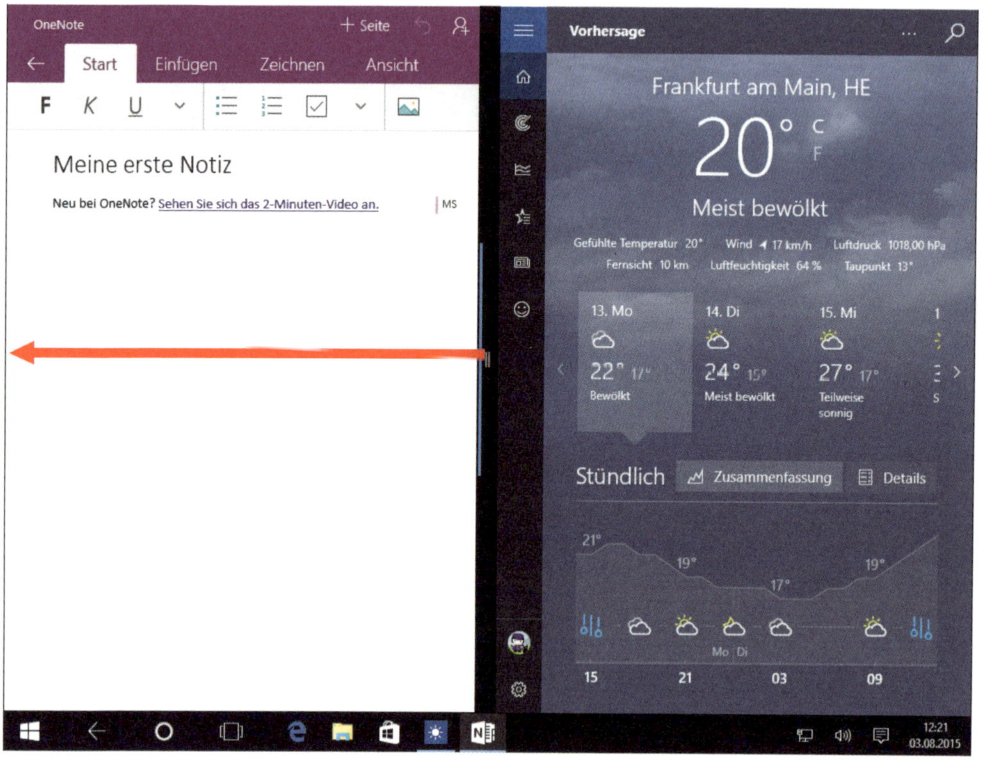

Schieben Sie das Teilerfeld bis zum linken oder rechten Bildschirmrand, hebt Windows die geteilte Anzeige auf. Es wird nur noch eine App bzw. das Anwendungsfenster auf dem gesamten Bildschirm angezeigt.

Auswahl der anzuzeigenden App/Anwendung

Sind mehrere Apps oder Windows-Anwendungen geöffnet? Dann blendet Windows beim Andocken einer App oder Anwendung die Miniaturen der restlichen geöffneten Fenster in der zweiten Spalte ein. Tippen Sie auf die gewünschte Miniatur, um diese in der zweiten Spalte als Vollbild einzublenden.

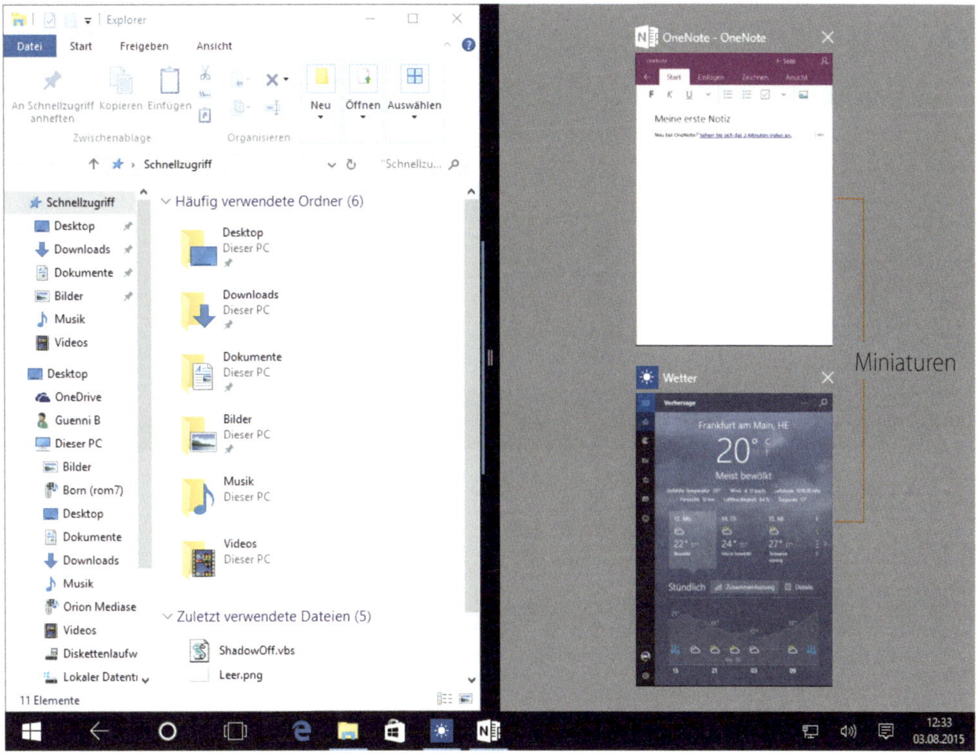

Umschalten zwischen Apps/Anwendungen

Weil App- und Anwendungsfenster im Tablet-Modus immer den gesamten Bildschirm belegen, ist ein Wechsel zu anderen Apps oder Anwendungen erforderlich. Um diesen Wechsel durchzuführen, bietet Windows 10 verschiedene Möglichkeiten.

- Wischen Sie bei einem Touchscreen vom linken Bildschirmrand zur Bildschirmmitte, oder tippen Sie in der Taskleiste auf das Symbol *Taskansicht*. Windows blendet die Miniaturansichten aller Fenster ein. Durch Antippen einer Miniaturansicht wird das Fenster zur Vollbilddarstellung in den Vordergrund geschaltet.

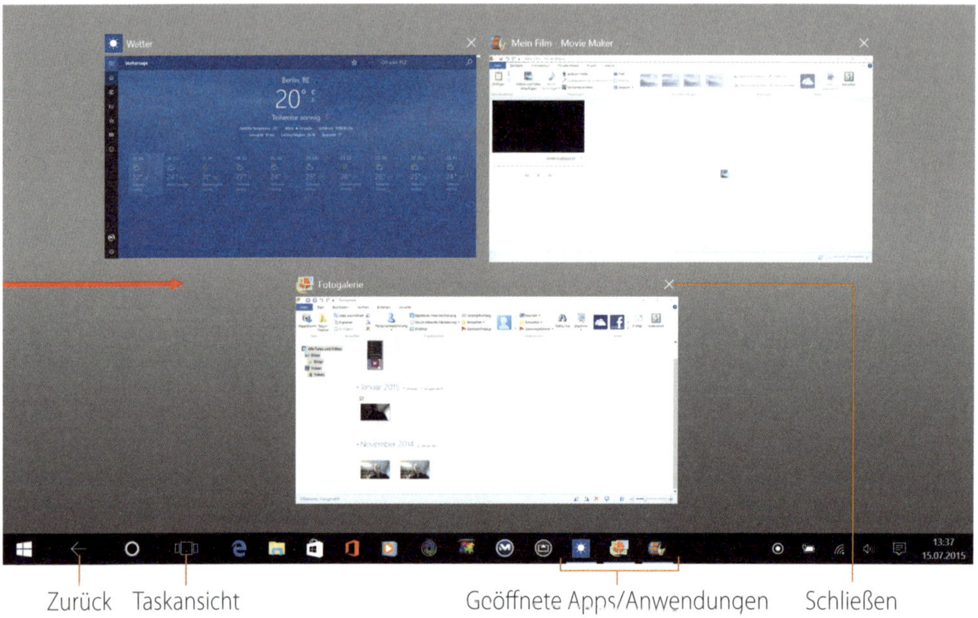

- Alternativ tippen Sie in der Taskleiste auf das Symbol des geöffneten Fensters (sofern sichtbar), um dieses in Vollbilddarstellung in den Vordergrund zu schalten. Die Symbole geöffneter Fenster erkennen Sie an einer blauen Linie am unteren Taskleistenrand.

Das in der Taskleiste sichtbare Symbol *Zurück* schaltet dagegen schrittweise zur vorherigen Darstellung zurück.

Suchen auf der Startseite

Die Suche auf der Startseite funktioniert wie auf dem Windows-Desktop. Tippen Sie in der Taskleiste auf das Suchfeld oder das Cortana-Symbol. Anschließend geben Sie im Suchfeld *Frag mich etwas* den Suchbegriff ein. Danach können Sie den gewünschten Eintrag in der Ergebnisliste auswählen.

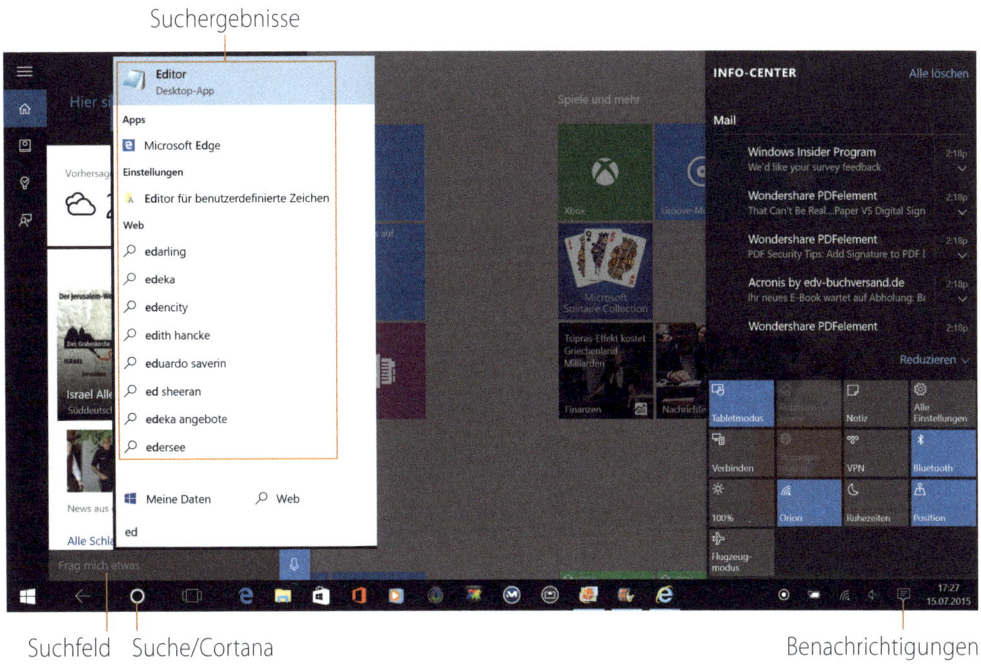

> ## Zugriff auf das Info-Center
> Das Info-Center lässt sich bei Touchbedienung über das *Benachrichtigungen*-Symbol der Taskleiste am rechten Rand einblenden. Oder Sie wischen mit dem Finger vom rechten Rand zur Mitte des Touchscreens.

Wie greife ich auf App-Funktionen und Optionen zu?

Sobald eine App geöffnet wurde, können Sie sich über deren Fenster Informationen ansehen und dort ggf. auch über Bedienelemente diverse Einstellungen vornehmen.

Neben dem Zugriff auf die Funktionen einer App lassen sich häufig auch Optionen anpassen.

1 Wählen Sie in der App das Symbol *Einstellungen* ❶. Dieses wird meist am linken Seitenrand eingeblendet.

2 In der dann am rechten Rand eingeblendeten Seitenleiste *Einstellungen* wählen Sie den gewünschten Befehl aus ❷.

3 Danach lassen sich in der neu angezeigten Seitenleiste die gewünschten Optionen der App umstellen bzw. anpassen.

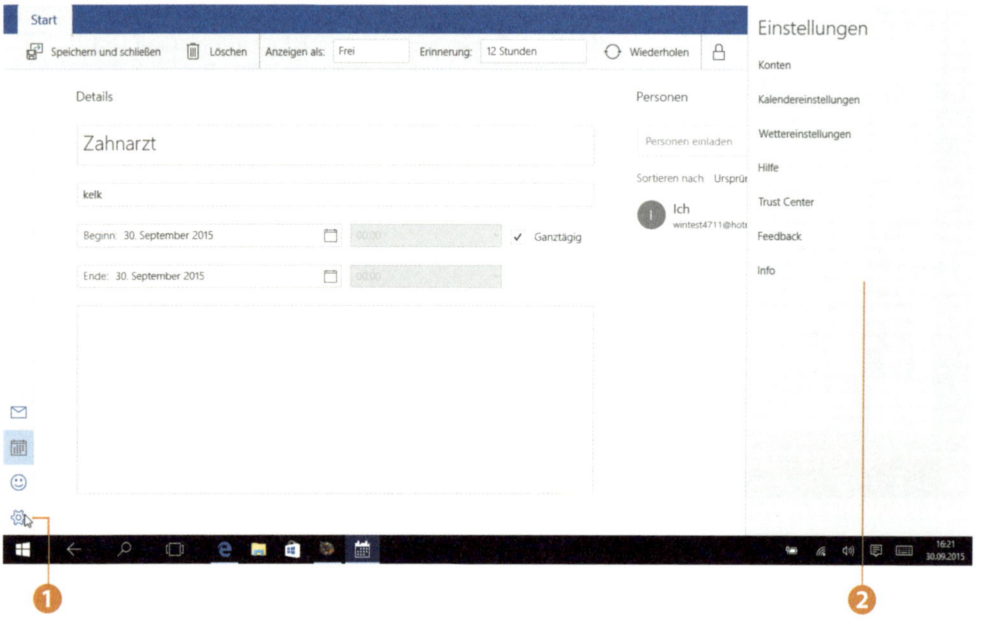

Je nach App können Optionen über diverse Bedienelemente angepasst werden. Die Seitenleiste verschwindet wieder, sobald Sie einen anderen Bereich des App-Fensters anwählen.

Umgang mit dem Windows Store

In Windows 10 lassen sich Apps durch den Anwender ausschließlich über den Windows Store beziehen. Lernen Sie nun den Windows Store kennen und erfahren Sie, wie der Kauf und die Installation von Apps ablaufen.

Wissen zum Windows Store

Der Zugriff auf den Windows Store erfordert eine Internetverbindung, und Sie benötigen für den Bezug von Apps (sowie Musik und Filmen) ein sogenanntes Microsoft-Konto – das aber bei der Windows-Installation standardmäßig eingerichtet wird.

- Zum Windows Store gelangen Sie, indem Sie das hier gezeigte Symbol der Store-App in der Taskleiste (oder die Kachel im Startmenü bzw. in *Alle Apps*) anwählen.
- Wenn alles klappt, öffnet sich die App-Seite des Windows Stores, auf der Sie sich (gemäß den folgenden Ausführungen) über die Apps informieren können.

Der genaue Aufbau der Store-Seite ändert sich immer mal wieder. Hier sehen Sie die Startseite des Stores so, wie sie beim Schreiben dieses Buches ausgesehen hat.

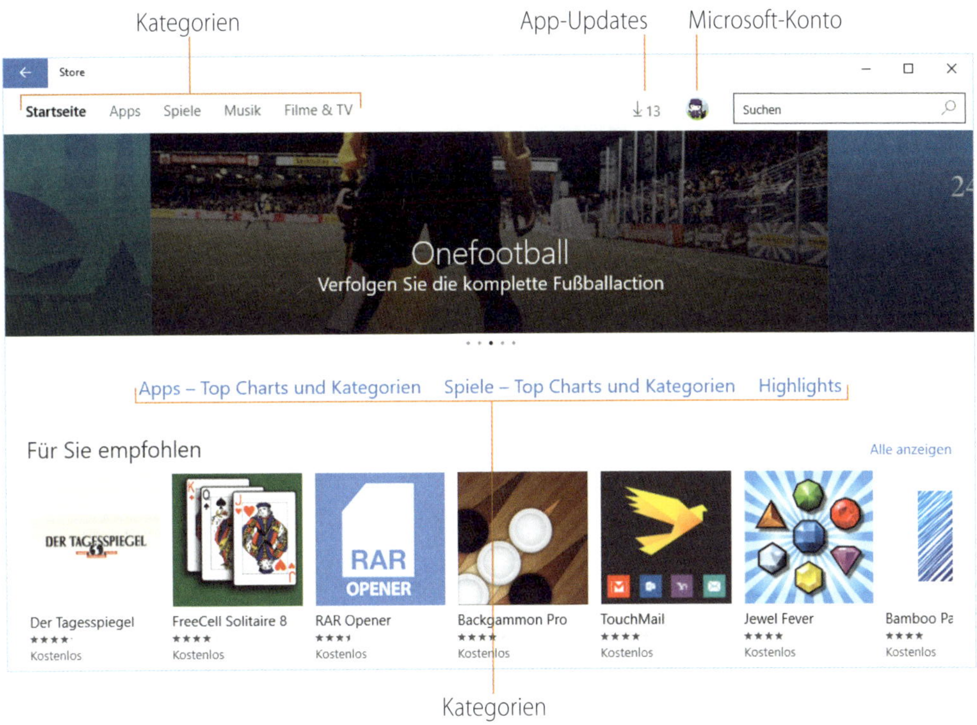

- Beim Start erscheint eine Übersichtsseite des Windows Stores mit prominent empfohlenen Apps. Über die Einträge im Kopfbereich können Sie auf verschiedene Kategorien (Startseite, Apps, Spiele, Musik, Filme & TV) zugreifen.
- Stehen App-Updates an, wird dies durch ein Symbol im Kopfbereich angezeigt. Darüber hinaus finden Sie das Symbol des Microsoft-Kontos des Benutzers sowie das Suchfeld in der Kopfzeile der App.

- Auf einem Touchscreen können Sie durch Wischen mit dem Finger im Store scrollen (blättern), um die verschiedenen Teile der Übersichtsseite einzusehen. Bei Mausbedienung drehen Sie zum Blättern am Mausrädchen oder verwenden die Bildlaufleiste.
- Beim Blättern werden Ihnen verschiedenen Rubriken (z. B. *Apps Top Charts* oder *Kostenlose Top-Apps*) mit den zugehörigen Apps angezeigt.

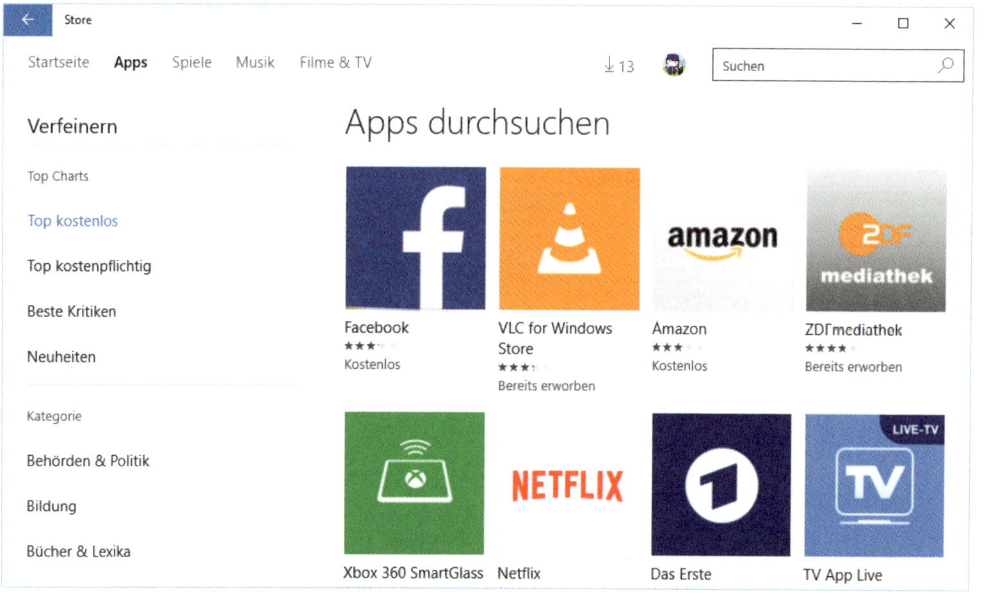

- Um die Details einer App-Kategorie einzusehen, wählen Sie einfach den Gruppentitel (z. B. *Apps Top Charts*) durch Antippen oder Anklicken an. Der Store zeigt dann die Liste mit den Kacheln der einzelnen Apps.

In der App-Liste finden Sie in der Kachel jeweils ein kleines Vorschaubild und den Namen der App. Sie sehen zudem an den fünf Sternchen, welche Bewertung andere Benutzer abgegeben haben. Es lässt sich auch erkennen, welche Apps kostenlos und welche kostenpflichtig sind. Die Angabe *Bereits erworben* zeigt an, dass Sie die App erworben haben.

Um zur übergeordneten Seite des Windows Stores zurückzukehren, wählen Sie die *Zurück*-Schaltfläche (Pfeil nach links) in der linken oberen Ecke der Seite.

Suchen im Windows Store

Tippen oder klicken Sie in der oberen rechten Ecke des Stores auf das Suchfeld ❶. Geben Sie einen Begriff (z. B. »musik«) ein. Drücken Sie die ↵-Taste, oder wählen Sie die im Feld rechts sichtbare stilisierte Lupe aus, listet Windows alle passenden Apps auf der Ergebnisseite ❷ auf.

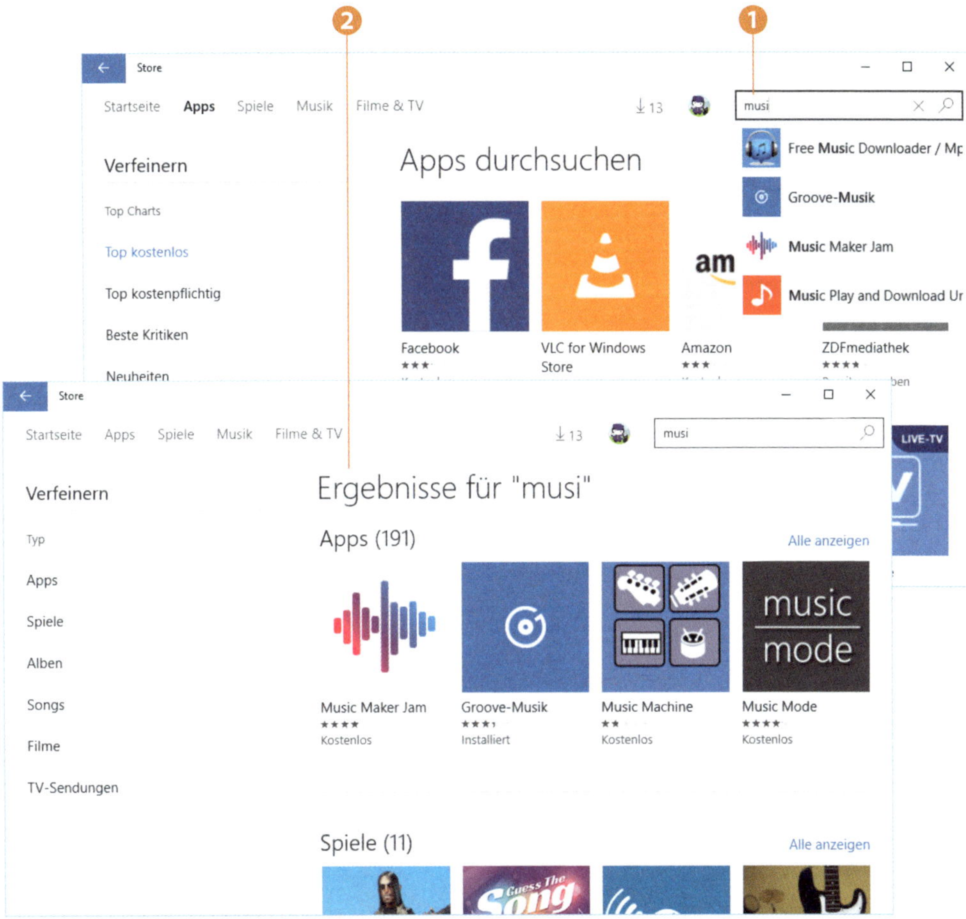

App-Details einsehen

Die Details einer App werden angezeigt, sobald Sie die betreffende Kachel im Windows Store anwählen. Sie gelangen zur Detailseite, die ähnlich aussieht, wie hier dargestellt.

- Sie sehen den App-Namen, das App-Symbol sowie eine Beschreibung und ob die App kostenlos oder kostenpflichtig ist. Es wird auch angezeigt, ob Sie diese App bereits besitzen. Zudem erkennen Sie, mit wie vielen Sternen andere Benutzer die App bereits bewertet haben.
- Blättern Sie mit dem Mausrädchen oder durch Wischen mit dem Finger, finden Sie z. B. Details der Nutzerbewertung und können weitere Informationen (wie etwa die unterstützte Sprache, die Altersfreigabe, die ungefähre App-Größe etc.) abrufen.

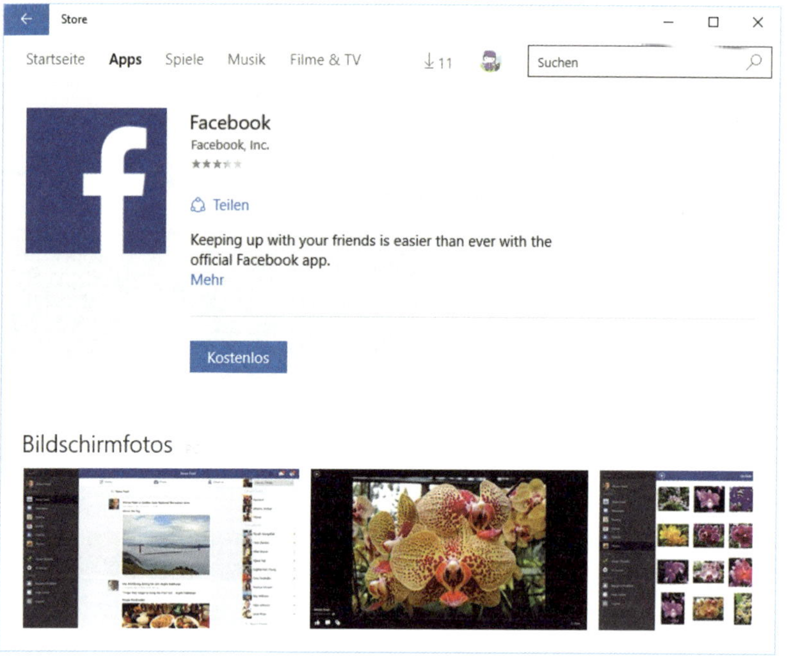

Der Eintrag *Mehr* auf der App-Detailseite blendet eine erweiterte Beschreibung der App-Funktionen ein. Auch hier vielleicht der kurze Hinweis, dass sich die Aufteilung der App-Seite und die angebotenen Informationen durchaus ändern.

Apps installieren

Um eine neue App aus dem Windows Store zu installieren, wählen Sie diese zunächst über die entsprechende Kachel aus. Achten Sie dabei unbedingt darauf, ob es sich um eine kostenpflichtige App handelt, die anschließend bezahlt werden muss, oder um eine kostenlose App.

1 Navigieren Sie, wie auf den vorangegangenen Seiten beschrieben, im Windows Store zur Detailseite einer App, und lesen Sie sich die Beschreibung und die Anforderungen der App durch.

2 Wählen Sie die Schaltfläche mit dem Preis oder *Kostenlose Testversion* oder *Kostenlos*, um ggf. den Kauf und die Installation aus dem Windows Store anzustoßen.

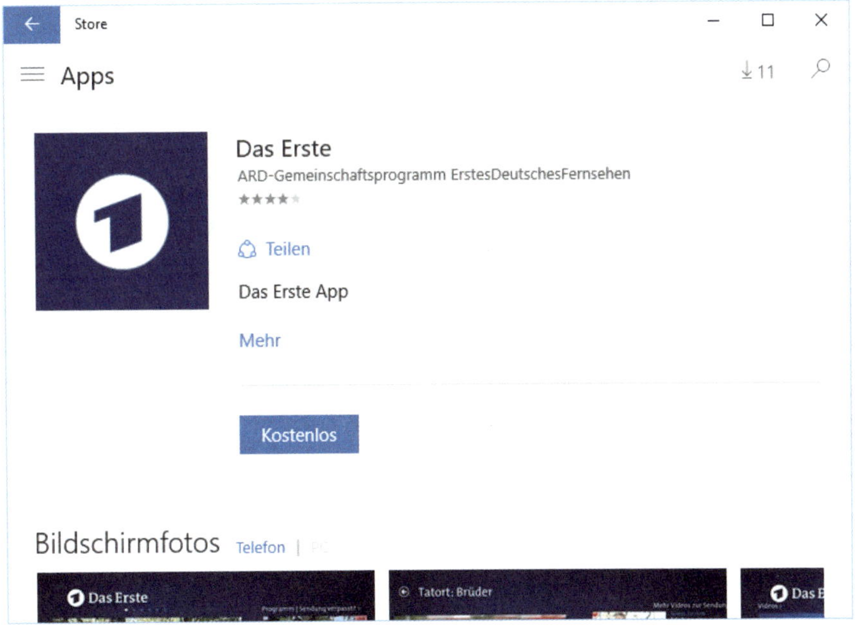

Anschließend folgen Sie den Anweisungen im Fenster des Stores. Bei kostenlosen Apps wird der Download angestoßen und in eine Warteschlange übertragen. Das Gleiche gilt für die Schaltfläche *Kostenlose Testversion*. Sie können die App dann für einen angegebenen Zeitraum testen.

3 Wird das Formular zur Anmeldung am Microsoft-Konto eingeblendet (siehe folgender Abschnitt), geben Sie dort Ihre Anmeldedaten ein.

4 Folgen Sie ggf. den angezeigten Anweisungen zum Kauf der App.

Das war's schon. Windows zeigt während des Downloads der App eine Statusmeldung in der rechten oberen Ecke des Bildschirms an und benachrichtigt Sie, sobald die App erfolgreich installiert wurde. Diese Benachrichtigung verschwindet automatisch, und Sie können die App über die Startseite aufrufen.

Es wird nach einer Zahlungsmethode gefragt

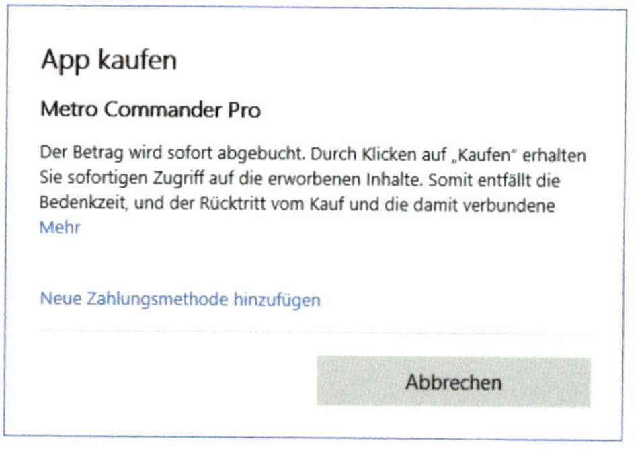

Erscheint beim Kauf einer App dieses Formular auf dem Bildschirm? Dann fehlen Windows die Informationen zur Zahlungsmethode.

Über *Neue Zahlungsmethode hinzufügen* gelangen Sie zur Kontenseite, auf der Kreditkartendaten, ein Konto des Zahlungsdienstleisters PayPal etc. eingetragen werden können. Falls Sie keine Zahlungsmethode eintragen möchten, klicken Sie auf *Abbrechen*. Dann erhalten Sie kostenlose Apps trotzdem.

> Microsoft akzeptiert für App-Käufe eine Zahlungsabwicklung z. B. über den Dienstleister PayPal oder eine Bezahlung per Kreditkarte. Ob Sie eine Kreditkarte als Zahlungsmethode verwenden, bleibt Ihnen überlassen. Persönlich verzichte ich aus Sicherheitsgründen darauf, meine Kreditkartendaten in Stores bei Microsoft, Apple oder Google anzugeben. Zumindest beim Einstieg in Windows sollten Sie aus den oben genannten Gründen auf den Kauf kostenpflichtiger Apps verzichten.

Anmeldung am Microsoft-Konto zum App-Kauf

Um Apps im Store kaufen und installieren zu können, ist eine Anmeldung mit einem Microsoft-Konto erforderlich. Über dieses Microsoft-Konto werden die dem Windows-Gerät zugeordneten Apps und Kaufinformationen verwaltet. Microsoft stellt zwei Möglichkeiten zur Anmeldung bereit:

- Das Benutzerkonto kann als Microsoft-Konto eingerichtet werden. Durch die Anmeldung am Benutzerkonto erfolgt automatisch die Anmeldung am Microsoft-Konto. Dies ist wohl der Ansatz, den die meisten Windows-Nutzer standardmäßig wählen.
- Sofern Sie ein lokales Benutzerkonto verwenden, können Sie sich ebenfalls an einem Microsoft-Konto anmelden. Windows wird in diesem Fall einmalig ein Formular zur Eingabe des Benutzernamens und des Kennworts des Microsoft-Kontos anzeigen.

Nur bei einem lokalen Benutzerkonto fordert Windows Sie bei Bedarf zur Anmeldung am Microsoft-Konto auf. Hier die erforderlichen Schritte:

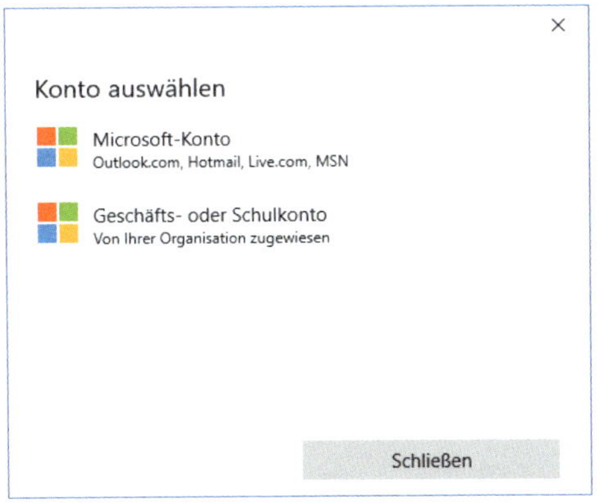

1 Erscheint in der Windows-Store-App das Formular *Konto auswählen*, wählen Sie die Option *Microsoft-Konto*.

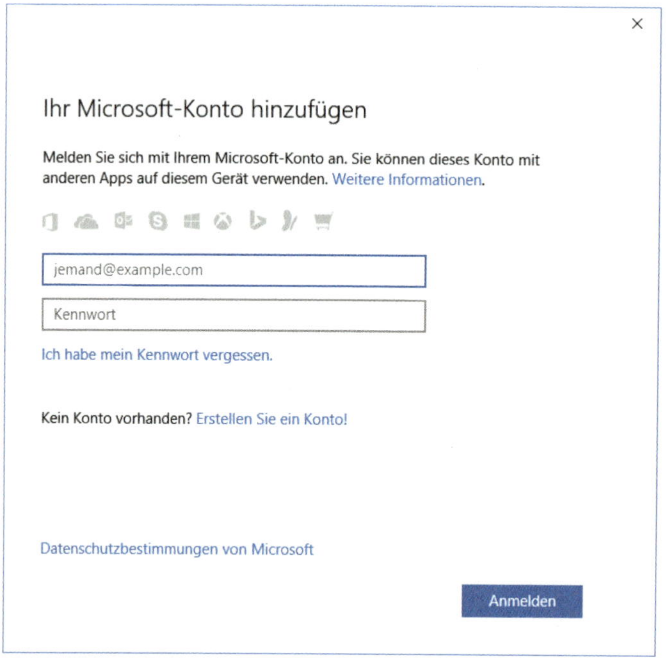

2 Sobald das Formular *Ihr Microsoft-Konto hinzufügen* erscheint, tragen Sie die E-Mail-Adresse Ihres Microsoft-Kontos (Live-ID-Konto) im betreffenden Feld ein.

3 Dann geben Sie das für das Microsoft-Konto vereinbarte Kennwort im zweiten Feld ein und bestätigen dies über die *Anmelden*-Schaltfläche. Stimmen die eingetragenen Benutzerdaten, erscheint das im Folgenden gezeigte Formular *Ganz Ihrs!*.

4 Tragen Sie die gewünschten Angaben ein, und bestätigen Sie dies über die *Weiter*-Schaltfläche.

Das Formular *Ganz Ihrs!* ermöglicht es Ihnen, zwischen zwei Optionen zu wählen.

- Tippen Sie im Feld *Ihr Windows-Kennwort* das Kennwort des lokalen Benutzerkontos ein, wird das lokale Konto über die *Weiter*-Schaltfläche zu einem Microsoft-Konto umgestuft.

- Falls Sie weiter mit einem lokalen Benutzerkonto arbeiten möchten, wählen Sie *Stattdessen nur bei dieser App anmelden*. Dann wird das Microsoft-Konto nur der Windows-Store-App zugeordnet.

Nach erfolgreicher Anmeldung verschwindet das Formular, und Sie können auf die gewünschte Funktion des Windows Stores zugreifen und Apps erwerben.

Für ein neues Microsoft-Konto registrieren

Verfügen Sie nicht über ein Microsoft-Konto, wählen Sie im Formular *Ihr Microsoft-Konto hinzufügen* den Eintrag *Erstellen Sie ein Konto* aus. Dann erscheint ein Formular, in dem Sie ein neues (kostenloses) Konto beantragen können.

- In einem Registrierungsformular werden Name, Vorname und eine E-Mail-Adresse samt Kennwort abgefragt.
- Bei Bedarf können Sie im Formular über *Fordern Sie eine neue E-Mail-Adresse an* eine neue E-Mail-Adresse für das Microsoft-Konto in der Form *xyz@outlook.de* beantragen.

Sie werden jeweils durch die Schritte zum Anlegen des Kontos oder der neuen E-Mail-Adresse geführt. Nehmen Sie in den angezeigten Feldern jeweils die geforderten Angaben vor, und klicken Sie auf *Weiter*, um die Registrierungsschritte zu durchlaufen.

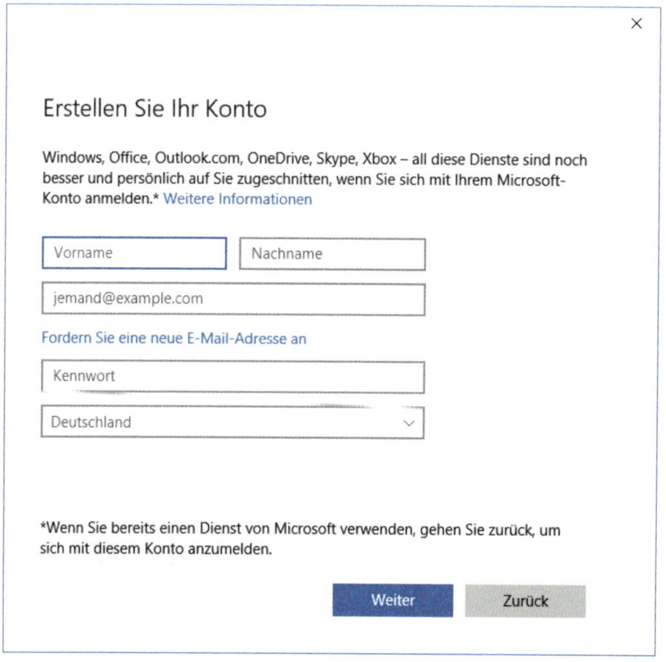

Die Einstellungen des Windows Stores verwalten

Alle Apps werden über das dem Windows Store zugeordnete Microsoft-Konto verwaltet.

1 Um auf die Store-Einstellungen des Microsoft-Kontos zuzugreifen, wählen Sie das in der rechten oberen Ecke des Windows Stores eingeblendete Kontensymbol aus.

2 Anschließend wählen Sie im eingeblendeten Menü den gewünschten Eintrag aus und folgen den Anweisungen, die auf den Folgeseiten erscheinen.

Klicken Sie auf den Eintrag *Einstellungen*, um die hier im Hintergrund des Bildes sichtbaren Einstellungen für App-Updates, Live-Kachel und Konto einzublenden.

- Durch Anwahl des Schiebeschalters *Apps automatisch aktualisieren* legen Sie fest, ob Windows Apps automatisch per Store-Update aktualisieren darf.
- Der Schiebeschalter *Kachel nur über WLAN aktualisieren* steuert, ob die Aktualisierung der Anzeige von Live-Kacheln nur bei bestehender WLAN-Verbindung verfügbar sein soll.

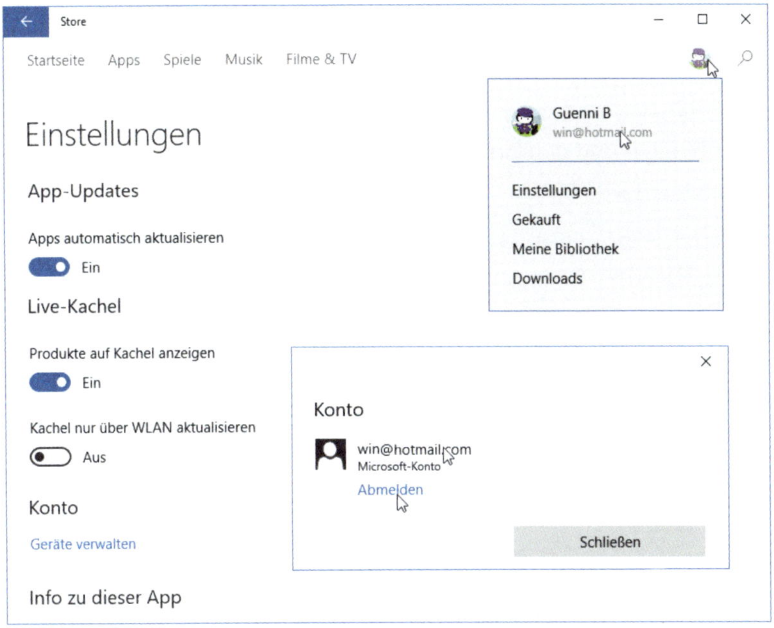

> Schiebeschalter sind Einstellungselemente aus Windows 10, die den Zustand *Ein* oder *Aus* annehmen können. Die Umschaltung erfolgt durch Anklicken oder Antippen des Schiebeschalters.

Möchten Sie die Windows-Store-App wieder vom Microsoft-Konto trennen, führen Sie folgende Schritte aus:

1 Öffnen Sie das Menü des Benutzerkontos (siehe Anweisungen oben), und klicken Sie auf den Eintrag des Microsoft-Kontos (hier z. B. *win@hotmail.com*).

2 Wählen Sie im eingeblendeten Fenster *Konto* erneut den Eintrag des Microsoft-Kontos und dann den Eintrag *Abmelden* aus.

Sind Sie vom Microsoft-Konto abgemeldet, zeigt die Windows-Store-App das Symbol eines stilisierten Menschen in der rechten oberen Ecke. Klicken Sie auf dieses Symbol, öffnet sich ein Menü, über dessen *Anmelden*-Eintrag Sie die Zuordnung zum Microsoft-Konto erneut vornehmen können.

Welche Apps habe ich gekauft/installiert?

Möchten Sie vielleicht wissen, welche Apps aus dem Windows Store Sie gekauft haben? Gehen Sie vor, wie auf den vorangegangenen Seiten beschrieben, und wählen Sie in der rechten oberen Ecke des Windows Stores das Kontensymbol aus. Wählen Sie im eingeblendeten Menü den Eintrag *Gekauft*. Windows öffnet dann ein Browserfenster mit der Rechnungsübersicht. Dort werden die gekauften Apps aufgelistet.

Um eine Liste aller Apps einzusehen, wählen Sie im Menü des Kontensymbols den Eintrag *Meine Bibliothek*. Dann zeigt die Store-App die dem Benutzerkonto zugeordneten Apps.

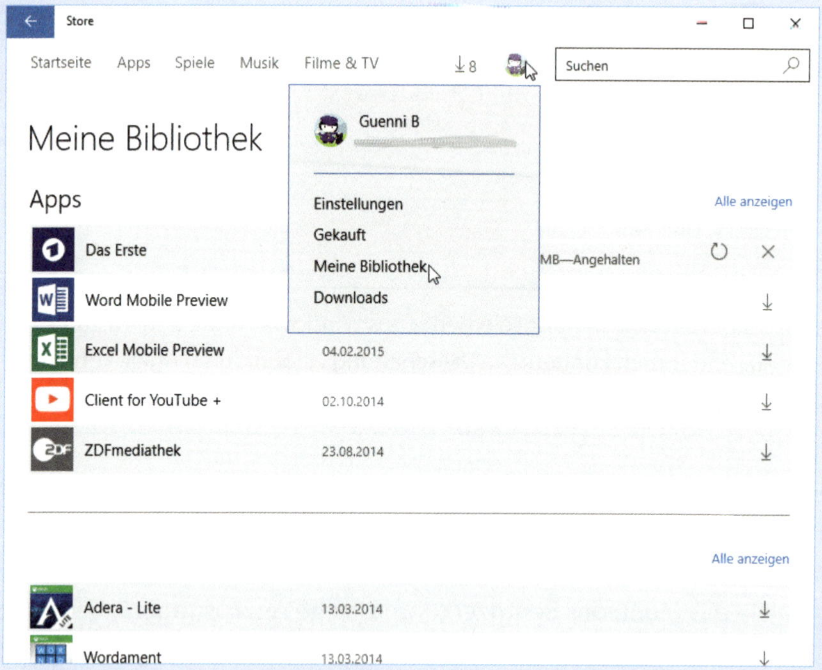

Eine App lässt sich auf bis zu zehn Rechnern verwenden.

Eine gekaufte App lässt sich auf bis zu zehn Windows-10-Systemen, die über das gleiche Microsoft-Konto verwaltet werden, verwenden. Melden Sie sich auf einem solchen Rechner an dem Microsoft-Konto an, lässt sich die App ohne Neukauf, wie oben beschrieben, installieren. Gehen Sie in der Windows-Store-App zur Seite *Einstellungen*. In der Rubrik *Konto* öffnet der Eintrag *Geräte verwalten* ein Browserfenster. Sie können sich dann an Ihrem Microsoft-Konto anmelden und auf einer Webseite die dem Konto zugeordneten Geräte verwalten (sie z. B. wieder entfernen).

Apps deinstallieren und erneut installieren

Eine nicht mehr benötigte App können Sie über die Kachel im Startmenü oder auf der Startseite deinstallieren:

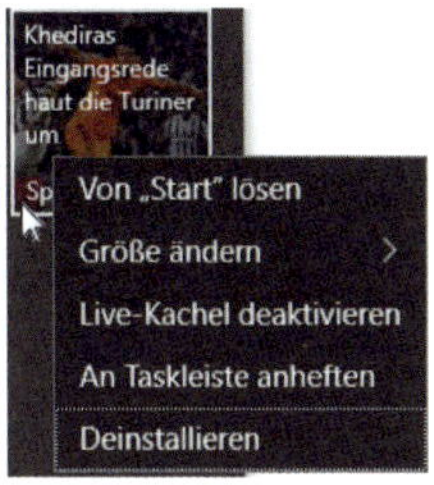

- Klicken Sie mit der rechten Maustaste auf die Kachel der App, und wählen Sie den Kontextmenüeintrag *Deinstallieren*.
- Bei Touchbedienung drücken Sie den Finger etwas länger auf die Kachel, wählen das untere Symbol mit den drei Pünktchen und anschließend die Einträge *Weitere Optionen* und *Deinstallieren*.

Windows entfernt die App, die allerdings weiterhin dem Microsoft-Konto zugeordnet bleibt. Um die App bei Bedarf erneut zu installieren, rufen Sie den Store auf und führen die weiter oben im Abschnitt »Apps installieren« beschriebenen Schritte erneut aus. Anstelle der Schaltfläche zum Kaufen wird dann in der App-Seite eine Schaltfläche *Installieren* oder mit einer ähnlichen Bezeichnung angeboten.

Das Deinstallieren mit anschließendem Installieren ist hilfreich, falls die App nicht mehr richtig funktioniert. Beachten Sie aber, dass das Deinstallieren bei manchen Apps nicht möglich ist.

Updates für Apps

Gelegentlich stellen die Anbieter aktualisierte Versionen der App als Update bereit, um Fehler zu beheben oder neue Funktionen anzubieten. Windows überprüft automatisch, ob App-Updates anliegen.

- Klicken Sie auf das App-Updates-Symbol, gelangen Sie zur Übersichtsseite mit den Updates. Die Zahl der anstehenden Updates wird im Store in der Kopfzeile eingeblendet.
- Wählen Sie die Schaltfläche *Nach Updates suchen*, um die Warteschlange zu aktualisieren.

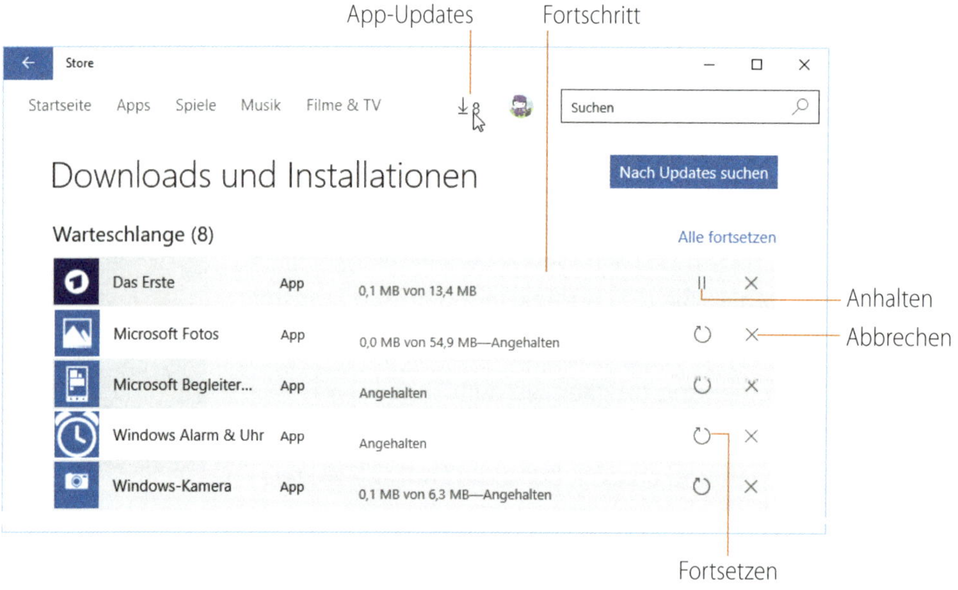

In der Warteschlange werden alle anstehenden Updates aufgeführt. Der Eintrag *Alle fortsetzen* am Listenanfang startet den Download aller App-Updates. Über die am Zeilenende der App eingeblendeten Symbole lässt sich der Download anhalten, fortsetzen oder abbrechen.

Hilfe erhalten

Dieses Buch kann Ihnen nur die wichtigsten Windows-Funktionen zeigen. Vielleicht benötigen Sie aber weitere Informationen oder arbeiten mit zusätzlichen Programmen. Windows und viele Programme geben Ihnen mit einer eingebauten Hilfe zusätzliche Informationen.

So rufen Sie die Hilfe in Windows auf:

Windows stellt eine Onlinehilfe bereit, die Sie per Tastatur aufrufen können:

- Ist kein Fenster auf dem Desktop geöffnet oder als aktives Fenster gewählt, drücken Sie die Funktionstaste F1 auf der Tastatur.
- Ist ein Fenster oder ein Dialogfeld auf dem Windows-Desktop geöffnet und angewählt oder wird das Startmenü bzw. die Startseite gerade angezeigt, drücken Sie die Tastenkombination ⊞+F1.

Windows öffnet in allen Fällen ein Fenster von Microsoft Edge (siehe Kapitel 6), in dem Sie die Hilfethemen finden.

Das Arbeiten in Hilfefenstern und der Zugriff auf Hilfethemen entsprechen dem Navigieren in Webseiten (siehe Kapitel 6).

App »Erste Schritte«

Zum Einstieg in Windows 10 stellt Microsoft zudem noch die App *Erste Schritte* bereit. Sie finden die App im Startmenü oder auf der Startseite – ggf. müssen Sie unter *Alle Apps* nachsehen.

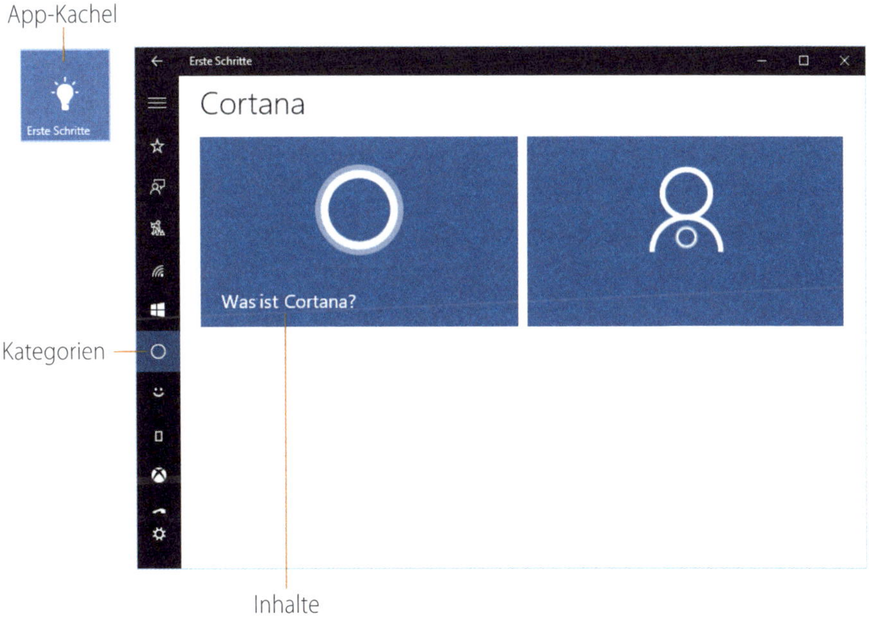

Bei Anwahl der Kachel öffnet sich eine App-Seite mit Hinweisen auf die Neuerungen in Windows. Über Symbole, die in der linken Spalte eingeblendet werden, können Sie verschiedene Kategorien einblenden. Bei Bedarf wählen Sie dann die Einträge im Fenster der App, um die Informationen abzurufen.

Hilfe für Programme anfordern

Auch für Programme steht in den meisten Fällen eine Hilfe zur Verfügung. Diese wird im Programmfenster entweder in der Menüleiste durch Anwahl des Hilfemenüs oder in der Symbolleiste bzw. im Menüband über die Hilfeschaltfläche aufgerufen.

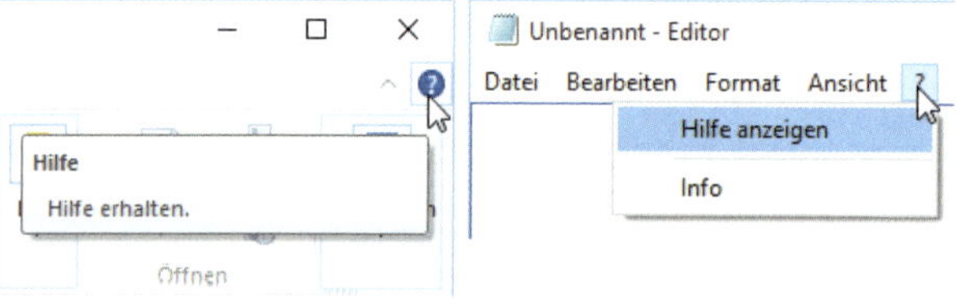

Bei den mit Windows mitgelieferten Programmen erscheint dann ein Hilfefenster, in dem Sie Informationen zu den Programmfunktionen erhalten.

Fazit

In diesem Kapitel haben Sie die wichtigsten Bedientechniken zum Umgang mit Tablet-PCs bzw. Touchscreens kennengelernt. Sie können nun mit der Startseite und Apps arbeiten und wissen, wie Sie zwischen verschiedenen Programmen umschalten können. Außerdem wissen Sie, wie Sie mit dem Windows Store umgehen und die Hilfe aufrufen können. Im nächsten Kapitel lernen Sie den Umgang mit Ordnerfenstern, Dokumenten und Dateien kennen.

Kapitel 3

Arbeiten mit Ordnerfenstern

In diesem Kapitel lernen Sie den Umgang mit Ordnerfenstern und den Windows-Dateifunktionen kennen. Sie wissen anschließend, welche Laufwerktypen es gibt oder wo Dokumente gespeichert werden. Sie können Ordner und/oder Dateien anzeigen, kopieren, löschen, verschieben, umbenennen oder suchen. Darüber hinaus werden das Brennen von CDs, DVDs und BDs (Blu-ray Discs), der Zugriff auf Abbilder von CDs/DVDs und der Umgang mit dem Onlinespeicher OneDrive behandelt.

Grundwissen zum Ordnerfenster

Zur Verwaltung von Dokumenten wie Fotos, Briefen, Musik, Videos oder Programmen werden in Windows Ordnerfenster benutzt. In diesem Abschnitt möchte ich Ihnen einen schnellen Überblick geben, wie Sie mit Ordnerfenstern umgehen können.

Das Ordnerfenster im Überblick

Ordnerfenster werden durch den Windows-Explorer bereitgestellt. Zum Öffnen eines Ordnerfensters reicht es, das Symbol *Explorer* ❶ in der Taskleiste des Windows-Desktops anzuwählen. Haben Sie das Symbol *Dieser PC* auf dem Desktop eingeblendet (siehe Kapitel 1), können Sie dieses per Doppelklick anwählen. In beiden Fällen öffnet Windows dann ein Ordnerfenster mit dem Text *Explorer* oder *Dieser PC* in der Titelleiste.

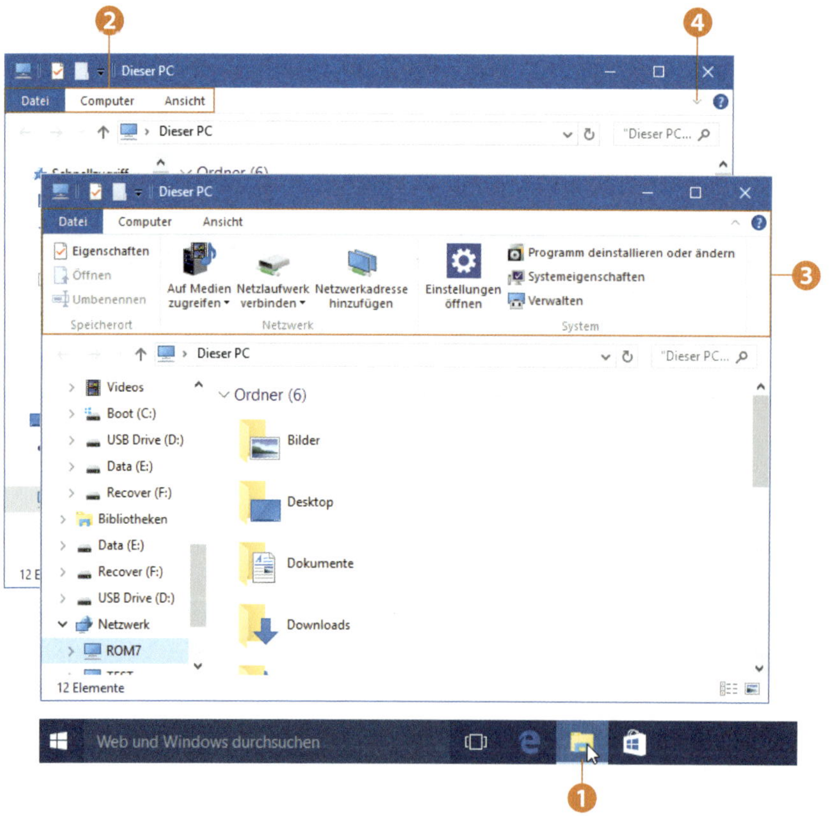

- Das Ordnerfenster ist die Umgebung, in der Sie die Speichermedien des Computers (Laufwerke) einsehen und auf Dokumente wie Briefe, Fotos, Musik, Videos etc. zugreifen können.
- Standardmäßig verwendet Windows beim Ordnerfenster eine Darstellung, bei der das sogenannte Menüband im Kopfbereich des Fensters zu einer schmalen Leiste reduziert wurde ❷. Wählen Sie eine der Registerkarten wie *Datei*, *Computer* oder *Ansicht* aus, blendet Windows das Menüband im Ordnerfenster ein ❸. Das Menüband verschwindet, sobald Sie etwas im Ordnerfenster oder auf dem Desktop anwählen.
- Um das Menüband mit den Bedienelementen des Ordnerfensters ständig eingeblendet zu lassen, wählen Sie in der rechten Ecke des Fensters die Schaltfläche *Menüband erweitern* ❹.
- Bei angezeigtem Menüband wird die Schaltfläche ❹ mit *Menüband minimieren* beschriftet. Bei Anwahl reduziert Windows die Darstellung wieder auf die Anzeige der Registerkarten.

Bei eingeblendetem Menüband lassen sich die sichtbaren Registerkarten *Datei*, *Ansicht* etc. auswählen, um die zugeordneten Bedienelemente einsehen und selektieren zu können.

> Rechts neben der Schaltfläche *Menüband erweitern* finden Sie übrigens eine Schaltfläche zum Öffnen des Hilfefensters.

Das zeigt das Ordnerfenster

Den grundsätzlichen Aufbau eines Fensters haben Sie in Kapitel 1 bereits kennengelernt. Allerdings ist es hilfreich, die einzelnen Elemente eines geöffneten Ordnerfensters zu kennen.

- Im Navigationsbereich ❶ werden verschiedene Speicherorte wie die im Folgenden besprochenen Laufwerke des Computers oder Netzwerkorte angezeigt. Unter *Schnellzugriff* finden Sie den Windows-Desktop sowie den Ordner *Downloads*, in dem aus dem Internet heruntergeladene Dateien abgelegt werden.

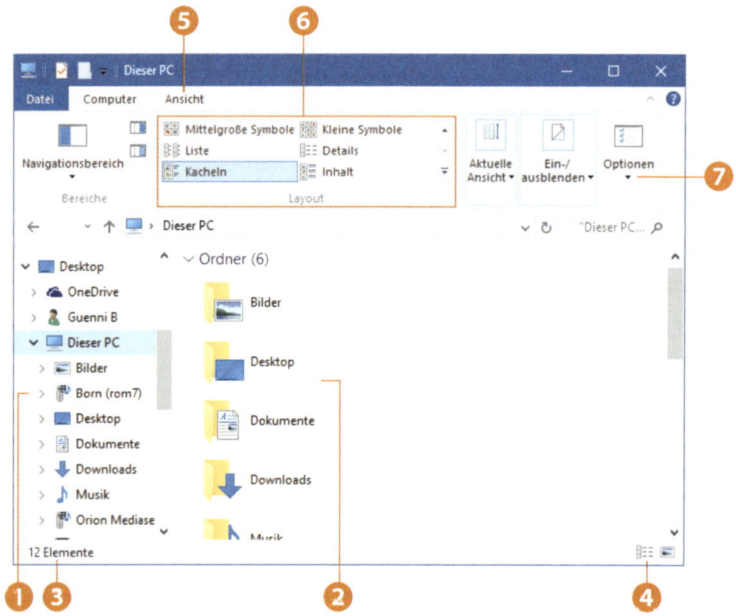

- Wählen Sie einen Eintrag im Navigationsbereich ❶ aus, zeigt das Ordnerfenster dessen Inhalt rechts, im Inhaltsbereich ❷, an. Dies können Speicherorte wie Laufwerke, Ordner etc. sein.
- Am unteren Rand des Ordnerfensters findet sich noch eine angedeutete Statusleiste, in der links ❸ die Zahl der im Inhaltsbereich gefundenen Elemente oder ähnliche Informationen eingeblendet werden. Am rechten unteren Rand ❹ enthält das Ordnerfenster zwei Schaltflächen, um die Darstellung des Inhaltsbereichs zwischen einer Liste oder einer Anzeige mit großen Symbolen umzustellen. Auf das Anpassen der Ordnerdarstellung komme ich in den folgenden Abschnitten noch zurück.
- Im angezeigten Menüband können Sie über verschiedene Register ❺ auf die Elemente der zugehörigen Registerkarten zugreifen. Zahl und Beschriftung der angezeigten Register hängen von dem im Navigationsbereich oder im Inhaltsbereich angewählten Element ab.
- Der Inhalt einer Registerkarte wird in Gruppen unterteilt, wobei der Gruppenname am unteren Rand zu finden ist ❻. Bei zu schmalen Ordnerfenstern reicht der Platz nicht mehr zur Anzeige aller Gruppenelemente aus. Windows

reduziert dann die Gruppe auf eine Gruppenschaltfläche ❼ und zeigt am unteren Rand der Schaltfläche ein kleines Dreieck. Wählen Sie die Schaltfläche an, öffnet sich ein Menü, über dessen Einträge Sie auf die ausgeblendeten Gruppenelemente zugreifen können. Oder vergrößern Sie die Fensterbreite, bis die Gruppenschaltfläche zur Gruppe erweitert wird.

- Unterhalb des Menübands weisen Ordnerfenster eine Symbolleiste mit dem Adressfeld ❽ auf, in dem der gerade angewählte Speicherort angezeigt wird.
- Über die Schaltfläche *Hoch nach* ❾ navigieren Sie zu übergeordneten Speicherorten.
- Am linken Rand besitzt die Symbolleiste noch zwei Schaltflächen *Zurück* und *Vorwärts* ❿, um zwischen besuchten Speicherorten zu blättern.
- Das Suchfeld ⓫ ermöglicht es Ihnen, gezielt nach Dateien zu suchen.

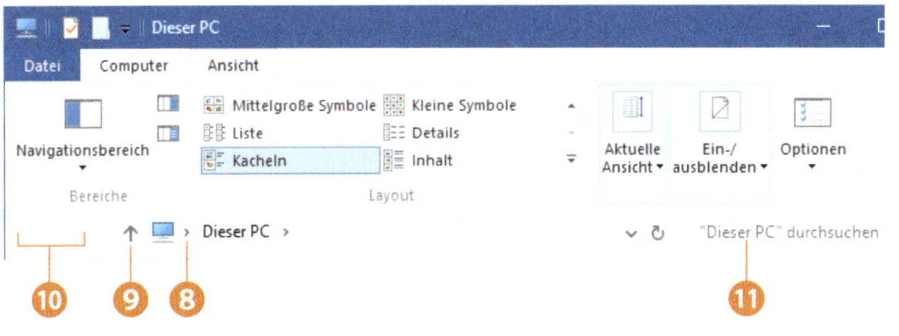

Diese Bedien- und Anzeigeelemente verwenden Sie beim Arbeiten mit Dokumenten, Speichermedien oder Ordnern. Auf die entsprechenden Arbeitstechniken gehe ich in diesem Kapitel noch detaillierter ein.

> Drücken Sie bei angewähltem Ordnerfenster die [Alt]-Taste, blendet Windows die Abkürzungstasten in der Symbolleiste ein. Über diese Abkürzungstasten (z. B. [Alt]+[Druck]) lässt sich die betreffende Funktion direkt über die Tastatur abrufen.

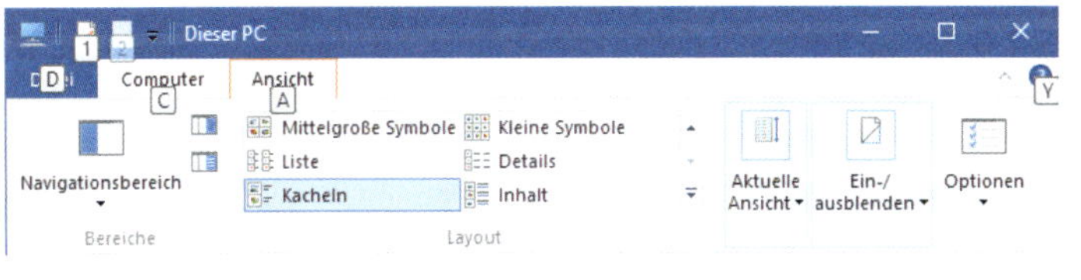

Laufwerke unter Windows

Briefe, Bilder, Fotos, Programme etc. werden auf Laufwerken (Festplatten oder Wechseldatenträger wie USB-Speichersticks, Speicherkarten, CDs bzw. DVDs) gespeichert. Welche Laufwerke auf Ihrem Computer verfügbar sind, sehen Sie, indem Sie das Ordnerfenster über die Schaltfläche *Explorer* der Taskleiste öffnen und dann im Navigationsbereich das Element *Dieser PC* anwählen. Windows zeigt dann im Inhaltsbereich des Ordnerfensters alle gefundenen Speicherorte.

- Die auf dem Computer gefundenen Laufwerke und Speicherorte werden in der rechten Spalte, im Detail- oder Inhaltsbereich des Ordnerfensters, jeweils mit einem Namen und einem Symbol angezeigt.
- Die im Ordnerfenster angezeigten Symbole liefern Ihnen einen Hinweis auf die Laufwerktypen. Wie viele und welche Symbole Sie sehen, hängt von Ihrem System ab. Die Darstellung wird zudem in Festplatten ❶, Wechselmedien ❷ und Netzwerkadressen ❸ unterteilt.

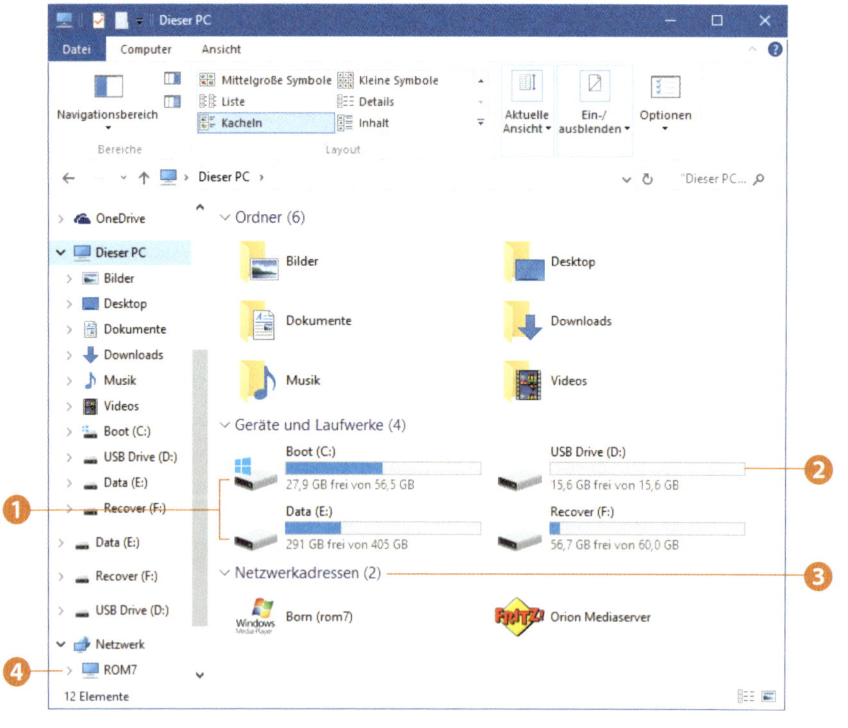

Die am häufigsten vorhandenen Laufwerktypen sind aber wohl Festplatten ❶ und CD- bzw. DVD-Laufwerke. In ein Lesegerät eingelegte Speicherkarten von Digitalkameras werden im Ordnerfenster *Dieser PC* als Wechseldatenträger ❹ aufgelistet. Das Gleiche gilt für USB-Speichersticks, die Sie in die USB-Buchsen des Computers einstecken können.

Das Ordnerfenster enthält in der linken Spalte den bereits erwähnten Navigationsbereich, über dessen Symbole Sie zu verschiedenen Speicherorten gelangen.

Wie werden Laufwerke benannt?

Windows versieht Laufwerke mit den Buchstaben A bis Z, gefolgt von einem Doppelpunkt, wobei A: und B: für (meist nicht mehr vorhandene) Diskettenlaufwerke reserviert sind.

- Die erste Festplatte wird mit der Bezeichnung *C:* versehen. Existieren weitere Festplatten (oder ist die Festplatte in mehrere logische Laufwerke unterteilt), werden diesen fortlaufend die Buchstaben *D:, E:, F:* etc. zugewiesen.
- Danach weist Windows den Wechseldatenträgern wie CD-/DVD-/BD-Laufwerken, USB-Sticks und Speicherkartenlesern die nächsten freien Buchstaben (*D:, E:, F:* bis *Z:*) zu.

Dem letzten Laufwerk kann maximal der Buchstabe *Z:* zugewiesen werden, es sind also höchstens 26 Laufwerke möglich. Dabei stellt Windows sicher, dass jedes Laufwerk durch einen eindeutigen Laufwerkbuchstaben gekennzeichnet ist.

Zusätzlich kann jedem Laufwerk noch eine Bezeichnung (Datenträgername bzw. Volume-Bezeichnung), bestehend aus Buchstaben und Ziffern, zugewiesen werden. Die im Fenster *Dieser PC* angezeigten Bezeichnungen für das Laufwerk können daher computerspezifisch voneinander abweichen (z. B. *Data (D:)*, *Boot (C:)* etc.). Über den Laufwerkbuchstaben lassen sich die zugehörigen Laufwerke aber immer eindeutig identifizieren.

Der Umgang mit Wechseldatenträgern

Moderne Computer verfügen neben Festplatten über Wechseldatenträgerlaufwerke, bei denen sich das Medium einlegen und wieder entnehmen lässt. Verfügt Ihr Computer über ein CD-/DVD- oder ein BD-Laufwerk (also ein Laufwerk für Bluray Discs) und möchten Sie einen entsprechenden Datenträger mit Fotos, Musik, Videos oder Daten einlesen?

1 Drücken Sie auf die Auswurftaste am Laufwerk.

2 Fassen Sie den Datenträger am Rand an, und legen Sie das Medium mit der spiegelnden Seite nach unten in die Schublade ein.

Die Schublade weist bei normalen CD-/DVD-/BD-Laufwerken und -Brennern eine Vertiefung auf, in die das Medium hineinpasst. Bei Notebooks muss das Medium dagegen auf eine Art Fixierungsdorn aufgesteckt werden.

3 Anschließend fahren Sie die Schublade des Laufwerks ein, damit Windows auf das Medium zugreifen kann.

Bei normalen Laufwerken drücken Sie die Auswurftaste am Laufwerk erneut, um die Schublade in das Laufwerk einzufahren. Die Auswurftaste bei Notebook-Laufwerken unterstützt das Einfahren der Schublade nicht – Sie müssen daher die ausgefahrene Schublade mit der Hand einschieben, bis diese hörbar einrastet.

Das Kürzel **CD** steht für Compact Disc, während **DVD** die Abkürzung für Digitale Versatile Disc ist. **BD** ist die Abkürzung für Blu-ray Disc. Dabei handelt es sich um optische Speichermedien.

Probleme mit Medien vermeiden

Achten Sie auf jeden Fall darauf, dass das Medium korrekt in das Laufwerk eingelegt wurde und die spiegelnde Unterseite der CD/DVD/BD frei von Staub, Schmutz, Kratzern und Fingerabdrücken bleibt. Andernfalls lässt sich das Medium unter Umständen nicht mehr lesen. »Rattert« und »klappert« die CD/DVD/BD im Laufwerk, drücken Sie sofort die Auswurftaste und prüfen, ob das Medium korrekt eingelegt wurde. Aufgeklebte Etiketten (Labels) können Unwuchten und so das Rattern des Laufwerks verursachen. Solche Medien sollten Sie nicht mehr im Laufwerk verwenden, da die Gefahr von Beschädigungen besteht.

Besitzt Ihr Computer ein (externes oder internes) Lesegerät für Speicherkarten, die in Digitalkameras, MP3-Playern etc. verwendet werden?

Schieben Sie die Speicherkarte mit leichtem Druck in den entsprechenden Schlitz des Speicherkartenlesers, bis das Speichermedium Kontakt bekommt. Die Einschübe sind so geformt, dass sich die Speicherkarten nur in der richtigen Richtung einschieben lassen.

Verwenden Sie USB-Speichersticks, stecken Sie diese in eine USB-Buchse des Computers ein.

Bei Wechseldatenträgern erkennt Windows das eingelegte Medium und zeigt ggf. eine Benachrichtigung in der rechten unteren Ecke des Desktops ❶ an.

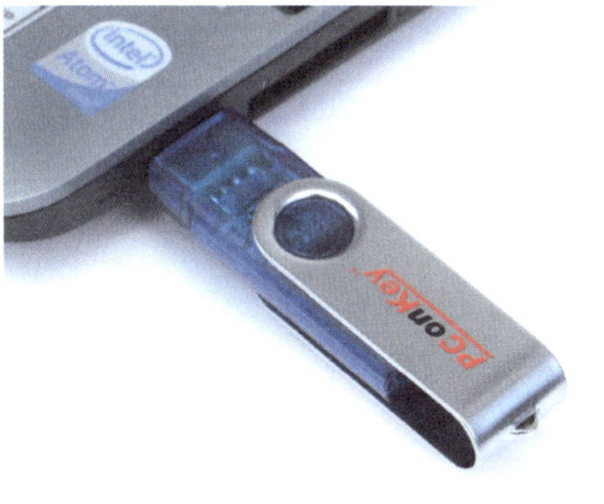

Wählen Sie das Benachrichtigungsfeld, zeigt Windows in einer Einblendung die für das Wechselmedium verfügbaren Befehle an ❷. Durch Anwahl eines dieser Befehle lässt sich die zugehörige App, eine Windows-Funktion oder ein Ordnerfenster öffnen.

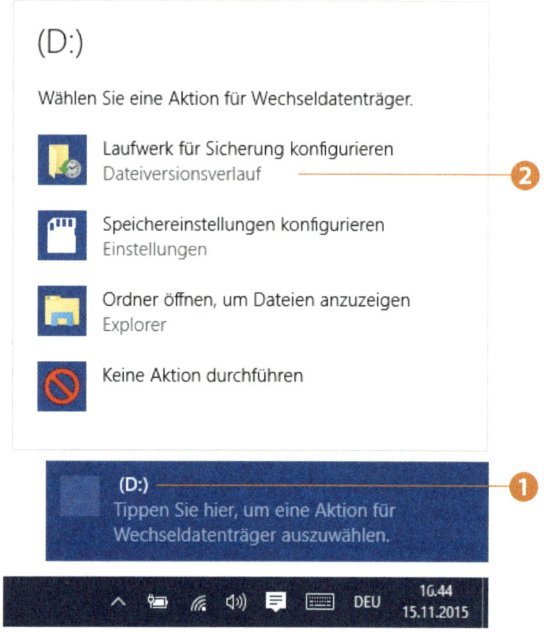

Benachrichtigung verpasst?

Die Benachrichtigung verschwindet nach wenigen Sekunden, wenn sie nicht angewählt wurde. Außerdem merkt Windows sich die Auswahl des Benutzers und wendet die betreffende Option (z. B. das Öffnen eines Ordnerfensters beim Einlegen eines Wechseldatenträgers) automatisch an. Sie können aber jederzeit ein Ordnerfenster öffnen und dann über den Navigationsbereich das gewünschte Wechseldatenträgerlaufwerk wählen. Auf der Registerkarte *Verwalten* des Menübands finden Sie die Schaltfläche *Automatische Wiedergabe*, um die Einblendung mit den verfügbaren Befehlen erneut anzuzeigen.

Wichtig: Wechseldatenträger sicher entfernen

Arbeiten Sie mit USB-Speichersticks, USB-Festplatten oder Speicherkarten, sollten Sie vor dem Entfernen sicherstellen, dass keine Schreibzugriffe mehr auf das Speichermedium erfolgen. Andernfalls besteht die Gefahr, dass die Speichermedien oder die gespeicherten Daten beschädigt werden.

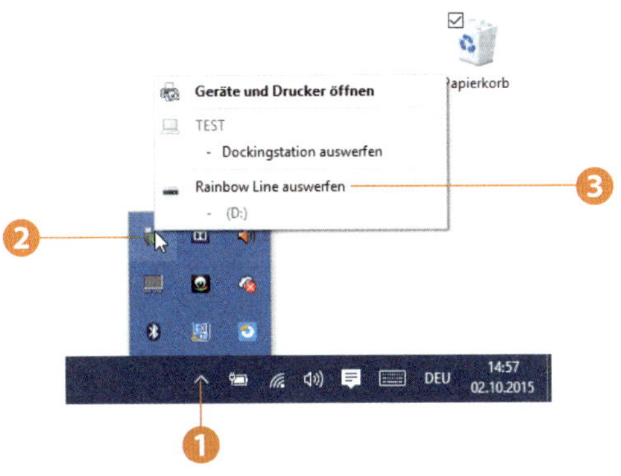

- Bei Speicherkarten und USB-Sticks öffnen Sie im Ordnerfenster das Kontextmenü des betreffenden Laufwerks und wählen den Kontextmenüeintrag *Auswerfen*.
- Bei USB-Festplatten wählen Sie im Infobereich der Taskleiste die Schaltfläche *Ausgeblendete Symbole einblenden* 1. In der eingeblendeten Palette öffnen Sie das Kontextmenü des Symbols *Hardware sicher entfernen und Medium auswerfen* 2. Im Kontextmenü finden Sie dann Möglichkeiten 3, um das Medium auszuwerfen.

Warten Sie, bis Windows den Hinweis einblendet, dass das Medium sicher entnommen werden darf. Danach können Sie den USB-Speicherstick, eine Speicherkarte oder auch eine externe Festplatte ohne Gefahr des Datenverlusts entfernen.

> Auf Systemen mit Touchbedienung wählen Sie das Symbol eines Wechseldatenträgerlaufwerks (USB-Stick, Kartenleser etc.) im Navigationsbereich an. Dann können Sie auf der Registerkarte *Verwalten* die Schaltfläche *Auswerfen* anklicken.

Wissen zu Ordnern und Dateien

Bevor Sie den Umgang mit den Funktionen des Ordnerfensters lernen, sollten Sie zumindest eine grobe Vorstellung davon besitzen, was sich hinter Begriffen wie »Ordner«, »Datei« und »Bibliothek« verbirgt und wo Dokumente gespeichert werden.

Was muss ich über Dateien wissen?

Dateien werden vom Computer benutzt, um etwas (z. B. einen Brief, ein Foto, ein Musikstück, ein Video oder ein Programm) zu speichern.

- Dateien werden unter einem eindeutigen Namen auf der Festplatte des Computers, auf CDs bzw. DVDs oder anderen Speichermedien abgelegt.
- Die Namen für Dateien müssen in Windows bestimmten Regeln genügen. Ein Dateiname darf samt dem Pfadnamen (Laufwerkbuchstaben und Ordnernamen) maximal 255 Zeichen lang sein. Um sich unnötige Tipparbeit zu ersparen, sollten Sie Dateinamen aber auf ca. 20 Zeichen begrenzen.
- Sie dürfen im Dateinamen die Buchstaben A bis Z, a bis z, die Ziffern 0 bis 9, das Leerzeichen und verschiedene andere Zeichen verwenden. Ein gültiger Name wäre *Brief an Müller vom 20.11.2015*. Nicht zulässig sind aber die Zeichen „ / \ | < > : ? * im Dateinamen.
- Neben dem Namen dürfen Dateien noch eine sogenannte Dateinamenerweiterung (oder kurz als Erweiterung bzw. Extension bezeichnet) aufweisen. Dabei handelt es sich um einen Punkt, dem meist weitere (meist drei bis vier) Buchstaben folgen (z. B. *.txt*, *.bmp*, *.exe*, *.bat*, *.doc*, *.jpeg*, *.html* etc.). Diese Erweiterungen legen den Typ der Datei fest, d. h., mit welchem Programm eine Datei bearbeitet werden kann.

> Standardmäßig zeigt Windows die Dateinamenerweiterungen nicht an. Weiter unten lernen Sie aber, wie Sie die entsprechende Darstellung einrichten können. Sie dürfen den Dateinamen und die Erweiterung übrigens mit Groß- und Kleinbuchstaben schreiben. Hier wird von Windows nicht unterschieden, d. h., die Namen »Brief an Müller.doc« und »brief an müller.doc« werden in Windows gleich behandelt.

Über die Dateinamenerweiterung und damit über den Dateityp weist Windows den Dateien unterschiedliche Symbole zu.

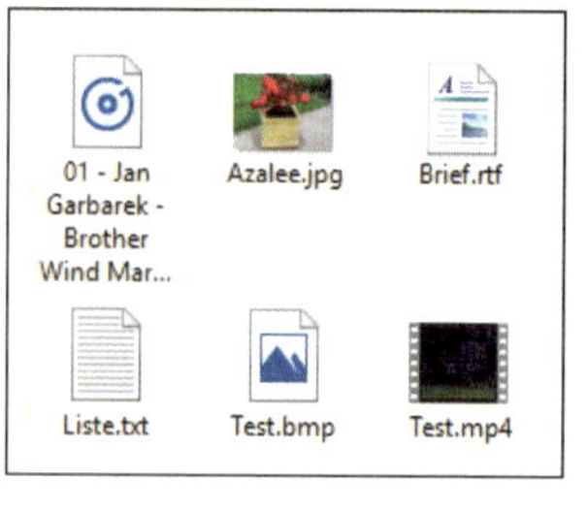

An den Symbolen lässt sich meist erkennen, was die Datei enthält. Das Symbol eines stilisierten Schreibblocks sowie die Erweiterung *.txt* stehen für Dateien, die einfache Texte enthalten. Solche Dateien können Sie z. B. mit dem Windows-Programm Editor erstellen. Bei Fotos sehen Sie eine Miniaturvorschau des Motivs, und Musikdateien werden mit einem Kopfhörersymbol angezeigt.

Dateien mit dem hier zu »Brief« gezeigten Symbol und der Erweiterung *.rtf*, *.doc* oder *.docx* enthalten ebenfalls Texte, die aber zusätzlich Bilder oder speziell formatierte Wörter bzw. Buchstaben (fett, kursiv etc.) enthalten können. Solche Dateien lassen sich z. B. mit dem Programm Microsoft Word erstellen. Die Erweiterung *.exe* steht für Programmdateien.

> Es gibt noch viele andere Symbole für Dateien, die allerdings von den Dateierweiterungen und den unter Windows installierten Programmen abhängen.

Aufgaben der Ordner

Ordner (gelegentlich auch Verzeichnisse genannt) dienen zur Organisation der Dateiablage. Genau wie im Büro, wo man Ordner zum besseren Auffinden von Briefen und Dokumenten verwendet und in einem Aktenschrank aufbewahrt, nutzt der Computer Ordner zur Strukturierung der Dateiablage.

Windows ist dabei sehr flexibel, ein Ordner kann nicht nur Dateien, sondern seinerseits weitere Ordner (sogenannte Unterordner) enthalten. Je nach Inhalt kann Windows dabei sogar verschiedene Ordnersymbole verwenden. Bei Ordnern mit Fotos werden deren Miniaturansichten im Ordnersymbol mit angezeigt.

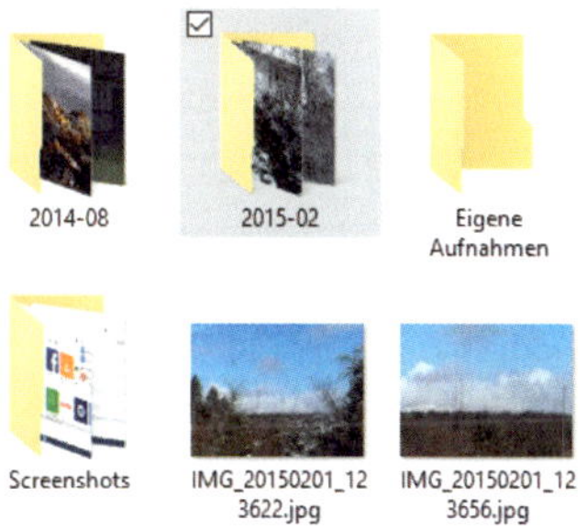

Ordner werden nach den gleichen Kriterien wie Dateien benannt und auf Speichermedien wie Festplatten oder Wechseldatenträgern angelegt.

Bei Ordnernamen entfällt allerdings in der Regel die bei Dateien verwendete Dateinamenerweiterung.

> **Eindeutige Namen sind Pflicht!**
>
> Dateien und Ordner müssen mit einem eindeutigen Namen versehen werden. Sie können in einem Ordner keine zwei Ordner oder Dateien gleichen Namens ablegen. Eine Datei darf jedoch unter ihrem (gleichen) Namen in unterschiedlichen Ordnern gespeichert werden. Der Begriff »Verzeichnis« ist übrigens nur ein anderer Name für Ordner. Die Hierarchie (z. B. *D:\Texte\Briefe\2015*) verschiedener auf einem Laufwerk gespeicherter Ordner und Unterordner wird als »Pfad« bezeichnet.

Wo lassen sich Dokumente speichern?

Zum Arbeiten mit Windows und Apps bzw. Desktop-Anwendungen sollten Sie wissen, an welchen Speicherorten Sie Dokumente wie Fotos, Musik, Briefe, Videos etc. ablegen können. Letztlich können Sie Dateien und Ordner auf jedem Speichermedium (Festplatte, CD, DVD, BD, USB-Stick, Speicherkarten etc.) finden. Windows stellt aber jedem Benutzer, der unter einem sogenannten Benutzerkonto angemeldet ist, einige Benutzerordner mit den Namen *Bilder*, *Dokumente*, *Downloads*, *Musik* und *Videos* zum Speichern zur Verfügung. Diese Ordner sehen Sie, sobald Sie das Ordnerfenster *Dieser PC* öffnen.

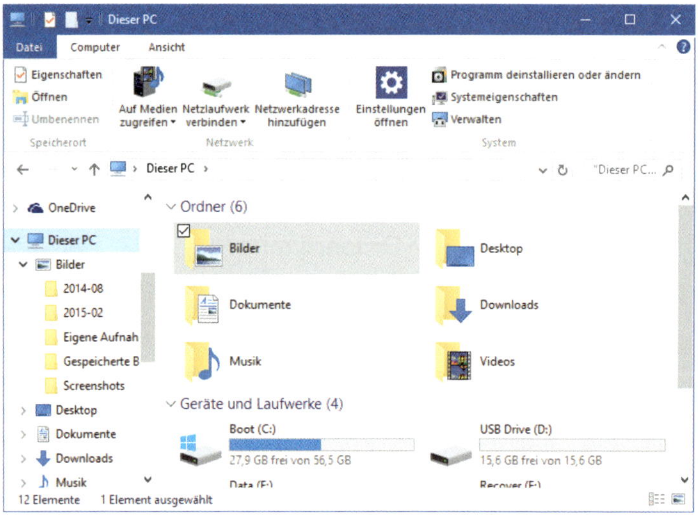

Welche Kriterien Sie zur Zuordnung der Dateien zu bestimmten Ordnern verwenden, bleibt Ihnen überlassen. Es ist aber sinnvoll, die Ablage für Dateien nach bestimmten Gesichtspunkten zu organisieren (z. B. alle Briefe kommen in den Ordner *Dokumente* bzw. einen ggf. vorhandenen Unterordner *Briefe*). Alle Fotos legen Sie unter *Bilder* ab, und Musik wird in *Musik* gespeichert. Aus dem Internet heruntergeladene Dateien, die sogenannten Downloads, finden sich im Ordner *Downloads*. Viele Apps und Desktop-Anwendungen unterstützen dies und schlagen Ihnen diese Speicherorte zur Ablage der Dokumente vor.

Alle verfügbaren Speicherorte werden Ihnen im Navigationsbereich des Ordnerfensters angeboten. Neben den oben erwähnten sogenannten Benutzerordnern wie *Bilder*, *Dokumente*, *Downloads*, *Musik* und *Videos* können Sie Dokumente auch auf externen Laufwerken wie USB-Sticks, USB-Festplatten, Speicherkarten etc. ablegen.

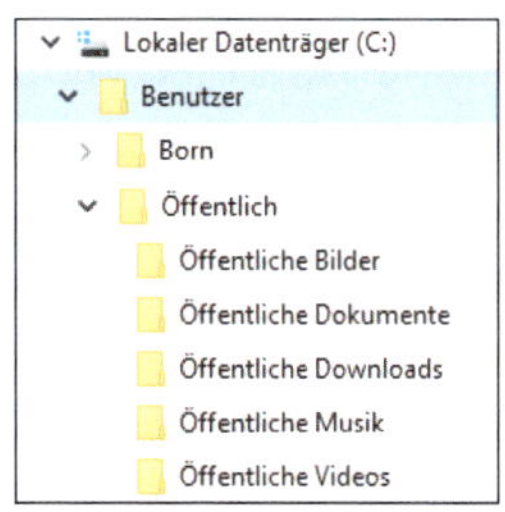

Speicherorte OneDrive und Netzwerk: Neben den oben genannten Speicherorten lassen sich Dateien auch im Internet auf dem sogenannten OneDrive-Laufwerk (Ende dieses Kapitels) oder über ein Netzwerk auf einem anderen Rechner speichern. Diese Speicherorte werden Ihnen, sofern verfügbar, im Navigationsbereich des Ordnerfensters angeboten.

Öffentliche Ordner: Für jedes Benutzerkonto gibt es die privaten Ordner *Bilder*, *Dokumente*, *Musik* etc. zum Speichern Ihrer Fotos, Dokumente, Videos und Musik. Auf diese Ordner können andere Benutzer von ihren Benutzerkonten normalerweise nicht zugreifen. Auf dem Windows-Laufwerk gibt es im Ordner *Benutzer* aber noch den Ordner *Öffentlich*, der einen gemeinsamen Speicherort für alle eingerichteten Benutzerkonten darstellt.

Was in einem solchen Ordner und dessen Unterordnern abgelegt wurde, kann von allen Benutzern auf dem System eingesehen und verwendet werden.

Was sind Bibliotheken? In der linken Navigationsspalte des Ordnerfensters gibt es noch den Eintrag *Bibliotheken* mit den Untereinträgen *Bilder*, *Dokumente*, *Musik* und *Videos*. In Bibliotheken lassen sich Ordner unter einem Bibliotheksnamen wie *Dokumente* zusammenfassen. Die bereits in Windows 7 eingeführten Bibliotheken braucht man aber nicht mehr, da ja die Benutzerordner *Bilder*, *Dokumente*, *Musik* und *Videos* vorhanden sind.

Umgang mit Ordnerfenstern

In diesem Abschnitt zeige ich Ihnen einige Grundfunktionen zum Umgang mit Ordnerfenstern, damit Sie zwischen Laufwerken und Ordnern navigieren und die Anzeige des Inhaltsbereichs nach Ihren eigenen Vorstellungen anpassen können.

Zu Speicherorten navigieren

Möchten Sie sich ansehen, welche Dateien auf Laufwerken oder an Speicherorten wie *Bilder*, *Dokumente* etc. abgelegt sind?

1 Öffnen Sie das Ordnerfenster über die Explorer-Schaltfläche in der Taskleiste des Windows-Desktops.

2 Wählen Sie im Navigationsbereich des Ordnerfensters die gewünschten Elemente ❶ wie Laufwerke, Bibliotheken oder Ordner.

Im Navigationsbereich werden kleine Dreiecke vor dem Laufwerk- oder Ordnersymbol angezeigt. Bei Bedarf können Sie die Dreiecke ❷ vor den Laufwerk- und Ordnereinträgen des Navigationsbereichs anwählen, um die Verzeichnishierarchie (Laufwerk, Ordner und Unterordner) ein-/auszublenden. Wählen Sie ein Laufwerk- oder Ordnersymbol im Inhaltsbereich ❸ per Doppelklick aus, wird der Inhalt des Elements ebenfalls im Inhaltsbereich des Ordnerfensters angezeigt.

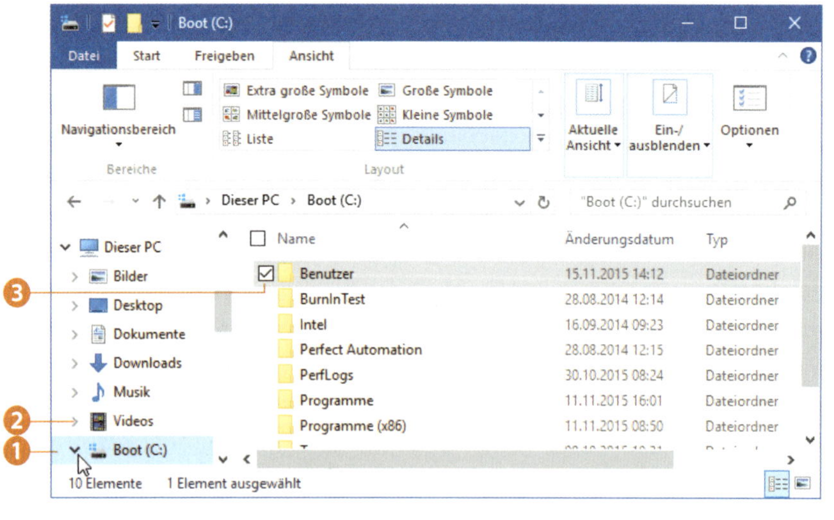

Informationen zu Datenträgern

Zeigen Sie im Inhaltsbereich des Ordnerfensters mit der Maus auf ein Laufwerksymbol, blendet Windows dessen Größe (oft auch als Kapazität bezeichnet) sowie den noch freien Speicher in einem QuickInfo-Fenster ein.

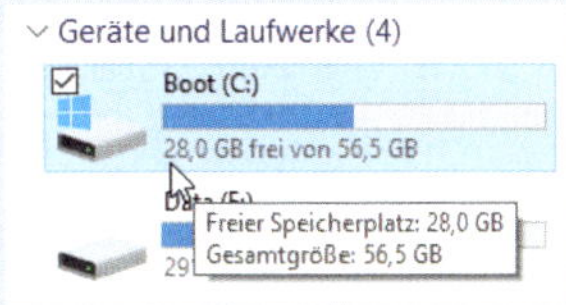

Bei Laufwerken mit Wechseldatenträgern (z. B. einem DVD-Laufwerk) müssen Sie vor der Anwahl des Laufwerksymbols sicherstellen, dass ein Datenträger (Speicherkarte, CD, DVD) eingelegt wurde.

Wenn Sie Unterordner per Doppelklick auf die Symbole im Inhaltsbereich des Ordnerfensters geöffnet haben, stellt sich vielleicht die Frage, wie Sie zum vorherigen Ordner zurückkommen.

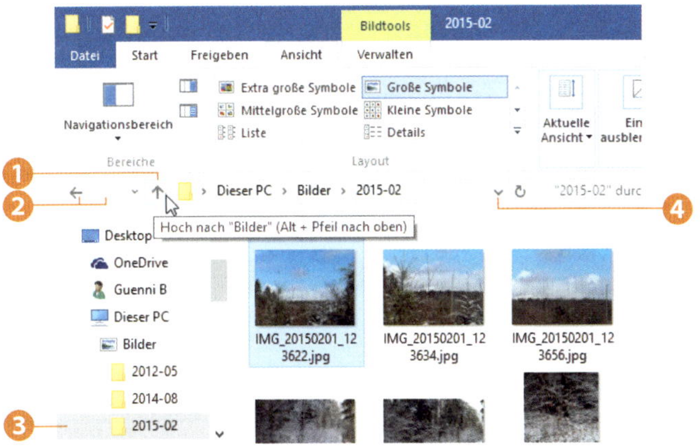

- Wählen Sie in der Symbolleiste des Ordnerfensters die Schaltfläche *Hoch nach ...* ❶, um zum übergeordneten Ordner zurückzugehen.
- Drücken Sie die Tastenkombination Alt+↑) oder die Taste ⇦, hat dies die gleiche Wirkung.
- Klicken Sie in der Symbolleiste des Ordnerfensters auf die Schaltflächen *Zurück* und *Vorwärts* ❷, um schrittweise zwischen (während der Sitzung bereits) besuchten Ordnern zu blättern.

- In der Adressleiste des Fensters wird der aus den jeweiligen Ordnernamen bestehende Ordnerpfad (hier z. B. *Dieser PC/Bilder/...*) eingeblendet. Klicken Sie in der Adressleiste auf einen Ordnernamen ❸, wird dessen Inhalt im Ordnerfenster abgerufen.
- Klicken Sie in der Adressleiste auf das rechts neben einem Ordnernamen eingeblendete kleine Dreieck ❹, öffnet sich ein Menü mit den Namen aller im betreffenden Ordner enthaltenen Unterordner (z. B. *Bilder*). Sie können dann einen Ordnernamen im Menü anwählen, um direkt zum betreffenden Ordner zu wechseln.

Am einfachsten ist es aber, den gewünschten Ordner direkt im Navigationsbereich ❸ des Ordnerfensters anzuwählen und so dessen Inhalt im Inhaltsbereich anzuzeigen.

Anpassen der Ordneranzeige

Windows bietet die Möglichkeit, die Darstellung des Ordnerfensters anzupassen. Rufen Sie dazu das Ordnerfenster auf, und wechseln Sie zur Registerkarte *Ansicht* ❶.

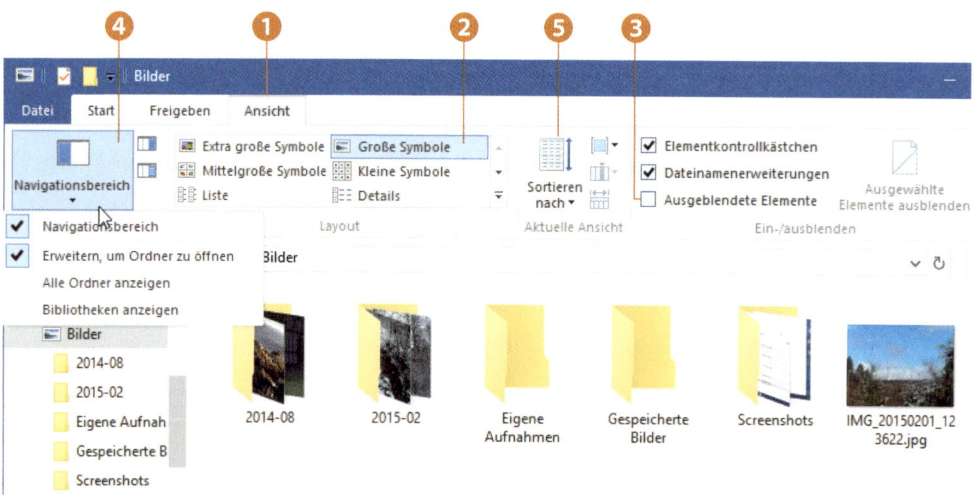

- Schalten Sie den Darstellungsmodus im Inhaltsbereich über die Elemente der Gruppe *Layout* ❷ für die angezeigten Laufwerke, Dateien und Ordner zwischen Symbolen, Kacheln, Listen, Details etc. um. Das Layout *Details* zeigt Ihnen z. B. den Ordnerinhalt als Liste, bestehend aus den Ordner- und Dateinamen, ggf. dem Änderungsdatum, der Größe der jeweiligen Datei und weiteren vom Dateityp abhängigen Informationen, an. In den Modi *Extra große Symbole* und *Mittelgroße Symbole* wird bei manchen Dateien (z. B. Fotos) eine Miniaturvorschau des Inhalts eingeblendet.

- Über die Kontrollkästchen der Gruppe *Ein-/ausblenden* 3 legen Sie fest, ob Dateinamenerweiterungen oder versteckte Dateien im Ordnerfenster angezeigt werden. Die Option *Elementkontrollkästchen* bewirkt die Anzeige eines Kontrollkästchens in der linken oberen Ecke eines Laufwerks oder Ordnersymbols. Dies ist bei Fingerbedienung hilfreich, da sofort erkennbar ist, welches Element ausgewählt wurde.
- In der Gruppe *Bereiche* finden Sie die Menüschaltfläche *Navigationsbereich* 4. Blenden Sie über den darin enthaltenen gleichnamigen Eintrag den Navigationsbereich des Ordnerfensters ein/aus. Die Option *Alle Ordner anzeigen* erzwingt die Anzeige diverser Ordner wie Papierkorb oder Systemsteuerung im Navigationsbereich. Mit *Bibliotheken anzeigen* können Sie den gleichnamigen Zweig im Navigationsbereich ein-/ausblenden.
- Verwenden Sie die beiden Schaltflächen *Vorschaufenster* und *Detailbereich*, um am rechten Rand des Inhaltsbereichs eine Spalte einzublenden. Diese zeigt bei Anwahl einer Datei entweder eine Vorschau auf den Dateiinhalt oder bei eingeblendetem Detailbereich die Informationen zur Datei (Name, Größe etc.) an.
- Stellen Sie den Anzeigemodus *Details* für den Inhaltsbereich ein, um die Anzeige nach bestimmten Kriterien zu sortieren. Die Menüschaltfläche *Sortieren nach* 5 der Gruppe *Aktuelle Ansicht* auf der Registerkarte *Ansicht* enthält Optionen, um die Elemente des Inhaltsbereichs nach Name, Datum, Größe etc. zu sortieren. Die Menüschaltfläche *Gruppieren nach* ermöglicht eine Gruppierung der Ordneranzeige (z. B. nach Name).

Zeigen Sie auf Elemente des Menübands, wird der Elementname als QuickInfo eingeblendet. Klicken Sie in der Detailansicht auf die Spaltenköpfe der Liste, sortiert die Ordneranzeige diese Liste nach der gewählten Spalte (z. B. nach Dateiname oder nach Datum). Zudem finden Sie im Kontextmenü des Ordnerfensters (einfach eine leere Stelle im Ordnerfenster mit der rechten Maustaste anwählen) Einträge zum Sortieren und Gruppieren.

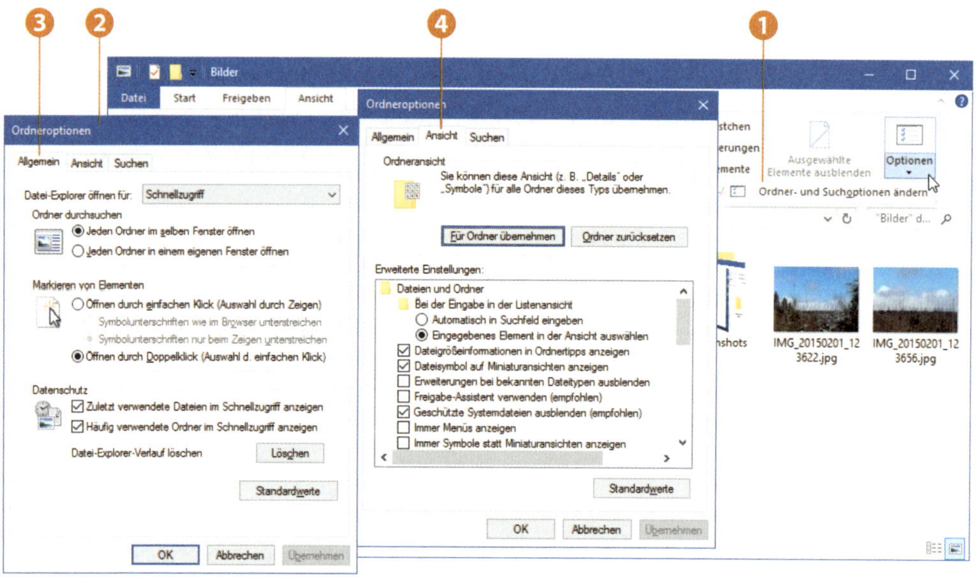

- Wählen Sie auf der Registerkarte *Ansicht* des Menübands die Schaltfläche *Optionen*, und ggf. den dann angezeigten Eintrag *Ordner- und Suchoptionen ändern* ❶, erscheint das Eigenschaftenfenster *Ordneroptionen* ❷.
- Markieren Sie auf der Registerkarte *Allgemein* ❸ die Kontrollkästchen unter *Datenschutz*. Dann werden die betreffenden Zweige für den Schnellzugriff im Navigationsbereich eingeblendet.
- Auf der Registerkarte *Ansicht* ❹ können Sie einige der oben erwähnten Optionen (wie das Einblenden der Dateinamenerweiterungen) ein- bzw. ausschalten. Markieren Sie die Option *Erweitern, um Ordner zu öffnen* unter *Navigationsbereich*, wird der Ordnerzweig im Navigationsbereich automatisch erweitert, sobald Sie im Inhaltsbereich einen Ordner per Doppelklick öffnen.

- Die Option *Leere Laufwerke ausblenden* auf der Registerkarte *Ansicht* bewirkt, dass die Laufwerksymbole für leere Wechseldatenträger verblasst angezeigt werden. Ist die Anzeige versteckter Dateien und Ordner in den Optionen deaktiviert (Standard in Windows), verschwinden Laufwerke ohne Datenträger vollständig in der Ordneransicht.

Die Änderungen werden wirksam, sobald Sie die Registerkarte über die *OK*-Schaltfläche schließen.

Symbolleiste für den Schnellzugriff anpassen

In der Titelleiste des Ordnerfensters finden Sie am linken Rand noch einige Symbole. Das erste Symbol des Systemmenüs ist in Kapitel 1 bereits erwähnt und findet sich bei allen Fenstern von Windows-Anwendungen. Die restlichen Schaltflächen gehören zur Symbolleiste für den Schnellzugriff. Über die angezeigten Schaltflächen rufen Sie Dateioperationen (z. B. neue Ordner anlegen, Elemente löschen oder Befehle rückgängig machen) auf.

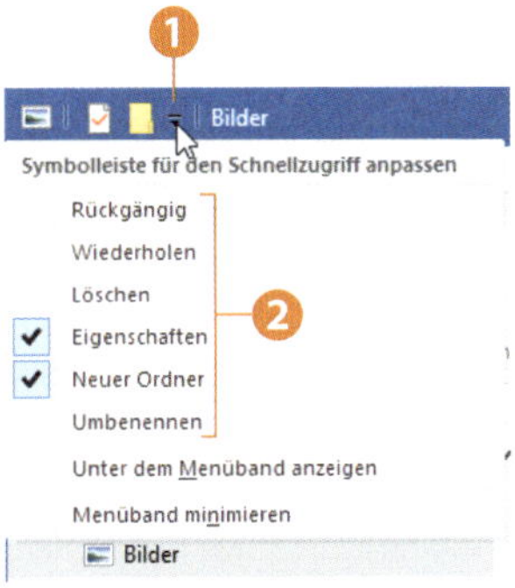

1 Zum Anpassen der Symbolleiste für den Schnellzugriff wählen Sie die betreffende Schaltfläche ① aus.

2 Anschließend wählen Sie die im Menü angezeigten Einträge ②, um die Markierung zu setzen bzw. wieder zu löschen.

Ein Häkchen vor einem Eintrag signalisiert, dass die betreffende Schaltfläche in der Symbolleiste für den Schnellzugriff eingeblendet wird. Am unteren Rand des Menüs finden Sie zudem noch je eine Möglichkeit, um die Symbolleiste für den Schnellzugriff unter dem Menüband anzuzeigen und um das Menüband zu minimieren oder wiederherzustellen.

> Sie können weitere Bedienelemente des Menübands zur Symbolleiste für den Schnellzugriff hinzufügen, indem Sie deren Kontextmenü öffnen und den Eintrag *Zur Symbolleiste für den Schnellzugriff hinzufügen* wählen. Über den Kontextmenüeintrag *Aus Symbolleiste für den Schnellzugriff entfernen* verschwindet die Schaltfläche wieder.

Mit Ordnern und Dateien arbeiten

Auf den vorangegangenen Seiten haben Sie den Umgang mit dem Ordnerfenster gelernt und wissen auch, wie sich die Darstellung bei Bedarf anpassen lässt. Jetzt ist es an der Zeit, einige Grundlagen zum Umgang mit Dateien und Ordnern zu lernen. Sie erfahren z. B., wie sich Ordner und Dateien kopieren, löschen oder umbenennen lassen. Außerdem zeige ich Ihnen, wie Sie die Eigenschaften von Laufwerken, Ordnern und Dateien ansehen bzw. ändern können.

Eigenschaften ansehen und ändern

Laufwerke, Ordner und Dateien besitzen Eigenschaften (z. B. einen Namen, eine Größe, ein Änderungsdatum, ein Symbol etc.). Diese Eigenschaften können Sie sich ansehen und teilweise auch ändern. Bei Ordnern und Dateien gibt es zusätzlich noch sogenannte Attribute, die weitere Eigenschaften wie den Schreibschutz oder die Komprimierung verwalten.

1 Um sich die Eigenschaften und Attribute anzusehen bzw. sie zu verändern, markieren Sie im Ordnerfenster das Symbol ❶ eines Laufwerks, Ordners oder einer Datei.

2 Wählen Sie im Menüband auf der Registerkarte *Start* die Schaltfläche *Eigenschaften* ❷.

Windows öffnet das Eigenschaftenfenster des Elements mit verschiedenen Registerkarten. Welche Registerkarten mit welchen Inhalten angezeigt werden, hängt vom gewählten Element ab.

- Auf der Registerkarte *Allgemein* ❸ erscheinen allgemeine Daten wie Name, Erstelldatum, Änderungsdatum und Größe.
- Bei Laufwerken zeigt Windows auf der Registerkarte *Allgemein* die freie und belegte Kapazität sowie die Laufwerkbezeichnung an.
- Bei Bedarf können Sie die Laufwerkbezeichnung im Textfeld ändern und durch Anklicken der *OK*-Schaltfläche übernehmen. Zudem können Sie durch Markieren der betreffenden Kontrollkästchen vorgeben, ob der Inhalt des Laufwerks komprimiert und für die schnelle Suche indiziert werden soll ❹.

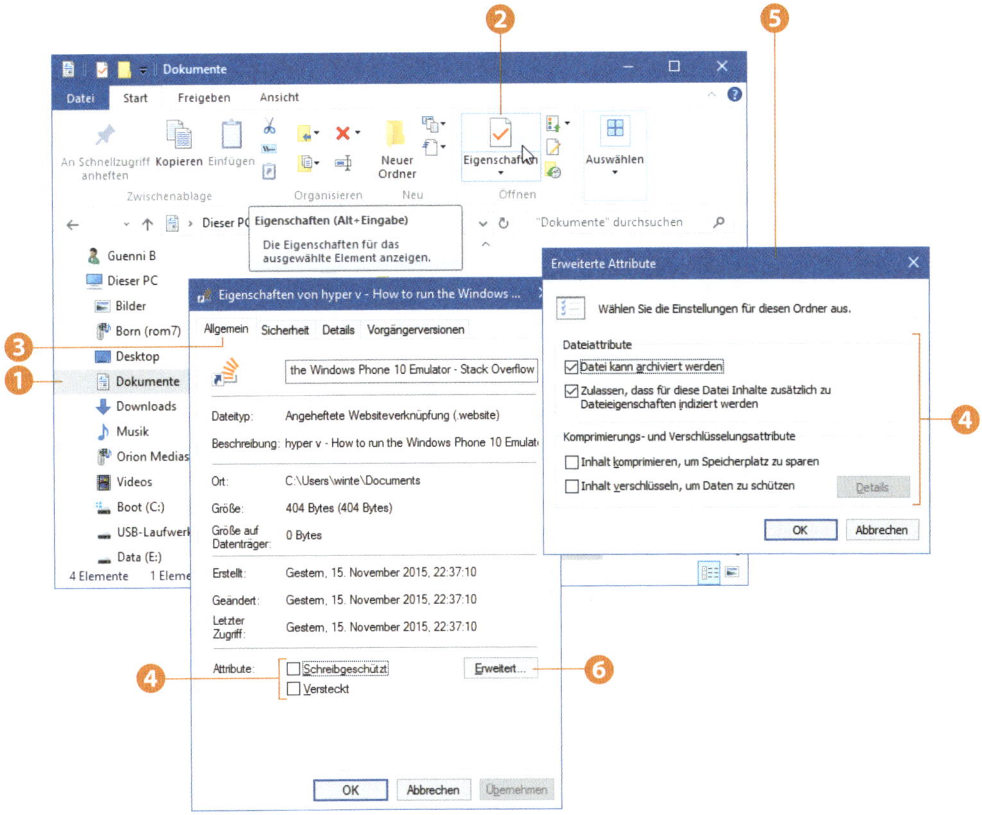

Komprimieren und Datenträger bereinigen

Eine Komprimierung von Laufwerken ermöglicht es u. U., mehr Daten zu speichern, da bestimmte Dokumente wie Texte, Kalkulationstabellen etc. kompakter abgelegt werden. Bei Fotodateien oder komprimierten Ordnern (etwa ZIP-Archiven) bringt die Komprimierung dagegen keine Vorteile mehr. Daher werden i. d. R. nur ausgewählte Ordner, nicht aber ganze Laufwerke komprimiert. Die Indizierung bringt Vorteile, wenn Sie nach Dateien oder Ordnern suchen.

Bei Laufwerken können Sie die Schaltfläche *Bereinigen* auf der Registerkarte *Allgemein* anwählen. Dann öffnet sich ein Dialogfeld der Datenträgerbereinigung, in dem Sie nicht mehr benötigte Dateien (z. B. im Papierkorb oder in temporären Speicherordnern) entfernen lassen können. Dies schafft ggf. zusätzlichen freien Speicherplatz auf dem Laufwerk.

Weitere Tools

Auf der Registerkarte *Tools* des Eigenschaftenfensters eines Laufwerks finden Sie Schaltflächen, um das Laufwerk auf Fehler zu prüfen oder um eine Defragmentierung durchzuführen. Beim Defragmentieren werden die von Dateien belegten Speicherbereiche auf der Festplatte aufgeräumt und zusammenhängend angeordnet. Dies kann die Leistung von Windows eventuell verbessern, wobei Windows 10 allerdings bereits während des laufenden Betriebs automatisch defragmentiert.

- Bei Ordnern und Dateien können Sie über die Kontrollkästchen der Gruppe *Attribute* ❹ festlegen, ob diese schreibgeschützt, versteckt, zur Suche indiziert oder komprimiert werden sollen.
- Zum Anpassen der Attribute klicken Sie das betreffende Kontrollkästchen auf der Registerkarte *Allgemein* (oder im Dialogfeld *Erweiterte Attribute*) an. Das Dialogfeld *Erweiterte Attribute* ❺ können Sie über die Schaltfläche *Erweitert* ❻ auf der Registerkarte *Allgemein* öffnen.

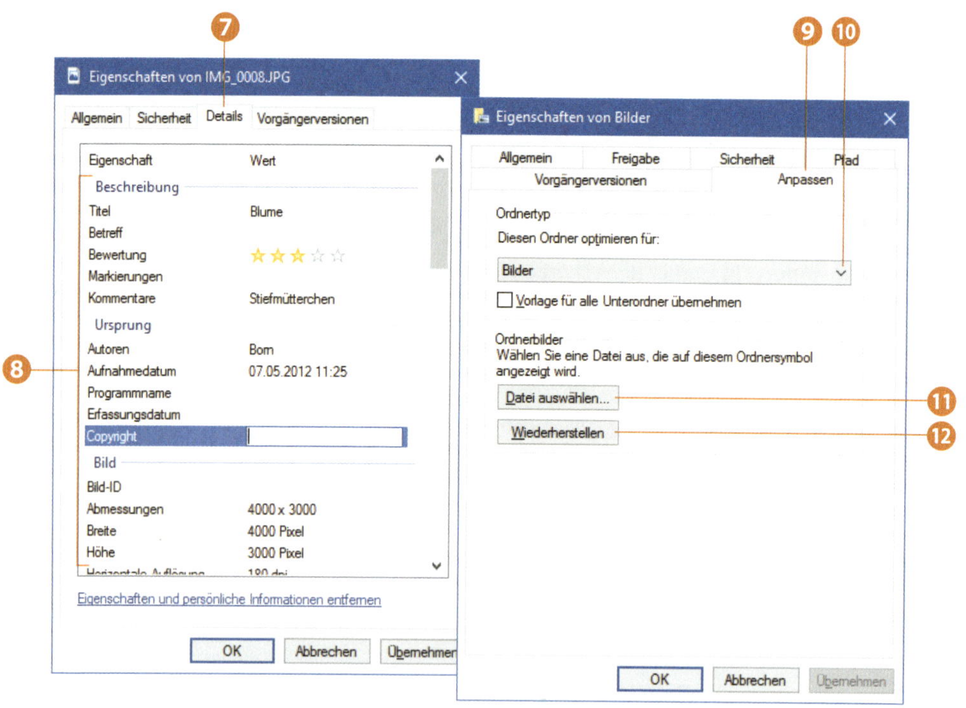

- Das Eigenschaftenfenster einer Foto-, Musik- oder Videodatei listet auf der Registerkarte *Details* ❼ eine Reihe von Eigenschaften ❽ wie Bewertung, Aufnahmedatum, Autor, Spieldauer des Musikstücks etc. auf. Einige Eigenschaften können Sie anwählen, um deren Werte im angezeigten Textfeld zu ändern.
- Bei Ordnern können Sie die Registerkarte *Anpassen* ❾ im Eigenschaftenfenster anwählen. Über den Wert des Listenfelds ❿ der Gruppe *Ordnertyp* bestimmt Windows, welche Funktionen (z. B. Fotowiedergabe, Musikwiedergabe etc.) bereitgestellt und welche Informationen in der Detailansicht des Ordnerfensters angezeigt werden. Bei manchen Dokumentordnern (z. B. Ordnern mit Fotos) blendet Windows dann Miniaturansichten des ersten gefundenen Dokuments (z. B. eines Fotos) im Ordnersymbol ein. Über die Schaltfläche *Datei auswählen* ⓫ der Gruppe *Ordnerbilder* legen Sie das in einem Ordnersymbol eingeblendete Bild fest. Es öffnet sich ein Dialogfeld zur Auswahl der anzuzeigenden Bilddatei. Die Schaltfläche *Wiederherstellen* setzt die Anzeige wieder auf die Windows-Vorgaben zurück. Alternativ weisen Sie jedem Ordner ein individuelles Symbol über die Schaltfläche *Anderes Symbol* ⓬ der Gruppe *Ordnersymbole* zu.

Die Werte werden übernommen, sobald Sie das Dialogfeld über die *OK*-Schaltfläche schließen.

Neue Ordner und Dateien anlegen

Um einen neuen Ordner auf einer Festplatte, in den Bibliotheken oder auf einem Wechseldatenträger anzulegen, gehen Sie in folgenden Schritten vor:

1 Öffnen Sie das Ordnerfenster, und navigieren Sie zum Speicherort ❶, an dem der Ordner angelegt werden soll (für dieses Beispiel können Sie *Dokumente* im Navigationsbereich wählen).

2 Klicken Sie im Menüband auf der Registerkarte *Start* die Schaltfläche *Neuer Ordner* ❷ an.

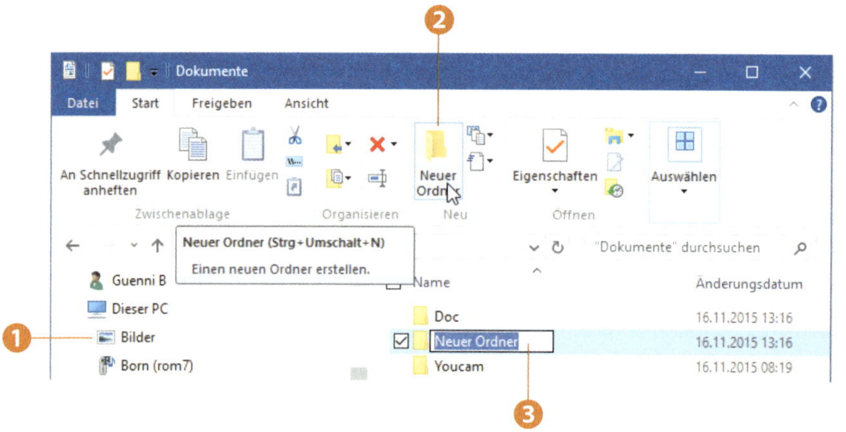

3 Passen Sie den Namen des neu angelegten Ordners **3** über die Tastatur an.

4 Drücken Sie die ⏎-Taste, oder wählen Sie eine andere Stelle im Ordnerfenster an, um den Vorgang abzuschließen.

Nach dem Drücken der ⏎-Taste legt Windows den Ordner unter dem neuen Namen an und hebt den Bearbeitungsmodus auf.

Änderungen lassen sich in Schritt 3 ausführen, solange sich das Textfeld mit dem Namen im Bearbeitungsmodus befindet und farbig markiert ist. Wurde die Markierung aufgehoben, gehen Sie vor, wie im folgenden Abschnitt »Ordner und Dateien umbenennen« beschrieben, um die Ordnerbezeichnung nachträglich anzupassen.

1 Um eine neue (leere) Dokumentdatei anzulegen, wählen Sie die Menüschaltfläche *Neues Element* auf der Registerkarte *Start* aus.

2 Im Menü finden Sie mehrere Möglichkeiten, um z. B. leere Textdokumente oder ein Bitmapbild zur Aufnahme einer Zeichnung anzulegen.

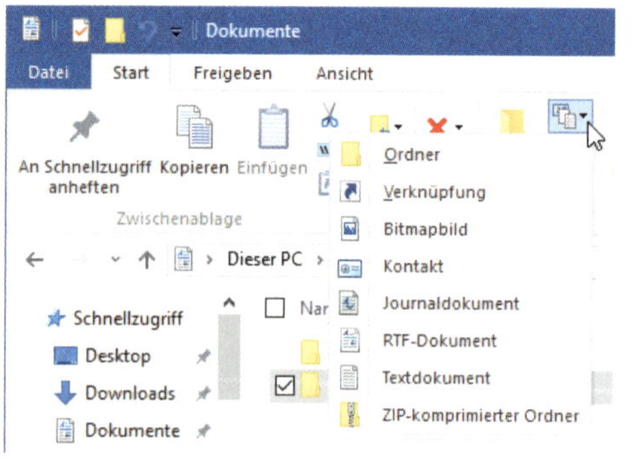

Windows unterstützt zudem sogenannte ZIP-komprimierte Ordner, die Sie über den Befehl *ZIP-komprimierter Ordner* anlegen können. Diese komprimierten Ordner lassen sich genauso wie normale Ordner handhaben.

Kopieren Sie Textdateien oder Bilder im BMP-Format in einen solchen ZIP-Ordner, benötigen diese wesentlich weniger Speicherplatz auf dem Datenträger als bei der Verwendung normaler Ordner.

ZIP-komprimierte Ordner

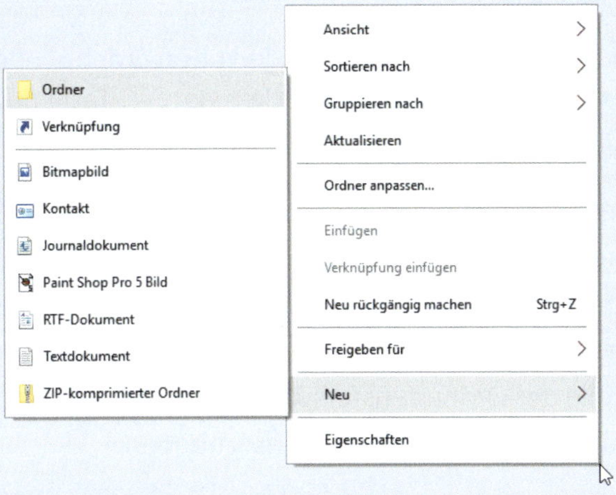

ZIP-komprimierte Ordner haben gegenüber Ordnern oder Laufwerken, bei denen das Attribut *Inhalt komprimieren, um Speicherplatz zu sparen* gesetzt ist, den Vorteil, dass die Komprimierung auch beim Versand per E-Mail oder beim Speichern auf Wechseldatenträgern erhalten bleibt. Zudem können Sie mehrere Dateien in einem ZIP-komprimierten Ordner zusammenfassen. Der Ordner lässt sich dann als einzelne ZIP-Datei weitergeben, und der Empfänger kann dessen Inhalt mittels der entsprechenden Windows-Funktion oder über ein ZIP-Programm als Einzeldateien in Ordner auf der Festplatte entpacken.

Sie können auch eine freie Stelle im Ordnerfenster mit der rechten Maustaste anklicken und dann im Kontextmenü die Einträge *Neu/Ordner* wählen. Das funktioniert auch auf dem Windows-Desktop und ermöglicht Ihnen zudem, über das Kontextmenü verschiedene Dokumentdateien anzulegen.

Ordner und Dateien umbenennen

Windows ermöglicht Ihnen, auf einfache Weise die Namen einer Datei oder eines Ordners nachträglich zu ändern.

1 Markieren Sie das umzubenennende Element (Datei, Ordner), indem Sie dieses anklicken oder antippen ❶.

2 Wählen Sie im Menüband auf der Registerkarte *Start* die Schaltfläche *Umbenennen* ❷, oder drücken Sie auf der Tastatur die Funktionstaste [F2] bzw. wählen den Kontextmenüeintrag *Umbenennen*.

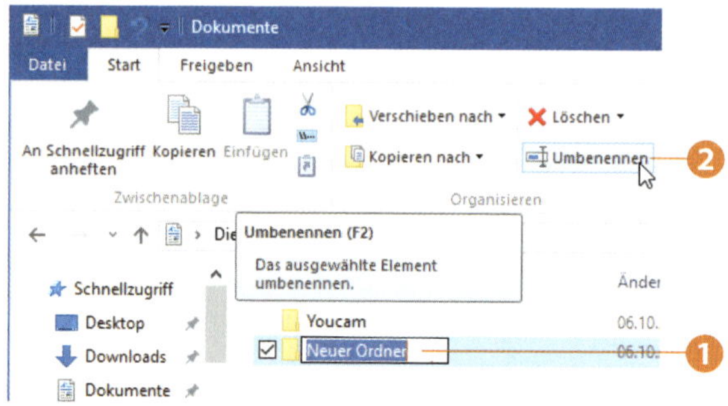

3 Passen Sie den Namen im jetzt hervorgehobenen Textfeld ❶ an, und bestätigen Sie die Änderung durch Drücken der [↵]-Taste oder mit einem Klick auf eine Stelle außerhalb des markierten Namens.

Der Eingabemodus wird beendet und der geänderte Name für die Datei bzw. den Ordner übernommen. Ist der Name ungültig oder nicht eindeutig, zeigt Windows eine Fehlermeldung an und gibt Ihnen Gelegenheit, den Fehler zu korrigieren. Nach dem erfolgreichen Umbenennen können Sie z. B. mit der Maus an eine freie Stelle des Ordnerfensters klicken, um auch noch die Markierung des angewählten Datei- oder Ordnersymbols aufzuheben.

Hinweise zum Markieren und Bearbeiten

Der Befehl *Umbenennen* markiert automatisch den kompletten Ordner- oder Dateinamen (allerdings ohne die eventuell eingeblendete Dateinamenerweiterung). Markierte Textstellen werden beim Drücken der ersten Taste durch den Buchstaben ersetzt. Durch Anklicken oder Antippen einer Textstelle heben Sie die Markierung des gesamten Namens auf. Überflüssige Zeichen, die rechts von der Einfügemarke stehen, löschen Sie mit der [Entf]-Taste. Zeichen links von der Einfügemarke entfernen Sie mit der [⇦]-Taste. Über die sogenannten Cursortasten [←] und [→] können Sie die Einfügemarke (senkrecht blinkender Strich) im Text verschieben.

Markieren lässt sich ein (Teil-)Text, indem Sie auf das erste Zeichen klicken und dann die Maus bei gedrückter linker Maustaste über den Text ziehen. Oder Sie führen den Finger bei einem Touchscreen über den zu markierenden Text. Markierte Stellen werden mit einem farbigen Hintergrund hervorgehoben. Neu eingetippte Buchstaben erscheinen an der Position der Einfügemarke. Der rechts von der Einfügemarke stehende Teil des alten Namens wird gleichzeitig nach rechts verschoben.

Haben Sie die Anzeige der Dateinamenerweiterung eingeschaltet, wie auf den vorangegangenen Seiten beschrieben, achten Sie beim Umbenennen einer Datei darauf, dass die vorher zugewiesene Dateinamenerweiterung erhalten bleibt. Andernfalls kann Windows den korrekten Dateityp nicht mehr erkennen und verweigert das Laden des Dokuments.

Ordner und Dateien kopieren bzw. verschieben

Dateien lassen sich zwischen Ordnern der Festplatte oder zwischen Festplatte und Wechseldatenträgern (z. B. Speicherkarte oder USB-Stick) sowie zwischen (Bibliotheks-)Ordnern kopieren oder verschieben. Beim Kopieren liegen anschließend zwei Exemplare der Datei vor, beim Verschieben wird die Datei an die neue Position übertragen. Zur Demonstration soll jetzt eine Fotodatei aus dem Ordner *Eigene Bilder/Beispielbilder* in die Bibliothek *Dokumente* kopiert bzw. verschoben werden.

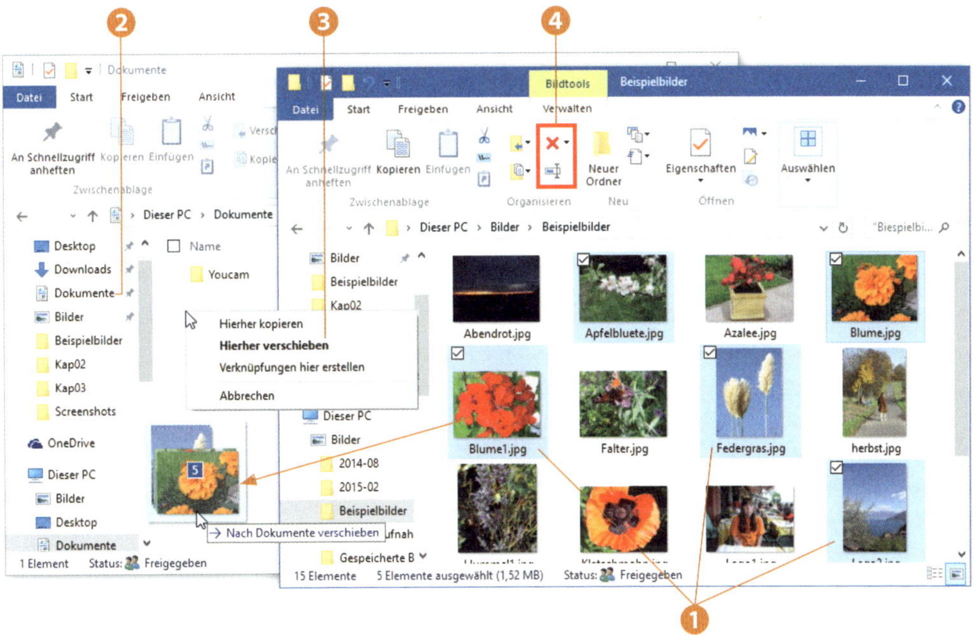

1 Öffnen Sie ein Ordnerfenster, und navigieren Sie zum Ordner *Bilder* und dann zum Ordner *Beispielbilder* ❶.

2 Öffnen Sie ein zweites Ordnerfenster, navigieren Sie zur Bibliothek *Dokumente* ❷, und positionieren Sie die beiden Ordnerfenster nebeneinander, sodass beide Fenster zu sehen sind.

3 Markieren Sie im Ordnerfenster *Beispielbilder* eine (oder mehrere) Datei(en), und ziehen Sie diese mit gedrückter rechter Maustaste zum Ordnerfenster *Dokumente*. Bei Touchbedienung ziehen Sie mit dem Finger, lassen den Finger im Zielordner aber noch ein paar Sekunden auf dem gezogenen Element.

4 Lassen Sie die rechte Maustaste los (bzw. heben Sie den Finger ab), und wählen Sie eine der Optionen aus dem Kontextmenü ❸ (z. B. *Hierher kopieren*).

Windows kopiert dann z. B. bei *Hierher kopieren* die betreffende Datei in den Zielordner. Haben Sie den Eintrag *Hierher verschieben* gewählt, verschwindet das Element aus dem Quellordner und wandert in den Zielordner.

> Auf der Registerkarte *Start* des Menübands finden Sie die Schaltflächen *Verschieben nach* und *Kopieren nach* ❹. Bei deren Anwahl öffnet sich ein Menü, in dem Sie die Namen der Zielordner auswählen können. Der Befehl *Speicherort auswählen* ermöglicht es, den Zielordner in einem Dialogfeld auszuwählen.

Auf diese Weise können Sie nicht nur Dateien, sondern auch beliebige Ordner samt Inhalt von einem Speicherort zu einem anderen Ort kopieren bzw. verschieben. Dabei ist es egal, ob die Quell- und Zielorte auf einem Laufwerk oder auf unterschiedlichen Laufwerken liegen. Das bedeutet, das Kopieren von Dateien von einer Speicherkarte oder einem USB-Stick in Ordner der Festplatte lässt sich mit den oben genannten Schritten genauso gut durchführen wie das Kopieren von Dateien zwischen Ordnern der Festplatte.

Kopieren in einem Ordnerfenster

Arbeiten Sie beim Kopieren lieber mit einem Ordnerfenster? Markieren Sie die Datei oder den Ordner, und wählen Sie auf der Registerkarte *Start* des Menübands die Schaltfläche *Kopieren*, bzw. drücken Sie die Tastenkombination [Strg]+[C]. Windows merkt sich den Namen des markierten Elements in der sogenannten Zwischenablage, einem internen Arbeitsspeicher des Betriebssystems. Anschließend wechseln Sie im Ordnerfenster zum gewünschten Zielordner. Wählen Sie dann auf der Registerkarte *Start* des Menübands die Schaltfläche *Einfügen*, oder drücken Sie die Tastenkombination [Strg]+[V]. Dann wird der vorher markierte Ordner bzw. die vorher markierte Datei in den Zielordner kopiert. Verwenden Sie die Tastenkombination [Strg]+[X] anstelle von [Strg]+[C], verschiebt Windows das Element.

Statusanzeige beim Kopieren/Verschieben

Bei sehr großen Dateien oder umfangreichen Ordnern wird während des Kopiervorgangs oder beim Verschieben zusätzlich der Fortschritt in einem kleinen Dialogfeld angezeigt ❶. Speziell beim Kopieren mehrerer großer Dateien können Sie einen Vorgang über die im Dialogfeld angezeigten Schaltflächen ❷ anhalten, erneut fortsetzen und auch abbrechen.

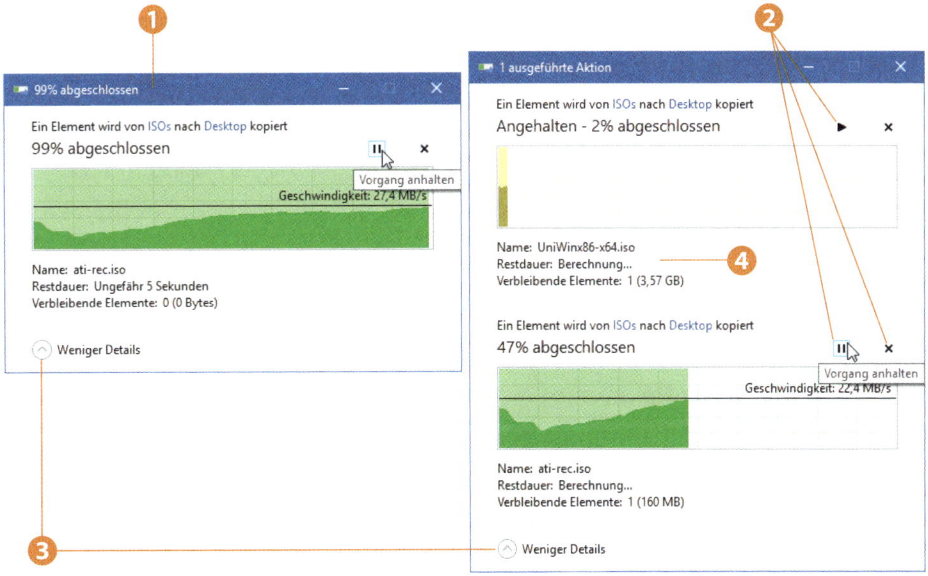

Bei Bedarf können Sie über die in der linken unteren Dialogfeldecke angezeigte Schaltfläche *Mehr Details* ❸ die erweiterte Anzeige ❹ einblenden. Dort wird die Transfergeschwindigkeit im Zeitverlauf dargestellt. Sinkt ein Transfer bei mehreren Operationen während des Ablaufs stark ab, lässt sich dieser Vorgang anhalten oder ganz abbrechen. Über die Schaltfläche *Weniger Details* ❸ reduzieren Sie das Dialogfeld wieder auf die kompakte Darstellung ❶.

Was passiert bei Konflikten?

Hat das Kopieren bzw. Verschieben einer Datei oder eines Ordners geklappt? Dann soll noch der Sonderfall, dass es zu Konflikten beim Kopieren/Verschieben kommt, besprochen werden. Was passiert, wenn die Dateien oder Ordner beim Kopieren bereits im Zielordner vorliegen?

1 Wiederholen Sie die letzten Schritte, und kopieren Sie nochmals die gleiche Fotodatei aus dem Ordner *Beispielbilder* in die Bibliothek *Dokumente*.

2 Jetzt tritt ein Dateikonflikt auf, der in einem Dialogfeld gemeldet wird ❶. Wählen Sie den Befehl *Dateien im Ziel ersetzen* ❷, um die Zielelemente zu überschreiben.

3 Der Befehl *Diese Dateien überspringen* ❸ lässt beim Kopieren/Verschieben alle vorhandenen Elemente unverändert und überträgt nur neue, noch nicht vorhandene Elemente.

4 Wählen Sie *Für jede Datei selbst entscheiden* ❹, erscheint ein Dialogfeld ❺ mit einer Anzeige der Konflikte. Für jede Datei können Sie in zwei Spalten durch Markieren der zugehörigen Kontrollkästchen festlegen, ob die Datei im Quell- oder Zielordner erhalten werden soll. Die Schaltfläche *Weiter* ❻ leitet die Operation ein.

Sind mehrere Elemente im Quellordner markiert, können Sie das in der linken unteren Ecke des Dialogfelds eingeblendete Kontrollkästchen *xxx Dateien mit gleichem Datum und gleicher Größe überspringen* markieren, um den Vorgang auf alle im Zielverzeichnis betroffenen Dateien anzuwenden.

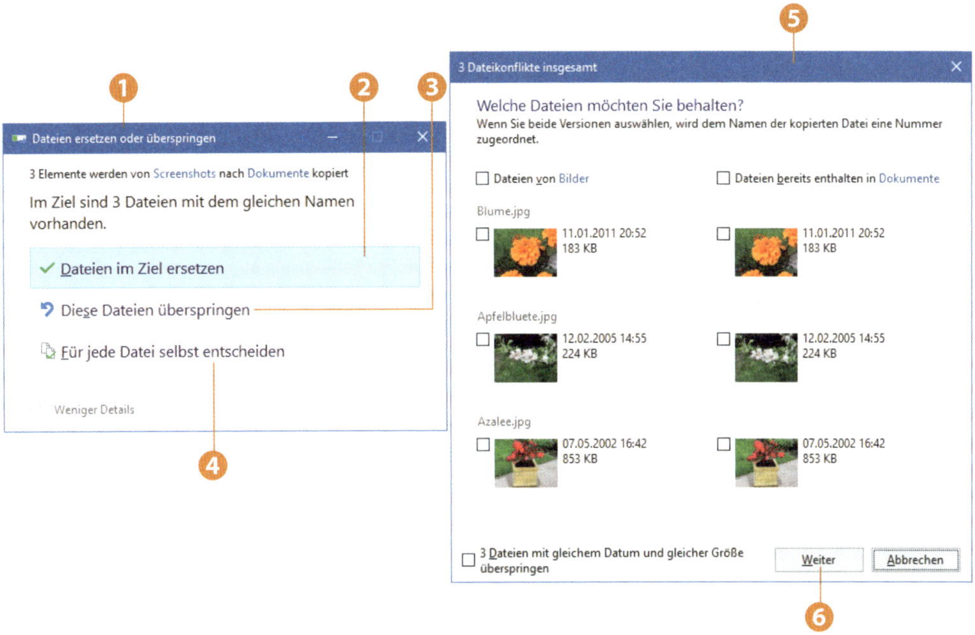

Dateioperationen rückgängig machen

Haben Sie eine Datei oder einen Ordner irrtümlich verschoben oder kopiert? Fast alle Dateioperationen lassen sich sofort nach der Ausführung wieder rückgängig machen.

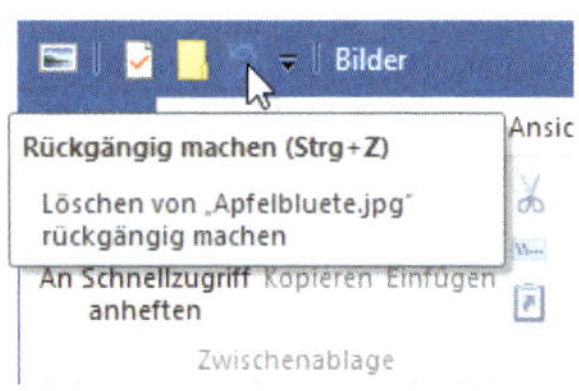

Wählen Sie in der Symbolleiste für den Schnellzugriff die Schaltfläche *Rückgängig machen*, oder drücken Sie die Tastenkombination Strg+Z. Der Eintrag steht auch im Kontextmenü zur Verfügung, wenn Sie mit der rechten Maustaste eine freie Stelle im Ordnerfenster anklicken.

Windows nimmt den zuletzt ausgeführten Befehl zurück. Nach einem Kopiervorgang werden die Elemente im Zielordner gelöscht, beim Verschieben einfach an die ursprüngliche Position zurückgeschoben. Dies klappt aber nicht, falls beim Kopieren eine Datei überschrieben wurde.

Mehrere Dateien/Ordner gleichzeitig markieren

Sie können mehrere Dateien oder Ordner gleichzeitig bearbeiten (d. h. kopieren, verschieben, löschen etc.), wenn Sie diese Elemente vorher gemeinsam markieren.

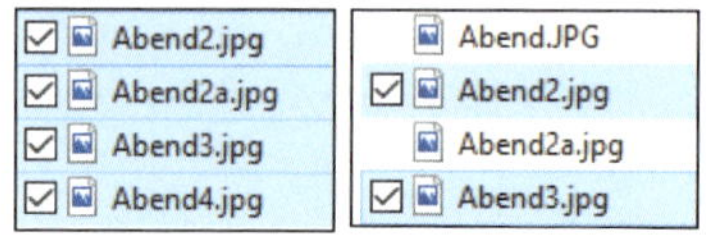

- Markieren Sie das erste zu bearbeitende Element (z. B. *Abend2.jpg*), halten Sie die [⇧]-Taste gedrückt, und klicken Sie auf das letzte zu bearbeitende Element. Windows markiert jetzt alle dazwischenliegenden Elemente.
- Halten Sie die [Strg]-Taste gedrückt, während Sie Elemente anklicken, werden nur diese markiert.

Mit der [Strg]-Taste lassen sich also nicht benachbarte Elemente markieren. Die Anwahl eines markierten Elements hebt diese Markierung wieder auf. Markierte Elemente wie Dateien werden mit einer farbigen Hinterlegung der Dateinamen gekennzeichnet. Zudem lassen sich benachbarte Dateien durch Ziehen (mit der Maus) markieren. Dazu müssen Sie nur einfach einen Punkt anklicken und die Maus diagonal bei gedrückter linker Maustaste bewegen. Alle Elemente im aufgezogenen Rechteck werden markiert. Das funktioniert auch beim Ziehen mit einem Finger auf einem Touchscreen.

> Auf der Registerkarte *Start* des Ordnerfensters finden Sie in der Gruppe *Auswählen* Schaltflächen, um alle Elemente eines Ordners zu markieren, die Auswahl umzukehren oder die Markierung aufzuheben.

Dateien und Ordner löschen

Nicht mehr benötigte Ordner oder Dateien lassen sich auf einfache Weise löschen.

1 Markieren Sie die zu löschenden Elemente (Dateien, Ordner) im Ordnerfenster.

2 Klicken Sie auf der Registerkarte *Start* des Menübands die angezeigte Schaltfläche *Löschen* an.

Windows verschiebt jetzt die markierte(n) Datei(en) bzw. den/die markierte(n) Ordner in den Papierkorb.

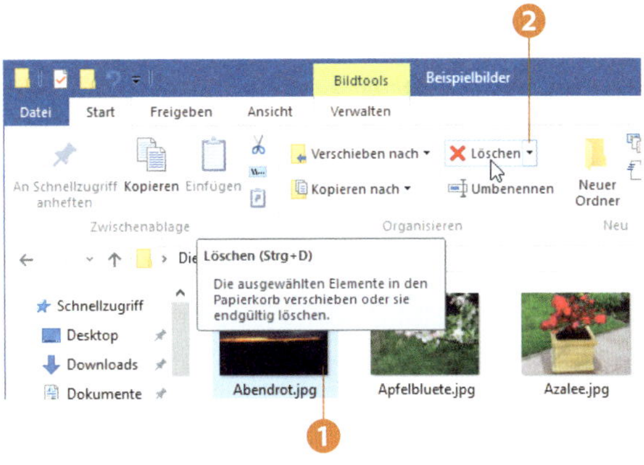

Im Menü der Schaltfläche *Löschen* **2** finden Sie noch einen Eintrag, um die markierten Elemente **1** direkt (ohne Papierkorb) zu löschen. Elemente, die auf Wechseldatenträgern gespeichert sind, werden beim Löschen übrigens vollständig entfernt, da für diese Medien kein Papierkorb eingerichtet wird!

Gelöschte Elemente zurückholen

Haben Sie irrtümlich eine Datei oder einen Ordner gelöscht, die bzw. den Sie noch brauchen? Solange sich diese Datei bzw. die Dateien des Ordners noch im Papierkorb befinden, können Sie sie zurückholen. Zum Wiederherstellen einer gelöschten Datei oder eines Ordners gibt es zwei Möglichkeiten. Bemerken Sie bereits beim Löschen den Fehler, geht die »Wiederbelebung« ganz einfach.

- Drücken Sie die Tastenkombination Strg+Z oder wählen Sie die *Rückgängig*-Schaltfläche in der Symbolleiste für den Schnellzugriff.
- Sie können auch das Kontextmenü des Ordnerfensters öffnen (mit der rechten Maustaste an eine freie Stelle im Ordnerfenster klicken) und im Kontextmenü den Eintrag *Löschen rückgängig machen* wählen.

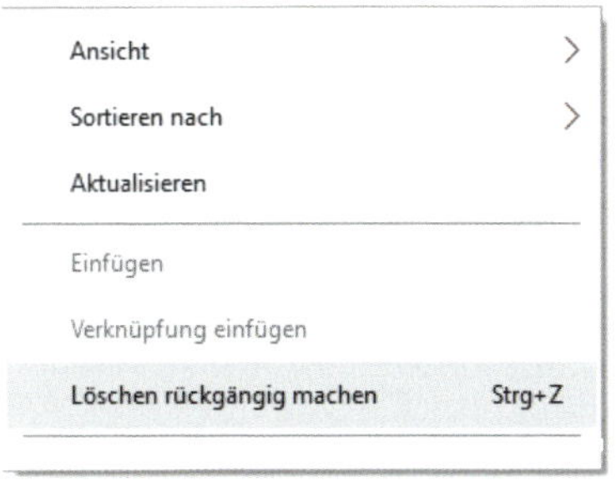

In beiden Fällen holt Windows die zuletzt gelöschte(n) Datei(en) bzw. Ordner aus dem Papierkorb in das aktuelle Fenster zurück.

Diese Methode funktioniert aber nur, wenn Sie sonst noch nichts anderes gemacht haben. Der Eintrag *xxx rückgängig machen* bezieht sich immer auf den zuletzt ausgeführten Windows-Befehl im aktuellen Ordnerfenster. Darüber hinaus muss die Datei noch im Papierkorb vorhanden sein – was beim Löschen von Elementen, die auf Speicherkarten oder USB-Sticks gespeichert sind, nicht der Fall ist.

Sofern Sie mehrere Schritte ausgeführt haben und erst später den Fehler bemerken, gibt es eine weitere Möglichkeit, um die gelöschten Dateien wiederherzustellen.

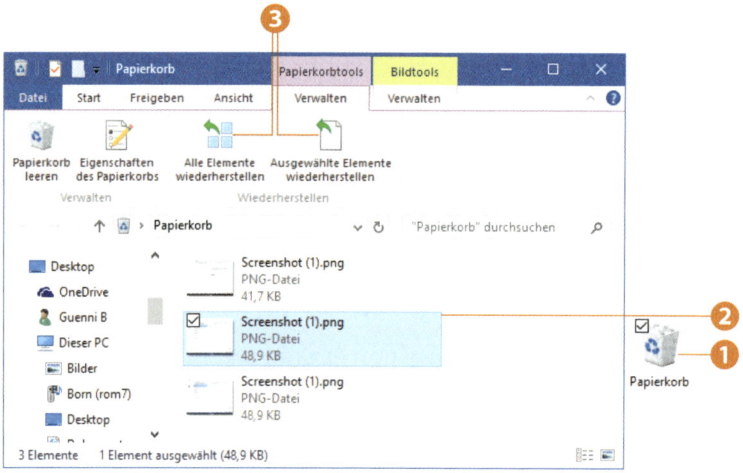

1 Doppelklicken (oder doppeltippen) Sie auf das Symbol des Papierkorbs ❶.

2 Markieren Sie im Fenster des Papierkorbs die wiederherzustellende(n) Datei(en) bzw. Ordner ❷.

3 Wählen Sie im Menüband auf der Registerkarte *Papierkorbtools/Verwalten* die Schaltfläche *Ausgewählte Elemente wiederherstellen* ❸ oder *Alle Elemente wiederherstellen*.

Windows verschiebt anschließend die jeweils markierten Elemente (oder alle Elemente) aus dem Papierkorb in den ursprünglichen Ordner zurück.

Dieses Wiederherstellen aus dem Papierkorb klappt aber nur so lange, wie die Elemente dort noch gespeichert sind. Wurde der Papierkorb z. B. zwischenzeitlich geleert, sind die Dateien verloren.

Den Papierkorb leeren

Die im Papierkorb abgelegten Dateien und Ordner belegen weiterhin Platz auf der Festplatte. Windows prüft zwar gelegentlich, ob der Papierkorb »voll« ist, und entfernt automatisch die ältesten als gelöscht eingetragenen Dateien. Sie können aber »nachhelfen« und den Papierkorb selbst leeren.

1 Wählen Sie das Symbol des Papierkorbs ❶ per Doppelklick aus.

2 Klicken Sie im Ordnerfenster auf die Schaltfläche *Papierkorb leeren* ❷ auf der Registerkarte *Verwalten*.

3 Bestätigen Sie die Nachfrage, ob der Inhalt des Papierkorbs wirklich gelöscht werden soll, über die *Ja*-Schaltfläche ❸ des Dialogfelds.

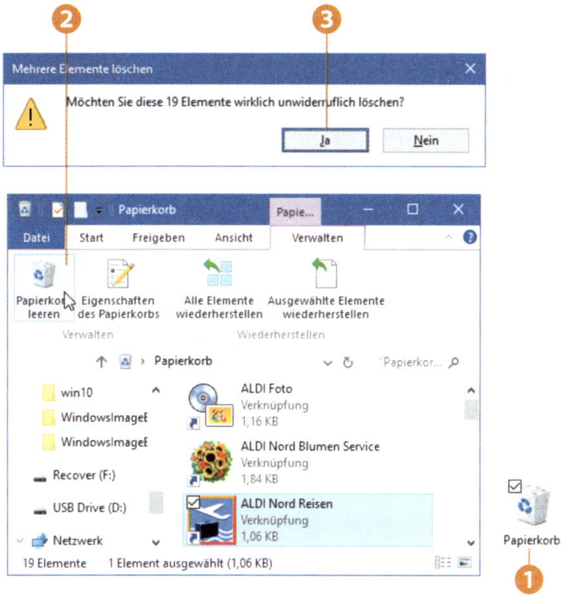

Die Elemente im Papierkorb werden gelöscht, und gleichzeitig wird der belegte Speicher auf dem Laufwerk freigegeben. Anschließend erscheint das Symbol eines leeren Papierkorbs.

Suche und Netzwerkbetrieb

Die Suchfunktion eines Ordnerfensters ermöglicht es Ihnen, gezielt an Speicherorten nach Dateien oder Ordnern suchen zu lassen. Außerdem kann der Rechner Teil eines Computernetzwerks sein, sodass Sie auf andere Laufwerke bzw. Ordner anderer Computer dieses Netzwerks zugreifen können.

So funktioniert die Suche

Zum Suchen nach bestimmten Dateien, Ordnern oder Dokumenten sind nur wenige Schritte erforderlich.

1 Öffnen Sie ein Ordnerfenster, und wählen Sie den zu durchsuchenden Speicherort ❶ aus.

2 Geben Sie den Suchausdruck in das Suchfeld ❷ des Ordnerfensters ein, und warten Sie, welche Treffer angezeigt werden.

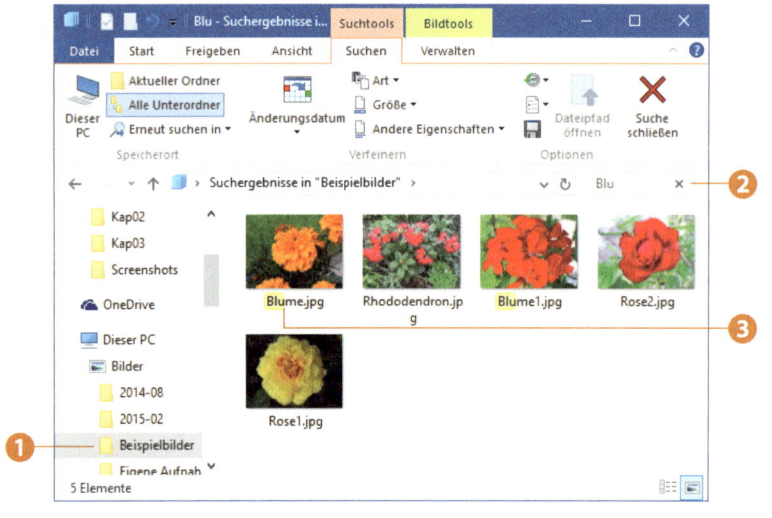

Der Speicherort ❶ kann ein Ordner oder ein Laufwerk sein. Wählen Sie *Dieser PC*, werden alle Laufwerke in die Suche einbezogen. Windows filtert bereits bei der Eingabe der ersten Zeichen des Suchbegriffs die nicht zutreffenden Dateien und Ordner und weist die Treffer im Inhaltsbereich des Ordnerfensters ❸ aus.

Wissen zur Suche

Vielleicht werden Sie an dieser Stelle etwas stutzig, was die Treffer anbelangt. Die farbig unterlegten Suchtreffer in Dateien wie *Blume.jpg* und *Blume1.jpg* kennzeichnen Buchstaben im Dateinamen, die mit dem Suchbegriff übereinstimmen. Bei Dateien wie *Rhododendron.jpg* oder *Rose1.jpg* etc. trifft dies aber nicht zu. Der Hintergrund: Windows verwendet eine intelligente Suche, die neben dem Datei- und Ordnernamen auch Dateinamenerweiterungen, Dateiinhalte und Zusatzinformationen in die Suche einbezieht. In den Fotodateien des Beispiels wurde der Begriff »Blume« in den Eigenschaften als Suchbegriff abgelegt.

Sie können die Suche gezielt durch Wahl des Suchbegriffs und über Optionen auf der Registerkarte *Suchen* des Menübands des Ordnerfensters steuern.

- Tippen Sie einen Datei- oder Ordnernamen ein, lassen sich auch Teilausdrücke der Art »Brief« oder »Rechnung« verwenden. Dann listet die Suche Ergebnisse auf, die mit dem betreffenden Teilausdruck übereinstimmen.
- Verwenden Sie Platzhalterzeichen (sogenannte Wildcards) wie das Sternchen »*« oder das Fragezeichen »?« im Suchmuster. Der Platzhalter wird dann bei der Suche durch beliebige Zeichen im Dateinamen ersetzt. Das Suchmuster »M*ier« würde in einem Ordner mit den drei Dokumenten »Meier«, »Maier« und »Meister« nur die beiden Ergebnisse »Maier« und »Meier« liefern.
- Beachten Sie, dass Windows die Suche auch auf die – standardmäßig nicht angezeigte – Dateinamenerweiterung (z. B. *.bmp*, *.txt*, *.docx* etc.) ausdehnt. Der Suchbegriff »B« wird dann z. B. auch eine Bilddatei *Skizze.bmp* in der Ergebnisliste zeigen. Sie können aber gezielt nach Dateitypen suchen (etwa indem Sie Suchmuster wie »*.doc«, »*.bmp«, »*.jpg« etc. verwenden).
- Außerdem bezieht Windows standardmäßig auch die Dateiinhalte in die Suche mit ein. Speziell bei Textdateien oder Dateien mit Markierungen (Fotos, Videos, Musik) beeinflusst dies die Ergebnisliste ebenfalls. Sie können also nach einem Interpreten eines Musikstücks, nach Beschriftungen von Fotos etc. suchen lassen.

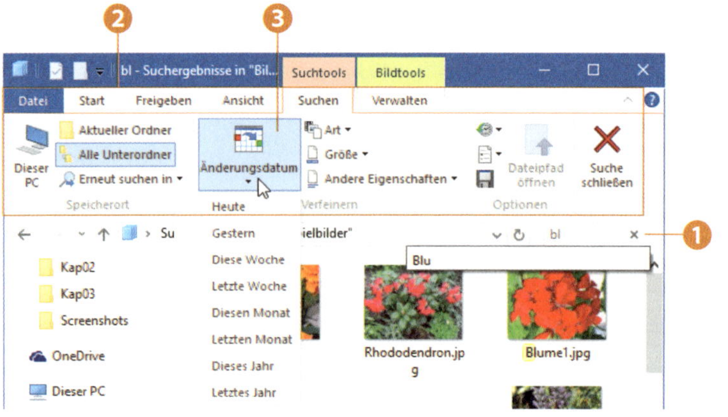

- Bereits beim Eingeben eines Stichworts in das Suchfeld blendet Windows eine Palette ❶ mit vorher eingegebenen Begriffen ein. Durch Auswahl eines Begriffs lässt sich dieser übernehmen und die Suche wiederholen.
- Die Suche im Ordnerfenster bezieht sich auf den aktuellen Speicherort und dessen Unterordner. Auf der Registerkarte *Suchen* ❷ des Menübands finden Sie das Symbol *Dieser PC* sowie die Schaltfläche *Alle Unterordner*, um die Suche auf alle Laufwerke oder Unterordner des aktuellen Ordners auszuweiten.
- In der Gruppe *Verfeinern* der Registerkarte *Suchen* gibt es mehrere Menüschaltflächen ❸, um die Suche nach einem Änderungsdatum, der Art der Suchbegriffe (Ordner, Musik, Bild, Video etc.), der Größe oder anderen Eigenschaften wie Album, Interpret, Titel etc. einzugrenzen. Klicken Sie auf eine solche Menüschaltfläche, erscheint ein Menü mit den Filterkriterien. Wählen Sie ein Kriterium, ergänzt Windows automatisch den Suchausdruck im Suchfeld um die betreffenden Begriffe.

Auf diese Weise können Sie recht komplexe Suchanfragen (z. B. nach Dateityp und Aufnahmedatum eines Fotos) erzeugen.

Arbeiten im Netzwerk

Der Rechner kann über Kabel oder Funkverbindungen (WLAN-Router) mit anderen Rechnern zu einem Computernetzwerk zusammengeschaltet werden. In dieser Umgebung lässt sich sehr einfach eine Heimnetzgruppe mit anderen

Windows-7-/8.1- oder Windows-10-Rechnern in Betrieb nehmen. Beim ersten Rechner gehen Sie folgendermaßen vor, um die Heimnetzgruppe einzurichten:

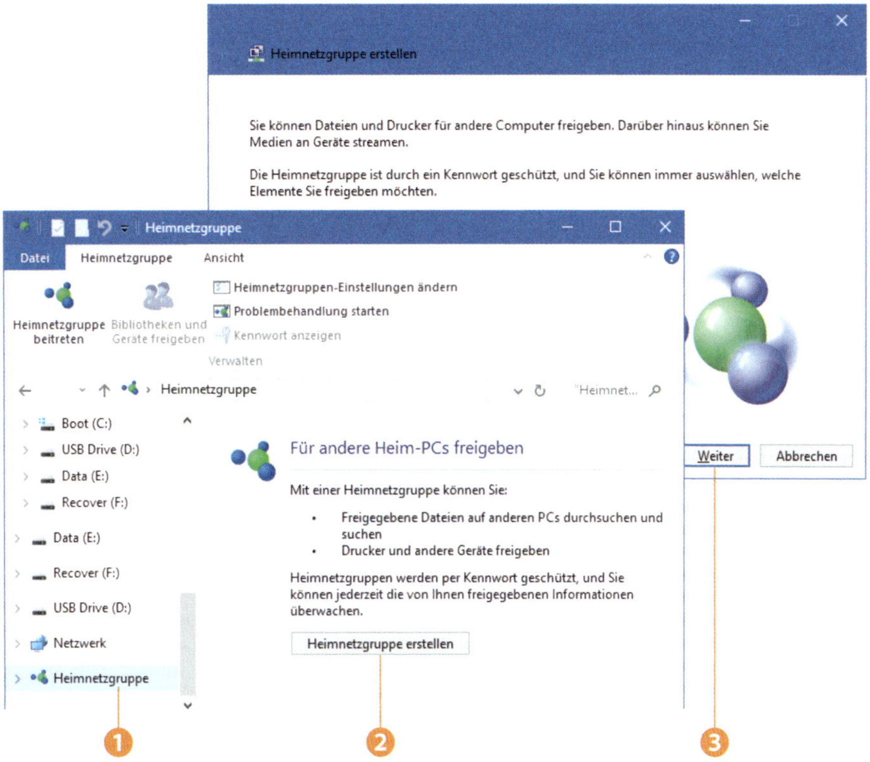

1 Öffnen Sie ein Ordnerfenster, und wählen Sie im Navigationsbereich den Eintrag *Heimnetzgruppe* **1**.

2 Klicken Sie auf die im Inhaltsbereich angezeigte Schaltfläche *Heimnetzgruppe erstellen* **2**.

3 Sobald der Assistent startet, wählen Sie im ersten Dialogfeld die Schaltfläche *Weiter* **3**.

4 Setzen Sie im Dialogfeld des Einrichtungsassistenten die Listenfelder der freizugebenden Objekte auf *Freigegeben* **4**, und klicken Sie auf *Weiter* **5**.

5 Notieren Sie das im Dialogfeld angezeigte Kennwort (oder drucken Sie sich dieses aus), und klicken Sie auf *Fertig stellen* **6**.

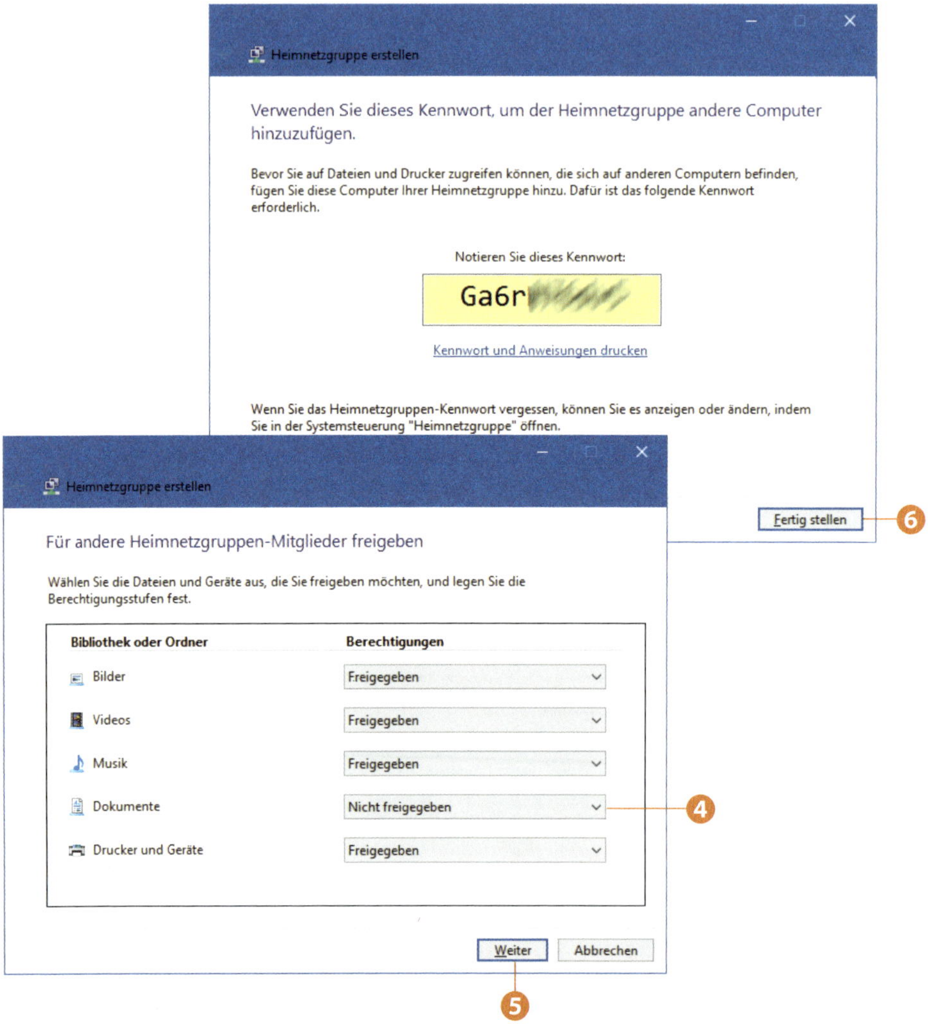

Damit ist der erste Rechner des Heimnetzwerks arbeitsbereit, d. h., andere Windows-7-/8.1- oder Windows-10-Rechner finden die Heimnetzgruppe im Netzwerk, sobald der erste Rechner läuft. Um einen zweiten Windows-Rechner zur Heimnetzgruppe hinzuzufügen, führen Sie folgende Schritte aus:

1 Öffnen Sie auf dem neuen Rechner ein Ordnerfenster, und wählen Sie im Navigationsbereich den Eintrag *Heimnetzgruppe* 7.

2 Wählen Sie im Inhaltsbereich die angezeigte Schaltfläche *Jetzt beitreten* 8.

3 Sobald der Assistent startet, klicken Sie im ersten Dialogfeld auf *Weiter* und geben im nächsten Dialogfeld die gewünschten Bibliotheken und Ordner über die Listenfelder frei ④.

4 Über die *Weiter*-Schaltfläche gelangen Sie zum nächsten Dialogfeld, in dessen Textfeld ⑨ Sie das notierte Kennwort der Heimnetzgruppe eingeben.

5 Wählen Sie die *Weiter*-Schaltfläche ⑩ des Dialogfelds und dann im nächsten Dialogfeld die Schaltfläche *Fertig stellen*.

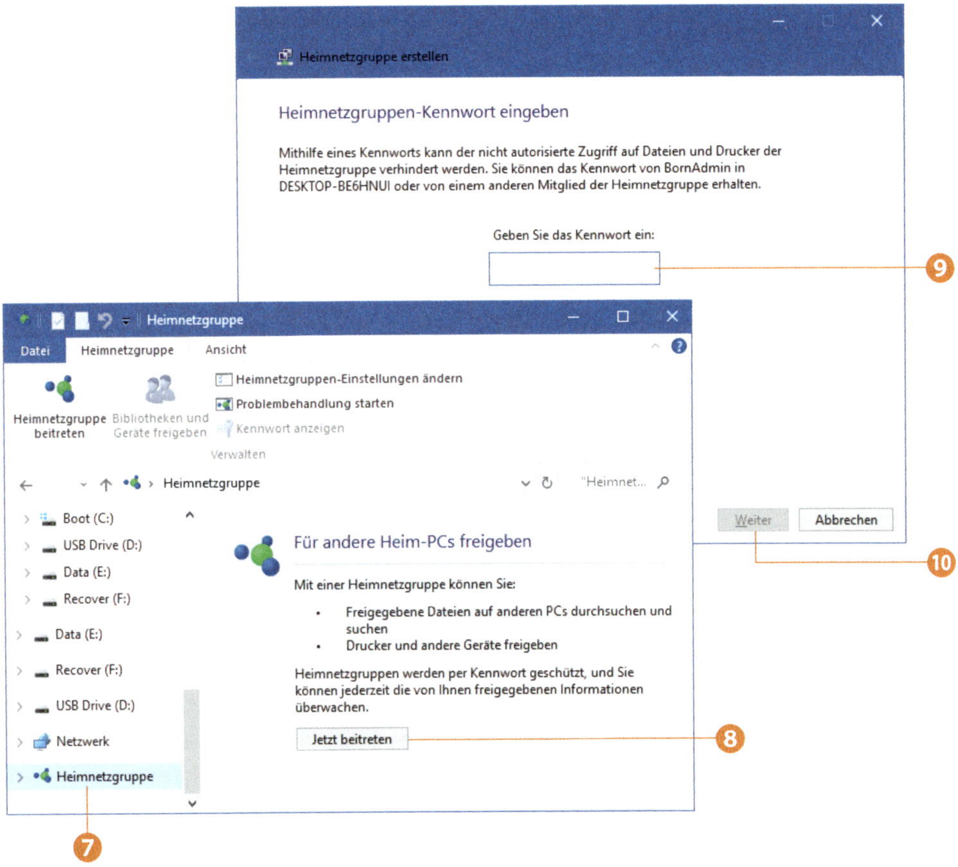

Windows durchsucht beim Beitreten das Netzwerk nach anderen Stationen und fragt im Dialogfeld *Heimnetzgruppen-Kennwort eingeben* den Sicherheitscode für das Heimnetzwerk ab. Wurde der korrekte Code eingegeben, tritt der Rechner der

Heimnetzgruppe bei, und Sie können das Dialogfeld schließen. Ab diesem Zeitpunkt ist die Heimnetzgruppe arbeitsfähig.

Zum Zugriff auf freigegebene Ordner anderer Rechner reicht es, im Navigationsbereich eines Ordnerfensters die Kategorie *Heimnetzgruppe* zu suchen und dann den Namen der Heimnetzgruppe ⓫ zu wählen. Anschließend werden im Inhaltsbereich die freigegebenen Ordner angezeigt ⓬. Dort können Sie genau wie mit lokalen Ordnern arbeiten und navigieren.

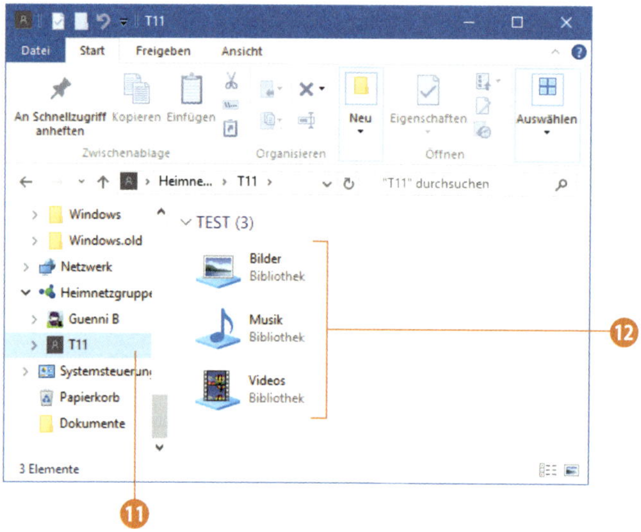

Arbeitsgruppennetzwerk: Ein Eintrag *Netzwerk* im Navigationsbereich signalisiert, dass zusätzliche Arbeitsgruppen existieren. Sie können auf deren Freigaben (Laufwerke und Ordner) direkt zugreifen. Die Einrichtung solcher Netzwerke oder weitere Fragen zur Netzwerkkonfiguration, -verkabelung, Inbetriebnahme eines WLAN-Routers etc. entfallen aus Platzgründen in diesem Buch. Lassen Sie sich bei Problemen im Netzwerk bzw. bei dessen Einrichtung von erfahrenen Fachleuten unterstützen, oder konsultieren Sie weiterführende Literatur.

Zugriff auf das OneDrive-Laufwerk

Sobald Sie ein Microsoft-Konto einrichten, stellt Microsoft Ihnen kostenlos Onlinespeicher auf dem OneDrive-Laufwerk zur Verfügung. Auf Neudeutsch bezeichnet man das auch als »Datenspeicher in der Cloud«. Sie können dann per Internetverbindung Bilder, Musik oder weitere Dateien in diversen OneDrive-Ordnern speichern und von unterwegs auch darauf zugreifen. Die Verwaltung des OneDrive-Laufwerks kann in Windows über ein Ordnerfenster erfolgen.

OneDrive einrichten

Voraussetzungen zum Zugriff auf ein OneDrive-Konto sind eine Internetverbindung sowie die Anmeldung an einem Microsoft-Konto. Außerdem fordert Windows 10 den Nutzer einmalig zum Einrichten des OneDrive-Laufwerks auf. Ein Einrichtungsassistent führt Sie durch die Schritte zum Einrichten der OneDrive-Verbindung. Verwenden Sie die angezeigte *Starten*-Schaltfläche ❶, um vom Startfenster des Assistenten zu den weiteren Schritten zu gelangen.

- In einem Einrichtungsschritt fordert der Assistent Sie zur Anmeldung am Microsoft-Konto auf. Geben Sie die E-Mail-Adresse ❷ und das Kennwort ein, und bestätigen Sie dies über die *Anmelden*-Schaltfläche.
- Im Fenster *Einführung in den OneDrive-Ordner* klicken Sie auf *Weiter* ❸, um den Einrichtungsschritt zu überspringen.
- Im nächsten Schritt markieren Sie die Kontrollkästchen der angezeigten Ordner (auf dem Windows-Gerät), die mit dem OneDrive-Laufwerk im Internet synchronisiert werden sollen ❹. Klicken Sie anschließend auf *Weiter* ❺, um den Vorgang abzuschließen.

Windows wird dann die ausgewählten lokalen Ordner automatisch mit dem OneDrive-Laufwerk abgleichen, sofern eine Internetverbindung besteht.

OneDrive verwalten

Sie können im Infobereich der Taskleiste auf das Symbol *Ausgeblendete Symbole einblenden* klicken. Wählen Sie in der eingeblendeten Palette das OneDrive-Symbol mit der rechten Maustaste aus.

Dann öffnet sich das hier gezeigte Kontextmenü, über dessen Einträge Sie den OneDrive-Speicher verwalten, auf den Ordner zugreifen oder die Einstellungen anpassen können.

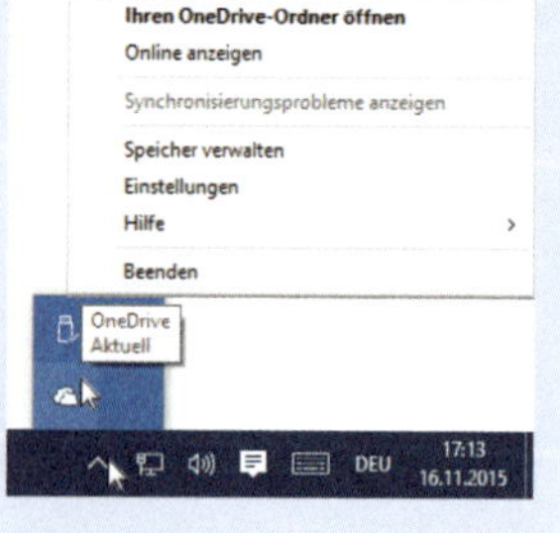

Das OneDrive-Laufwerk im Ordnerfenster

Unter Windows 10 kann der Zugriff auf das OneDrive-Laufwerk über das Ordnerfenster oder den Browser erfolgen. Am einfachsten erfolgt der Zugriff über ein Ordnerfenster. In dessen Navigationsbereich finden Sie den Eintrag *OneDrive* samt den auf dem Onlinespeicher angelegten Ordnern.

- Wählen Sie einen Ordner aus, zeigt das Ordnerfenster die vorhandenen Dateien im Inhaltsbereich an (hier wurden einige Fotodateien gespeichert).
- Ein grüner Kreis mit Häkchen signalisiert, dass die OneDrive-Dateien mit dem lokalen Windows-Laufwerk abgeglichen (synchronisiert) sind.
- Im Ordnerfenster können Sie das OneDrive-Laufwerk wie ein lokales Speichermedium (Festplatte, Speicherkarte) behandeln und Dateien bzw. Ordner kopieren, anlegen und auch wieder löschen.
- Auch das Umbenennen oder Kopieren geht wie bei lokalen Ordnern. Kopieren Sie eine Datei aus einem Windows-Ordner in den OneDrive-Ordner, wird diese auf das Internetlaufwerk hochgeladen (synchronisiert).

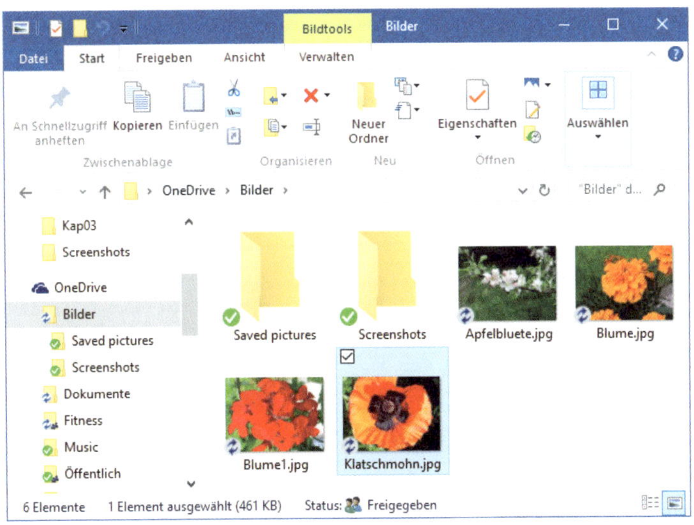

Einzige Besonderheit: Die Operationen dauern, abhängig von der Geschwindigkeit der Internetverbindung, etwas länger als auf einer Festplatte.

OneDrive-Inhalte teilen

Der Onlinespeicher OneDrive ist ganz hilfreich, um Fotos oder andere Dateien mit Dritten zu teilen. Wenn Sie z. B. Fotos einem Empfänger per Mail zukommen lassen, tritt ggf. das Problem auf, dass dessen Postfach diese wegen des großen Anhangs mit den Fotos nicht annimmt. Besser ist es, die Fotos oder Dateien auf OneDrive hochzuladen und den Empfängern einfach nur eine Mail mit der Internetadresse (Link) zu schicken, wo diese sich die Dateien herunterladen können. Das wird von Microsoft als »Teilen« bezeichnet und ist mit wenigen Handgriffen erledigt.

1 Laden Sie die gewünschten Dateien per Ordnerfenster in einen OneDrive-Ordner hoch (siehe vorangegangenen Abschnitt).

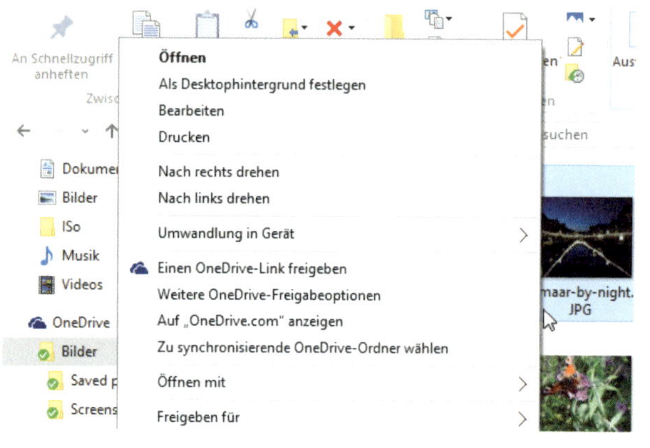

2 Klicken Sie die zu teilende Datei oder den Ordner mit der rechten Maustaste an, und wählen Sie im Kontextmenü den Eintrag *Einen OneDrive-Link freigeben*.

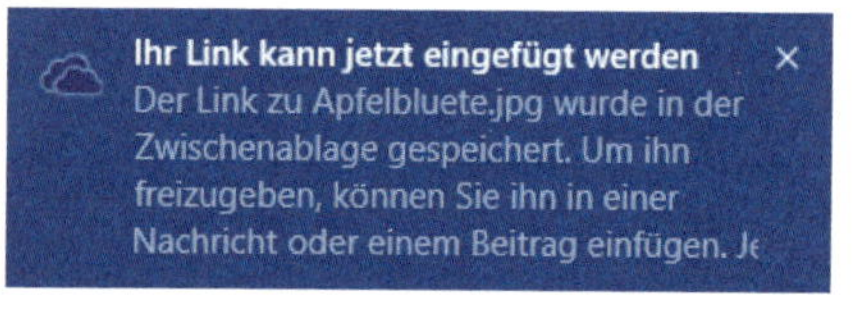

Der Link auf dieses freigegebene Element wird in die Windows-Zwischenablage kopiert. Sobald Windows die betreffende Benachrichtigung anzeigt, wechseln Sie zum E-Mail-Programm und fügen den Link über die Tastenkombination Strg+V in die zu versendende E-Mail ein.

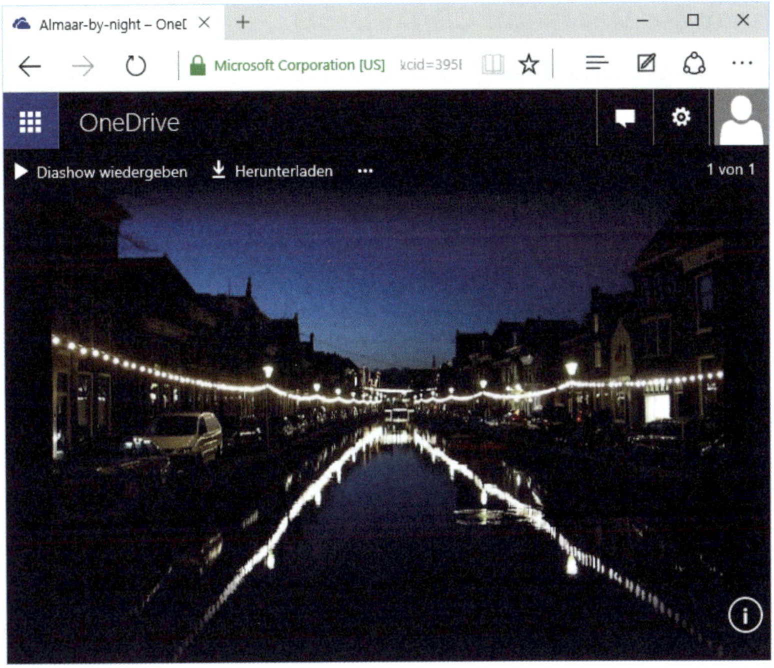

Der Empfänger einer E-Mail kann über diesen Link in einem Browser (wie den in Kapitel 6 vorgestellten Edge) auf den geteilten OneDrive-Ordner mit seinen Dateien zugreifen.

> Sie können sich auch in einem Browser mit Ihrem Microsoft-Konto unter *onedrive.com* anmelden. Dort finden Sie ebenfalls Möglichkeiten, um OneDrive-Ordner freizugeben oder Dateien zu verwalten.

Brennen unter Windows

Enthält Ihr Computer einen Blu-ray Disc- oder DVD-Rekorder (DVD-/BD-Brenner)? Dann können Sie Dateien auf Daten-CDs, -DVDs oder -BDs brennen. Im Folgenden werden die erforderlichen Schritte kurz erläutert.

So brennen Sie Daten auf CD/DVD/BD

Möchten Sie verschiedene Dateien (oder komplette Ordner) von der Festplatte auf eine CD, DVD oder BD (Blu-ray Disc) brennen?

1 Öffnen Sie das Ordnerfenster, suchen Sie den Ordner mit den zu sichernden Dateien, und markieren Sie diese ❶.

2 Wechseln Sie im Menüband zur Registerkarte *Freigeben*, und klicken Sie auf die Schaltfläche *Auf Datenträger brennen* ❷.

3 Sobald die Schublade des Brenners ausgefahren wird und das Dialogfeld *Auf Datenträger brennen* ❸ erscheint, legen Sie den gewünschten Rohling (CD, DVD oder BD) in das Laufwerk ein und schließen die Schublade des Laufwerks.

Das Dialogfeld verschwindet automatisch, sobald Windows den Rohling im Brenner erkennt. Ist der Rohling nicht beschreibbar, erhalten Sie eine entsprechende Fehlermeldung angezeigt. Verwenden Sie dann einen anderen Rohling.

4 Erscheint dieses Dialogfeld, passen Sie ggf. den Inhalt des Textfelds *Datenträgertitel* an, markieren ein Optionsfeld und klicken auf die *Weiter*-Schaltfläche.

Die Auswahl des Optionsfelds legt fest, wie die Daten auf den Datenträger geschrieben werden sollen.

Windows-Brennvarianten für Rohlinge

Windows unterstützt zwei Varianten beim Brennen von Daten auf CDs, DVDs oder BDs. Die Auswahl der Option *Mit einem CD/DVD-Player* verwendet den »Mastered«-Modus (Multisession), bei dem die Daten auf einen Rutsch auf das Medium gebrannt werden. Dieser stellt sicher, dass die Daten-CD bzw. -DVD überall lesbar ist. Sie können im Dialogfeld *Auf Datenträger brennen* auch die Option *Wie ein USB-Speicherstick* wählen, um Daten im sogenannten Livedateisystem (UDF-Format) auf den Rohling zu schreiben. Beim Livedateisystem brennt Windows die Dateien sofort auf das Medium. Die CD, DVD bzw. BD lässt sich anschließend wie eine Speicherkarte oder ein USB-Speicherstick verwenden, um Dateien zu speichern, zu überschreiben oder zu löschen. Alle Änderungen werden sofort auf den Rohling geschrieben. Der so gebrannte Rohling ist aber u. U. nicht auf allen Geräten lesbar (diese müssen das sogenannte UDF-Dateisystem unterstützen). Zudem dauert die Vorbereitung (Formatierung) des Rohlings sehr lange.

Windows informiert Sie über eine Einblendung in der rechten unteren Bildschirmecke **4**, wenn Dateien zum Brennen vorliegen. Dies ist wichtig, da die Dateien bei Verwendung der oben beschriebenen Schrittfolge nicht sofort auf den Datenträger gebrannt, sondern in einen Zwischenspeicher auf der Festplatte abgelegt werden. Dies gibt Ihnen die Gelegenheit, Dateien aus verschiedenen Ordnern zum Brennen auszuwählen und im letzten Schritt zu brennen. Sobald das Dialogfeld *Auf Datenträger brennen* über die *Weiter*-Schaltfläche geschlossen wird, erscheint das Ordnerfenster des Brenners.

Im Ordnerfenster des Brennerlaufwerks sehen Sie übrigens die zum Brennen zusammengestellten Dateien. Bei Bedarf können Sie einzelne Dateien aus dem Ordnerfenster des Brenners löschen. Dies ist hilfreich, falls Sie falsche Dateien zum Brennen hinzugefügt haben oder falls die Zahl der zu brennenden Dateien die Kapazität des Rohlings übersteigt.

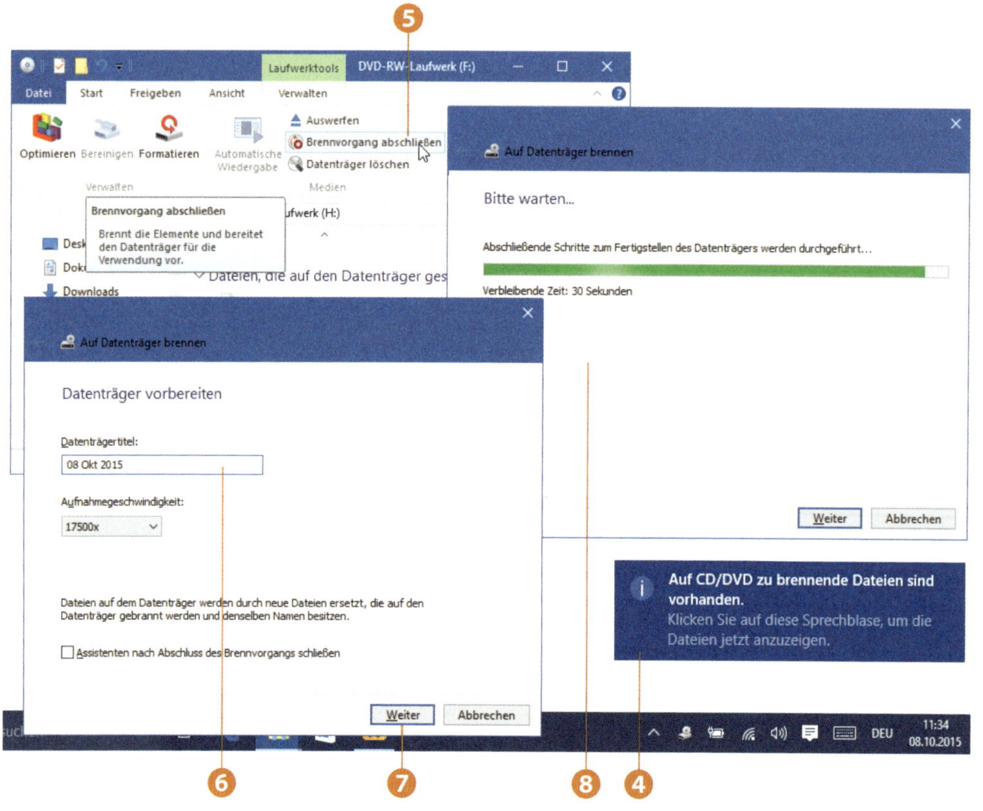

5 Sollen noch weitere Dateien auf den Rohling gebrannt werden, minimieren Sie dieses Ordnerfenster und fügen die gewünschten Dateien über die oben genannten Schritte zum Brenner hinzu.

6 Sind alle zu brennenden Dateien dem Laufwerk des Brenners zugewiesen, wechseln Sie zum Ordnerfenster des Brenners und wählen auf der Registerkarte *Verwalten* die Schaltfläche *Brennvorgang abschließen* 5.

7 Ergänzen Sie ggf. im Dialogfeld *Auf Datenträger brennen* den Datenträgertitel ⑥, passen Sie bei Bedarf die Brenngeschwindigkeit über das Listenfeld *Aufnahmegeschwindigkeit* an, und klicken Sie auf *Weiter* ⑦.

Windows brennt dann die markierten Dateien über den CD- oder DVD-Rekorder auf den Datenträger. Der Ablauf wird durch eine Fortschrittsanzeige im Dialogfeld *Auf Datenträger brennen* angezeigt ⑧. Dies kann, abhängig vom Datenträger und der Menge der zu brennenden Daten, eine Weile dauern. Sobald der Brennvorgang abgeschlossen ist, wird die Schublade des Brenners ausgefahren.

8 Schließen Sie die Schublade des Brenners, und klicken Sie ggf. im noch geöffneten Dialogfeld *Auf Datenträger brennen* auf die Schaltfläche *Fertig stellen*.

Ist der gebrannte Rohling beim Einfahren noch im Laufwerk, lässt sich direkt auf dessen Inhalt zugreifen.

Das sollten Sie über Rohlinge wissen

Daten-CDs, -DVDs bzw. -BDs werden unter Windows mit BD- oder DVD-Rekordern erzeugt (gebrannt). DVD-Brenner unterstützen dabei sowohl CD- als auch DVD-Rohlinge, BD-Brenner sogar alle Rohlingtypen (CD, DVD, BD). Aus Gründen der Datensicherheit sollten Sie, sofern die Kapazität reicht, CD-Rohlinge mit bis zu 700 MByte Kapazität verwenden. Diese sind wesentlich unempfindlicher gegen Datenverlust als DVD-Rohlinge und lassen sich auf einer breiten Gerätepalette verwenden. Die Speicherkapazität von BD-Rohlingen ist im Vergleich zu CDs und DVDs zwar wesentlich höher, allerdings sind diese momentan noch recht teuer und sehr empfindlich gegen Datenverlust. Es gibt verschiedene Rohlingtypen für CDs, DVDs und BDs:

- Bei CD-Rohlingen werden einmal beschreibbare Medien (CD-R) und mehrfach beschreibbare Medien (CD-RW) unterschieden. DVD-Rekorder unterstützen in der Regel beide Medientypen.
- Bei DVD-Rohlingen existieren verschiedene Standards für einmal beschreibbare (DVD+R, DVD-R) und wiederbeschreibbare (DVD+RW, DVD-RW) Rohlinge mit einer Kapazität von 4,7 GByte.

- Zudem gibt es noch einmal beschreibbare DVD-Rohlinge doppelter Kapazität (8,5 GByte), die in den Formaten DVD+R DL und DVD-R DL angeboten werden (das DL steht für Double Layer).
- Blu-ray-Disc-Rohlinge gibt es als einmal beschreibbare BD-R (25 GByte) und BD-R DL (50 GByte) sowie als mehrfach beschreibbare BD-RE (25 GByte) und BD-RE DL (50 GByte).

Achten Sie darauf, dass Ihr Brenner die gewünschten Rohlingtypen unterstützt. Moderne Multiformat-DVD-Rekorder sollten alle diese Rohlingtypen unterstützen.

RW-Medien löschen

Mehrfach beschreibbare Datenträger (CD-RW, DVD+RW, DVD-RW, BD-RE, BD-RE DL) können Sie vor einer Wiederverwendung löschen:

1 Legen Sie den RW-Datenträger in den Brenner ein, und schließen Sie ggf. angezeigte Dialogfelder.

2 Wählen Sie in einem Ordnerfenster das Laufwerk des Brenners im Navigationsbereich aus, und klicken Sie auf der Registerkarte *Verwalten* auf die Schaltfläche *Datenträger löschen*.

3 Im Dialogfeld *Datenträger kann gelöscht werden* klicken Sie auf *Weiter* und warten, bis der Datenträger gelöscht wurde.

Der Datenträger ist anschließend leer und kann zum Brennen von Dateien verwendet werden.

Brennen von ISO-Dateien

Windows ermöglicht direkt das Brennen von ISO-Dateien – dies sind gespeicherte Abbilder einer CD oder DVD.

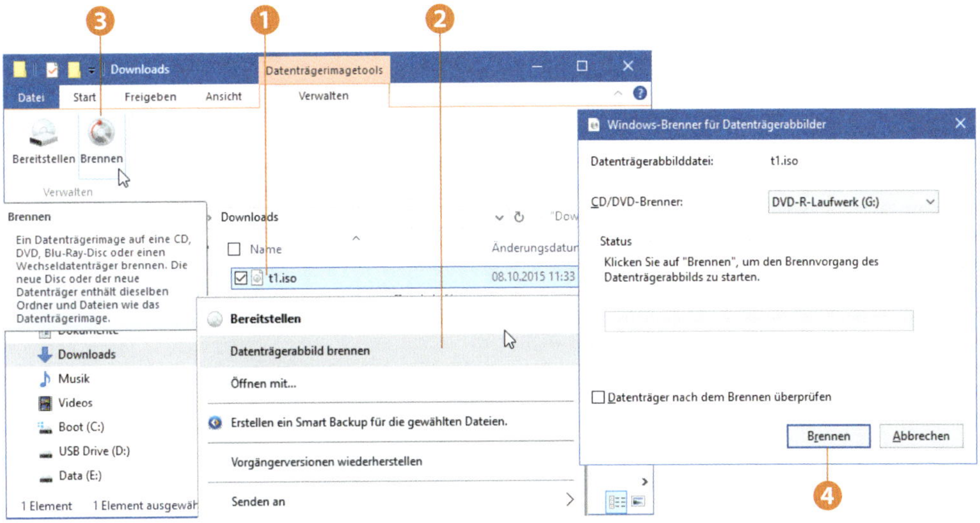

1 Zum Brennen markieren Sie die betreffende ISO-Datei in einem Ordnerfenster ❶.

2 Anschließend öffnen Sie das Kontextmenü (z. B. mit einem Rechtsklick) und wählen den Kontextmenüeintrag *Datenträgerabbild brennen* ❷. Sie können auch die Schaltfläche *Brennen* ❸ auf der Registerkarte *Verwalten* wählen.

3 Es öffnet sich das Dialogfeld *Windows-Brenner für Datenträgerabbilder*, in dem Sie in einem Listenfeld ggf. den Brenner auswählen. Klicken Sie auf die Schaltfläche *Brennen* ❹.

Dann wird das ISO-Abbild auf den Datenträger gebrannt. Nach dem Brennen lässt sich der Datenträger dem Brenner entnehmen oder direkt verwenden.

> ISO-Dateien finden Sie als Download im Internet. Zudem lassen sich Inhalte von CDs/DVDs und Ordnern mit Brennprogrammen oder Tools von Drittherstellern als ISO-Dateien speichern.

Zugriff auf VHD- und ISO-Dateien

Windows kann nicht nur ISO-Dateien brennen, sondern auch deren Inhalt direkt im Ordnerfenster anzeigen.

1 Wählen Sie die ISO-Datei in einem Ordnerfenster aus ①.

2 Klicken Sie auf der Registerkarte *Verwalten* die Schaltfläche *Bereitstellen* ②.

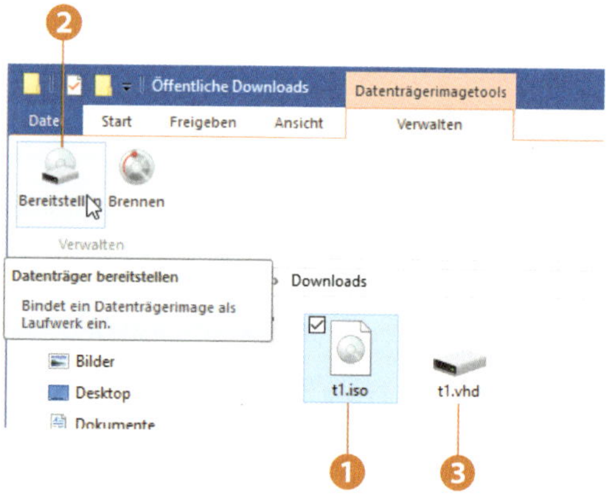

Dann taucht im Navigationsbereich ein neues DVD-Laufwerk auf. Bei dessen Anwahl wird der Inhalt der ISO-Datei im Inhaltsbereich des Ordnerfensters angezeigt. Sie sind also nicht mehr auf Fremdprogramme zum Lesezugriff auf ISO-Dateien angewiesen.

Was für CD-/DVD-Abbilder in Form von ISO-Dateien funktioniert, lässt sich auch für virtuelle Laufwerke in Form von VHD- und VHDX-Dateien anwenden. Nach Anwahl einer solchen Datei im Ordnerfenster ③ klicken Sie auf der Registerkarte *Verwalten* auf die Schaltfläche *Bereitstellen* ②. Windows bindet das virtuelle Laufwerk dann wie eine Festplatte ein. Sie können das Laufwerksymbol im Ordnerfenster wählen und dann den Inhalt des virtuellen Laufwerks einsehen oder sogar Dateien dort ablegen.

> Virtuelle Laufwerke lassen sich mit der Datenträgerverwaltung in Windows anlegen. Auf den Umgang mit virtuellen Laufwerken wird in diesem Buch aus Platzgründen aber nicht eingegangen.

Fazit

In diesem Kapitel haben Sie den Umgang mit Laufwerken, Ordnern, Dateien und Bibliotheken kennengelernt. Sie beherrschen die wichtigsten Bedientechniken zum Umgang mit Ordnerfenstern und wissen, wie Dateien oder Ordner kopiert, umbenannt oder gelöscht werden. Zudem können Sie etwas mit Netzwerken oder dem OneDrive-Laufwerk anfangen und auch Daten auf CDs, DVDs oder BDs brennen. Im nächsten Kapitel lernen Sie den Umgang mit Fotos und den Windows-Fotofunktionen kennen.

Kapitel 4

Fotos ansehen und verwalten

Digitalkameras bieten Ihnen die Möglichkeit, Fotos in digitaler Form auf den Computer zu übernehmen. Dieses Kapitel zeigt Ihnen, wie Sie Fotos von einer Digitalkamera auf den Rechner übertragen. Zudem lernen Sie den Umgang mit der Fotos-App sowie weiteren Windows-Funktionen kennen und erfahren, wie Sie Fotos anzeigen oder ggf. ausdrucken können.

Fotos zum Computer übertragen

Besitzen Sie eine Digitalkamera (oder ein Smartphone bzw. ein Tablet), lassen sich die Fotos auf den Computer übertragen (importieren). Der folgende Abschnitt beschreibt diesen Vorgang.

So funktioniert der Import

Möchten Sie Fotos von einer Digitalkamera, einem Smartphone bzw. einem Tablet-PC oder von einer Speicherkarte auf den Computer übertragen, gehen Sie folgendermaßen vor:

1 Verbinden Sie das Gerät (Kamera, Smartphone etc.) z. B. per USB-Kabel mit dem Computer, und schalten Sie es ein. Oder legen Sie den Datenträger (Speicherkarte, Foto-CD/-DVD) in das entsprechende Laufwerk ein.

2 Sobald Windows das Gerät (z. B. eine Kamera) oder ein Medium mit Fotodateien erkennt und eine Benachrichtigung ❶ auf dem Bildschirm erscheint, wählen Sie das Benachrichtigungsfeld an.

3 Wählen Sie in der Benachrichtigung der automatischen Wiedergabe ❷ den Eintrag *Fotos und Videos importieren*.

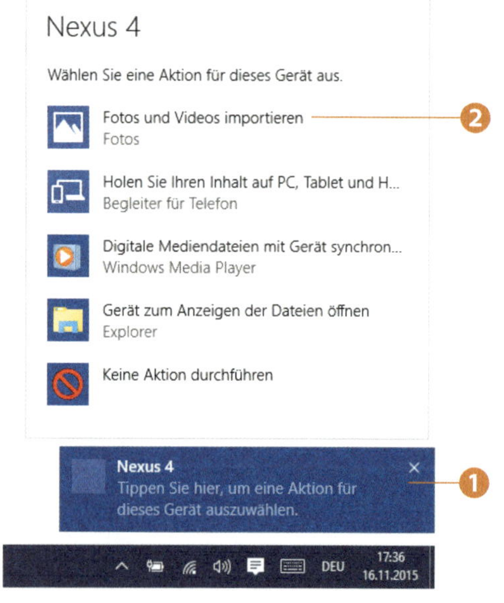

Die Benachrichtigung verschwindet, und Windows startet die Importfunktion der Fotos-App zur Fotoübernahme vom Medium. Der Importassistent der Fotos-App durchsucht anschließend den Datenträger nach neuen Fotos und Videos. Dies wird in einer Statusanzeige signalisiert. Der Vorgang lässt sich über die *Abbrechen*-Schaltfläche beenden.

4 Klicken Sie unter *Import starten?* auf die angezeigte *Importieren*-Schaltfläche.

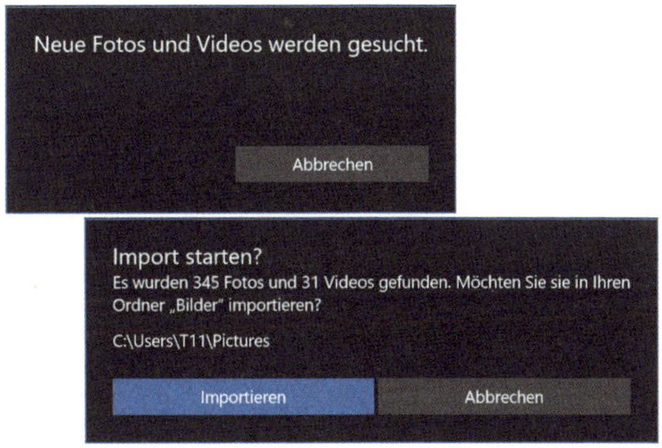

Dann werden alle neuen Fotos und Videos in den angezeigten Ordner (den *Bilder*-Ordner des Benutzerkontos) importiert.

Nach dem Import erscheint der Inhalt des Zielordners mit den Fotos als sogenannte Sammlung. Sie können dann auf die Kacheln der angezeigten Elemente zugreifen, um sich die Fotos anzusehen.

Es lassen sich nur neue Fotos und Videos importieren. Bereits importierte Elemente werden nicht mehr aufgelistet. Der Importassistent bietet auch keine Auswahl der zu importierenden Fotos und Videos an.

Der Importassistent überträgt anschließend die ausgewählten Fotos in einen Unterordner des Ordners *Bilder*. Der Assistent benennt den Unterordner anhand des Dateidatums der ersten zu importierenden Fotodatei. Der Importvorgang wird innerhalb der Fotos-App durch eine Fortschrittsanzeige signalisiert. Über einen Klick auf *Abbrechen* lässt sich der Vorgang vorzeitig beenden.

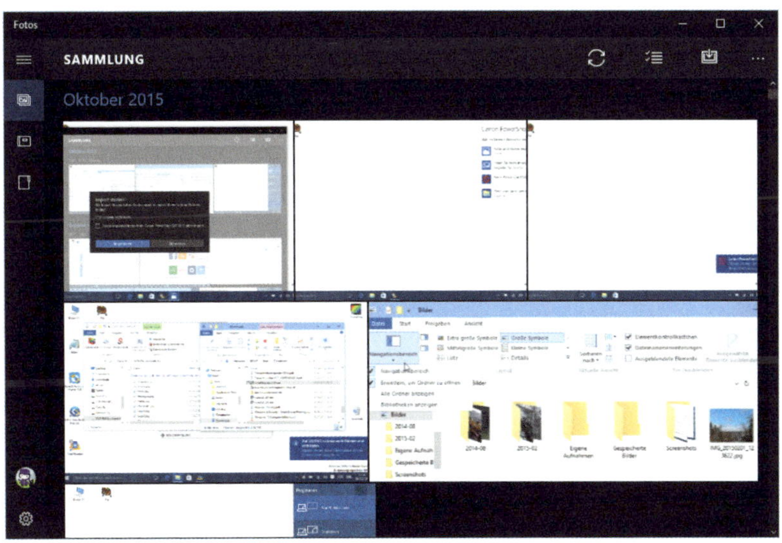

Sie haben die Importbenachrichtigung verpasst?

Ist die Importbenachrichtigung in der unteren rechten Bildschirmecke nach ein paar Sekunden wieder verschwunden?

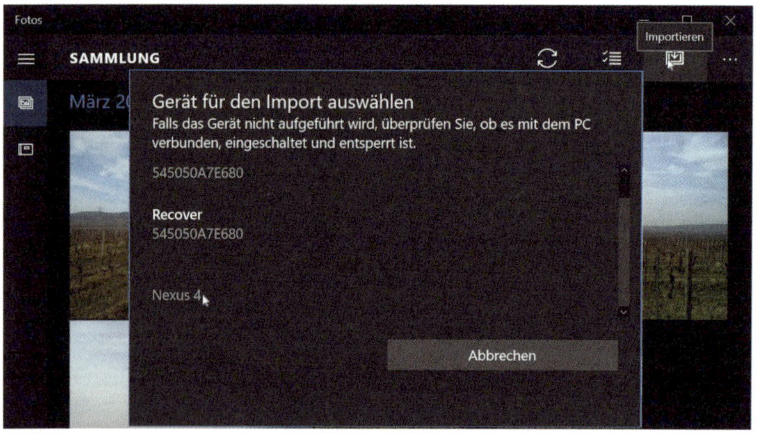

Starten Sie die Fotos-App über die entsprechende Kachel des Startmenüs oder der Startseite, und klicken Sie auf die Schaltfläche *Importieren*. Werden Sie in einer Info zur Auswahl des Importgeräts aufgefordert, tippen oder klicken Sie auf die gewünschte Bildquelle. Danach beginnen die Suche nach Bildern und der oben beschriebene Importvorgang.

Falls der Import nicht klappt

Funktioniert der oben dargestellte Ansatz bei Ihnen nicht, weil Windows die Geräte nicht unterstützt? Moderne Digitalkameras und Smartphones sollten zwar durch Windows erkannt und unterstützt werden. Aber falls der Import nicht klappt:

- Prüfen Sie an der Digitalkamera, ob sich dort das Picture Transfer Protocol (PTP) einschalten lässt.
- Beim Smartphone schauen Sie nach, ob es eine Option zum Einschalten des Media Transfer Protocols (MTP) gibt.

Näheres sollten Ihnen die Bedienhandbücher der Kamera oder des Handys verraten. Hilft das nicht weiter, nehmen Sie die Speicherkarte aus der Digitalkamera oder dem Smartphone und legen diese in ein Speicherkartenlesegerät des Rechners ein. Für die microSD-Speicherkarten von Smartphones gibt es spezielle Adapter, sodass sie in ein SD-Kartenlesegerät passen.

- Möglicherweise startet beim Einlegen der Speicherkarte der auf den vorangegangenen Seiten beschriebene Importassistent, und Sie gehen in der dort beschriebenen Weise vor.
- Andernfalls kopieren Sie, wie in Kapitel 3 beschrieben, die Fotodateien von der Speicherkarte in einen Unterordner von *Bilder*. Benennen Sie dabei die Unterordner nach dem Datum oder nach Ereignissen wie Urlaub, Hochzeit, Taufe etc.

Die manuelle Übernahme der Fotodateien hat den Vorteil, dass Sie mehr Kontrolle über den Importvorgang haben (z. B. Fotos gezielt auswählen und/oder löschen können).

> Fotos werden auf Speicherkarten im Hauptordner *DCIM* in Fotoordnern abgelegt. Die Fotodateien werden mit einem herstellerspezifischen Text (z. B. IMG, PICT etc.), gefolgt von einer fortlaufenden Bildnummerierung sowie der Dateinamenerweiterung *.jpg*, benannt. Der Dateityp steht für das JPEG-Format, das eine kompakte Speicherung von Fotos ermöglicht.

Fotos und Videos verwalten

Windows stellt die Fotos-App zur Fotoanzeige und -verwaltung sowie die Kamera-App zum Zugriff auf eine Webcam bereit. Im nächsten Abschnitt lernen Sie die Funktionen dieser Apps kennen.

Die Fotos-App im Überblick

Die Fotos-App kann sowohl Fotos als auch Videos anzeigen, die im Ordner *Bilder* und seinen Unterordnern gespeichert sind. Außerdem werden optional auf dem OneDrive-Laufwerk gespeicherte Fotos und Videos angezeigt.

1 Wählen Sie die Kachel der Fotos-App auf der Startseite bzw. im Startmenü aus.

Es öffnet sich die App, die eine Übersicht der Fotos und Videos zeigt. Diese umfasst den Ordner *Bilder* mit den dort gespeicherten Fotodateien, eventuell vorhandene Unterordner und die optional auf dem OneDrive-Laufwerk gespeicherten Fotos und Videos.

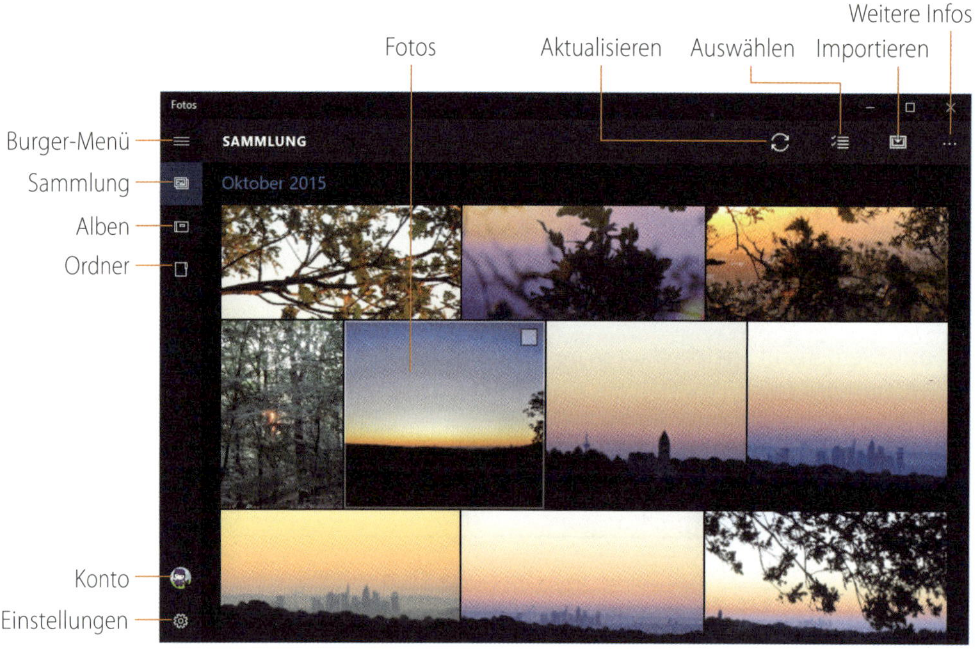

2 Wählen Sie die Bedienelemente der App, um Fotos oder Videos anzuzeigen, zu bearbeiten oder zu löschen.
Was dabei genau zu beachten ist, erfahren Sie in den folgenden Abschnitten.

- Über die Schaltflächen *Sammlung, Alben* und *Ordner* können Sie die Darstellung der Fotoübersicht umschalten. Das Burger-Menü blendet die Symboltitel der linken Leiste ein.
- Klicken Sie auf die Schaltfläche *Auswählen*, um einzelne Fotos oder Videos über die eingeblendeten Kontrollkästchen zur weiteren Bearbeitung zu markieren. Über die Bildlaufleiste blättern Sie zwischen den Alben und Sammlungen.

- Wählen Sie die Miniaturansicht eines Fotos oder Videos aus, um den Inhalt in Vollbildansicht anzuzeigen.

Klicken Sie auf die in der linken oberen Ecke sichtbare Schaltfläche *Zurück* (mit dem nach links zeigenden Pfeil), um ggf. zur vorherigen Ebene der App-Anzeige zurückzugehen.

Zugriff auf die App-Einstellungen

Über das am linken Rand eingeblendete Symbol *Einstellungen* öffnen Sie diese App-Einstellungsseite.

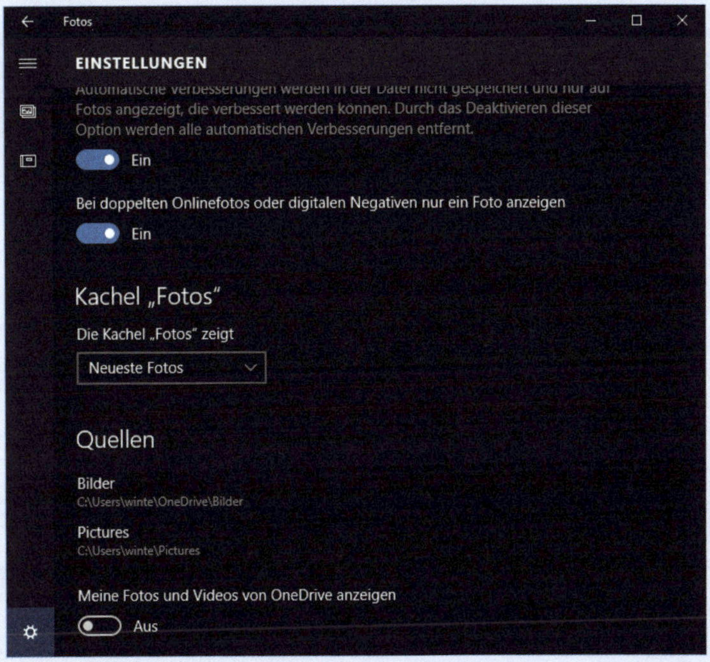

Dort können Sie vorgeben, ob Fotos automatisch verbessert oder nach Dubletten gefiltert werden. Zudem können Sie die Anzeige der OneDrive-Inhalte zulassen oder sperren.

Fotos kopieren oder löschen

Markieren Sie Fotos oder Videos (nach Anwahl der Schaltfläche *Auswählen*, siehe vorangegangene Seite) durch Anklicken der Kontrollkästchen, lassen sich diese Elemente kopieren oder löschen.

- Verwenden Sie die *Löschen*-Schaltfläche, um ein markiertes Foto zu entfernen. Das Löschen müssen Sie in einem eingeblendeten Fenster bestätigen.

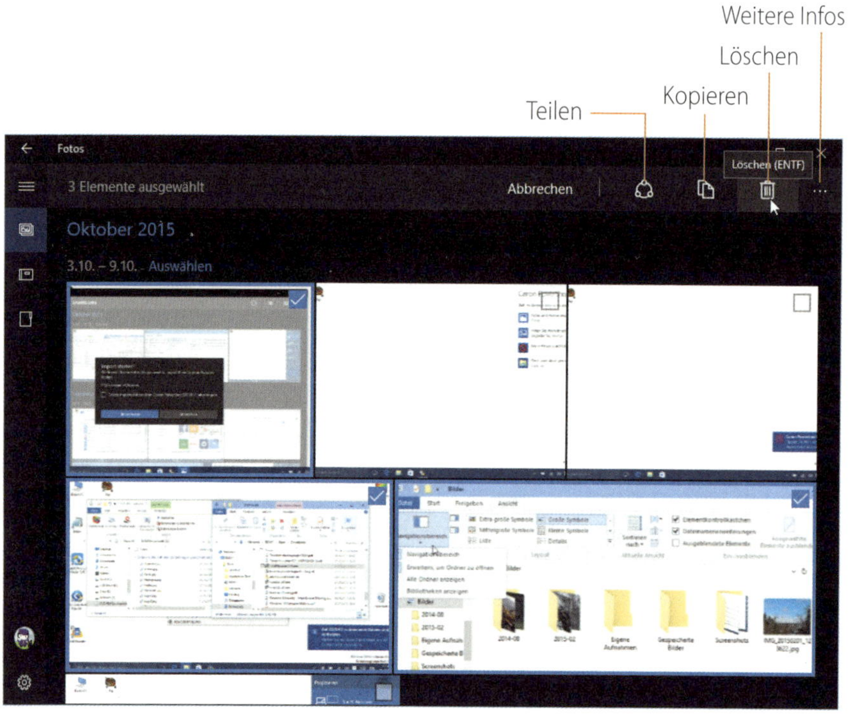

- Über die Schaltflächen mit den drei Pünktchen (*Weitere Infos*) erhalten Sie den Zugriff auf den Befehl *Kopieren* (links neben *Löschen*). Dieser überträgt die markierten Fotos in die Windows-Zwischenablage. Dieser Inhalt lässt sich anschließend in ein Grafikprogramm übernehmen.

Die Schaltflächen zum Löschen oder Kopieren werden auch in der Einzelbildansicht angezeigt. Auf die Funktion *Teilen* wird in einem der folgenden Abschnitte eingegangen.

> **Windows-Zwischenablage**
>
> Die Windows-Zwischenablage ist ein interner Speicher, in dem Sie Programme, Daten und Informationen ablegen und auch wieder herausholen können. So lassen sich Texte, Fotos etc. zwischen Programmen und Apps austauschen oder Dateien in Ordnerfenstern, in der Fotos-App etc. kopieren bzw. verschieben. Beachten Sie, dass der Inhalt der Zwischenablage beim Herunterfahren von Windows verloren geht.

Fotos und Videos in der Fotos-App ansehen

Um ein Foto oder Video anzuzeigen, gehen Sie folgendermaßen vor:

- Navigieren Sie innerhalb der Fotos-App zum gewünschten Foto oder Video, und wählen Sie die betreffende Miniatur mit der Foto- oder Videodatei durch Anklicken oder Antippen aus.
- Alternativ können Sie die Foto- bzw. Videodatei auch per Doppelklick in einem Ordnerfenster anwählen.

Die Fotos-App zeigt das betreffende Foto oder Video in Großdarstellung an. Gleichzeitig werden die hier sichtbaren Bedienelemente in der Fotos-App eingeblendet.

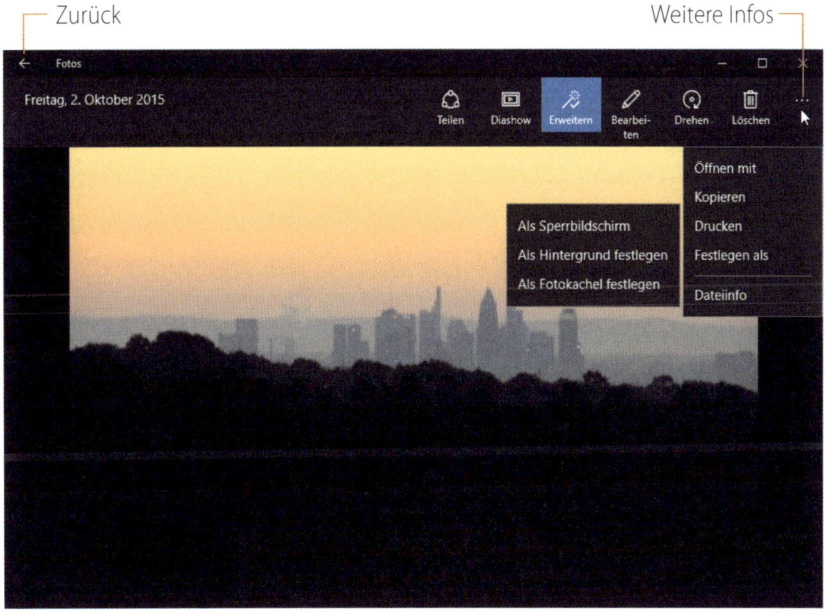

- Über die Schaltfläche *Zurück* (mit dem Pfeil nach links) oder, falls angezeigt, mit der Schaltfläche *Sammlung anzeigen* gelangen Sie zur Darstellung der Miniaturen zurück.
- Über die restlichen Schaltflächen am oberen App-Rand lässt sich das Foto drehen, teilen, löschen oder bearbeiten.

Das Symbol *Weitere Infos* mit den drei Pünktchen öffnet ein Menü mit Befehlen, um die Fotodatei in einer anderen App oder Anwendung zu öffnen, zu drucken oder zu kopieren.

- Über *Festlegen als* öffnet sich ein Untermenü, um das Foto als Desktop-Hintergrund, als Fotokachel oder als Sperrbildschirm abzulegen.
- Die Schaltfläche *Öffnen mit* öffnet eine Palette, in der Sie die Namen verschiedener Programme wie Paint oder Windows-Fotoanzeige finden. Bei Anwahl eines Programmeintrags wird dann das Foto in der jeweiligen App oder Windows-Anwendung geöffnet.

Zeigen Sie mit der Maus auf ein Foto und enthält der Ordner weitere Fotos, werden am linken/rechten Rand Navigationsschaltflächen sichtbar. Über diese Schaltflächen rufen Sie das vorherige bzw. nächste Foto auf. Auf einem Touchscreen wischen Sie einfach nach rechts oder links, um zwischen den Fotos zu blättern.

Fotoanzeige vergrößern oder verkleinern

Zeigen Sie per Maus auf den Fotobereich der App, wird in der rechten unteren Ecke des Fotos ggf. ein kleines Plus- bzw. Minuszeichen eingeblendet. Durch Anklicken mit der Maus lässt sich die Fotoanzeige vergrößern oder verkleinern.

Auf einem Touchbildschirm vergrößern oder verkleinern Sie das Foto durch Spreizen oder Zusammenziehen zweier Finger. Ist ein Foto größer als die Anzeige, lässt sich der sichtbare Bildausschnitt bei gedrückter linker Maustaste (oder per Finger auf dem Touchscreen) verschieben.

Fotos als Diashow wiedergeben

Wählen Sie in der App die Schaltfläche *Diashow* oder drücken Sie die Funktionstaste [F5], werden die im lokalen Ordner gespeicherten Fotos als Diashow automatisch auf der App-Seite wiedergegeben. Das Anklicken des Bildes in der Diashow oder ein Rechtsklick beendet die Wiedergabe. Die Diashow besitzt (bisher) keine Funktionen, um die Reihenfolge der Bilder und Videos oder die Bildanzeigedauer zu verändern.

Fotos drucken – so geht's

Fotos lassen sich direkt aus der Fotos-App auf einem Fotodrucker auf Papier ausgeben.

1 Rufen Sie in der Fotos-App die Vollbilddarstellung des gewünschten Fotos auf. Wie das geht, haben Sie auf den vorangegangenen Seiten erfahren.

2 Klicken Sie auf die Schaltfläche *Weitere Infos* ❶ und dann auf den Eintrag *Drucken* ❷.

3 Wählen Sie im angezeigten Fenster ❸ den Drucker ❹, und legen Sie die Druckoptionen fest ❺.

4 Klicken Sie danach auf die Schaltfläche *Drucken* ❻, um das Foto auf dem gewünschten Drucker auszugeben.

Sie können lokal angeschlossene Drucker oder Geräte im Netzwerk (hier z. B. »Kyocera FS-1030D an ROM7«) auswählen.

Im aktuellen Beispiel wurde der Drucker *Microsoft Print To PDF* gewählt, der eine PDF-Datei im Ordner *Dokumente* erzeugt. Diese PDF-Datei lässt sich später aus einem Ordnerfenster per Doppelklick in Microsoft Edge öffnen und anzeigen.

Außerdem können Sie (je nach Drucker) ggf. die Zahl der auszudruckenden Kopien, die Ausrichtung im Hoch- oder Querformat sowie die Größe des zu verwendenden Papiers (meist A4) einstellen. Über den Link *Weitere Einstellungen* ❺ öffnen Sie eine zusätzliche Seite ❼. Diese enthält druckerspezifische Einstellungsoptionen. Über die *OK*-Schaltfläche geht es zur vorangegangenen Seite zurück.

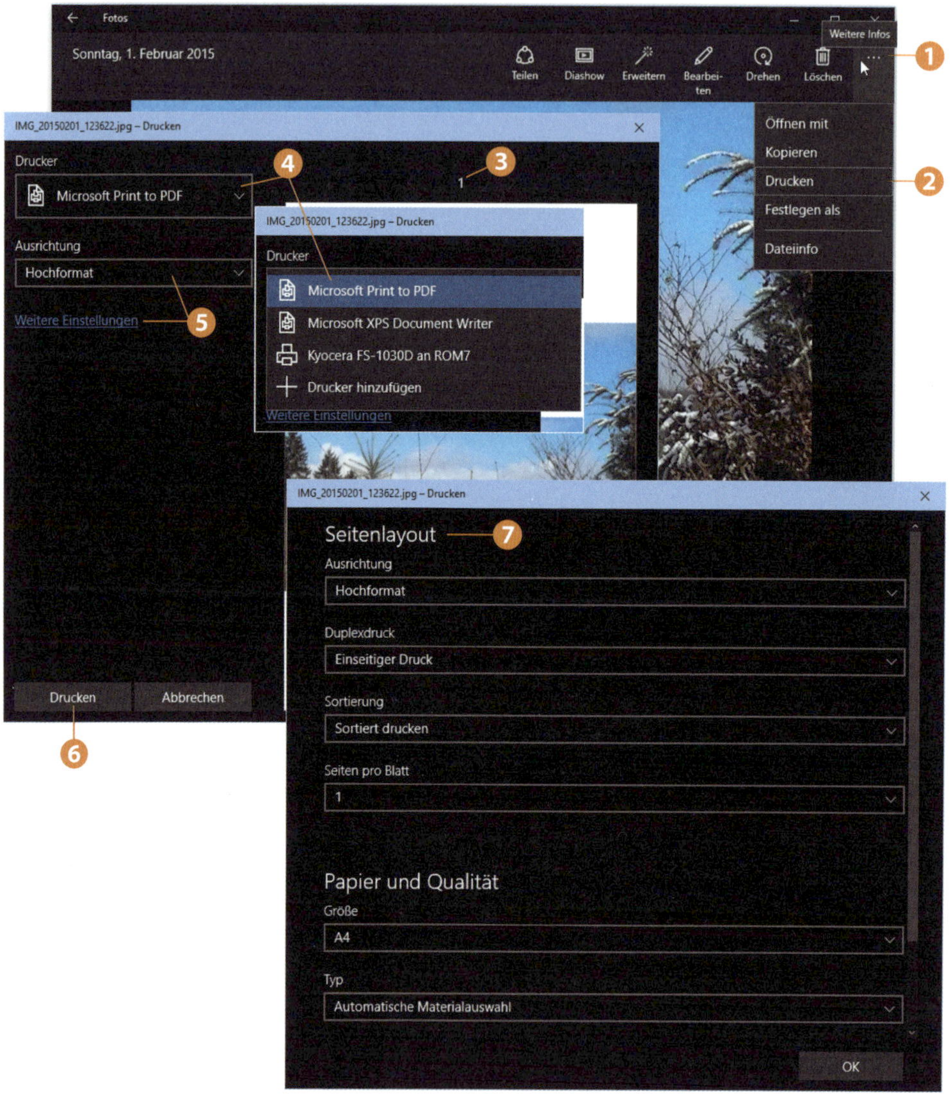

Das Drucken von Fotoabzügen erfordert spezielle Fotodrucker und Fotopapier. Günstiger ist es, die Fotodateien auf eine Speicherkarte zu kopieren und dann die Fotoausdrucke an einer im Handel aufgestellten Fotodruckstation vorzunehmen. Alternativ können Sie die Fotodateien an einer solchen Station zu einem Fotolabor hochladen und sich die Papierabzüge zuschicken lassen. Im Windows Store gibt es kostenlose Apps (z. B. CEWE Foto), mit denen Sie Fotos zu solchen Labors auch von zu Hause per Internet hochladen und Abzüge bestellen können. Sie können Fotos auch direkt aus einem Ordnerfenster drucken. Mehr dazu erfahren Sie am Ende dieses Kapitels.

Fotos teilen – das steckt dahinter

Die Fotos-App ermöglicht das Teilen eines Fotos, d. h., das Foto wird direkt an eine andere App zur weiteren Verarbeitung übertragen. Sie können z. B. ein Foto per Mail-App versenden oder an Apps zur Fotobearbeitung übergeben.

1 Rufen Sie das Foto in der Fotos-App als Vollbilddarstellung auf, und wählen Sie die *Teilen*-Schaltfläche ❶ am oberen Rand der Fotos-App.

2 Wählen Sie in der Seitenleiste *Teilen* ❷ die gewünschte App aus, und nehmen Sie die weiteren Bearbeitungsschritte in der eingeblendeten Seitenleiste der App ❸ vor.

Bei der Mail-App finden Sie z. B. eine Formularseite, in der Sie die Empfängeradresse und ggf. einen Betreff hinzufügen und dann die Nachricht versenden können. Bei Foto-Apps gibt es ggf. einen Hinweis, was mit dem Foto passiert, oder eine Schaltfläche zum Teilen.

Besonderheiten bei der Videowiedergabe

Befinden sich Videodateien im Fotoordner? Diese Videodateien erkennen Sie an einem in der Kachel eingeblendeten Kreis mit einem Dreieck ❶. Der Kreis mit dem Dreieck symbolisiert die Wiedergabe-Schaltfläche. Wählen Sie eine Videodatei über ihre Miniatur in der Fotos-App per Mausklick oder durch Antippen aus, wird diese in der App-Seite wiedergegeben ❷.

- Tippen oder klicken Sie auf das Video, um die Wiedergabe anzuhalten bzw. erneut fortzusetzen. Bei gestoppter Wiedergabe erscheint in der Mitte des Videos ein Kreis mit einem Dreieck ❸. Klicken oder tippen Sie auf das Video, wird die Wiedergabe fortgesetzt.
- Bei gestoppter Wiedergabe oder direkt nach dem Start der Anzeige wird eine Zeitleiste ❹ samt dem Positionsanzeiger ❺ am unteren Rand des Videos sichtbar. Der Positionszeiger signalisiert, welcher Teil der Videodatei gerade abgespielt wird.
- Die links neben der Zeitleiste eingeblendete Zahl ❻ zeigt die Spielzeit vom Videoanfang bis zur aktuellen Position, während die rechte Zeitangabe ❼ die Restspielzeit des Videos angibt.
- Ziehen Sie mit der Maus oder dem Finger den Positionsanzeiger ❺ auf der Zeitleiste nach links oder rechts, um in der Wiedergabe zur gewünschten Szene zu springen.

Die Wiedergabeleiste verschwindet bei der Videowiedergabe nach kurzer Zeit. Zeigen Sie während der Wiedergabe mit dem Mauszeiger auf den Videobereich, werden die Wiedergabeleiste sowie ein Bedienelement (Kreis mit Dreieck zum Videostart ❸ oder zwei Vierecke zum Anhalten) in der Bildschirmmitte sichtbar. Am oberen Rand der App werden ebenfalls (wie bei Fotos) Schaltflächen zum Teilen, zum Löschen etc. eingeblendet ❽.

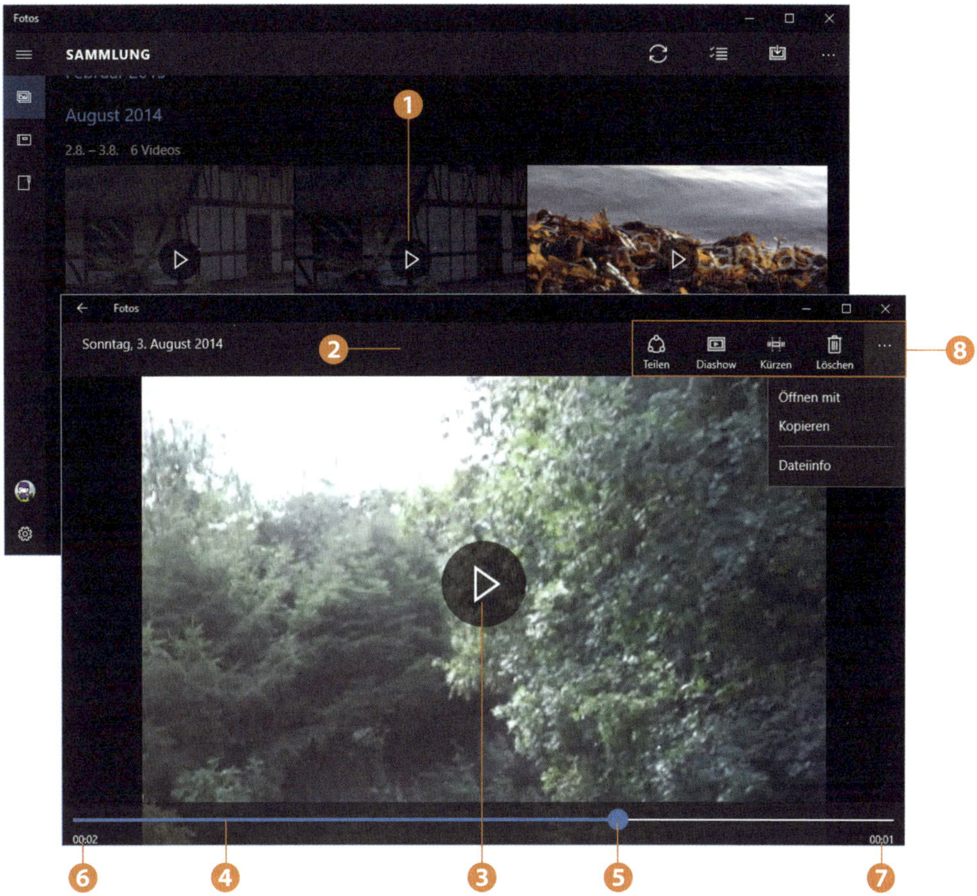

Videoclip kürzen

Die Schaltfläche *Kürzen* am oberen App-Rand ermöglicht Ihnen, einen Videoclip am Anfang und/oder Ende abzuschneiden. Verschieben Sie die (nach Anwahl der Schaltfläche *Kürzen*) am Anfang und Ende der Zeitleiste sichtbaren weißen Punkte (9) mit der Maus oder dem Finger nach rechts bzw. links, um den Ausschnitt festzulegen. Stimmt der markierte Bereich, klicken Sie auf die Schaltfläche *Kopie speichern* (10). Über die Schaltfläche *Abbrechen* (11) oder die Esc-Taste können Sie das Kürzen des Clips abbrechen. Diesen Schritt müssen Sie in einem Fenster über eine Schaltfläche bestätigen.

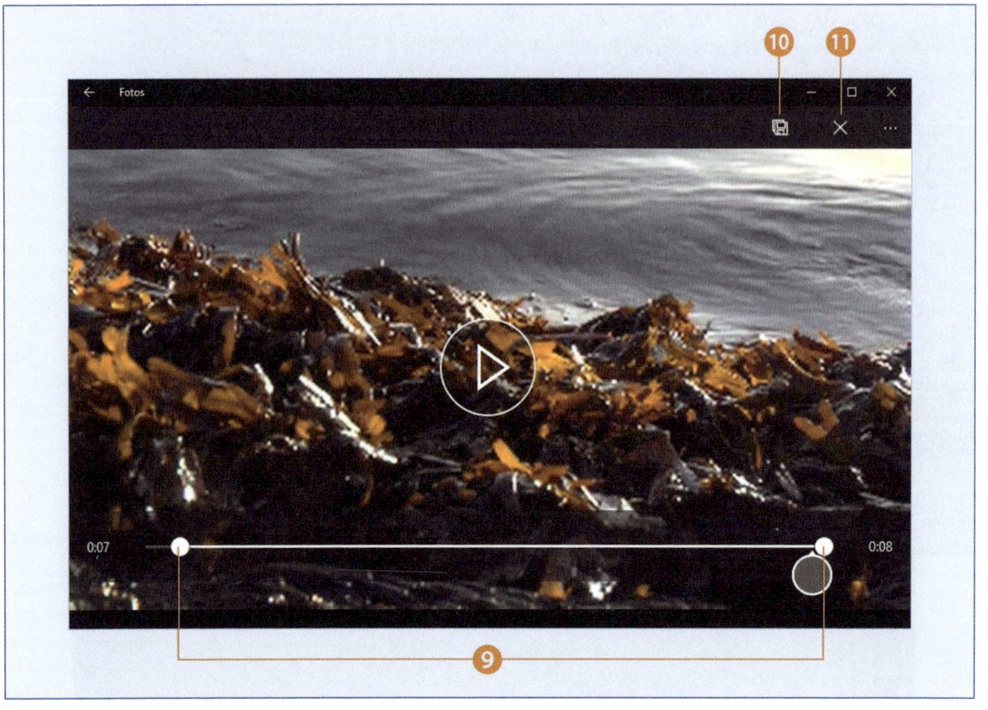

Zugriff auf die Webcam mit der Kamera-App

Ist der Rechner mit einer Webcam ausgestattet, lässt sich deren Bild über die Kamera-App anzeigen und als Video oder Standbild aufzeichnen.

- Zum Anzeigen der Webcam wählen Sie die Kamera-App im Startmenü (ggf. über *Alle Apps*) oder auf der Startseite aus bzw. verwenden die Suche in der Taskleiste.
- Beim ersten Aufruf der Kamera-App wird ggf. die Bestätigung zur Verwendung von Kamera und Mikrofon abgefragt, der Sie über eine Schaltfläche zustimmen können.

Fordert Windows Sie nach dem Aufruf der Kamera-App zum Einschalten der Kamera auf? Viele Net- und Notebooks besitzen eine Tastenkombination (z. B. Fn+F6), mit der sich die Webkamera ein- und ausschalten lässt.

Zugriff auf Kamera und Mikrofon sperren

Um den Zugriff auf die Webcam und das Mikrofon wieder zu entziehen, rufen Sie die *Einstellungen* auf. Gehen Sie zur Kategorie *Datenschutz*, können Sie die Unterkategorien *Kamera* und *Mikrofon* wählen und die Verwendung der Geräte zulassen oder sperren.

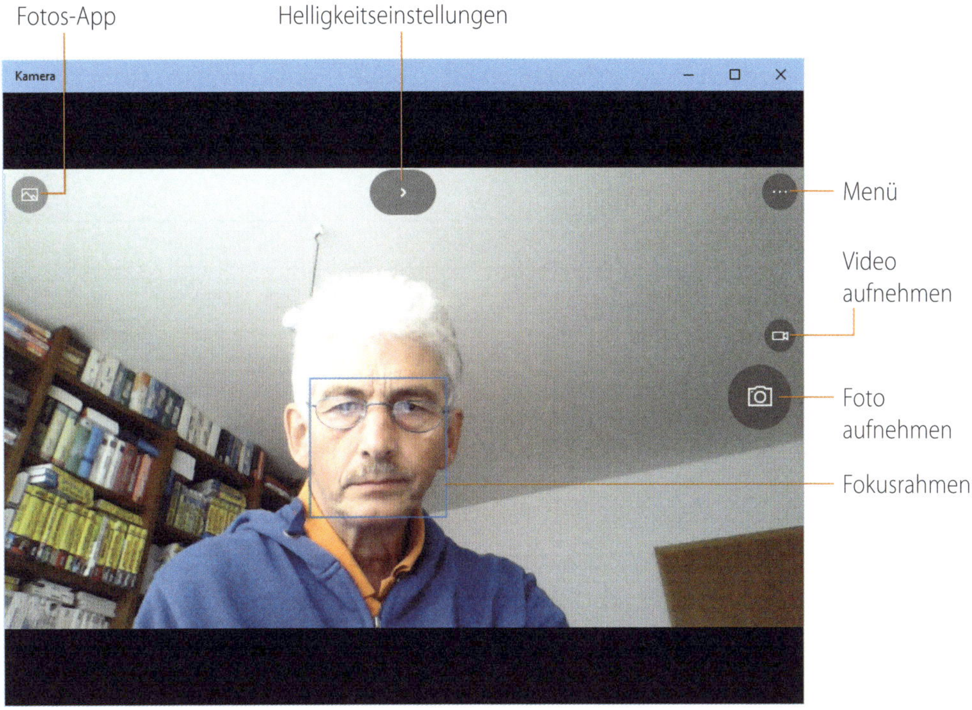

Nach dem Start sollte die App das laufende Bild der Webcam zeigen. Am rechten Rand werden zwei Schaltflächen zum Einschalten des Video- bzw. Fotoaufzeichnungsmodus eingeblendet. Über die am oberen Videorand sichtbaren Elemente greifen Sie auf die Kamerafunktionen und -optionen sowie die Fotos-App zu.

- Um ein Foto (Screenshot) des aktuellen Videobildes zu machen, tippen oder klicken Sie auf das Symbol *Foto aufnehmen*. Je nach Einstellung wird der Selbstauslöser für die Aufnahme verwendet.

- Über das Symbol *Video aufnehmen* lässt sich das Bild der Webcam als Video aufzeichnen. Beim Antippen oder Anklicken erscheint ein Zeitcode am unteren Rand. Durch erneute Anwahl des Symbols *Video aufnehmen* starten und stoppen Sie die Aufzeichnung.

Während der Videoaufnahme läuft ein Zeitzähler am linken unteren Bildrand mit. Fotoaufnahmen lassen sich sofort bei Anwahl des Kamerasymbols oder per Selbstauslöser anfertigen.

> In der mir vorliegenden Fassung der Kamera-App werden Fotoaufnahmen nach dem App-Start sofort angefertigt (der Selbstauslöser hat eine Verzögerung von 0 Sekunden). Setzt man die Verzögerung für den Selbstauslöser, werden Fotos mit Verzögerung aufgenommen.

Zum Anpassen der Optionen oder der Verzögerungszeit des Selbstauslösers klicken Sie auf die *Menü*-Schaltfläche.

- Wählen Sie den Eintrag *Fotoselbstauslöser* in der eingeblendeten Seitenleiste, lässt sich die Verzögerung auf die Werte 2, 5 und 10 Sekunden einstellen. Optional können Sie ein Kontrollkästchen markieren, um alle n Sekunden ein Foto anzufertigen. Die Änderung wird über das Häkchensymbol am unteren Rand der Seitenleiste übernommen.

- Der Bereich *Einstellungen* zeigt die gleichnamige Seitenleiste. Dort können Sie auf die Einstellungen der Kamera-App zugreifen. Das Listenfeld *Drücken Sie die Kamerataste ...* ermöglicht es, die Werte *Video*, *Fotoserie* und *Deaktiviert* einzustellen.
- Über weitere Listenfelder der Seitenleiste *Einstellungen* lassen sich Bildverhältnisse, ein Rahmenraster, Videoeinstellungen und mehr ändern bzw. ein-/ausschalten.

Über die Schaltfläche in der linken oberen Ecke ist der direkte Aufruf der Fotos-App möglich. Sie können so auf die gerade aufgenommenen Fotos und Videos zugreifen und diese ansehen.

Helligkeit anpassen

Zum Anpassen der Helligkeit der Kamera wählen Sie in der App das Symbol zum Zugriff auf die Helligkeitseinstellungen. Sobald die folgende Darstellung erscheint, klicken Sie auf die Helligkeitsschaltfläche in der Titelleiste.

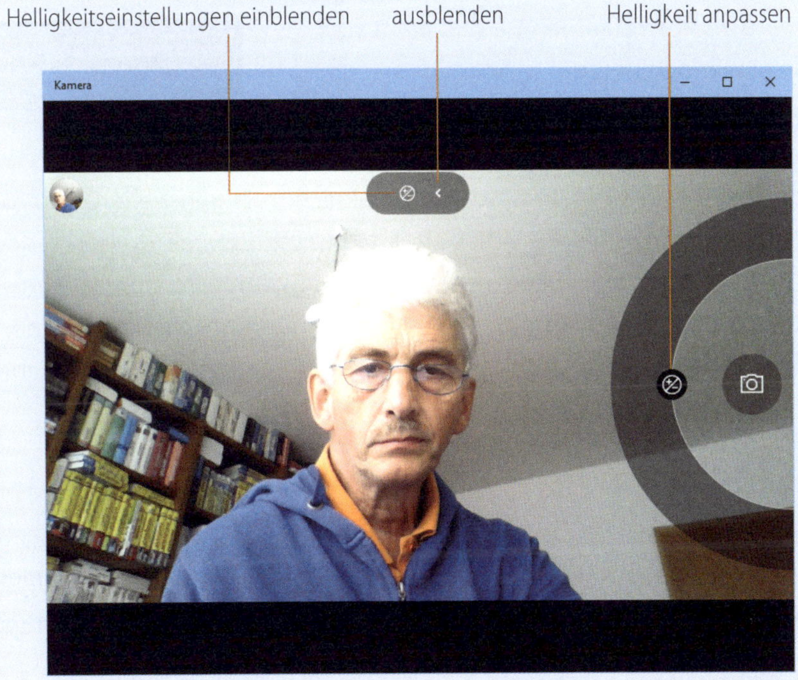

Dann kann der am rechten App-Rand eingeblendete Helligkeitsregler im oder gegen den Uhrzeigersinn am Halbkreis verschoben werden, um die Helligkeit zu erhöhen oder zu verringern.

Wo werden Aufnahmen gespeichert?

Die zugehörigen Dateien werden im Ordner *Bilder/Eigene Aufnahmen* als JPEG-Grafik oder als MP4-Video gespeichert. Nach erfolgter Aufzeichnung wählen Sie per Finger oder Mausklick das Symbol der Fotos-App in der linken oberen Ecke. Dann zeigt die Fotos-App die zuletzt aufgezeichneten Screenshots oder MP4-Videos zur Wiedergabe an.

Fotobearbeitung

Die Fotos-App besitzt einfache Funktionen, um Fotos zu bearbeiten (zuschneiden, aufhellen etc.). Im nächsten Abschnitt lernen Sie die wichtigsten Funktionen kennen.

Foto drehen

Liegt ein Foto als Porträtaufnahme hochkant vor? Sobald Sie ein Foto in der App in Vollbilddarstellung anzeigen lassen, können Sie die Schaltfläche *Drehen* am oberen App-Rand anwählen. Die Schaltfläche *Drehen* rotiert das Motiv um 90 Grad im Uhrzeigersinn. Durch weiteres Antippen oder Anklicken der Schaltfläche lässt sich das Foto schrittweise drehen, bis die ursprüngliche Ausrichtung wieder erreicht ist. Die Funktion wird sofort bei Anwahl der Schaltfläche ausgeführt. Es gibt keine Rückgängig-machen-Schaltfläche, Sie müssen also die *Drehen*-Funktion erneut anwenden, um das Foto in der richtigen Ausrichtung oder ohne Optimierung anzuzeigen.

Fotos bearbeiten

In der Fotos-App können Sie zu hell oder zu dunkel geratene Fotos korrigieren. Auch Bildfehler wie rote Augen oder Pickel in Porträtfotos lassen sich retuschieren. Um eine solche Aufnahme doch noch zu retten, rufen Sie die Bearbeitungsfunktionen der Fotos-App auf.

1 Öffnen Sie das Foto in der Vollbilddarstellung der Fotos-App, und wählen Sie die Schaltfläche *Bearbeiten* (oder drücken Sie Strg+E).

2 Auf der angezeigten Bearbeitungsseite wählen Sie eine der am linken Rand eingeblendeten Schaltflächen, um die Korrekturfunktion (z. B. Licht, Farbe, Effekte etc.) aufzurufen.

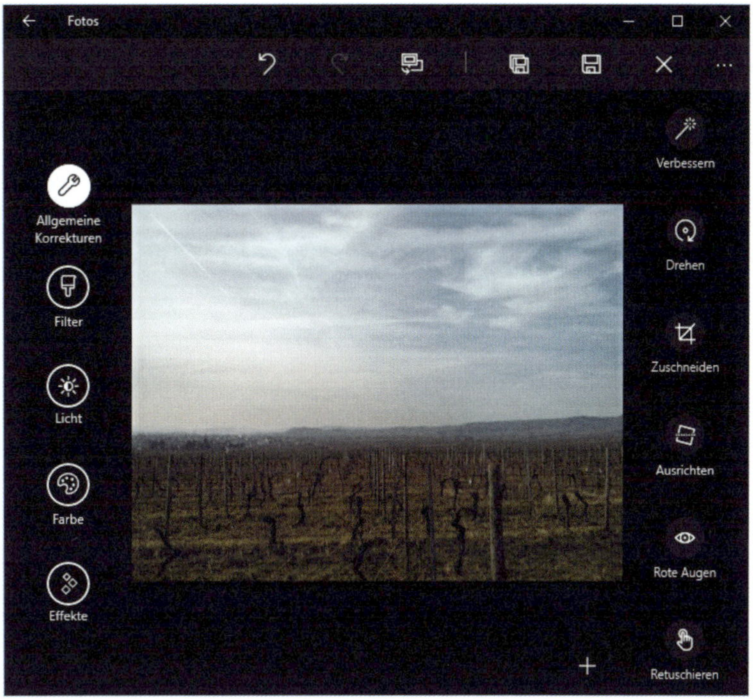

3 Nehmen Sie anschließend über die am rechten Rand angezeigten Kacheln oder Schaltflächen die gewünschte Korrektur vor (siehe folgende Hinweise).

Abhängig von der gewählten Funktion werden deren Optionen am rechten Rand als Kacheln oder Schaltflächen dargestellt und lassen sich anwählen.

In der Abbildung oben ist links die Schaltfläche *Allgemeine Korrekturen* gewählt (erkennbar am weiß ausgefüllten Kreis). Sie können am rechten Rand durch Anwahl der Symbole verschiedene Bearbeitungsfunktionen abrufen.

- Die App besitzt eine Autokorrekturfunktion, um ein Foto zu verbessern (aufhellen etc.). Klicken Sie in der App auf die Schaltfläche *Verbessern*, um die Autokorrektur ein- oder auszuschalten.
- Bei *Verbessern* sorgt die automatische Korrektur dafür, dass das Foto z. B. heller oder dunkler angezeigt wird.

Sie sehen in der Vorschau übrigens sofort die Wirkung eines jedes Bearbeitungsschritts, obwohl dieser noch nicht dauerhaft ausgeführt ist.

4 Zum Abschließen der Korrektur wählen Sie eine der angezeigten Schaltflächen am oberen Rand der App aus.

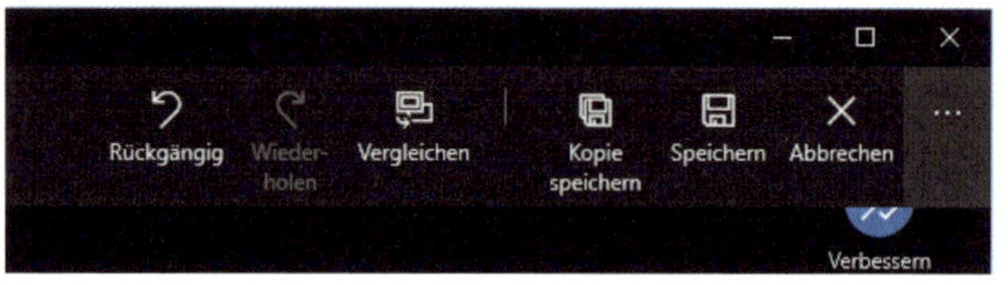

Die Schaltflächen der am oberen App-Rand eingeblendeten Leiste legen fest, was passieren soll:

- Über die Schaltfläche *Rückgängig* nehmen Sie die letzten, noch nicht abgeschlossenen Bearbeitungsschritte schrittweise zurück. Haben Sie also ein Foto aufgehellt, Farben angepasst und Effekte angewandt, wird bei jeder Anwahl ein Schritt zurückgenommen.
- Über die Schaltfläche *Abbrechen* werden alle während der Bearbeitung gewählten Korrekturen verworfen. Dies muss in einem eingeblendeten Fenster über die Schaltfläche *Verlassen* bestätigt werden. Klicken Sie außerhalb des Fensters auf die App, bleiben die Änderungen erhalten.
- Die Schaltfläche *Speichern* veranlasst, dass die Korrekturen am betreffenden Foto vorgenommen werden. Verzichten Sie auf diese Option, da sie die Gefahr birgt, eine unwiederbringliche Aufnahme irrtümlich zu verfälschen.
- Ich empfehle Ihnen die Verwendung der Schaltfläche *Kopie speichern*. Dann bleibt das Original unverändert erhalten, und alle Korrekturen werden als Kopie des Fotos in einer separaten Datei abgelegt.

- Klicken Sie auf die Schaltfläche *Vergleichen* und halten Sie die Maustaste gedrückt, wird der vorherige Zustand des Fotos anzeigt.

Detailliertere Informationen zu den angebotenen Bearbeitungsfunktionen finden Sie in den folgenden Abschnitten.

Fotos zuschneiden

Die Fotos-App ermöglicht Ihnen im Bearbeitungsmodus mit wenigen Handgriffen das Zuschneiden von Fotos.

- Um ein Foto zuzuschneiden, wählen Sie im Bearbeitungsmodus (siehe letzte Seite) die Schaltfläche *Zuschneiden*. Das Foto wird dann mit einem Rahmen markiert.
- Verschieben Sie die an den Ecken sichtbaren weißen Punkte, um den durch den Rahmen festgelegten Bildausschnitt zu vergrößern oder zu verkleinern.

- Über die Schaltfläche *Seitenverhältnis* der App wird ein Menü eingeblendet, über dessen Einträge Sie z. B. verschiedene Fotoformate (9 × 13 cm) zum Zuschneiden wählen können.

Die Schaltfläche *Anwenden* führt den Zuschnitt aus, während die *Abbrechen*-Schaltfläche den Korrekturmodus ohne Änderungen beendet.

Ein Foto ausrichten

Wurde das Motiv bei der Aufnahme leicht schief fotografiert (schräger Horizont oder Strand)? Die Fotos-App ermöglicht Ihnen im Bearbeitungsmodus, das Foto auszurichten.

- Zum Ausrichten des Fotos rufen Sie den Bearbeitungsmodus auf und wählen am rechten Rand die Schaltfläche *Ausrichten*. Das Foto wird dann mit einem Gitter markiert.

- Ziehen Sie den am rechten Rand eingeblendeten weißen Kreis im oder gegen den Uhrzeigersinn um den großen schwarzen Kreis.

- Der Ausrichtungswinkel wird im großen Kreis als Zahl angezeigt, und das Foto wird in der Vorschau um den Winkel gedreht.
- Klicken oder tippen Sie auf die Vorschau des Fotos, um die Korrektur anzuwenden.

Die Schaltflächen *Speichern* und *Kopie speichern* sichern die Korrektur, während die *Abbrechen*-Schaltfläche die Bearbeitung ohne Änderungen beendet.

Retusche und Rote-Augen-Korrektur

Hat eine Person in einer Porträtaufnahme rote Augen oder Hautunreinheiten, lässt sich dies über folgende Schritte mithilfe der Fotos-App korrigieren:

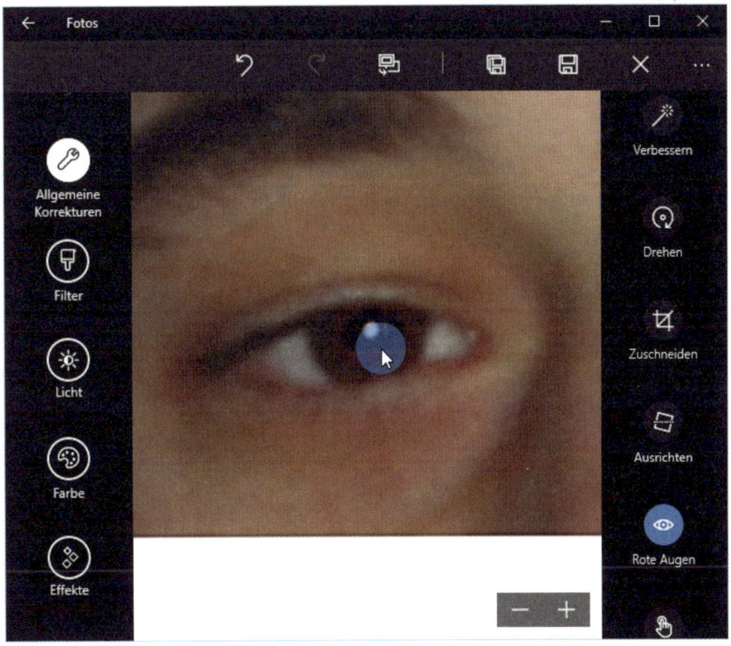

1 Stellen Sie als Erstes sicher, dass das Foto in der Fotos-App geladen ist, und wechseln Sie dann in den Korrekturmodus (siehe vorangegangene Seiten).

2 Stellen Sie sicher, dass das Foto über die Plus-Schaltfläche in der rechten unteren Ecke genügend vergrößert wurde.

3 Dann wählen Sie zur Korrektur von roten Augen in der Kategorie *Allgemeine Korrekturen* die Schaltfläche *Rote Augen*.

4 Anschließend klicken oder tippen Sie im Foto auf den Bereich der roten Pupillen.

Die App zeigt beim Bewegen der Maus einen farbigen Kreis anstelle des Mauszeigers. Beim Klicken auf eine Bildstelle korrigiert die Funktion rote Bildstellen mit schwarzer Farbe. Treffen Sie die rote Pupille, wird diese schwarz eingefärbt.

1 Pickel oder andere Hautunreinheiten bzw. Bildfehler (Staubfussel etc.) retuschieren Sie, indem Sie die Kategorie *Allgemeine Korrekturen* und rechts die Schaltfläche *Retuschieren* wählen.

2 Danach klicken oder tippen Sie auf die zu retuschierenden Bildstellen (im Beispielfoto etwa der dunkle Pigmentfleck an der Unterlippe oder die glänzende Stelle auf der Nase).

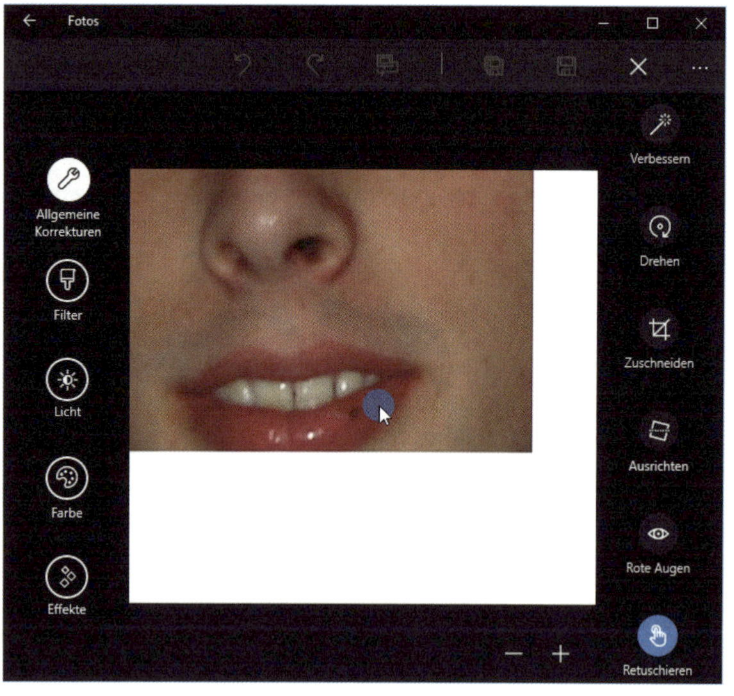

Auch hier wird ein blauer Kreis als Mauszeiger sichtbar, der den Bearbeitungsbereich markiert. Beim Anklicken/Antippen einer Bildstelle gleicht die Retuschefunktion dann Farbunterschiede aus. Der dunkle Pigmentfleck wird ebenso korrigiert wie z. B. glänzende Stellen auf der Nase, störende Pickel oder Haare.

3 Falls Ihnen eine Retusche nicht gefällt, nehmen Sie diese über die Schaltfläche *Rückgängig* der App zurück. Die Funktionen *Rote Augen* und *Retuschieren* werden über die *Abbrechen*-Schaltfläche oder durch Drücken der Esc-Taste beendet.

Filter auf Fotos anwenden

Auf die im Korrekturmodus in der Fotos-App geöffneten Fotos können Sie diverse Filter anwenden.

1 Wählen Sie in der linken Spalte der Fotos-App die Schaltfläche *Filter*.

2 Klicken oder tippen Sie anschließend auf die am rechten Rand angezeigten Filter, um diese auf das Foto anzuwenden.

In der hier gezeigten Abbildung ist links die Schaltfläche *Filter* gewählt (erkennbar am weiß ausgefüllten Kreis). Anschließend können Sie am rechten Rand verschiedene Farbfilter inklusive Schwarzweiß-Effekt durch Anwahl der Kacheln ausprobieren. Die aktuelle Auswahl ist an einem blauen Rahmen um die Kachel zu erkennen. Sie sehen in der Vorschau sofort die Wirkung eines jedes Bearbeitungsschritts, obwohl dieser noch nicht dauerhaft ausgeführt ist.

3 Zum Abschließen der Korrektur klicken Sie auf die Schaltfläche *Kopie speichern*. Die gewählte Schaltfläche stellt sicher, dass das Original des Fotos unverändert bleibt.

Lichteffekte: Helligkeit, Kontrast etc.

Zu dunkel oder zu hell geratene Fotos lassen sich eventuell mithilfe der Fotos-App korrigieren:

1 Rufen Sie den Bearbeitungsmodus des Fotos auf, und klicken Sie in der linken Spalte auf die Schaltfläche *Licht*.

2 Wählen Sie anschließend in der rechten Spalte die gewünschte Kategorie *Helligkeit*, *Kontrast*, *Helle Flächen* oder *Schatten* aus.

Nun wird ein größerer Kreis mit einer Zahl, die für den Wert steht, angezeigt. Gleichzeitig erscheint daneben ein weiterer Kreis mit einer kleinen Spitze, die in den äußeren Ring des großen Kreises hineinragt.

3 Ziehen Sie den weißen Kreis mit der Maus (linke Maustaste gedrückt halten) oder mit dem Finger wie einen Uhrzeiger um den Kreisrand, um den Wert zu verändern.

Ziehen im Uhrzeigersinn erhöht, Ziehen gegen den Uhrzeigersinn verringert den angezeigten Wert. Hier noch einige Hinweise zu den einzelnen Funktionen:

- Die oberste Schaltfläche *Helligkeit* hellt das Foto auf oder dunkelt es ab.
- *Kontrast* vergrößert oder reduziert die Unterschiede zwischen sehr hellen und sehr dunklen Bildstellen. Ein hoher Kontrast hebt die Details hervor, führt aber oft zu unnatürlich harten Bildübergängen (z. B. bei Schatten).
- Die Funktion *Helle Flächen* wirkt auf die hellen Bildbestandteile (Lichter, sonnenbeschienene Szenen) und hebt diese Stellen zusätzlich hervor oder schwächt deren Helligkeit ab.
- Mit *Schatten* beeinflussen Sie die dunklen Bildbereiche und verstärken Schatten oder schwächen diese ab, je nach gewähltem Wert.

Die Änderungen werden sofort am Foto angezeigt. Zum Übernehmen oder Verwerfen der Korrekturen wählen Sie eine der angezeigten Schaltflächen.

Farbkorrekturen an Fotos vornehmen

Sind die Farben eines Fotos zu flau oder zu grell? Oder gibt es gar einen Farbstich? Aufnahmen ohne Blitz bei Glühlampenbeleuchtung neigen zu einem Gelbstich, Fotos bei Neonbeleuchtung sind blaustichig und wirken kalt. Die Bearbeitungsfunktion der am linken Rand gezeigten Schaltfläche *Farbe* stellt mehrere Optionen zur Farbkorrektur eines Fotos zur Verfügung.

- Die Farbtemperatur ist ein Maß, um den Farbeindruck einer Lichtquelle quantitativ zu bestimmen. Über die Schaltfläche *Temperatur* lässt sich die Farbtemperatur in Richtung Rot oder Blau verschieben.
- Mithilfe der Schaltfläche *Farbton* korrigieren Sie die in einem Foto vorkommenden Farben im Farbton (z. B. Rot zu Rosa etc.).

- Über die Schaltfläche *Sättigung* beeinflussen Sie, wie grell die Farben eines Fotos herauskommen sollen. Durch Reduktion der Sättigung kann ein Foto mit zu knalligen Farben eventuell abgeschwächt werden.
- Wählen Sie die Schaltfläche *Farbverbesserung*, lässt sich eine Marke in Form eines Tropfens auf einer Fläche des Bildes (hier das Rosenblatt) durch Anklicken/Antippen positionieren. Ziehen Sie dann den eingeblendeten weißen Kreis im oder gegen den Uhrzeigersinn am größeren Kreis entlang, lässt sich die Farbe der markierten Fläche verstärken oder reduzieren.

Die Wirkung der Bearbeitungsfunktionen auf Fotos können Sie am besten durch Ausprobieren ergründen. Die Änderungen werden über die Schaltflächen am oberen App-Rand übernommen oder verworfen.

Effekte: Vignetten und selektiver Fokus

Für besondere Effekte stellt die Fotos-App noch die Schaltfläche *Effekte* am linken Rand bereit. Über die Bearbeitungsfunktion *Vignette* (rechter Rand) dunkeln Sie die Ecken des Fotos ab (hier im Vordergrund sichtbar). Stellen Sie nach Anwahl der Schaltfläche, wie auf den vorangegangenen Seiten erläutert, über den weißen Kreis einen Wert für die Vignettierung ein.

Die Schaltfläche *Selektiver Fokus* bietet die Möglichkeit, einen Bildausschnitt, der im Blickpunkt liegen soll, zu fokussieren.

- Wählen Sie die Schaltfläche am rechten App-Rand aus, wird eine Markierung für den Fokusbereich eingeblendet (hier im Hintergrund in der Bildmontage sichtbar).
- Über die weißen Kreise verändern Sie die Größe der Markierung. Zudem lässt sich die Markierung per Maus oder Finger im Bildausschnitt verschieben.
- Mithilfe der Schaltfläche *Weichzeichnen* wird der Effekt zwischen verschiedenen Vorgabewerten (*Maximal*, *Stark*, *Mittel*, *Schwach*, *Minimal*) eingestellt.

Bei Anwendung zeigt die Funktion nur die im Fokus liegenden Bildteile scharf, während alle anderen Fotobestandteile unscharf maskiert werden. Dies ermöglicht es Ihnen, ein Objekt in einem Foto nachträglich für den Betrachter herauszuheben.

Fotoverwaltung mit Windows-Anwendungen

Ergänzend zur Fotos-App stellt Windows die im Folgenden besprochenen Funktionen zur Fotoanzeige und -verwaltung bereit.

Fotoverwaltung per Ordnerfenster

Öffnen Sie ein Ordnerfenster, und navigieren Sie zur Bibliothek *Bilder*, um lokale Fotos anzusehen, als Diashow wiederzugeben oder zu drehen.

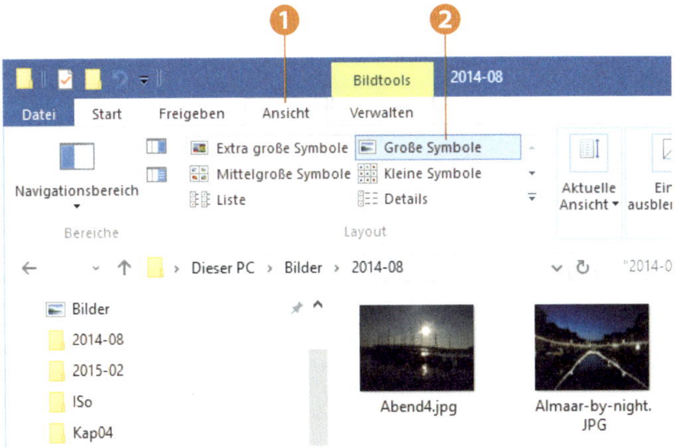

- Stellen Sie auf der Registerkarte *Ansicht* ❶ des Ordnerfensters die Darstellungsmodi ❷ für Dateiinhalte auf Werte wie *Große Symbole* oder *Mittelgroße Symbole*. Dann erscheint eine Miniaturansicht der Fotodateien.
- Wechseln Sie zur Registerkarte *Verwalten* der Bildtools ❸, finden Sie Schaltflächen zum Drehen der Fotos nach links bzw. rechts oder zur Wiedergabe als Diashow ❹.

Öffnen Sie das Kontextmenü einer Fotodatei (z. B. per Rechtsklick), stehen Ihnen zudem verschiedene Möglichkeiten zum Drehen, zum Drucken oder zum Öffnen zur Verfügung. Der Kontextmenüeintrag *Öffnen mit* ermöglicht es Ihnen, die Fotodatei gezielt in der Fotos-App oder in anderen Anwendungen wie der Windows-Fotoanzeige, dem Programm Paint oder eventuell installierten Zusatzprogrammen zu öffnen.

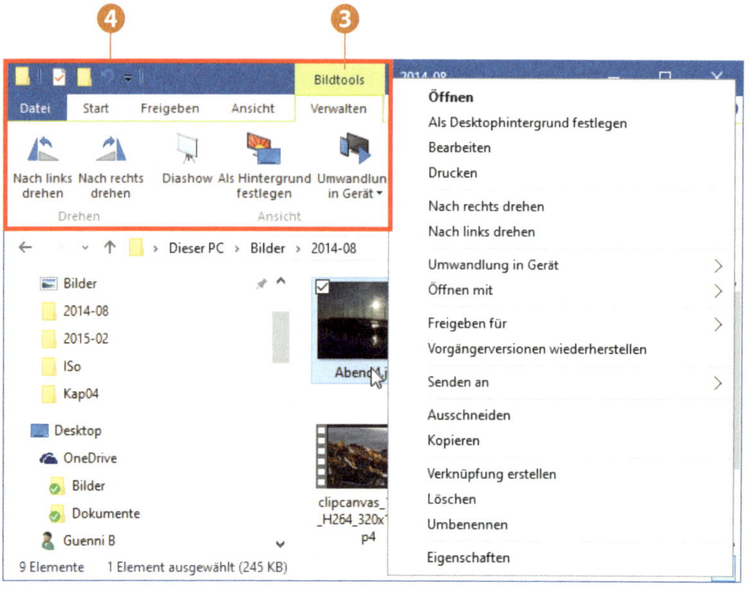

Fotoabzüge aus einem Ordner drucken

Benötigen Sie Fotoabzüge von Fotodateien, können Sie diese ggf. direkt über die Druckfunktion des Ordnerfensters drucken.

1 Markieren Sie im Ordnerfenster eine oder mehrere Fotodateien, und wählen Sie auf der Registerkarte *Freigeben* des Menübands die Schaltfläche *Drucken*.

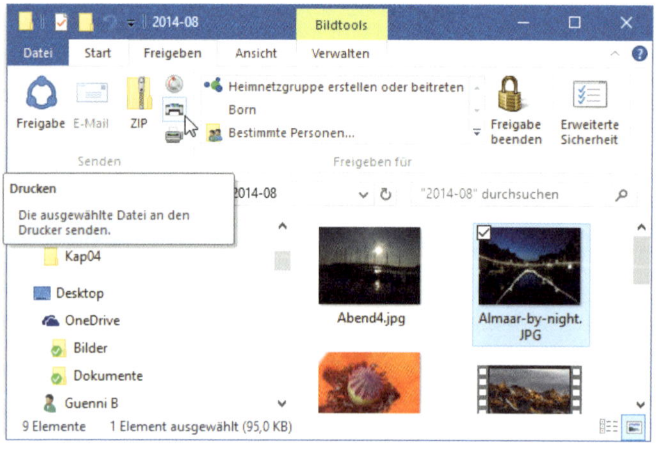

2 Wählen Sie im Dialogfeld *Bilder drucken* die Optionen zur Druckausgabe, und starten Sie die Ausgabe über die *Drucken*-Schaltfläche.

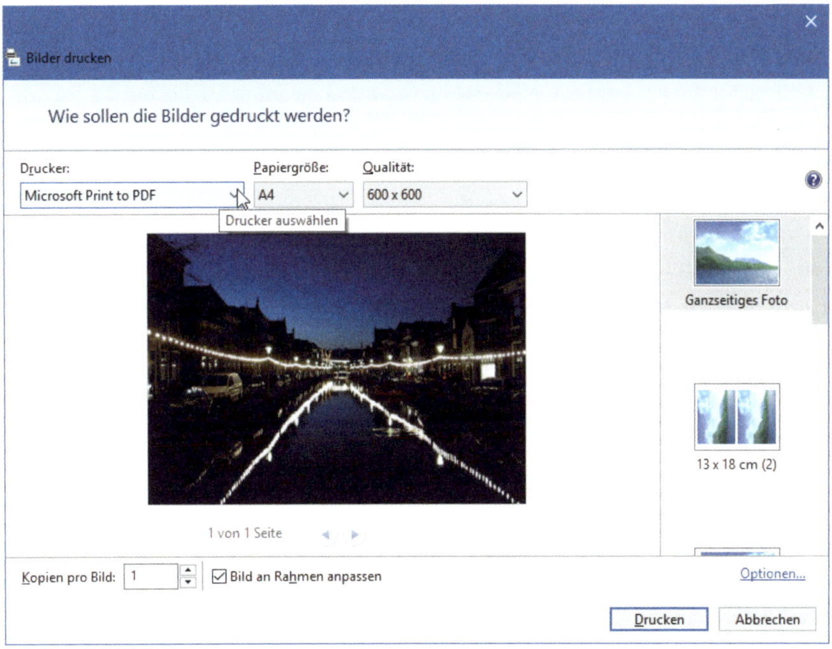

Über die Listenfelder im Kopfbereich des Dialogfelds wählen Sie den Drucker, die Papiergröße sowie die Druckqualität aus. Die Vorgabe, wie viele Fotos auf einen Papierbogen gedruckt werden sollen, legen Sie in der rechten Spalte über die angezeigten Druckformate fest (z. B. zwei Fotos im Format 10 × 15 cm auf einen Papierbogen). Im Fußbereich des Dialogfelds geben Sie die Zahl der Kopien pro Bild und die Anpassung der Bilder an den Rahmen vor. Der in der rechten unteren Ecke angezeigte Link *Optionen* öffnet ein weiteres Dialogfeld, in dem Sie die Fotos beim Drucken schärfen oder weitere Druckoptionen wählen können.

Das Dialogfeld ist ein Fenster, in dem Informationen angezeigt oder Funktionen ausgewählt werden können. Ähnlich wie beim Eigenschaftenfenster gibt es in der rechten oberen Ecke nur die *Schließen*-Schaltfläche, und die Größe des Dialogfelds ist nicht veränderbar.

Verwenden Sie Fotodruckstationen!

Oft ist es günstiger, die Fotos auf eine Speicherkarte zu kopieren und dann die in Kaufhäusern, Elektronikmärkten oder Fotogeschäften aufgestellten Lesestationen zu verwenden. Dort können Sie die Speicherkarte einlesen, die Fotos auswählen, ggf. bearbeiten und dann zum Labor übertragen. Manche dieser Stationen bieten auch die Möglichkeit, direkt vor Ort Papierabzüge auszudrucken.

Fazit

In diesem Kapitel haben Sie die Fotos-App, die Kamera-App sowie die Windows-Funktionen zur Fotoanzeige kennengelernt. Damit können Sie Grundfunktionen wie die Anzeige und Verwaltung von Fotos nutzen. Selbst einfache Aufgaben wie das Beschneiden und Bearbeiten von Fotos können Sie erledigen. Für eine umfassendere Fotobearbeitung benötigen Sie jedoch Apps oder Windows-Anwendungen von Drittanbietern. Erwerben Sie entsprechende Apps im Windows Store, oder greifen Sie z. B. auf Programme wie die Windows Live Fotogalerie aus den von Microsoft kostenlos angebotenen Windows Essentials 2012. Im nächsten Kapitel erfahren Sie, welche Funktionen Windows zur Wiedergabe von Musik und Videos bietet.

Kapitel 5

Musik hören und Videos ansehen

Möchten Sie mit Windows Musik hören oder sich auch mal ein Video ansehen? Mit Apps können Sie Musik und Videos abspielen. In diesem Kapitel gehe ich auf die Möglichkeiten diverser Apps ein. Zudem wird die Wiedergabe von Mediendateien mit dem Windows Media Player behandelt.

Musikwiedergabe

Zur Wiedergabe oder zum Kaufen von Musik auf einem Windows-System hat Microsoft die Groove-Musik-App vorinstalliert. Im nächsten Abschnitt lernen Sie die Funktionen dieser App kennen.

Die Groove-Musik-App im Überblick

Die App *Groove-Musik* ermöglicht Ihnen, Musik im Windows Store zu kaufen und später über den Premiumdienst Groove Music wiederzugeben. Außerdem können Sie im Ordner *Musik* sowie auf OneDrive gespeicherte Audiodateien abspielen.

Die App wird über eine Kachel des Startmenüs bzw. der Startseite aufgerufen. Die App startet (standardmäßig) automatisch, sobald Sie eine Audiodatei (Musikdatei) in einem Ordnerfenster per Doppelklick anwählen.

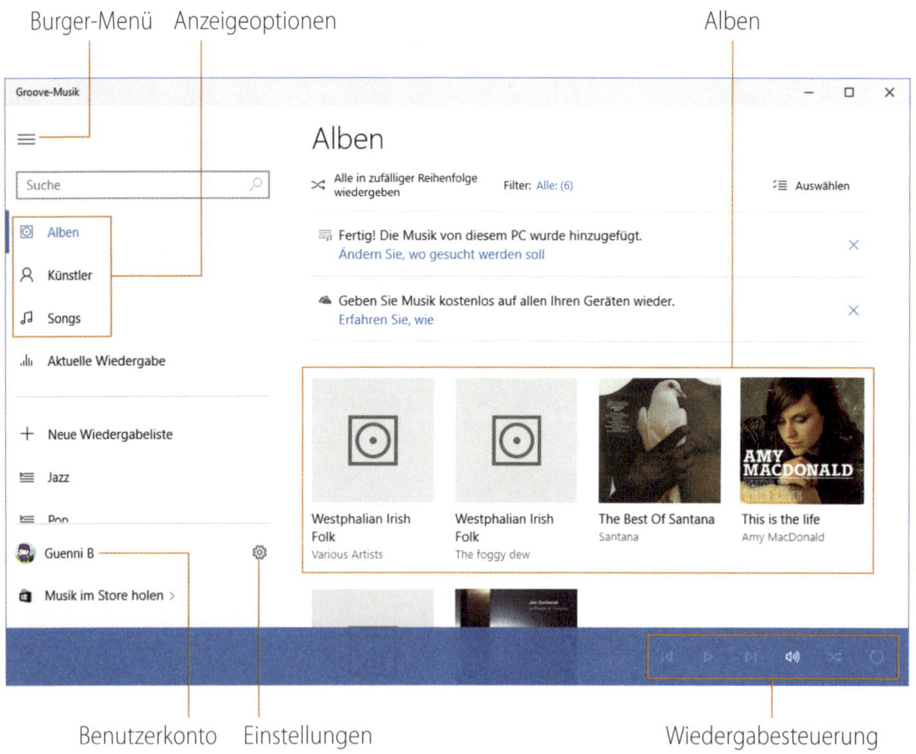

Im Fenster der App werden in der linken Spalte verschiedene Kategorien mit Angeboten aufgeführt. Klicken oder tippen Sie auf das Burger-Menü, blendet die App die Symboltitel in der Spalte ein.

- Geben Sie im Suchfeld (linke Spalte) einen Titel ein, können Sie mit dem Lupensymbol an den Speicherorten nach Musik suchen.
- Über die Symbole *Alben*, *Künstler* und *Songs* stellen Sie die Darstellung der Anzeige der Musiksammlung um.
- Das Kontensymbol ermöglicht es Ihnen, ein Microsoft-Konto für die App an- oder abzumelden.
- Über das Symbol *Einstellungen* (Zahnrad) rufen Sie in der App die Einstellungsseite auf. Dort können Sie vorgeben, aus welchen Quellen die Musik kommt. Außerdem können Sie einen Groove Music Pass beziehen oder die Konteninformationen für den Kauf von Musik verwalten.
- Über das Store-Symbol öffnen Sie die App des Windows Stores. Dort können Sie ebenfalls Musikstücke oder Alben kaufen.

In der rechten Spalte werden dann die Informationen (hier z. B. Alben) aufgeführt. Bei Bedarf scrollen Sie zwischen den Einträgen, um die Inhalte einzusehen. Am Touchscreen verwenden Sie den Finger zum Scrollen. Bei Tastatur- und Mausbedienung scrollen Sie per Mausrädchen oder über die am Rand gezeigte Bildlaufleiste. Der Zugriff auf ein Musikalbum oder auf dessen Musikstücke erfolgt durch Anwahl der betreffenden Albumkacheln.

Beim ersten Start der App wird eine Willkommensseite eingeblendet. Wählen Sie eine Schaltfläche, um die Info- oder Verwaltungsseite aufzurufen.

Albuminfo abgleichen: Markieren Sie ein Album, und öffnen Sie das Kontextmenü, um das ausgewählte Album wiederzugeben, zu einer Wiedergabeliste hinzuzufügen, zu löschen, Informationen zum Künstler abzurufen und ein Album als Kachel an die Startseite anzuheften.

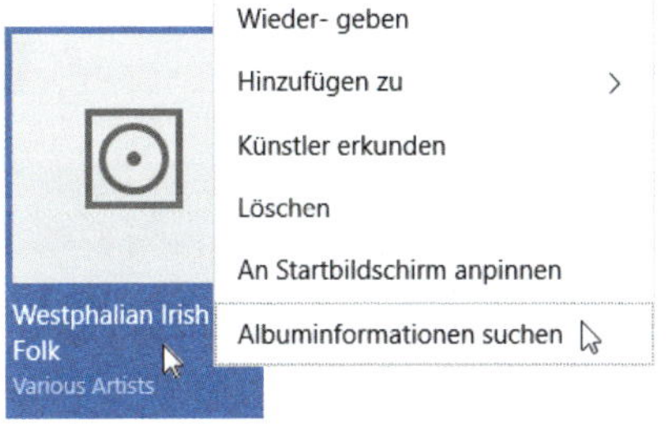

> Der Eintrag *Albuminformationen suchen* öffnet eine Seite, in der verschiedene Alben des Künstlers und dann der zugehörige Titel ausgewählt werden können. Anhand dieser Auswahl wird das Albumcover in der App zur Albumansicht hinzugefügt.

Musikstücke wiedergeben

Möchten Sie lokal gespeicherte Musikstücke wiedergeben, gehen Sie in folgenden Schritten vor:

1 Um Musikstücke über die App wiederzugeben, wählen Sie in der linken Spalte das gewünschte Symbol (z. B. *Alben*).

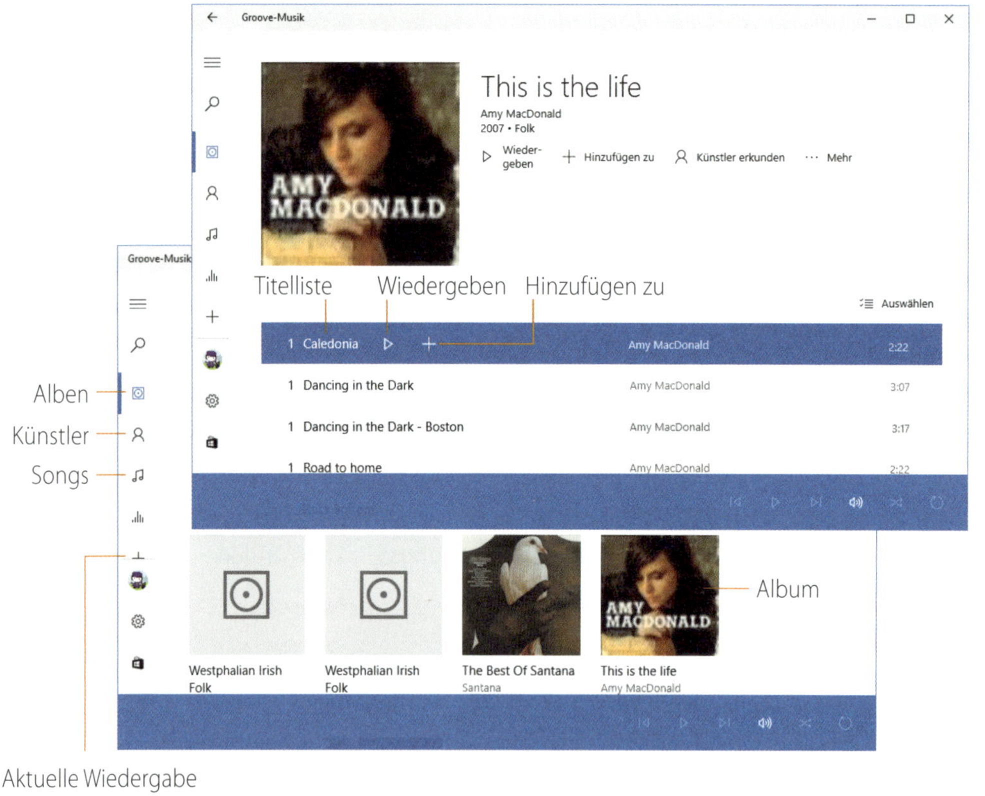

2 Wurde *Alben* angewählt, tippen bzw. klicken Sie auf die Kachel eines Albums, um dessen Detailansicht im Vordergrund anzuzeigen.

3 Wählen Sie einen Titel, und verwenden Sie die dann angezeigten Schaltflächen der Wiedergabesteuerung.

Die Schaltflächen zur Wiedergabe werden innerhalb der angezeigten Albumseite und auch im gewählten Titel eingeblendet. Zudem gibt es in der Fußzeile die folgenden Schaltflächen der Wiedergabesteuerung:

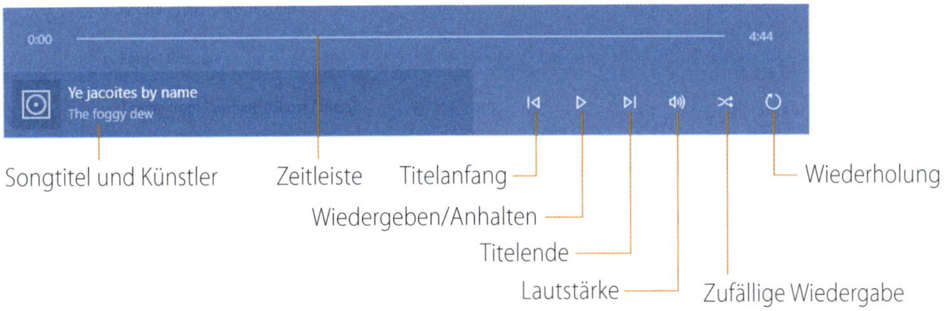

Eine Zeitleiste zeigt während der Wiedergabe an, welche Position des Audiotitels gerade abgespielt wird. Mit *Wiedergeben* bzw. *Anhalten* wird der Titel wiedergegeben und angehalten. Über die Schaltflächen *Titelanfang* und *Titelende* starten Sie einen Titel erneut bzw. springen zum nächsten Titel des Albums. Darüber hinaus gibt es Elemente zur Lautstärkeanpassung und um die Titelwiederholung sowie die Zufallswiedergabe ein-/auszuschalten.

Tipp

Wählen Sie in der linken Spalte der App das Symbol *Alben* aus, oder klicken bzw. tippen Sie auf die an der oberen linken Ecke angezeigte Schaltfläche *Zurück*, um zur Albumübersicht zurückzukehren.

Wiedergabelisten anlegen

Einzelne Musiktitel lassen sich in Wiedergabelisten organisieren, die anschließend abgespielt werden können.

1 Navigieren Sie zu einem Musiktitel, wählen Sie diesen aus, und klicken Sie auf das Symbol *Hinzufügen zu* ❶.

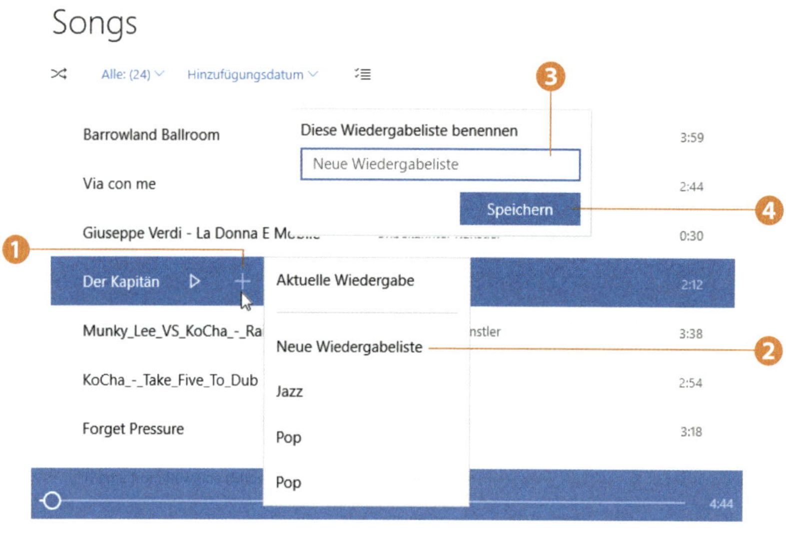

2 Wählen Sie im angezeigten Menü den Eintrag *Neue Wiedergabeliste* ❷, tippen Sie im angezeigten Fenster den Titel der Liste ein ❸, und klicken Sie auf *Speichern* ❹.

Das Gleiche lässt sich über das Kontextmenü eines Albums organisieren, wobei dann alle Titel des Albums zur Liste hinzugefügt werden. Existiert bereits eine Wiedergabeliste, wählen Sie einfach deren Namen wie *Jazz* oder *Pop* im angezeigten Kontextmenü.

Musik aus dem Store erwerben

Mit der Musik-App können Sie auch Musik im Windows Store kaufen und abspielen.

1 Wählen Sie in der linken Spalte das Symbol des Windows Stores, und warten Sie, bis sich der Store öffnet.

2 Navigieren Sie im Store über die Suche oder die angezeigten Kacheln in der Kategorie *Musik* ❶ zum gewünschten Song ❷ oder Album ❸.

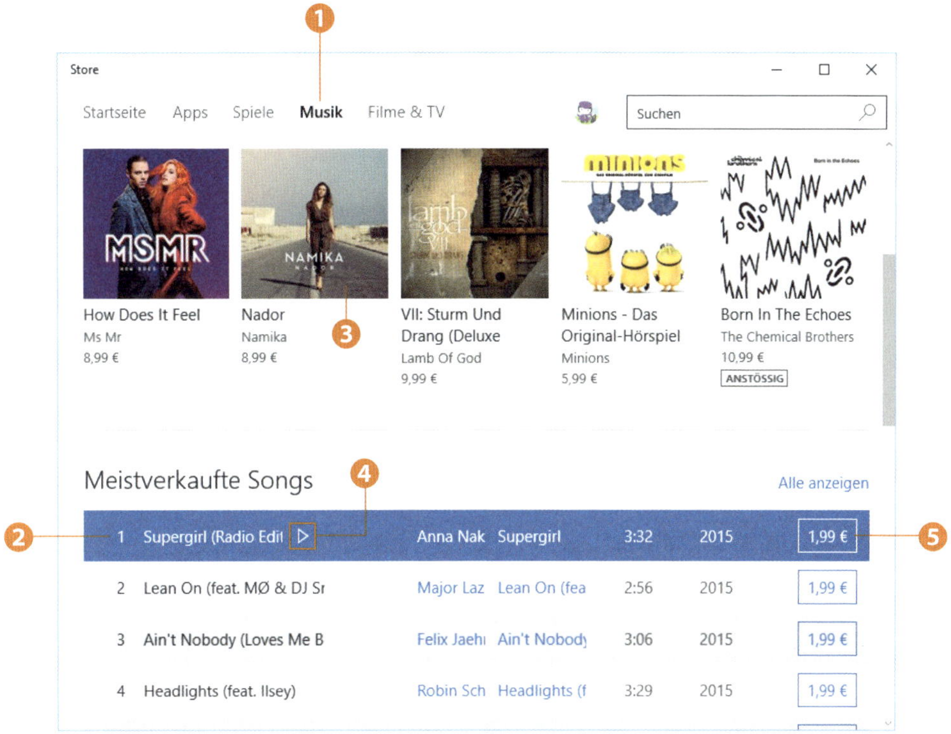

3 Wählen Sie einen Song, können Sie diesen über das dann eingeblendete *Wiedergeben*-Symbol ❹ anhören und über die Preisangabe ❺ kaufen.

Der Kauf eines Albums oder eines Musiktitels entspricht im Grunde dem in Kapitel 2 beschriebenen App-Kauf.

Groove Music braucht ein Microsoft-Konto

Zum Zugriff auf Groove Music ist eine Anmeldung über Ihr Microsoft-Konto erforderlich. Dieses dient zur Verwaltung der Musik- und Videokäufe. Per Music Pass, der wie bei Apps z. B. über eine Guthaben- oder Kreditkarte abgerechnet wird, schließen Sie ein monatliches Abonnement ab. Sie erhalten dann über den Groove-Music-Dienst Zugriff auf kostenpflichtige Musik und können diese hören.

> **Trennen vom Microsoft-Konto**
> Um die Musik-App vom Microsoft-Konto zu trennen, klicken Sie in der linken Spalte auf das Benutzersymbol des Kontos. Im eingeblendeten Fenster klicken Sie auf das angezeigte Konto und wählen den dann eingeblendeten Befehl *Abmelden*.

Internetradio hören

Anstatt Musik über den kostenpflichtigen Dienst Groove Music Radio zu beziehen, können Sie auch Internetradio (oder Webradio) gratis mit alternativen Apps empfangen. Dabei wird Musik von einer Radiostation per Internet übertragen. Alles, was Sie zum Hören von Internetradio benötigen, sind eine schnelle Internetverbindung (DSL-Breitband) und eine Software. Sie können z. B. die kostenlose App *TuneIn* oder eine ähnliche Software aus dem Windows Store für diesen Zweck verwenden.

- Rufen Sie die installierte App über ihre Kachel per Startmenü oder auf der Startseite auf, zeigt diese eine Übersichtsseite der Radiostationen an ❶.
- In der linken Spalte ❷ lassen sich die angezeigten Sender nach Genre (lokale Stationen, Musik, Sport, Nachrichten etc.) filtern. Zum Radiohören reicht die Anwahl der betreffenden Kachel.
- Auf der Folgeseite ❸ erscheinen das Logo des Senders, die Programmangabe und eine Schaltfläche ❹ zum Pausieren und Wiederaufnehmen der Radiowiedergabe.

Sobald genügend Daten per Internet übertragen wurden, sollten Sie das Radioprogramm hören.

> Sie können auch die Internetseite *www.surfmusik.de* in Microsoft Edge (siehe nächstes Kapitel) aufrufen. Die Seite stellt die Radiostationen geordnet nach Erdteilen und Ländern übersichtlich in Verweislisten zusammen. Wählen Sie das Lautsprechersymbol einer Radiostation aus, öffnet sich eine zweite Seite mit dem eingebetteten Media Player. Dort finden Sie Schaltflächen, um die Wiedergabe anzuhalten, fortzusetzen und die Lautstärke anzupassen. Ähnlich funktioniert auch die Webseite *www.radio.de*, über die Sie diverse Radiostationen per Internet hören können.

Wiedergabe von Filmen und Videos

Neben der Musik-App gibt es in Windows auch eine App, um lokale Videos abzuspielen oder um Filme aus einem Shop erwerben und anzeigen zu können. Zudem können Sie über Apps auf TV-Sendungen (ZDF, ARD) oder auf YouTube-Videos zugreifen. Im nächsten Abschnitt werden die Apps kurz vorgestellt.

Die App Filme & TV

Mit der App *Filme & TV* können Sie lokale Videos abspielen und Filme sowie Fernsehserien aus dem Windows Store erwerben und anzeigen.

Die App startet z. B. standardmäßig, sobald Sie eine Videodatei im Ordner *Videos* per Doppelklick anwählen.

Alternativ können Sie diese Kachel der Video-App im Startmenü bzw. auf der Startseite anwählen. Die Video-App zeigt, ähnlich wie die Musik-App, mehrere Symbole in der linken Spalte an und lässt sich ähnlich wie die Musik-App bedienen.

- Wählen Sie in der linken Spalte die Symbole *Filme* oder *Fernsehsendungen*, zeigt die App die Filmtitel und Fernsehsendungen, die Sie im Windows Store leihen oder kaufen können. Durch Anwahl der Medientitel gelangen Sie zur

Detailseite im Windows Store, auf der Sie die Beschreibung des Films finden und diesen über eine Schaltfläche kaufen oder leihen können.

- Wählen Sie in der linken Spalte das Symbol *Videos*, um den Inhalt des gleichnamigen Ordners mit den lokal gespeicherten Videodateien anzuzeigen. Die Videos werden als Miniaturen eingeblendet und bei Anwahl durch Doppelklicken oder Doppeltippen in der App abgespielt.

> Videodaten werden in verschiedenen sogenannten Videoformaten wie MPEG2, MPEG4, WMV, 3GP, MOV etc. gespeichert. In Windows 10 können einige dieser Videoformate nicht abgespielt werden. Sofern keine Vorschau in der Kachel eines Videos angezeigt wird, deutet dies auf ein nicht unterstütztes Videoformat hin.

Die App gibt das angewählte Video auf der App-Seite bzw. im -Fenster wieder. Am unteren Rand der App findet sich die Wiedergabeleiste mit den Schaltflächen zur Wiedergabesteuerung.

- Die App zeigt zudem die Zeitleiste (auch als Suchleiste bezeichnet) mit der Fortschrittsanzeige am unteren Rand. Ein Kreissymbol gibt die aktuelle Wiedergabeposition im Video an.
- Ziehen Sie das kreisförmige Symbol der Suchleiste per Finger oder Maus an die gewünschte Position der Videowiedergabe, um an diese Stelle des Videos zu springen.
- Eine Schaltfläche *Wiedergabe/Anhalten* der Leiste ermöglicht das Starten bzw. Anhalten der Wiedergabe. Daneben findet sich eine Schaltfläche zur Lautstärkekontrolle.

Weitere Schaltflächen ermöglichen eine Vollbilddarstellung, die Wiederholung des Videos, die Umschaltung des Seitenverhältnisses oder die Umwandlung des Films für per Bluetooth, WLAN oder ähnlich angebundene Mobilgeräte. Über die in der linken oberen Ecke sichtbare Schaltfläche *Zurück* beenden Sie die Anzeige des Videos und gehen zur Übersichtsseite der App zurück.

Zugriff auf Kaufvideos

Der Kauf oder die Ausleihe eines Videos gleicht im Prinzip dem Kauf eines Musikalbums. Gekaufte oder geliehene Filme werden über das Microsoft-Konto verwaltet und lassen sich im Rahmen der Lizenzbedingungen mit der App wiedergeben.

YouTube-Videos ansehen

Die von Google betriebene Plattform YouTube ist, speziell, wenn es um kostenlose Videos bzw. Musikvideos geht, eine gute Anlaufstelle. Sie können YouTube-Apps (z. B. Hyper for YouTube) aus dem Store installieren, um die YouTube-Videos per Internet abzurufen und wiederzugeben.

- Wählen Sie in der linken Spalte der App das *Suchen*-Symbol, und geben Sie den Suchbegriff im betreffenden Feld ein.
- Anschließend blättern Sie in der Trefferliste und wählen die Miniaturvorschau per Mausklick an.
- Im geöffneten Fenster der App wird dann das YouTube-Video wiedergegeben. Am unteren Rand finden Sie Schaltflächen zur Wiedergabesteuerung.

Über die *Zurück*-Schaltfläche gelangen Sie zur YouTube-Startseite zurück. Neben Musikvideos finden Sie auf YouTube über entsprechende Suchbegriffe viele weitere Videos (z. B. Anleitungen, Reiseimpressionen etc.).

TV-Sendungen per Internet ansehen

Haben Sie mal wieder eine TV-Sendung im ZDF verpasst, oder möchten Sie sich die heute-Sendung nochmals anschauen? Fernsehsender wie ZDF und ARD etc. stellen Teile ihres Programms im Internet zum Abruf bereit. Mit einer App oder einem Browser wie Microsoft Edge (siehe nächstes Kapitel) können Sie sich die Sendungen über eine Internetverbindung ansehen. Die Handhabung ist denkbar einfach:

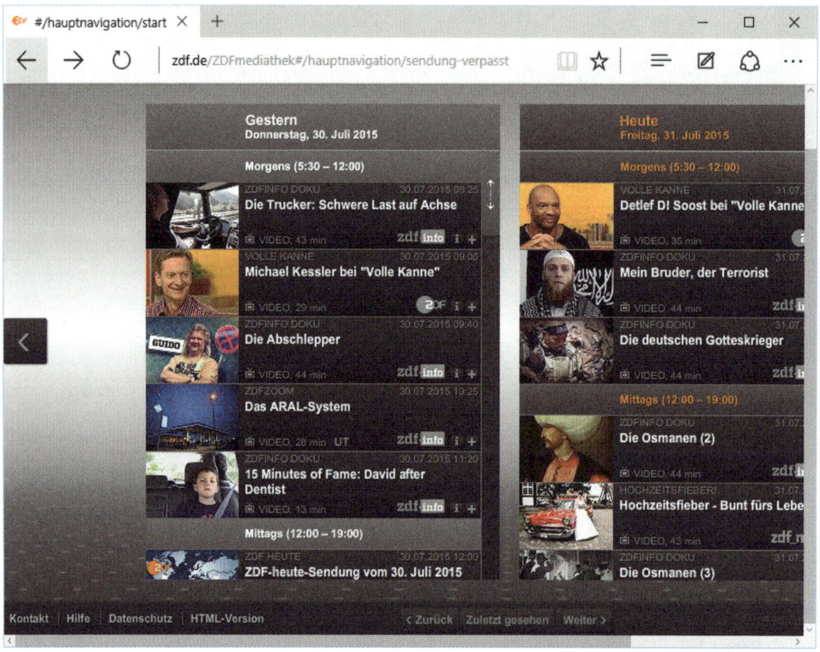

- Starten Sie den Browser (z. B. Microsoft Edge), und rufen Sie die Internetseite des gewünschten Anbieters auf.
- Suchen Sie z. B. auf der Webseite *www.zdf.de* den Eintrag *Sendung verpasst*, und klicken oder tippen Sie darauf.
- Blättern Sie in der angezeigten Webseite durch das Sendungsangebot, und wählen Sie einen Beitrag aus.

Bei Bedarf können Sie per Mausrädchen oder Fingerwischen im Angebot der Mediathek blättern. Wählen Sie eine Sendung aus, erscheint eine Wiedergabeseite, und das Video wird als Fenster eingeblendet.

Ähnlich wie bei YouTube findet sich am unteren Fensterrand des Videofensters die Leiste mit den Wiedergabeelementen. Eine Start-/Stopp-Schaltfläche lässt das Video ablaufen oder hält es an. Zudem gibt es noch ein Element, um die Lautstärke des Videotons anzupassen.

Über die *Zurück*-Schaltfläche in der linken oberen Ecke des Browsers gelangen Sie zur Startseite der App zurück.

Die TV-Anstalten stellen auch kostenlose Apps wie die ZDF-Mediathek im Windows Store zur Verfügung. Alternativ gibt es Apps wie Zattoo, TV App Live etc., um TV-Sendungen per Internet anzusehen. Ob man einen Browser oder lieber eine App verwendet, ist Geschmacksache. Das Einzige, was schiefgehen kann, ist, dass die Internetverbindung die Videodaten nicht schnell genug liefert. Dann startet der Film erst verzögert oder ruckelt schon mal.

Windows Media Player zur Medienwiedergabe

Neben den auf den vorangegangenen Seiten beschriebenen Apps lässt sich der Windows Media Player auf dem Windows-Desktop zur Wiedergabe von Audio-CDs sowie lokal gespeicherten Musik- und Videodateien verwenden. Im nächsten Abschnitt lernen Sie die betreffenden Funktionen des Windows Media Players kennen.

Windows Media Player im Überblick

Der Windows Media Player lässt sich über das Startmenü, die Startseite oder die Suche aufrufen, indem Sie den Begriff »media« eintippen. Taucht der Eintrag *Windows Media Player* in der Trefferliste der Suche auf, wählen Sie diesen an, um die Windows-Anwendung aufzurufen.

Tipp

Wählen Sie die Kachel des Media Players per Rechtsklick aus, können Sie den Player über die Kontextmenüeinträge *An „Start" anheften* und *An Taskleiste anheften* als Kachel an der Startseite, im Startmenü oder als Schaltfläche in der Taskleiste anheften. Natürlich können Sie den Media Player auch über *Alle Apps* finden und starten.

Beim ersten Aufruf zeigt der Media Player einmalig eine Willkommensseite und fordert Sie zum Festlegen von Einstellungen auf. Wählen Sie die Schaltfläche zum Express-Setup.

Das Programm meldet sich mit dem im Folgenden gezeigten Anwendungsfenster, das am unteren Fensterrand die Schaltflächen zur Wiedergabesteuerung des Media Players aufweist.

Tipp

Zeigen Sie mit der Maus auf das Bedienelement, erscheint eine QuickInfo mit einem Hinweis auf die betreffende Funktion. Drücken Sie kurz die Alt-Taste, erscheint ein Menü mit Einträgen, um auf die Funktionen des Media Players zuzugreifen.

- Über die Schaltfläche *Wiedergabe/Anhalten* lässt sich ein Multimediatitel abspielen bzw. anhalten. Mit der Schaltfläche *Stopp* wird die Wiedergabe beendet.
- Der Schieberegler *Lautstärke* ermöglicht Ihnen die Anpassung der Lautstärke, und die Anwahl des Lautsprechersymbols schaltet den Ton ein oder aus.
- Mit den Schaltflächen der Wiedergabesteuerung (*Zurück/Weiter*) können Sie schrittweise zwischen den Medientiteln (bei Musik zwischen den Musikstücken und bei Videos zwischen den ggf. vorhandenen Kapiteln) vor- oder zurückgehen. Klicken Sie auf die Schaltfläche *Weiter* und halten die linke Maustaste länger gedrückt, wechselt der Player (bei der Wiedergabe von Videos) in den schnellen Vorlaufmodus.
- Darüber hinaus finden Sie noch zwei Schaltflächen, mit denen sich die Titel in zufälliger Reihenfolge wiedergeben bzw. wiederholen lassen.

- Der Schieber der Suchleiste bewegt sich beim Abspielen der Medientitel nach rechts. Sie sehen also, welcher Teil des aktuellen Titels bereits abgespielt wurde bzw. noch wiederzugeben ist. Durch Ziehen des Schiebers mit der Maus lässt sich eine bestimmte Stelle im aktuellen Titel suchen.
- Beim Abspielen einer Audio-CD wird standardmäßig die Darstellung *Aktuelle Wiedergabe* mit dem Albumcover und optional der Titelliste (sofern bekannt) benutzt. Die Titelliste lässt sich durch einen Rechtsklick auf das Fenster über den Eintrag *Liste anzeigen* einblenden.

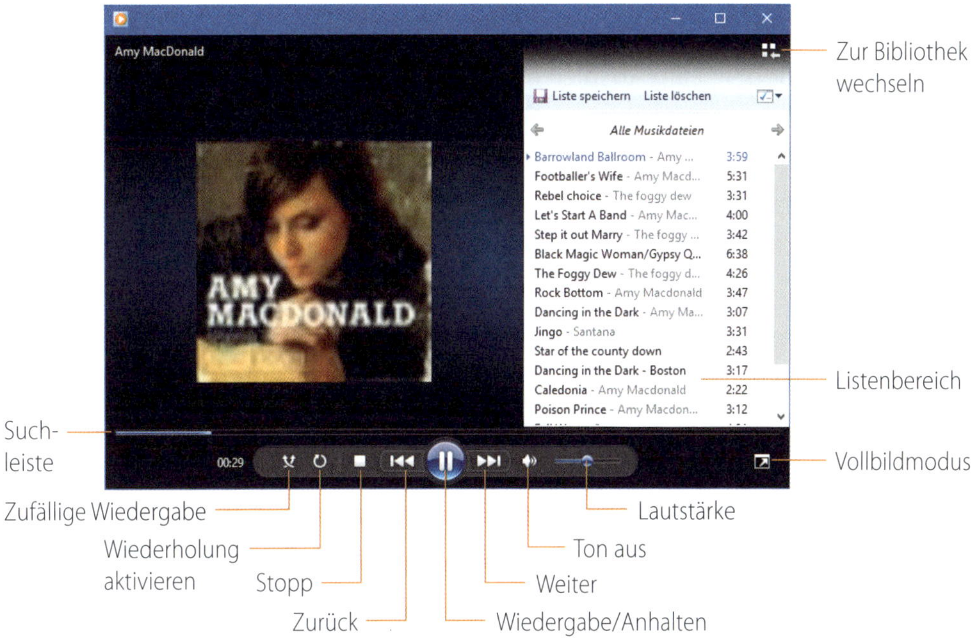

Geben Sie eine Audiodatei wieder, erscheint dagegen das Fenster der Medienbibliothek (siehe auch folgende Abschnitte). In der rechten unteren Ecke des Programmfensters gibt es noch eine Schaltfläche, um den Media Player in eine Vollbildansicht zu schalten. Diese ist bei der Videowiedergabe hilfreich. Verwenden Sie die Esc-Taste (oder einen Doppelklick auf die Anzeige), um von der Vollbildansicht zur Fensterdarstellung zurückzuschalten.

Zeigen Sie bei einem minimierten Windows Media Player in der Taskleiste auf dessen Schaltfläche, blendet Windows eine Miniansicht des Fensters mit Schaltflächen zur Wiedergabesteuerung ein. Klicken Sie auf die Schaltfläche in der Taskleiste, um zur Fensterdarstellung des Media Players zurückzukehren.

Musik-CDs wiedergeben

Der Windows Media Player kann (im Gegensatz zur Groove-Musik-App) auch Audio-CDs wiedergeben. Zum Abspielen einer Musik-CD genügt es, wenn Sie diese in das CD- bzw. DVD-Laufwerk einlegen und die Schublade schließen. Dann sollte der Media Player automatisch starten und mit der Wiedergabe des ersten Titels beginnen. Über die Schaltflächen der Wiedergabesteuerung können Sie schrittweise durch die Musiktitel blättern, die Lautstärke verändern oder die Wiedergabe anhalten (siehe vorherige Seiten).

Erscheint nur eine Benachrichtigung über die eingelegte CD, es wird aber nichts abgespielt? Wählen Sie im eingeblendeten Fenster den Windows Media Player (siehe in Kapitel 3 den Abschnitt »Der Umgang mit Wechseldatenträgern«). Tut sich nach dem Einlegen der Musik-CD nichts, wählen Sie das Laufwerksymbol im Ordnerfenster per Doppelklick aus. Anschließend sollte die Wiedergabe der Musik-CD im Anzeigemodus *Aktuelle Wiedergabe* des Windows Media Players starten. Einige Audio-CDs werden jedoch vom Hersteller mit einem Kopierschutz für Computer versehen, die das Abspielen im Media Player verhindern.

Video-CDs und -DVDs wiedergeben?

Der Windows Media Player kann weder DVD-Videos noch verschiedene Videoformate (z. B. MPEG2-Videodateien) wiedergeben. Verwenden Sie in diesem Fall z. B. den VLC Media Player zur Wiedergabe, den Sie kostenlos von der Webseite *www.videolan.org/vlc* herunterladen können. Es gibt im Store auch eine (kostenpflichtige) DVD-Player-App von Microsoft zur Wiedergabe von DVD-Videos. Allerdings gibt es häufiger Abspielprobleme mit Kauf-DVDs, sodass der VLC Media Player die bessere Wahl ist.

Audio- und Videodateien wiedergeben

Sie können auch Musik- und Videodateien mit dem Windows Media Player von der Festplatte wiedergeben.

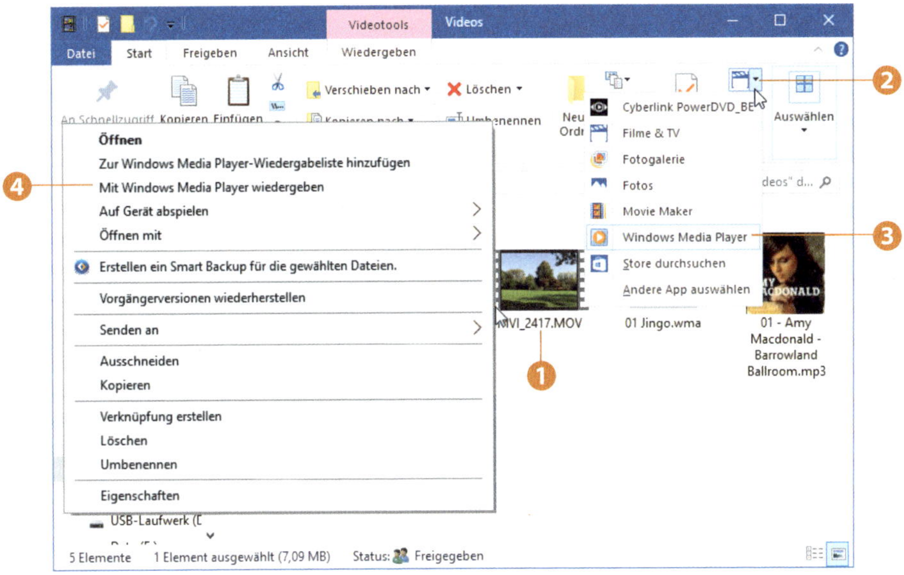

1 Öffnen Sie ein Ordnerfenster, navigieren Sie zu dem Ordner, in dem die Musik- oder Videodatei gespeichert wurde, und markieren Sie die abzuspielende Mediendatei ❶.

2 Wählen Sie auf der Registerkarte *Start* in der Gruppe *Öffnen* die Menüschaltfläche *Öffnen* ❷, und klicken Sie im Menü auf *Windows Media Player* ❸.

Alternativ können Sie das Kontextmenü der markierten Datei öffnen und den Eintrag *Mit Windows Media Player wiedergeben* ❹ wählen. Kennt Windows das Dateiformat der markierten Datei, wird diese im Media Player abgespielt.

Tipp

Bei manchen Videoformaten fehlt der Eintrag *Mit Windows Media Player wiedergeben* im Kontextmenü. In diesem Fall können Sie die Kontextmenüeinträge *Öffnen mit/Windows Media Player* wählen. Mit etwas Glück kann der Media Player das Video wiedergeben.

Enthält das Ordnerfenster mehrere Video- oder Musikdateien und möchten Sie diese nacheinander wiedergeben? Markieren Sie die gewünschten Dateien im Ordnerfenster, und wählen Sie den Kontextmenüeintrag *Mit Windows Media Player wiedergeben*.

Musik- und Videodateien können in verschiedenen Formaten vorliegen. Um diese wiederzugeben, benötigt der Windows Media Player die entsprechenden Decoder. Typische **Audioformate** wie WAV, MP3 oder WMA werden unterstützt. Beim WAV-Format sind die Daten in unkomprimierter Form gespeichert, d. h., die zugehörigen Dateien werden sehr groß. Dieses Format wird z. B. verwendet, wenn Musikstücke mit entsprechenden Programmen von einer Audio-CD auf die Festplatte kopiert werden. Wesentlich kompakter lässt sich Musik in MP3-Dateien oder im Microsoft-eigenen WMA-Format speichern. Gekaufte Musikstücke, die im WMA-Format vorliegen, sind häufig mit einem digitalen Rechtemanagement (DRM, Digital Rights Management) versehen. DRM ist ein Abspielschutz, der die Wiedergabe nur im Rahmen der erworbenen Rechte erlaubt. Das MP3-Format kennt dagegen kein solches Rechtemanagement. Beim **Videoformat** gibt es WMV, MPEG-1, MPEG-2, MPEG-4 und einige weitere Formate. In Windows 10 ist kein MPEG-2-Decoder mehr dabei. Daher ist keine Wiedergabe von Video-CDs oder DVD-Videos oder von MPEG-2-Dateien möglich.

Musik-CDs auf die Festplatte kopieren

Sie können den Inhalt einer Musik-CD auf Ihren Computer kopieren, um die Musikstücke später direkt von der Festplatte abzuspielen (siehe oben).

1 Legen Sie die Original-CD in das Laufwerk ein, und gehen Sie wie bei der Wiedergabe von Musik-CDs vor.

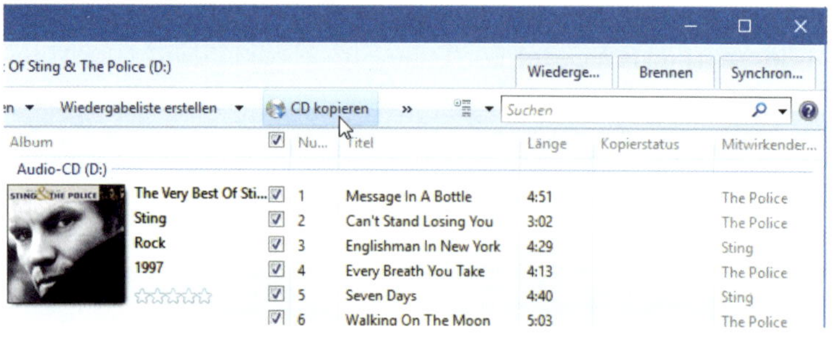

2 Klicken Sie in der Symbolleiste des Player-Fensters auf die Schaltfläche *CD kopieren*.

Bei Bedarf wählen Sie in der angezeigten Titelliste die nicht zu kopierenden Musiktitel durch Anklicken ab (nur die Kontrollkästchen der zu kopierenden Titel sollten mit Häkchen markiert sein).

Öffnen Sie das Menü der in der Symbolleiste sichtbaren Schaltfläche *Kopiereinstellungen*, um über *Format* das gewünschte Audioformat (z. B. *MP3*) zum Kopieren auszuwählen. Die Audioqualität beim Speichern legen Sie über das Untermenü des Eintrags *Audioqualität* fest.

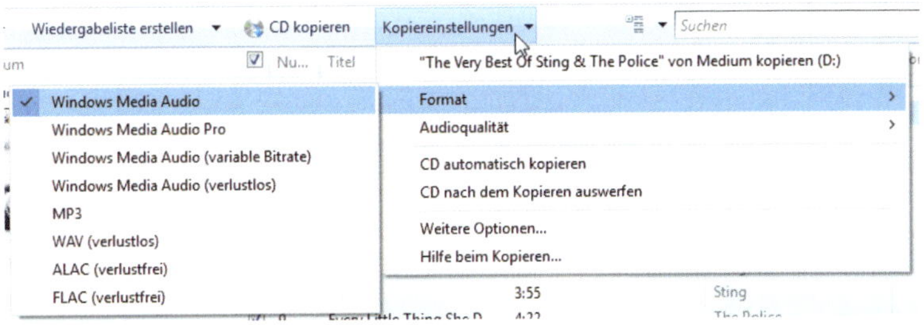

Der Windows Media Player beginnt dann mit dem Auslesen der markierten Musiktitel und kopiert diese im angegebenen Format in den Ordner *Musik*. Dabei wird für jedes Album ein eigener Unterordner und für jeden Musiktitel eine separate Datei angelegt. Eine Textanzeige in der Titelliste informiert Sie über den gerade kopierten Titel. Über die während des Kopiervorgangs angezeigte Schaltfläche *Kopieren beenden* in der Symbolleiste können Sie den Vorgang jederzeit beenden.

Musiktitel auf CD brennen

Ist am Computer ein CD-/DVD-Brenner angeschlossen, lassen sich auf die Festplatte kopierte und nicht kopiergeschützte Musikstücke auf CDs übertragen.

1 Klicken Sie in der rechten oberen Ecke des Windows-Media-Player-Programmfensters auf die Registerkarte *Brennen*.

2 Wählen Sie links, im Navigationsbereich, die Wiedergabelisten oder die Einträge der Medienbibliothek, um die gewünschten Musiktitel im Programmfenster anzuzeigen.

3 Ziehen Sie die gewünschten Musiktitel mit der Maus nach rechts in die Brennliste.

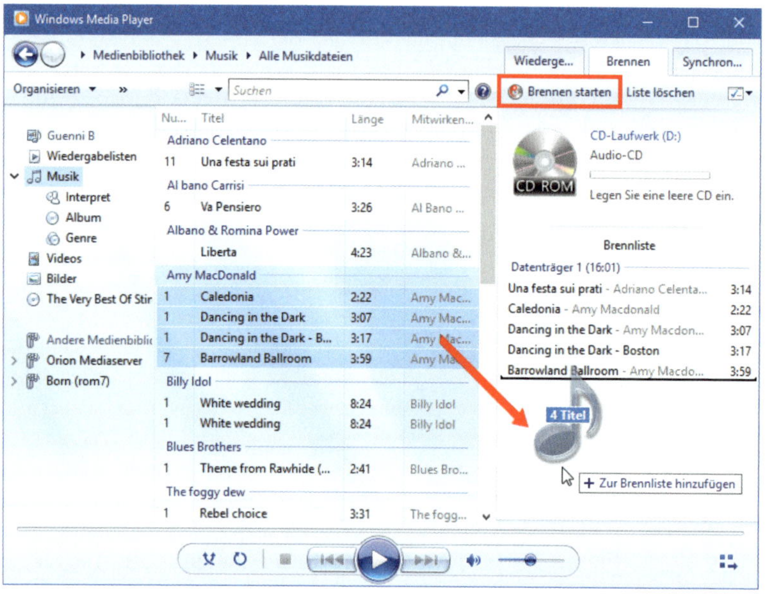

4 Sind alle Titel hinzugefügt, klicken Sie in der Symbolleiste auf die Schaltfläche *Brennen starten*.

Fährt die Schublade des Brenners aus, legen Sie einen leeren CD-R-Rohling ein und schließen die Schublade. Nachdem der Datenträger erkannt wurde, beginnt der Windows Media Player mit dem Brennen der Musiktitel auf das Medium. Während des Brennens werden Sie über eine Fortschrittsanzeige in der Brennliste über den Ablauf informiert. Sie können den Brennvorgang zwar über die Schaltfläche *Brennen abbrechen* vorzeitig beenden – riskieren dann aber den Verlust des Rohlings. Nach dem Brennen des letzten Titels wirft der Media Player das Medium standardmäßig aus.

Die Medienbibliothek verwenden

Mit der Medienbibliothek können Sie Ihre Multimediadateien (z. B. Musik oder Videos) komfortabel verwalten. Sobald Sie einen Musiktitel aus einem Ordner der Festplatte wiedergeben, wird diese Mediendatei automatisch zur Medienbibliothek hinzugefügt. Nur beim Abspielen von Mediendateien von CD-, DVD-, BD- und Wechseldatenträgern werden die Titel nicht eingetragen. Um die Inhalte der Medienbibliothek anzusehen und ggf. aufgenommene Titel wiederzugeben, gehen Sie in folgenden Schritten vor:

1 Starten Sie den Windows Media Player, und klicken Sie (falls der Modus *Aktuelle Wiedergabe* erscheint) auf die Schaltfläche *Zur Bibliothek wechseln* – siehe auch vorangegangene Seiten.

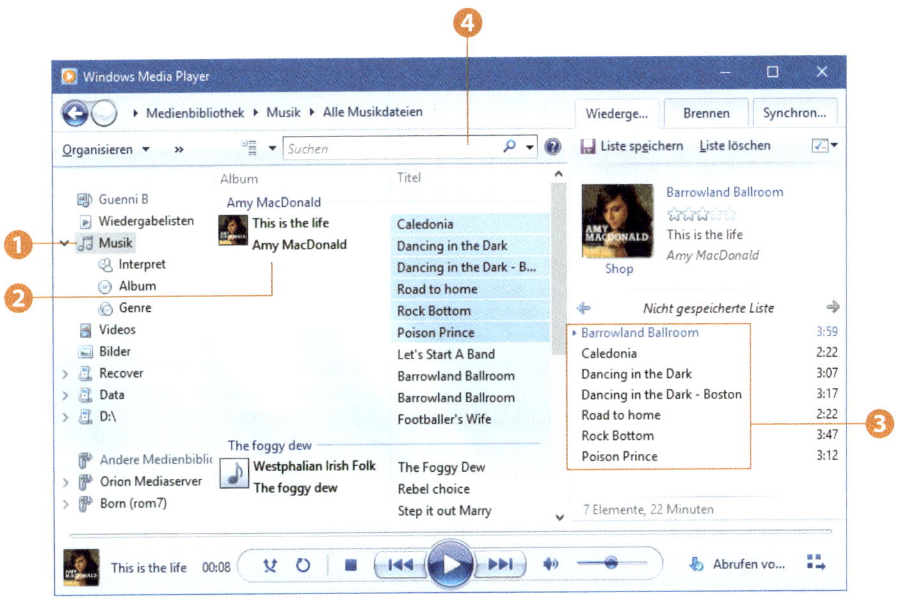

2 Wählen Sie in der linken Spalte des Navigationsbereichs die gewünschte Bibliothekskategorie 1 aus.

3 Expandieren Sie bei Bedarf den Zweig der Bibliothekskategorie (über die Dreiecke vor dem jeweiligen Eintrag), und klicken Sie auf einen Eintrag wie *Interpret, Album, Musiktitel, Genre*, um in der mittleren Spalte ❷ die zur betreffenden Kategorie gefundenen Medieneinträge sowie bei Musikdateien ggf. das Albumcover anzuzeigen.

4 Wählen Sie zum Abspielen das Album ❷ oder den gewünschten Eintrag in der Trackliste ❸ per Doppelklick oder Doppeltipp aus.

Über den Navigationsbereich des Windows Media Players können Sie also sehr bequem auf bereits abgespielte Musik, Videos, Bilder etc. zugreifen. Sie brauchen nur einen der Einträge des Bereichs auszuwählen, um die betreffenden Medieneinträge nach Kategorien geordnet abzurufen.

Bei Bedarf können Sie auch den Namen eines Interpreten, einen Titel etc. in das Suchfeld ❹ der Symbolleiste eintippen. Der Media Player durchsucht dann die Medienbibliothek nach den entsprechenden Stichwörtern und listet Übereinstimmungen auf.

Medientitel entfernen

Um einen Medientitel aus der Medienbibliothek zu entfernen, öffnen Sie das Kontextmenü des Titeleintrags und wählen den Kontextmenüeintrag *Löschen*. In einem zusätzlichen Dialogfeld geben Sie über Optionsfelder vor, ob der Eintrag nur aus der Bibliothek oder auch von der Festplatte gelöscht werden soll.

Wiedergabelisten für die Lieblingstitel anlegen

Wiedergabelisten ermöglichen Ihnen, Musikstücke, Videos etc. in beliebiger Reihenfolge zur Wiedergabe zusammenzustellen. Dazu benötigen Sie ein geöffnetes Fenster des Windows Media Players im Bibliotheksmodus (siehe vorangegangene Seiten).

1 Wählen Sie in der Symbolleiste des Fensters die Schaltfläche *Wiedergabeliste erstellen* ❶ aus.

2 Tippen Sie im Navigationsbereich einen Namen ❷ für die neue Wiedergabeliste ein.

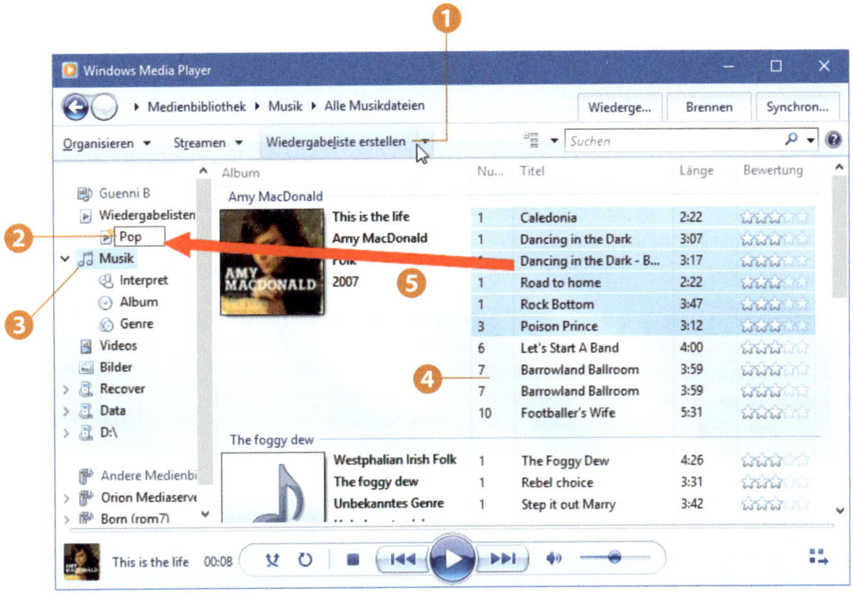

3 Markieren Sie im Navigationsbereich ❸ die Kategorie (z. B. *Musik*), um die Titel im Fenster aufzulisten, die in die Wiedergabeliste aufgenommen werden sollen ❹.

4 Markieren Sie den oder die gewünschten Titel, und ziehen Sie diese (z. B. mit gedrückter linker Maustaste) zur Wiedergabeliste im Navigationsbereich ❺.

Beim Loslassen werden die Titel in der Wiedergabeliste eingetragen. Wiederholen Sie die letzten Schritte, bis alle gewünschten Titel in der Wiedergabeliste aufgeführt werden.

Wählen Sie anschließend den Eintrag für die Wiedergabeliste im Navigationsbereich aus ❷, werden die dort enthaltenen Titel im Fenster aufgelistet und lassen sich bearbeiten oder wiedergeben.

- Zum Sortieren der Titel ziehen Sie diese einfach (z. B. mit der Maus) in der Wiedergabeliste nach oben oder unten.
- Über den Kontextmenüeintrag *Aus Liste entfernen* lässt sich ein Eintrag löschen. Die komplette Wiedergabeliste entfernen Sie über deren Kontextmenüeintrag *Löschen*.

- Die Wiedergabeliste können Sie auch nachträglich über den Kontextmenüeintrag *Umbenennen* mit einem neuen Namen versehen.

Wählen Sie später die Wiedergabeliste im Navigationsbereich ❷ per Doppelklick (oder Doppeltippen mit dem Finger) aus, startet die Wiedergabe mit dem ersten Titel. Alternativ lässt sich nach Auswahl der Wiedergabeliste ein Einzeltitel z. B. per Doppelklick wiedergeben.

So kommt Musik auf einen portablen Player

Der Windows Media Player kann Inhalte wie Musik der Medienbibliothek mit einem portablen Player (MP3-Player, Smartphone, Tablet-PC) synchronisieren.

1 Starten Sie den Windows Media Player, und verbinden Sie den portablen Media Player über die USB-Schnittstelle mit dem Computer.

2 Warten Sie, bis das portable Gerät erkannt wird, und wählen Sie in der rechten oberen Ecke des Windows Media Players die Registerkarte *Synchron.* ❶, um die Synchronisationsspalte des Players ❷ einzublenden.

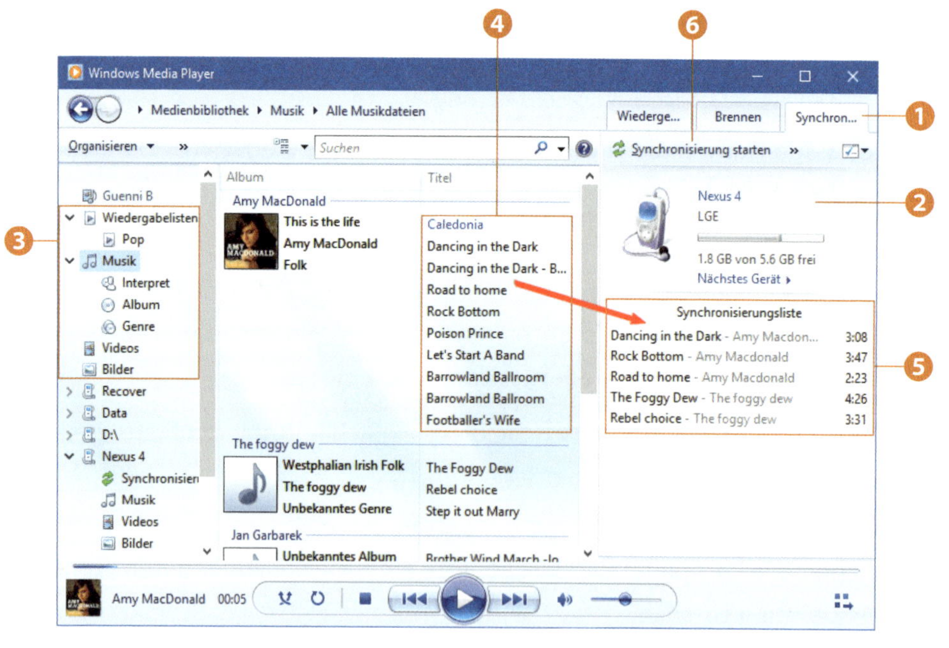

3 Wählen Sie im Navigationsbereich ❸ Wiedergabelisten oder Einträge der Medienbibliothek aus, um deren Titellisten im Programmfenster einzublenden.

4 Markieren Sie die gewünschten Musiktitel ❹, und ziehen Sie diese nach rechts in die Synchronisationsliste ❺ des Geräts.

5 Unerwünschte Titel markieren Sie in der Synchronisationsliste und löschen diese über den Kontextmenüeintrag *Aus Liste entfernen*.

6 Ist die Synchronisierungsliste erstellt, wählen Sie in der Symbolleiste die Schaltfläche *Synchronisierung starten* ❻.

Der Windows Media Player gleicht dann die Titelliste des portablen Geräts mit der Synchronisationsliste ab, fügt neue Titel zum Player hinzu und löscht ggf. unerwünschte Titel. Eine Fortschrittsanzeige im Fenster des Windows Media Players informiert Sie über den Ablauf. Nach dem Beenden der Synchronisierung wird die Titelliste im Synchronisationsbereich gelöscht, und Sie können den portablen (MP3-)Player von der USB-Schnittstelle trennen (siehe Kapitel 3).

Bei angeschlossenem und erkanntem MP3-Player lässt sich dessen Geräteeintrag im Navigationsbereich anwählen. Sie können dann auf Kategorien wie *Synchronisierungsstatus*, *Musik*, *Videos* und *Bilder* zugreifen. Über die drei letztgenannten Kategorien werden die auf dem Player gespeicherten Mediendateien angezeigt und lassen sich über Kontextmenüeinträge löschen.

Probleme mit dem MP3-Player?

Wird der MP3-Player nicht im Windows Media Player erkannt, oder gibt es Probleme bei der Synchronisation? Dann verbinden Sie den MP3-Player über einen USB-Anschluss mit dem Rechner und öffnen ein Ordnerfenster. Der MP3-Player sollte als Wechseldatenträgerlaufwerk auftauchen, und Sie können direkt auf dessen Speicher zugreifen, um Dateien zu kopieren oder zu löschen (siehe Kapitel 3).

Sofern Sie einen iPod, ein iPad oder ein iPhone von Apple besitzen, verbinden Sie Ihr Gerät ebenfalls per USB-Kabel mit dem Computer. Zum Übertragen der im Apple Store gekauften Musik verwenden Sie das kostenlose Programm iTunes von der Internetseite *www.apple.com/de/itunes/*.

Fazit

In diesem Kapitel haben Sie die Funktionen zur Wiedergabe und zum Kauf von Musik und Videos kennengelernt. Zudem wurden die Funktionen des Windows Media Players behandelt. Sie verfügen daher über das Wissen, um Musik und Videos wiederzugeben. Der Windows Media Player besitzt weitere Funktionen wie die Übertragung von Musik und Video über ein Netzwerk (Stichwort Streamen) etc. Über spezielle Apps können weitere Funktionen nachgerüstet werden. Diese Funktionen können aus Platzgründen in diesem Buch leider nicht behandelt werden. Im nächsten Kapitel lernen Sie die Funktionen von Microsoft Edge zum Abrufen von Webseiten kennen.

Kapitel 6

Surfen im Internet

Windows 10 wird mit zwei Browsern, dem Internet Explorer (IE) und Microsoft Edge, ausgeliefert. Dieses Kapitel zeigt Ihnen, wie Sie den Browser Microsoft Edge zum Abrufen von Internetseiten verwenden.

Microsoft Edge – der Einstieg

Um Webseiten aus dem World Wide Web anzusehen, verwenden Sie einen Browser wie Microsoft Edge, den Internet Explorer, Google Chrome oder Firefox. Da Microsoft mittelfristig den Internet Explorer auslaufen lassen möchte, finden Sie hier eine Einführung in Microsoft Edge und lernen, wie Sie die ersten Webseiten aufrufen.

Webseiten im Browser abrufen

Um eine Webseite aus dem World Wide Web in einem Browser aufzurufen, verwenden Sie folgende Techniken:

1 Wählen Sie die Kachel *Microsoft Edge* im Startmenü, auf der Startseite oder in der Taskleiste durch Antippen oder Anklicken aus.

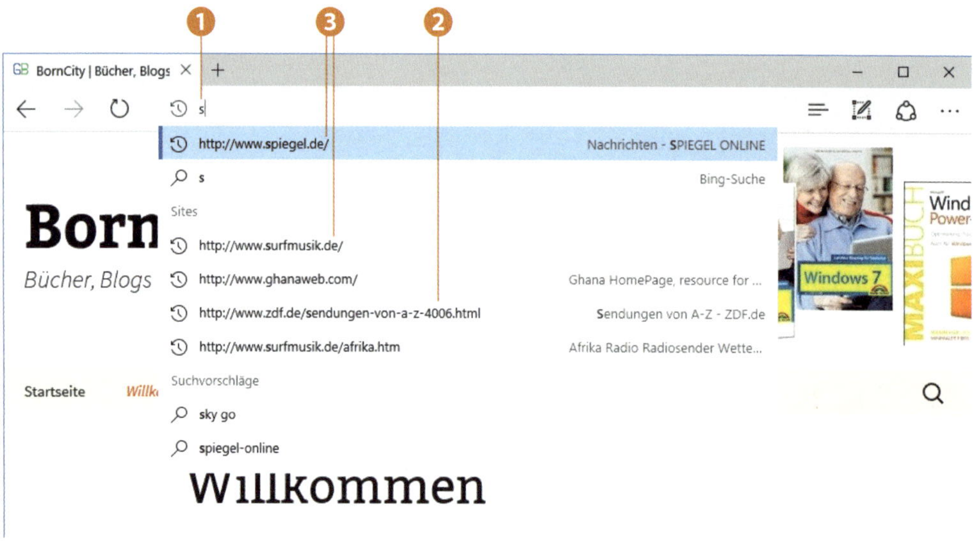

2 Sobald das Fenster des Browsers erscheint, klicken oder tippen Sie das Adressfeld des Browserfensters ❶ an und geben die gewünschte Webadresse (z. B. *www.spiegel.de*) ein.

> Beim Eintippen der Adresse zeigt der Browser eine Liste bereits vorher eingegebener Internetadressen ❷. Befindet sich die gewünschte Adresse in der Liste, wählen Sie den Eintrag ❸, um diesen in das Adressfeld zu übernehmen.

3 Drücken Sie zum Bestätigen die [↵]-Taste auf der (Bildschirm-)Tastatur.

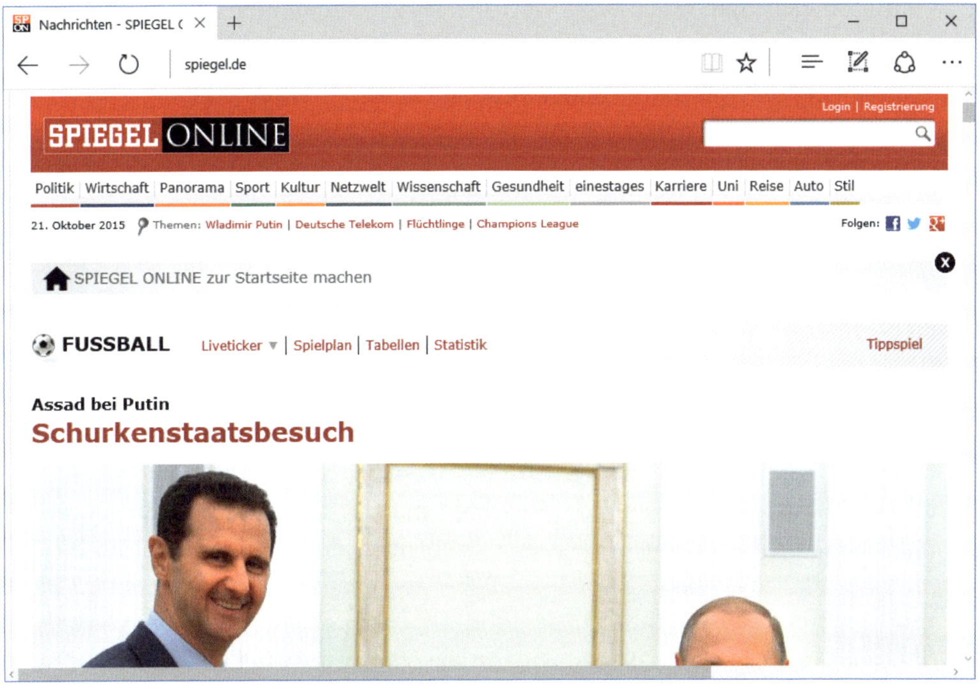

Der Browser ruft die eingegebene Webseite aus dem World Wide Web ab. Nach wenigen Sekunden erscheint dann die Webseite, wie hier die Startseite von SPIEGEL ONLINE mit den Schlagzeilen des jeweiligen Tages.

> Bei Bedarf blättern Sie durch Wischen mit dem Finger, durch Drehen am Mausrädchen oder über die am rechten Rand bei Mausbedienung angezeigte Bildlaufleiste auf der Seite nach oben oder unten.

Einzelne Beiträge rufen Sie durch Anwahl der zugehörigen Hyperlinks (Verweise auf die Folgedokumente) ab. Diese können Sie ganz leicht per Maus herausfinden und per Mausklick anwählen.

4 Klicken oder tippen Sie in der angezeigten Webseite auf einen Hyperlink. Im Fenster des Browsers wird dann die vom Hyperlink adressierte Folgeseite abgerufen und angezeigt. Gibt es auf dieser Seite Hyperlinks, wählen Sie diese auf die gleiche Weise aus, um zur jeweiligen Folgeseite zu gelangen.

Hyperlinks leicht erkennen

Hyperlinks werden oft farbig und unterstrichen dargestellt. Da dies aber nicht der Fall sein muss, gibt es einen anderen Trick: Sobald der Mauszeiger über eine als Hyperlink ausgeführte Textstelle oder ein Bild geführt wird, erscheint das Symbol einer stilisierten Hand als Mauszeiger. Steht die Maus nicht auf einem Hyperlink, ist der Pfeil als Mauszeiger zu sehen.

Adressen von Webseiten verstehen

Die Adressen von Internetseiten werden meist in der Form *www.xxx.de* angegeben. Das Ganze wird als Domain-Adresse bezeichnet und gibt dem Kenner einige Hinweise. Mit *www* wird meist die Hauptseite eines Webangebots versehen. Die Zeichen *xxx* stehen hier für den Namen der Domain (z. B. Firmennamen wie *microsoft*, *mut* etc.). Die Endungen geben einen Hinweis auf das Land (*.de*, *.at*, *.ch*, *.eu* etc.) oder die Organisation (*.com*, *.org*, *.net* etc.). Der Browser ergänzt die Adresse anschließend noch um den Vorspann *http://*, d. h., Sie brauchen diese Kennung nicht anzugeben. An diese Adresse schließt sich gelegentlich noch eine Buchstabenfolge mit dem Pfad zu Unterordnern auf dem betreffenden Webserver an (z. B. *www.microsoft.com/de/de*). Manchmal taucht in diesem Zusammenhang auch der Begriff URL für die Adresse auf – die englische Abkürzung für **U**niform **R**esource **L**ocator.

Navigieren in Internetseiten

Das Navigieren in Internetseiten bzw. das Abrufen von Folgeseiten ist in einem Browser über die in Webseiten enthaltenen Verweise (sogenannte Hyperlinks) möglich. Um von der aufgerufenen Folgeseite wieder zur Hauptseite zurückzukehren, das Laden von Webseiten abzubrechen, eine Seite zu aktualisieren oder zwischen besuchten Webseiten zu navigieren, haben Sie folgende Möglichkeiten:

- Wählen Sie die Schaltfläche *Zurück* durch Anklicken oder Antippen aus. Der Browser wechselt zur zuletzt besuchten Seite. Sie können diesen Schritt wiederholen und bis zur »Einstiegsseite« zurückblättern. Beim Erreichen dieser Seite wird die Schaltfläche *Zurück* gesperrt (die Farbe im Symbol der Schaltfläche verschwindet dann).
- Um nach dem Zurückblättern wieder eine oder mehrere Seiten vorwärtszublättern, wählen Sie die angezeigte Schaltfläche *Weiter*. Wurde noch nicht von einer Webseite zurückgeblättert, ist die Schaltfläche gesperrt. Mit den Schaltflächen (die Sie übrigens auch in Ordnerfenstern finden) können Sie also bereits während der aktuellen Internetsitzung besuchte Seiten abrufen.

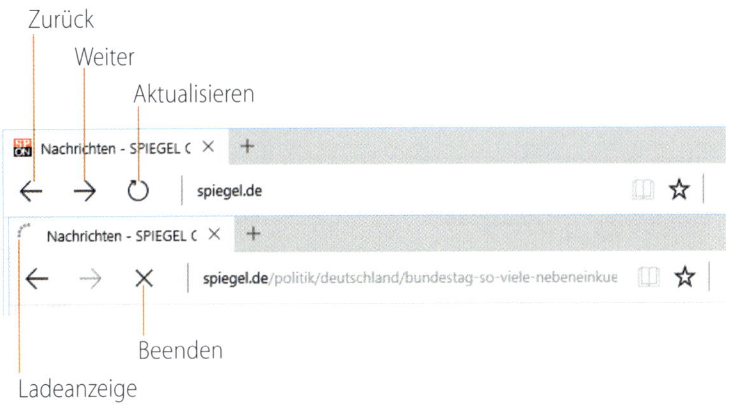

- Wird eine Webseite nicht richtig geladen oder möchten Sie sicherstellen, dass der aktuelle Inhalt angezeigt wird (z. B. bei sich häufiger ändernden Webseiten), wählen Sie die *Aktualisieren*-Schaltfläche oder drücken die Funktionstaste F5.
- Während eine Webseite geladen wird, zeigt Microsoft Edge dies durch eine Ladeanzeige (Kreis mit wandernden Pünktchen) an. Dauert das Laden einer Webseite zu lange oder gibt es Probleme, brechen Sie den Vorgang über die *Beenden*-Schaltfläche (oder die Esc-Taste) ab.

Falls Sie einen anderen Browser – etwa den Internet Explorer, Firefox oder Google Chrome – verwenden, funktioniert alles genauso, auch wenn die Schaltflächen u. U. etwas anders aussehen oder unterschiedlich beschriftet sind.

Besser arbeiten mit Microsoft Edge

In diesem Abschnitt lernen Sie diverse Funktionen zur Arbeit mit Microsoft Edge kennen.

Arbeitstechniken für Microsoft Edge

Beim Arbeiten mit Microsoft Edge erleichtern Ihnen verschiedene Arbeitstechniken den Umgang per Touchbedienung oder mit der Maus.

- Über das Symbol *Neuer Tab* oder mittels der Tastenkombination Strg+T öffnen Sie eine neue leere Registerkarte zum Abrufen einer Webseite über das Adressfeld.
- Eine neu geöffnete Registerkarte zeigt die Symbole sogenannter Top-Sites. Tippen Sie auf eine Kachel, um die Site zu öffnen. Über den Befehl *Anpassen* rechts oberhalb der Kachelliste lässt sich diese Anzeige abschalten.

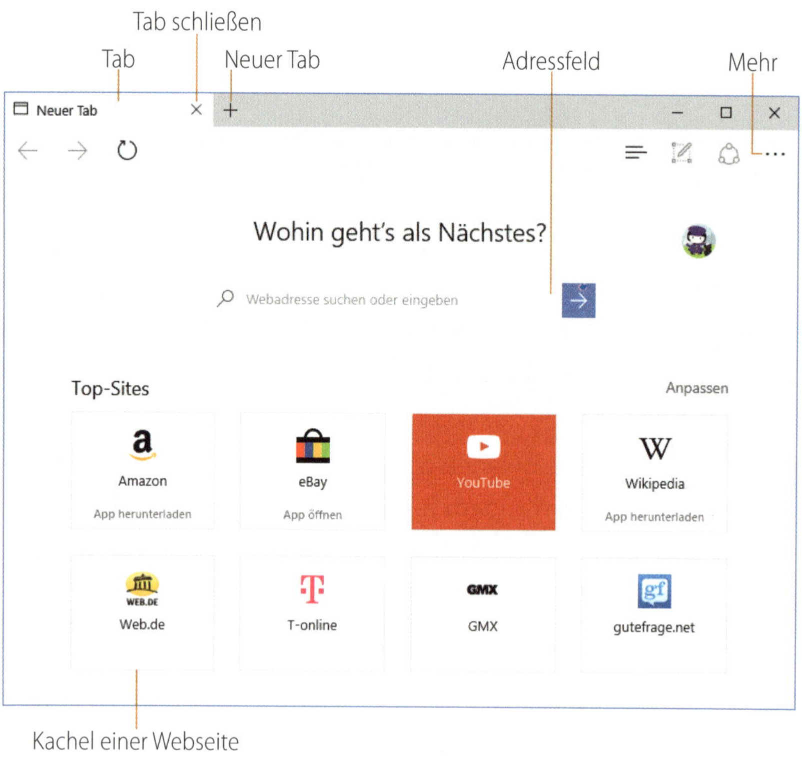

- Wählen Sie den Tab zum Umschalten zur betreffenden Seite an. Klicken Sie die Schaltfläche *Schließen* eines Tabs an, schließt der Browser die zugehörige Webseite.

Wählen Sie das Symbol *Mehr*, können Sie im eingeblendeten Menü auf diverse Einträge zugreifen.

- Der Eintrag *Neues InPrivate-Fenster* des Menüs öffnet eine neue Registerkarte im InPrivate-Modus. Der InPrivate-Modus hindert den Browser daran, Daten zu Ihrer Browsersitzung zu speichern. Beim Schließen des Browserfensters werden alle Daten (z. B. der Verlauf der besuchten Webseiten) verworfen.

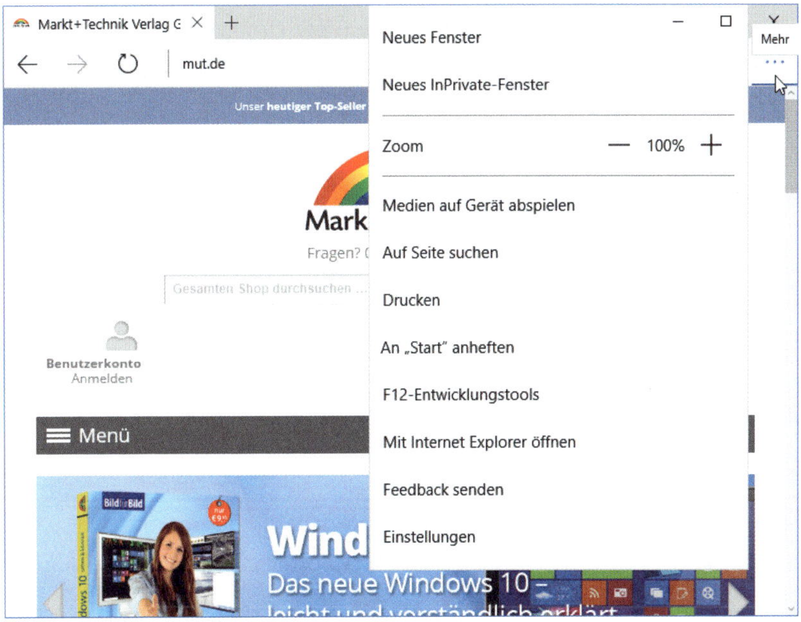

- Über den Menüeintrag *Zoom* lässt sich die Darstellung der Webseite im Browserfenster vergrößern/verkleinern. Das funktioniert auch, indem Sie die Strg-Taste gedrückt halten und am Mausrädchen drehen. Alternativ funktionieren die Tastenkombinationen Strg+\+ und Strg+- zum Vergrößern oder Reduzieren der Darstellung. Doppeltippen Sie am Touchscreen mit dem Finger auf das Browserfenster, um die Darstellung des Webseiteninhalts zu vergrößern oder anschließend wieder zu verkleinern. An einem Touchscreen können Sie durch Spreizen oder Zusammenziehen von Daumen und Zeigefinger den Zoomfaktor der Anzeige ebenfalls anpassen.

- Der Befehl *An „Start" anheften* fügt die Adresse der aktuellen Webseite als Kachel bzw. Eintrag zum Startmenü oder zur Startseite (im Tablet-Modus) hinzu. Dann lässt sich die Webseite durch Anwahl dieses Eintrags im Browser öffnen.

- Über den Befehl *Auf Seite suchen* beginnen Sie eine Suche innerhalb der geöffneten Webseite. Es wird eine Suchleiste eingeblendet. Geben Sie einen Suchbegriff im Textfeld vor, zeigt der Browser Treffer in der Seite farbig unterlegt an. Über die Symbole < und > der Leiste können Sie die vorherigen oder folgenden Treffer abrufen. Klicken Sie auf die *Schließen*-Schaltfläche, verschwindet die Suchleiste wieder. Der Befehl *Optionen* blendet ein Menü ein, über dessen Einträge Sie nach ganzen Wörtern suchen und Groß-/Kleinschreibung berücksichtigen können.
- Klicken Sie auf *Drucken*, wenn Sie eine Webseite ausdrucken möchten. Ähnlich wie beim Drucken von Fotos (Kapitel 4) können Sie nach Anwahl des Druckbefehls den Drucker sowie die Druckoptionen in einem Fenster auswählen und die Ausgabe über die *Drucken*-Schaltfläche anstoßen.
- Mit dem Befehl *Mit Internet Explorer öffnen* wird die komplette Webseite im zweiten Browser, dem Internet Explorer, angezeigt.
- Der Befehl *Einstellungen* blendet die gleichnamige Seitenleiste ein, in der Sie die Optionen von Microsoft Edge einsehen und anpassen können (siehe Kapitelende).
- Bei einer angezeigten Webseite lässt sich das Symbol *Leseansicht* im Adressfeld anwählen. Dann stellt der Browser die Webseite in einem speziellen Lesemodus dar. Die erneute Anwahl des Symbols schaltet diese Ansicht wieder ab.
- Wählen Sie in der Symbolleiste das Symbol *Webseitennotiz erstellen*, erscheint eine weitere Anmerkungsleiste. Durch Anwahl der angebotenen Schalt-

flächen können Sie Inhalte der Webseite mit einem Leuchtstift markieren, Anmerkungen verfassen und das Ganze über das Diskettensymbol der Leiste sogar speichern.

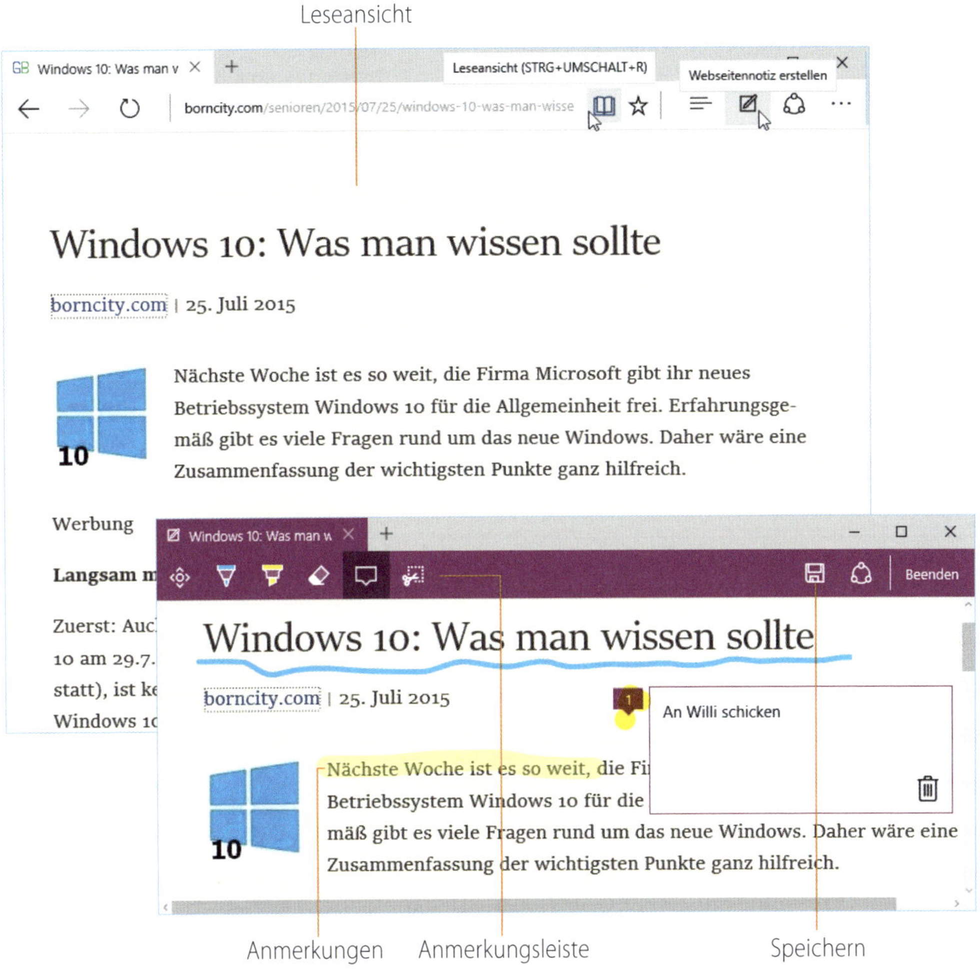

- Im Adressfeld werden Statusinformationen zu den geöffneten Webseiten angezeigt. Ein grünes Schloss samt Schriftzug zeigt beim Abrufen abgesicherter HTTPS-Seiten (z.B. von Banken), dass diese Verbindung sicher ist. Klicken Sie auf das Schloss, zeigt eine Palette, wer die Sicherheit der Webseite garantiert.

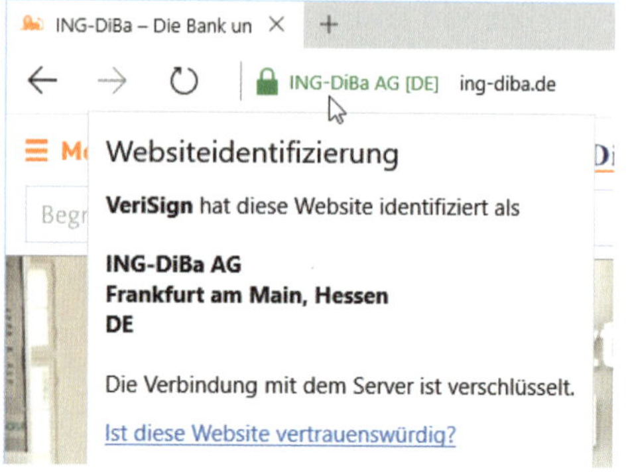

- Links auf dem Tab einer Webseite erscheinen optional die Kennzeichnung bei benutztem InPrivate-Modus und das Logo der Webseite.
- Die Schaltfläche *Teilen* in der rechten oberen Ecke des Browsers öffnet die Seitenleiste *Teilen*. Dort können Sie eine andere App (z. B. *Mail*, *OneNote* etc.) wählen, um die Webseite (oder die Webseitenadresse) an diese App zu übergeben. So können Sie eine Webseite z. B. mittels der Mail-App mit anderen Nutzern teilen.

> Zeigen Sie mit der Maus auf ein Bedienelement oder lassen Sie den Finger etwas länger auf der betreffenden Position des Touchscreens verweilen, blendet der Browser eine QuickInfo mit dem Funktionsnamen der Schaltfläche bzw. des Symbols ein.

Auch innerhalb der angezeigten Webseite gibt es einige Kniffe, die Sie kennen sollten.

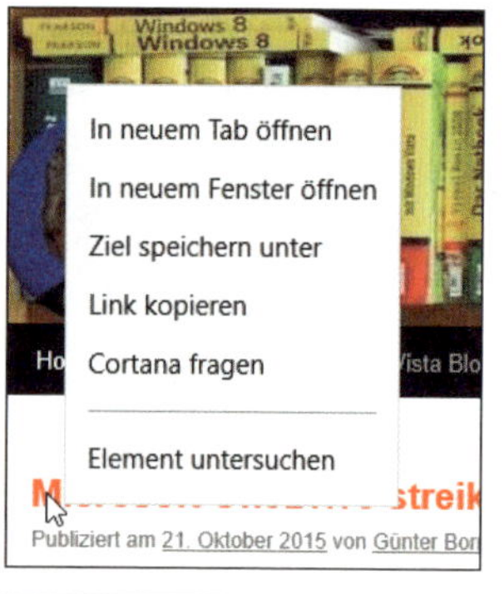

- Klicken Sie einen Hyperlink mit der rechten Maustaste an, erscheint beim Loslassen ein Kontextmenü mit den verschiedenen Einträgen, um den Link in die Zwischenablage zu kopieren oder die zum Hyperlink gehörige Webseite auf der aktuellen oder einer neuen Registerkarte zu öffnen. Zudem lässt sich die Webseite speichern oder in Bing nachschlagen.

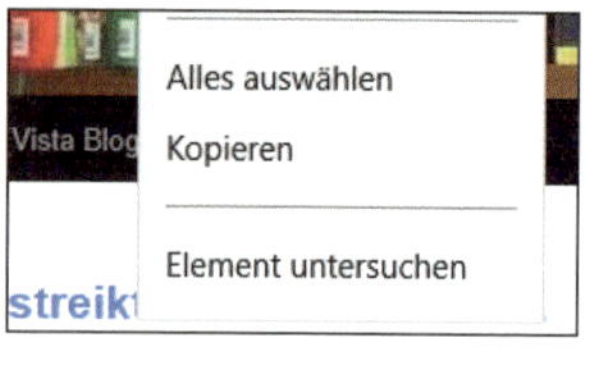

- Lassen Sie am Touchscreen den Finger etwas länger auf einem Hyperlink, wird dieser beim Loslassen markiert. Dass dann eingeblendete Kontextmenü enthält neben den oben genannten Einträgen zum Öffnen und Kopieren des Links in die Zwischenablage auch zwei weitere Befehle. Wählen Sie *Kopieren*, um den markierten Text in die Zwischenablage zu übertragen. Mit *Alles auswählen* wird der gesamte Webseiteninhalt markiert. Drücken Sie erneut den Finger auf den markierten Bereich, lässt sich dieser über den Kontextmenüeintrag *Kopieren* in die Zwischenablage übertragen.

Texte und Wörter markieren Sie durch Doppelklicken mit der Maus. Oder Sie klicken mit der Maus auf den Markierungsanfang und ziehen die Maus bei gedrückter linker Maustaste über den Text. Die folgende Tabelle enthält Tastenkombinationen, über die sich Microsoft Edge auch per Tastatur steuern lässt.

Tastenkombination	Wirkung
Strg+⇧+P	eine neue Registerkarte im InPrivate-Modus öffnen
Strg+T	öffnet eine neue Registerkarte zum Abrufen einer Webseite und wechselt dann zur Seite mit den Navigationskacheln häufig aufgerufener Seiten
Strg+F4	schließt die aktive Registerkarte mit der geöffneten Webseite
⇆	zwischen den Elementen (z. B. Textfelder, Links, aufgerufene Webadressen etc.) einer Webseite springen
⇧+⇆	zwischen den Elementen einer Webseite rückwärtsspringen
↵	ausgewähltes Element aktivieren (z. B. Webseite aufrufen)
Strg+P	Webseite drucken
Strg+F	öffnet am unteren Bildschirmrand eine Suchleiste mit dem Suchfeld zur Suche innerhalb der Webseite
Strg+L	wählt das Adressfeld an
⇦	zur vorherigen Webseite zurückblättern
Esc	den aktuellen Modus beenden

Internetseiten suchen

Falls Sie wissen möchten, was es im Internet zu einem speziellen Thema gibt, führen Sie eine Suche durch.

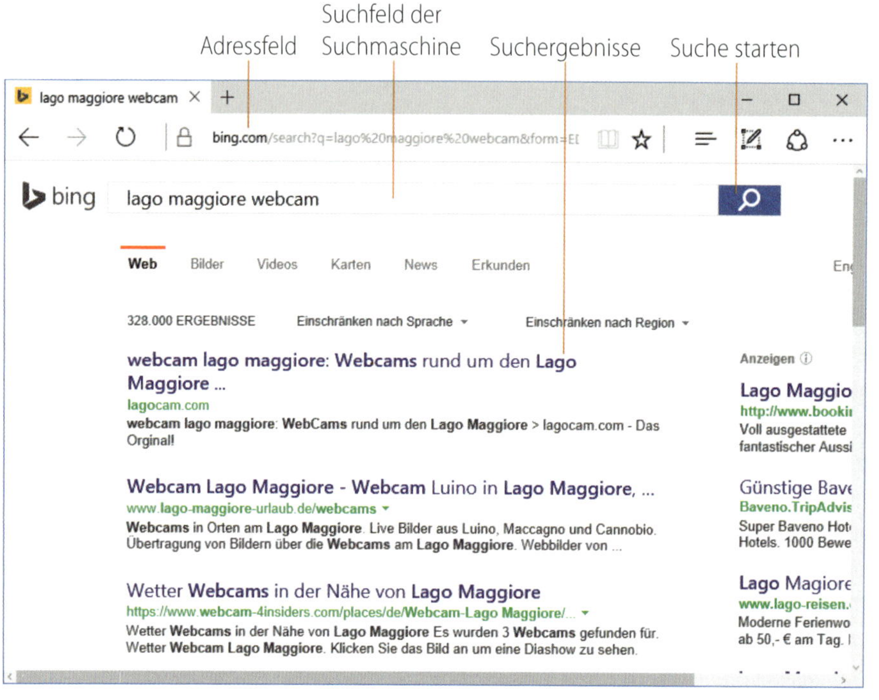

1 Geben Sie einfach den Suchbegriff (z. B. »Lago Maggiore Webcam«) in das Adressfeld ein.

2 Drücken Sie die [↵]-Taste, um die Seite abzurufen bzw. die Suche zu starten.

Entspricht der Begriff im Adressfeld keiner Webadresse und stimmt auch nicht mit Treffern im Verlauf überein, wechselt der Browser zur Standardsuchmaschine (meist Bing). Die Treffer werden dann von der Suchmaschine (Bing, Google etc.) als Ergebnisseite im Browserfenster angezeigt. Im Kopf der Ergebnisseite sehen Sie das Suchfeld mit dem eingegebenen Suchbegriff.

Sind Sie unzufrieden mit den Suchergebnissen, probieren Sie andere Begriffe im Suchfeld aus oder verwenden eine zweite Suchmaschine. Dazu geben Sie die Adresse der gewünschten Suchmaschine wie *www.bing.de* oder *www.google.de* im Adressfeld ein und drücken die ⏎-Taste. Dann lässt sich der Suchbegriff im Eingabefeld der Suchmaschine eintippen. Beachten Sie auch, dass die ersten Treffer der Liste meist Werbung beinhalten. Möchten Sie vermeiden, dass die Betreiber von Suchmaschinen wie Google oder Microsoft (Bing) Informationen über Ihr Surfverhalten sammeln? Dann verwenden Sie die Suchseite *www.ixquick.de*, die eine diskrete Suche im Internet gewährleistet.

Google als Suchmaschine eintragen

Möchten Sie Google als Standardsuchmaschine in Microsoft Edge verwenden? Das ist mit folgenden Schritten möglich:

1 Starten Sie Microsoft Edge, und rufen Sie die Webseite *www.google.de* im Browser auf.

2 Wählen Sie in der rechten oberen Ecke die Schaltfläche *Mehr* ❶ (mit den drei Pünktchen) und dann im Menü den Eintrag *Einstellungen* ❷.

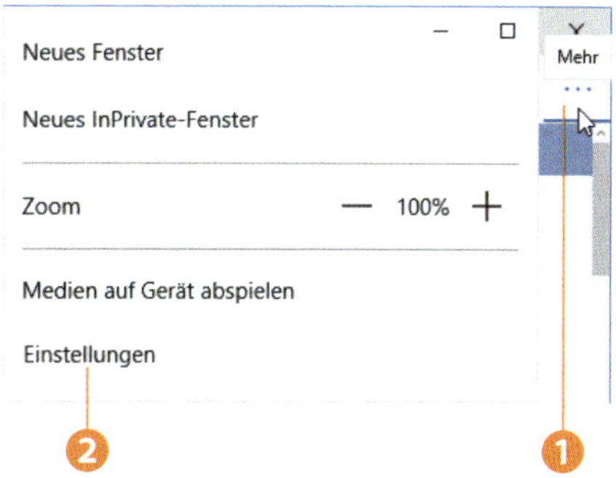

3 Blättern Sie in der Seitenleiste *Einstellungen* ❸ nach unten, und wählen Sie *Erweiterte Einstellungen anzeigen* ❹.

4 Blättern Sie in der Seitenleiste mit den erweiterten Einstellungen ❺ nach unten zur Gruppe *In Adressleiste suchen mit*, und klicken Sie auf die Schaltfläche *Ändern* ❻.

Microsoft entwickelt Edge ständig weiter. Die auszuwählenden Optionen können sich daher geringfügig ändern. Beim Windows-10-Marktstart wies die Seitenleiste *Erweiterte Einstellungen* z. B. ein Listenfeld *In Adressleiste suchen mit* zur Auswahl der Suchmaschine auf.

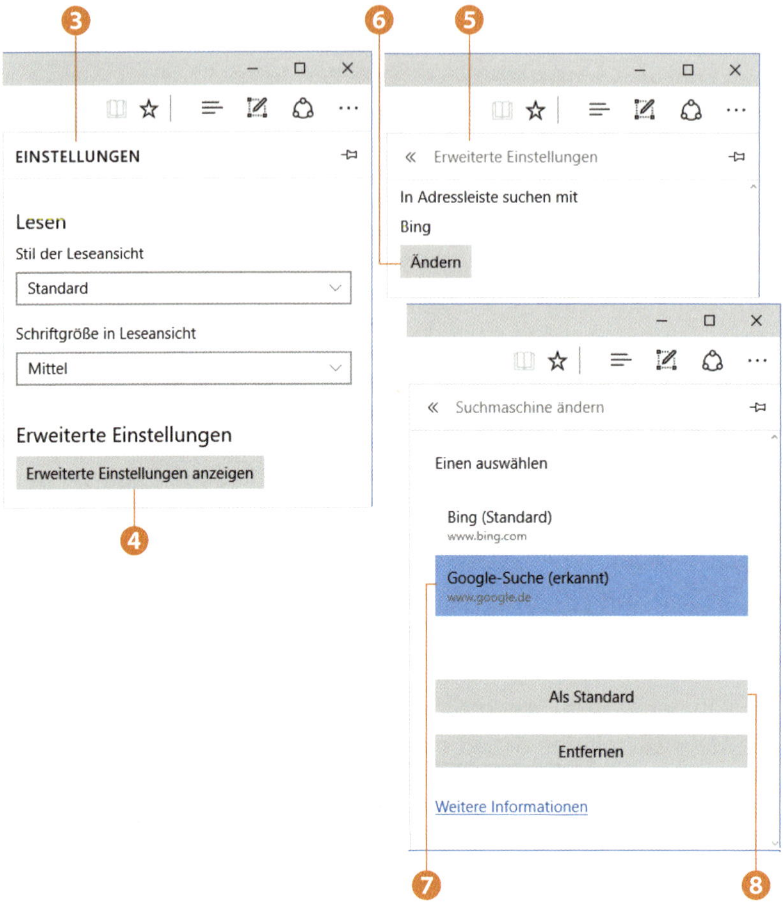

5 Wählen Sie dann in der angezeigten Seitenleiste *Suchmaschine ändern* den Eintrag *Google-Suche (erkannt)* 7, und klicken Sie auf die Schaltfläche *Als Standard* 8.

Sofern Sie vorher Google als Suchseite im Browser abgerufen haben, zeigt die Seitenleiste Ihnen die Einträge für die Suchanbieter, und die Schaltfläche *Als Standard* 8 setzt Google als Suchmaschine. Dann wird Edge zukünftig automatisch über Google suchen lassen. Mit *Entfernen* können Sie einen gewählten Suchanbieter wieder löschen.

Arbeiten mit Lesezeichen für Webseiten

Im Browser lassen sich Lesezeichen (als Favoriten bezeichnet) für häufig besuchte Webseiten anlegen.

1 Rufen Sie die gewünschte Webseite in Microsoft Edge auf, und klicken oder tippen Sie auf das Symbol *Zu Favoriten oder Leseliste hinzufügen* ❶.

2 Wählen Sie in der eingeblendeten Palette entweder das Symbol *Favoriten* ❷ oder *Leseliste* ❸, und passen Sie ggf. die Optionen (Name und Speicherziel) an ❹.

3 Fügen Sie die URL mittels der Schaltfläche *Hinzufügen* ❺ zur gewünschten Liste hinzu.

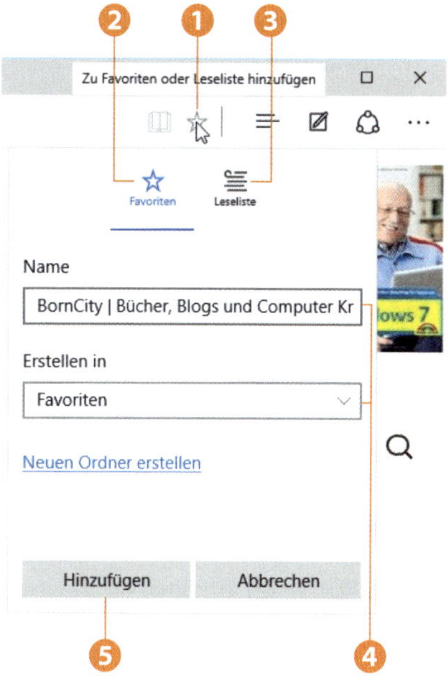

In der hier sichtbaren Palette *Favoriten* lässt sich im Feld *Name* ❹ der Titeltext für den Eintrag anpassen. Über das Listenfeld *Erstellen in* ❹ schalten Sie zwischen *Favoriten* und der *Favoritenleiste* um. Die Option *Neuen Ordner erstellen* ermöglicht es Ihnen, einen Ordner anzulegen, in dem die neuen Favoriten einsortiert werden sollen.

> Der Unterschied zwischen *Favoriten* und *Favoritenleiste* ist lediglich, dass Letztere ein Ordner in der Favoritenliste ist.

Optimaler Umgang mit Favoriten

Die Palette zum Anlegen von Favoriten und Leseliste können Sie auch durch Drücken der Tastenkombination Strg+D ein-/ausblenden.

Eintrag für die Leseliste festlegen

Anstatt eine Webseite in den Favoriten abzulegen, lassen sich die Adressen auch in die Leseliste übernehmen. Gehen Sie vor, wie oben beschrieben, wählen Sie aber in der eingeblendeten Palette das Symbol *Leseliste*. Dann lässt sich der Titel für die Leseliste anpassen und der Eintrag über die Schaltfläche *Hinzufügen* in die Liste aufnehmen.

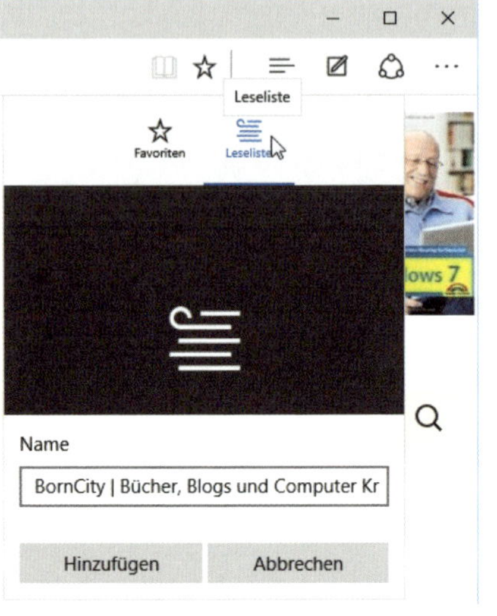

Favoriten und Leseliste abrufen

Die sowohl in den Favoriten als auch in der Leseliste eingetragenen Webadressen lassen sich in Microsoft Edge mit folgenden Schritten aufrufen:

1 Klicken oder tippen Sie in der Symbolleiste von Microsoft Edge auf das Symbol *Hub (Favoriten, Leseliste, Verlauf und Downloads)* ❶.

2 Wählen Sie in der eingeblendeten Palette entweder das Symbol *Favoriten* ❷ oder *Leseliste* ❸, und klicken oder tippen Sie auf den Eintrag für die gewünschte Seite ❹.

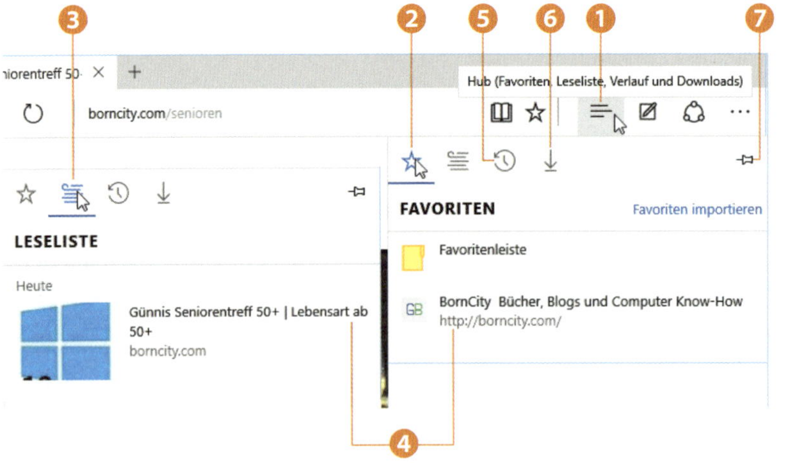

In der hier rechts sichtbaren Palette *Favoriten* tauchen die unter *Favoriten* eingefügten Adressen direkt in der Liste auf. Über Ordnersymbole wie *Favoritenleiste* erhalten Sie Zugriff auf eingetragene Webseiten, die über diese Ordner gruppiert werden. In der Leseliste werden Webadressen dagegen untereinander zum Abrufen angeboten.

Tipp

Über weitere Symbole der Palette erhalten Sie Zugriff auf den Verlauf (5) der besuchten Webseiten sowie die Liste der erfolgten Downloads (6). Die Palette verschwindet, sobald Sie an eine andere Stelle des Browserfensters klicken oder tippen. Wählen Sie das in der rechten oberen Ecke sichtbare Symbol des stilisierten Pinns (7), lässt sich die Palette aber dauerhaft festheften. Über das *Schließen*-Symbol der angehefteten Palette wird diese dann wieder ausgeblendet.

Öffnen Sie das Kontextmenü eines Leselisten-, Favoriten- oder anderen Eintrags (z. B. per Rechtsklick), finden Sie auch den Eintrag *Entfernen*, um den Eintrag zu löschen.

Downloads aus dem Internet

Manche Webseiten bieten die Möglichkeit, Programme, Bilder, Musik oder andere Daten auf die Festplatte Ihres Computers herunterzuladen – das wird auch als »Download« bezeichnet.

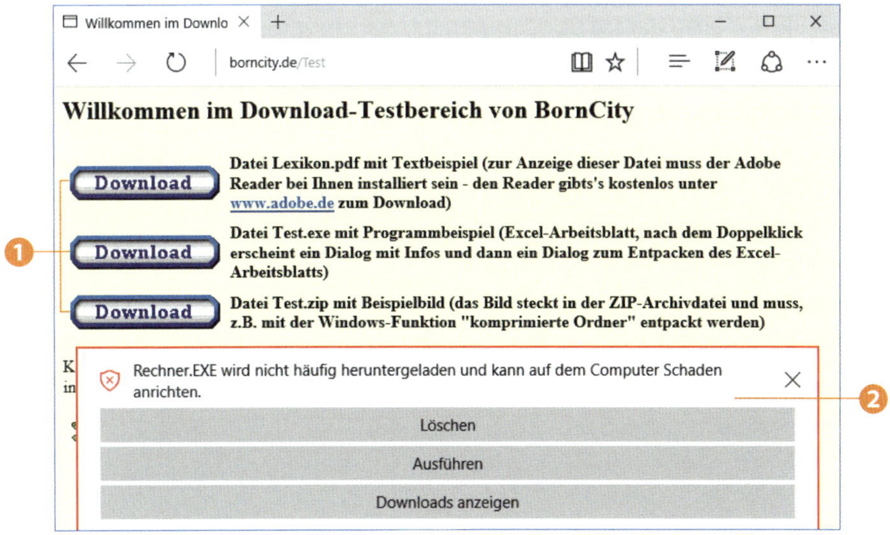

1 Klicken Sie auf der angezeigten Webseite (z. B. *www.borncity.de/Test/*) den Link für den Download **1** an.

Der Browser lädt die Dateien in den Ordner *Downloads* herunter. Die heruntergeladenen Dateien werden durch den in Windows enthaltenen Virenscanner (standardmäßig der Windows Defender) überprüft. Zudem benutzt der Browser noch einen sogenannten SmartScreen-Filter, der Downloads anhand einer von Microsoft gepflegten Datenbasis überprüft. Die weitere Reaktion hängt vom heruntergeladenen Dokumenttyp ab.

- Dokumente wie PDF-Dateien oder Fotos werden direkt im Browser oder in einer passenden Anwendung angezeigt.
- Bei anderen Dateien erscheint eine Informationsleiste am unteren Rand des Browserfensters. Diese bietet Ihnen Möglichkeiten zum Zugriff auf die heruntergeladene Datei an.

Bei ausführbaren Programmdateien erhalten Sie u. U. eine Warnung, wenn der Virenscanner ein Schadprogramm erkennt oder nicht sicher ist, ob das heruntergeladene Programm virenfrei ist. Bei anderen Dateien erhalten Sie eine Schaltfläche zum Öffnen oder zum Anzeigen des *Download*-Ordners.

2 Klicken Sie auf eine der im Pop-up-Fenster **2** eingeblendeten Schaltflächen. Verzichten Sie auf das Anklicken von Schaltflächen wie *Ausführen*, da diese das Download-Ergebnis sofort ausführen oder öffnen.

- Beim Download einer Datei, die dem SmartScreen-Filter und der verwendeten Datenbasis unbekannt ist, erscheint eine deutliche Warnung, und Sie erhalten Gelegenheit, den Download über die *Löschen*-Schaltfläche zu entfernen.
- Ist ein Download als schädlich bekannt, blockt der SmartScreen-Filter diesen und weist in einem Fenster auf diesen Umstand hin. Gleichzeitig unterbindet der in Windows enthaltene Virenscanner alle Zugriffe.

Beachten Sie, dass der SmartScreen-Filter und der Virenscanner nicht alle Schadprogramme (er-)kennen, und seien Sie vorsichtig bei Downloads. Mit der Schaltfläche *Downloads anzeigen* gelangen Sie zur Ordneranzeige.

Bei Downloads von Programmen aus dem Internet besteht die Gefahr, dass diese mit Viren oder Schadfunktionen verseucht sind. Verwenden Sie am besten nur vertrauenswürdige Seiten wie *www.heise.de* oder *www.chip.de* etc. zum Programm-Download. Zudem sollten Sie den Windows Defender (oder einen ggf. installierten Virenscanner) aktuell halten.

Bilder speichern

Zum Speichern eines Bildes aus einer Webseite öffnen Sie das Kontextmenü eines Fotos. Wählen Sie den Kontextmenüeintrag *Bild speichern*, um das Bild herunterzuladen und lokal unter *Bilder* zu speichern. Beachten Sie aber bei der Verwendung heruntergeladener Webinhalte das Urheberrecht des betreffenden Autors oder Fotografen. Auf manchen Webseiten ist das Speichern von Bildern zudem gesperrt.

Browseroptionen einstellen

Bei Microsoft Edge lassen sich verschiedene Einstellungen anpassen. Hier noch einige Hinweise, was vielleicht wichtig ist.

Startseite anpassen

Beim Starten des Browsers lädt dieser automatisch eine eigene Startseite. Möchten Sie in Edge lieber eine andere Seite oder eine leere Seite eintragen?

1 Wählen Sie im Menü der Schaltfläche *Mehr* ❶ den Eintrag *Einstellungen* ❷.

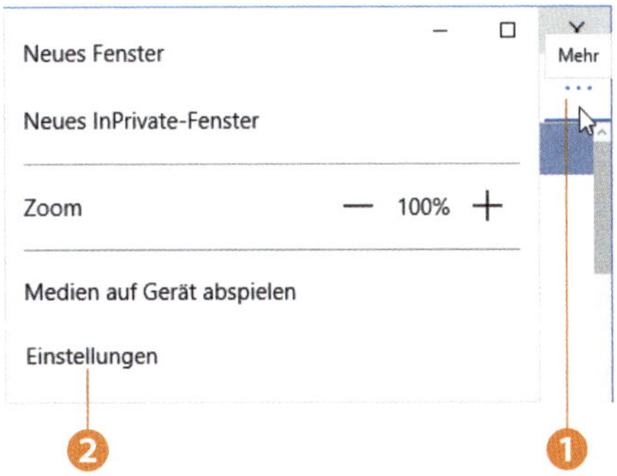

2 Passen Sie in der eingeblendeten Seitenleiste *Einstellungen* die Einstellungen **3** für die Startseite an.

Um eine leere Startseite zu erzwingen, wählen Sie das Optionsfeld *Bestimmte Seite(n)*, und stellen Sie das dann angezeigte Listenfeld **4** auf *Benutzerdefiniert*. Dann können Sie im eingeblendeten Textfeld *Webadresse eingeben* den Ausdruck *about:blank* eintragen. Mit *about:start* im Textfeld wird die Seite *Wohin geht es als Nächstes* angezeigt. Sie können auch die Adresse einer häufig besuchten Webseite im Textfeld eintragen.

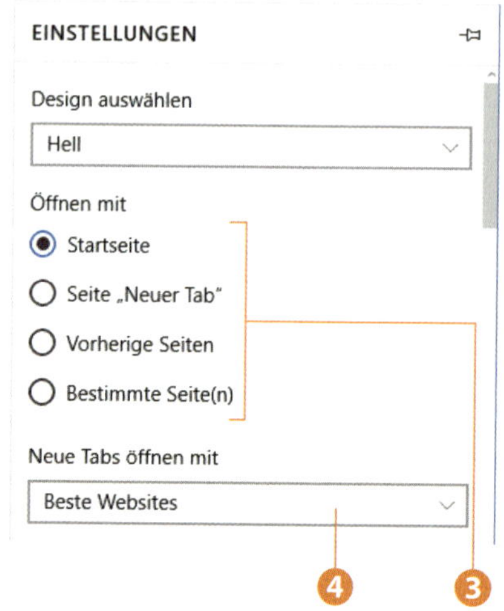

Browserdaten wie Cookies löschen

Um Browserdaten wie Cookies oder den Verlauf zu löschen, gehen Sie vor, wie im vorangegangenen Abschnitt beschrieben, und rufen die Seitenleiste *Einstellungen* auf. Dann klicken Sie auf die Schaltfläche *Zu löschendes Element auswählen* in der Kategorie *Browserdaten löschen*.

Anschließend markieren Sie in der Seitenleiste *Browserdaten löschen* die Kontrollkästchen der zu entfernenden Browserdaten und klicken auf die Schaltfläche *Löschen*.

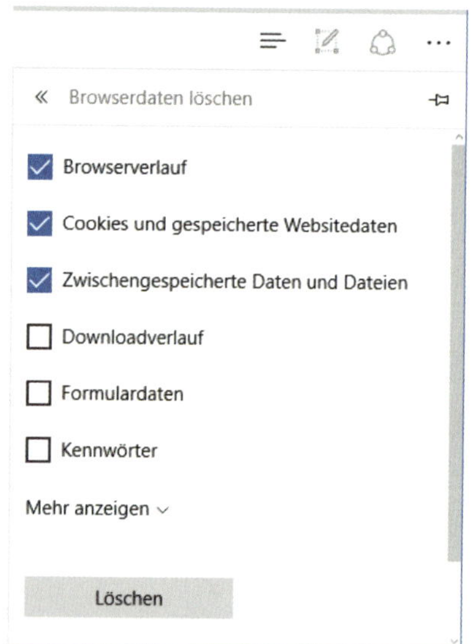

Weitere Browsereinstellungen

Die Seitenleisten *Einstellungen* und *Erweiterte Einstellungen* bieten Ihnen weitere Möglichkeiten zur Anpassung des Browserverhaltens und der Einstellungsoptionen.

- *Inhalte synchronisieren:* Über die Option *Synchronisieren* legen Sie fest, ob Microsoft Edge Favoriten und die Leseliste über verschiedene Geräte für das benutzte Microsoft-Konto abgleichen soll.
- *Lesen:* In dieser Kategorie lassen sich der Stil der Leseansicht oder die Schriftgröße vorgeben.

Außerdem finden Sie ein Listenfeld, um das Design zwischen Hell und Dunkel umzustellen oder die Favoriten aus dem Internet Explorer zu importieren. Wählen Sie die Schaltfläche *Erweiterte Einstellungen anzeigen* am unteren Rand der Seitenleiste *Einstellungen*, erhalten Sie Zugriff auf weitere Einstellungen.

- Die ersten drei Schalter der erweiterten Einstellungen ermöglichen es, eine Schaltfläche *Startseite* ein-/auszublenden und den Pop-up-Blocker oder die Verwendung von Adobe Flash freizugeben bzw. abzuschalten. Der Pop-up-Blocker verhindert, dass beim Besuch von Webseiten automatisch Fenster mit Werbeeinblendungen geöffnet werden. Adobe Flash wird zur Anzeige diverser Webinhalte (z. B. von Filmen) gebraucht.
- *Datenschutz und Dienste:* In dieser Kategorie finden Sie Optionen, um das Speichern von Kennwörtern, die Annahme von Cookies und Ähnliches zuzulassen oder zu sperren. Über Cookies können Webseitenanbieter Informationen über Seitenbesuche zur späteren Auswertung auf dem Computer des Benutzers speichern. Mit einer gesetzten Option *„Do Not Track"-Anforderungen (nicht nachverfolgen) senden* signalisieren Sie Webseiten, dass diese Ihr Surfverhalten nicht nachverfolgen dürfen.

Die Seitenleiste enthält zudem eine Schaltfläche, um die sogenannten Proxy-Einstellungen einzusehen und anzupassen (wird selten benötigt), sowie eine Schaltfläche, um die Suchmaschine vorzugeben (siehe vorangegangene Seiten).

Sicher surfen – das sollten Sie wissen

Es gibt einige Fallen, die beim Surfen im Internet lauern. Ständig aufklappende Werbefenster (Pop-up-Fenster), mit denen die Anbieter die Webseiten finanzieren, sind ein häufiges Übel beim Websurfen. Microsoft Edge besitzt einen Pop-up-Blocker (Werbefilter), der das Einblenden bestimmter Werbefenster unterbindet.

Ein anderes Problem sind Phishing-Angriffe. Gefälschte E-Mails oder Webseiten versuchen, den Benutzer dazu zu bringen, persönliche oder finanzielle Informationen (z. B. Zugangsdaten für Internetkonten) preiszugeben.

Phishing – das steckt dahinter

Typisch sind E-Mails, die vorgeblich von einer Bank, von eBay etc. stammen und eine Aufforderung enthalten, sich zur Überprüfung der Zugangsdaten oder Zahlungsvorgänge am Onlinekonto anzumelden. Ein Mausklick auf den in der E-Mail enthaltenen Hyperlink öffnet dann aber nicht die angegebene Webseite, sondern leitet Sie zu einer gefälschten Phishing-Webseite mit einem Anmeldeformular um. Im Anmeldeformular der Phishing-Webseite eingegebene Zugangsdaten werden durch die Betrüger abgefischt und später zur Anmeldung am betreffenden Onlinekonto missbraucht. Dies ermöglicht den Betrügern, ggf. Bankkonten zu leeren oder Internetzugangsdaten für E-Mail- bzw. eBay-Konten etc. für kriminelle Machenschaften zu missbrauchen.

Der im Abschnitt »Downloads aus dem Internet« erwähnte SmartScreen-Filter warnt Sie nicht nur vor gefährlichen Downloads, sondern untersucht auch Webseiten anhand bestimmter Kriterien und gleicht die Seiten mit einer Sperrliste ab. Mit Schadsoftware verseuchte oder gefährliche Webseiten werden dann blockiert, und es erscheint eine Warnung des Browsers. Brechen Sie dann den Seitenaufruf ab. Eine fehlende Meldung stellt aber keine Unbedenklichkeitsbescheinigung dar, d. h., Sie sollten beim Besuch unbekannter Seiten auf jeden Fall Vorsicht walten lassen.

Sollen vertrauliche Daten in Webseiten eingegeben werden (z. B. Anmeldung an einem Onlinebankkonto, einer Bestellseite etc.), ist es wichtig, dass die Übertragung über das HTTPS-Protokoll erfolgt und dass im Browser wirklich die Webseite des erwarteten Anbieters (z. B. der Bank) angezeigt wird. Eine abgesicherte (und SSL-verschlüsselte) Verbindung zu einem HTTPS-Webserver erkennen Sie an dem in der Adressleiste eingeblendeten Text *https://* anstelle von *http://* und an der grün eingefärbten URL. Zudem erscheint das Symbol eines stilisierten Schlosses im Adressfeld (siehe auch Abschnitt »Arbeitstechniken für Microsoft Edge«).

Wählen Sie bei einer HTTPS-Seite den grünen Eintrag ❶ an, um die Website-identifizierung ❷ einzublenden. Auf der dann erscheinenden Seite sollte der von Ihnen erwartete Betreiber der Webseite (z. B. die Bank) aufgeführt sein. Informieren Sie sich ggf. beim Anbieter der Webseite (z. B. bei Ihrer Bank), welche Angaben deren gültige Zertifikate enthalten müssen.

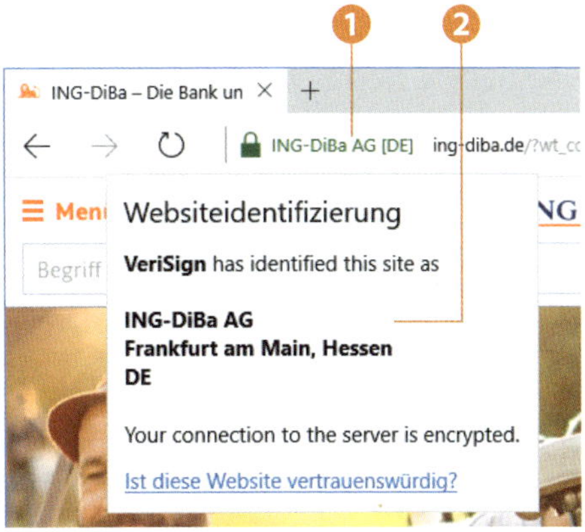

Fazit

In diesem Kapitel haben Sie die Grundfunktionen von Microsoft Edge kennengelernt. Andere Browser lassen sich ähnlich bedienen. Für den täglichen Einsatz kommen Sie mit den in diesem Kapitel vorgestellten Funktionen aus. Windows bietet zudem den Internet Explorer als Browser, und Sie können auch Firefox oder Google Chrome verwenden. Die Funktionen dieser Browser können aus Platzgründen in diesem Buch leider nicht angesprochen werden. Beachten Sie auch, dass Microsoft Edge weiterentwickelt und kontinuierlich von Microsoft durch Updates aktualisiert wird. Einstelloptionen und Funktionen sowie deren Bezeichnungen können sich also gegenüber der Beschreibung in diesem Buch ändern. Im nächsten Kapitel lernen Sie die Funktionen der E-Mail-App kennen.

Kapitel 7

E-Mail

Mit der in Windows enthaltenen App *Mail* ist ein Zugriff auf Postfächer von diversen E-Mail-Anbietern möglich. Sie können die App zur Anzeige und Beantwortung eintreffender E-Mails verwenden sowie neue E-Mails verfassen und über frei wählbare Postfächer verschicken. In diesem Kapitel lernen Sie die Einrichtung der E-Mail-Konten in der App sowie den Umgang mit den Funktionen der Mail-App kennen.

Die Mail-App im Überblick

Dieser Abschnitt stellt Ihnen die Mail-App vor und zeigt, wie Sie Konten, die Sie bei verschiedenen Mail-Anbietern besitzen, zum E-Mail-Empfang und zum Versand einrichten.

Die Mail-App im Schnellüberblick

Die Mail-App verwaltet den Zugriff auf verschiedene Postfächer, die Sie bei unterschiedlichen E-Mail-Anbietern angelegt haben.

Sie starten die App über eine Kachel des Startmenüs bzw. der Startseite, die in der Grundkonfiguration nur den Titel »Mail« und das Briefsymbol zeigt.

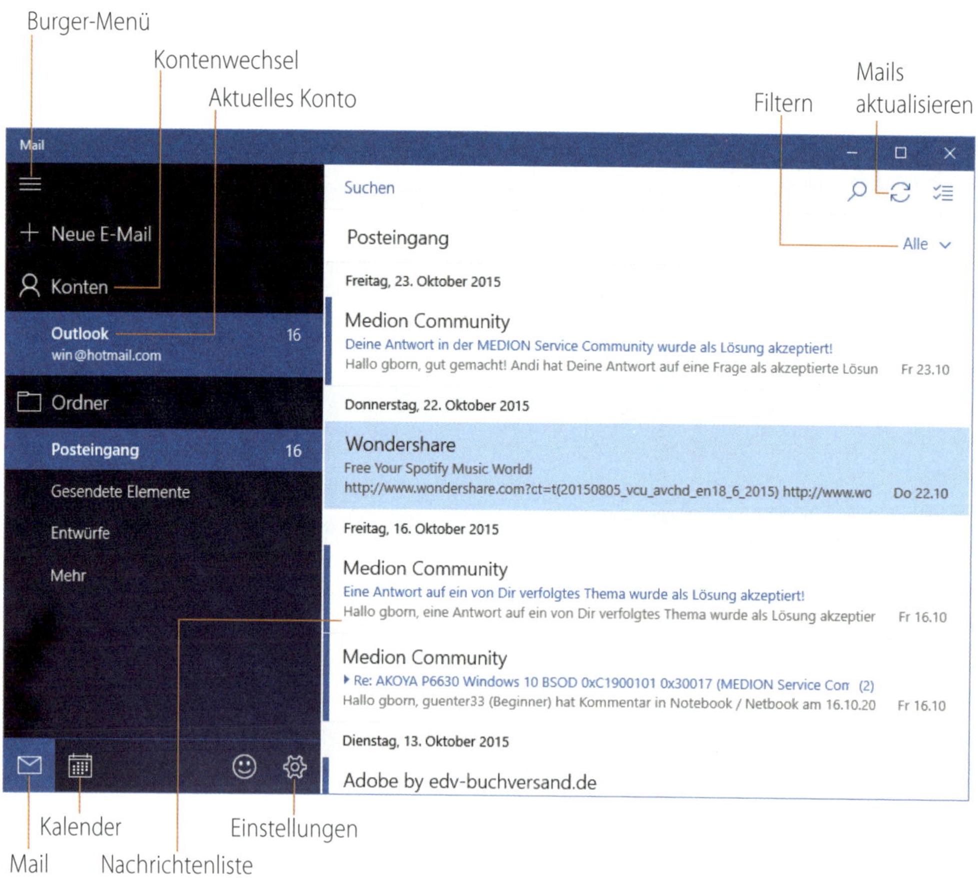

Bei Auswahl der Kachel öffnet die App die in mehrere Spalten unterteilte App-Seite, die standardmäßig das hier gezeigte Aussehen aufweist.

- In der linken Spalte finden Sie die Funktionen zum Zugriff auf das E-Mail-Postfach. Wählen Sie den Eintrag *Konten*, öffnet sich eine Seitenleiste, in der Sie zwischen verschiedenen eingerichteten Konten wechseln oder neue Konten einrichten können.
- Im oberen Teil der Spalte werden die Symbole zum Zugriff auf Funktionen wie Posteingang, gesendete Elemente, Entwürfe etc. des aktuell gewählten Postfachs angezeigt. Klicken Sie auf einen Eintrag (z. B. *Posteingang*), erscheint dessen Inhalt in der Nachrichtenliste (zweite Spalte). Über den Hyperlink *Mehr* lässt sich die Darstellung um weitere Ordner (z. B. *Papierkorb*) des Postfachs erweitern.
- Am unteren Rand der linken Spalte finden Sie die Symbole zum Zugriff auf die Funktionen Mail und Kalender (öffnet eine separate App) sowie auf die Einstellungen. Das lachende Gesicht ermöglicht es Ihnen, ein Feedback zur App an Microsoft zu schicken.
- In der zweiten Spalte erlaubt das Feld *Suchen* mit dem Lupensymbol in der Kopfzeile die Suche in der Nachrichtenliste. Tragen Sie einen Suchbegriff in das Suchfeld ein, und klicken Sie auf das Lupensymbol. Dann listet die Mail-App nur solche Mails auf, die dem Suchbegriff entsprechen.
- Über das Menü (hier mit dem Eintrag *Alle* sichtbar) filtern Sie die Nachrichtenliste zwischen der Anzeige aller oder nur der ungelesenen bzw. markierten Nachrichten. Ungelesene Nachrichten werden übrigens mit einer blauen Linie am linken Rand gekennzeichnet.

Wählen Sie eine Nachricht in der Nachrichtenliste aus, wird deren Inhalt wahlweise im App-Fenster (wie hier gezeigt) oder (bei genügend großem Fenster) in einer dritten Spalte eingeblendet. Diese Darstellung enthält in der Kopfzeile auch Schaltflächen zum Beantworten, Kennzeichnen und Löschen von Mails.

Welche E-Mail-Anbieter unterstützt die Mail-App?

Die Mail-App kann auf die Postfächer verschiedener E-Mail-Anbieter zugreifen. Der Austausch von Nachrichten funktioniert jedoch nur, wenn der E-Mail-Server des betreffenden Anbieters folgende Übertragungsprotokolle unterstützt:

- *Exchange Active Sync (EAS):* Über dieses Protokoll können Postfächer auf Microsoft-Exchange-Servern, bei Hotmail, bei Outlook.com und bei Google Mail verwaltet werden.
- *IMAP:* Bei E-Mail-Servern, die das Internet Message Access Protocol (IMAP) unterstützen, kann die Mail-App auf die Ordner eines E-Mail-Postfachs zugreifen und die dort vorhandenen Inhalte anzeigen.
- *POP3:* Viele E-Mail-Server verwenden das POP3-Protokoll zum Abrufen von E-Mails, das von der Mail-App unterstützt wird.
- *SMTP:* Sofern ein E-Mail-Server dieses Protokoll (Simple Mail Transfer Protocol) unterstützt, kann die Mail-App über den Postausgangsserver neue Nachrichten versenden.

Exchange Active Sync und IMAP haben gemeinsam, dass die E-Mails auf dem Server bleiben, bis diese explizit von Ihnen gelöscht werden. Die Mail-App holt während einer Sitzung lediglich die Inhalte der betreffenden Postfach-Ordner über das Internet ab und zeigt die neuesten Nachrichten bei Bedarf an.

Tipp

Anbieter wie Microsoft Hotmail oder Outlook.com lassen sich problemlos in der Mail-App einrichten. Bei anderen Postfachanbietern informieren Sie sich, welche Protokolle unterstützt werden. Die erforderlichen Daten wie die IMAP- und SMTP-Adressen erfahren Sie vom betreffenden Anbieter. Bei 1&1 ist eine IMAP-Unterstützung generell, bei Web.de nur bei kostenpflichtigen Web.de-Club-Postfächern möglich. Stellt der Anbieter eines E-Mail-Postfachs nur POP3 bereit, ermitteln Sie die zugehörigen POP3-Server-Adressen. Bei Problemen verwenden Sie einen Windows-Client wie Windows Live Mail aus den Windows Essentials 2012 oder Microsoft Outlook. Viele E-Mail-Postfächer unterstützen zudem Web-Mail, sodass der Zugriff auf das Postfach über einen Browser möglich ist. Darüber hinaus besteht die Möglichkeit, solche Postfächer auf ein Hotmail-Konto umzuleiten und dieses per Mail-App abzufragen.

Das Kürzel POP3 steht für Post Office Protocol Version 3 und bezeichnet ein Verfahren, mit dem ein Programm E-Mails aus einem Postfach des Internetrechners auf den heimischen Windows-10-Rechner herunterladen kann. SMTP steht für Simple Mail Transfer Protocol und beschreibt ein Verfahren, mit dem ein Programm ausgehende E-Mails an den E-Mail-Server des Anbieters zum weiteren Transport überträgt. Alternativ kann der Standard IMAP (Internet Message Access Protocol) zum Zugriff auf die Maildaten des E-Mail-Servers verwendet werden.

Konten in der Mail-App einrichten

Zum Zugriff auf E-Mail-Postfächer ist das einmalige Einrichten der betreffenden E-Mail-Konten erforderlich. Beim ersten Aufruf der App sehen Sie eine Begrüßungsseite, und über die Schaltfläche *Anfangen* lässt sich das Folgefenster öffnen. Darüber können Sie die Zugangsdaten zu E-Mail-Konten hinzufügen.

Wählen Sie *Konto hinzufügen*, um ein Konto einzutragen. Über *Bereit* wird die Seite geschlossen, und Sie gelangen zur Postfach-Ansicht. Die Mail-App kann aber mehrere E-Mail-Konten verwalten.

1 Um nachträglich Konten einzusehen, wählen Sie in der linken Spalte das Zahnradsymbol *Einstellungen*.

2 In der angezeigten Seitenleiste *Einstellungen* wählen Sie den Eintrag *Konten* ❶.

3 Wählen Sie im Anschluss den gewünschten Befehl *Konto hinzufügen* ❸ oder ein E-Mail-Konto ❷ aus:

Bei Auswahl eines bereits eingetragenen E-Mail-Kontos öffnet sich das Fenster mit den Kontoeinstellungen ❹. Neben der E-Mail-Adresse wird auch der Kontoname angezeigt und lässt sich im betreffenden Textfeld ändern.

Zudem finden Sie, je nach Typ des E-Mail-Kontos, verschiedene Befehle, um die Konto- und Synchronisationseinstellungen über eine Folgeseite zu ändern. Bei einem zusätzlich hinzugefügten E-Mail-Konto ist auch ein Befehl zum Löschen sichtbar. Das zur Windows-Anmeldung verwendete Microsoft-Konto lässt sich jedoch nicht löschen.

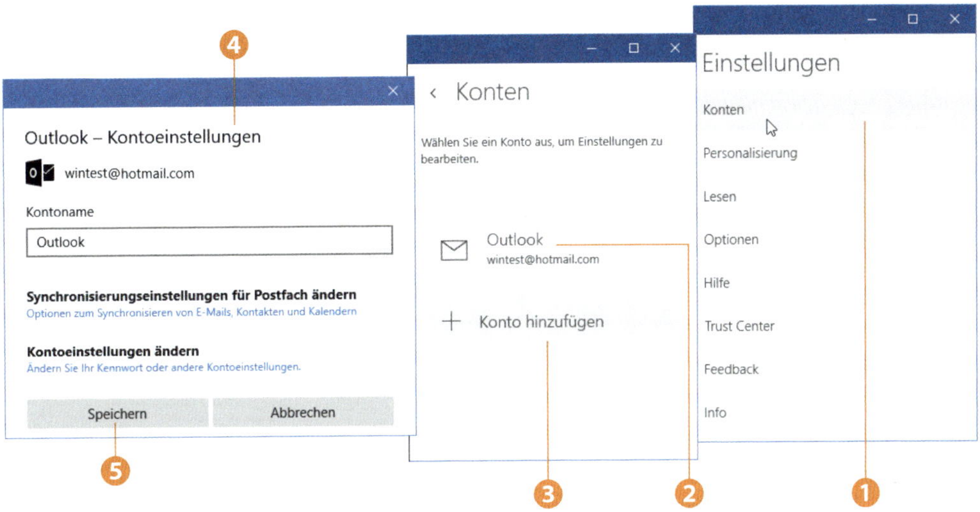

4 Über die *Speichern*-Schaltfläche **5** werden Änderungen gesichert.
Um ein weiteres Konto zur Mail-App hinzuzufügen, gehen Sie vor, wie in den vorangegangenen Schritten beschrieben, führen in der Seitenleiste *Konten* aber folgende Schritte aus.

5 Wählen Sie in der Seitenleiste *Konten* den Eintrag *Konto hinzufügen* **3**, um das Fenster **6** zur Auswahl der von der Mail-App unterstützten E-Mail-Konten-Anbieter und -Kontentypen aufzurufen.

6 Wählen Sie aus der Liste der unterstützten Kontentypen **6** den gewünschten Anbieter aus.

7 Tragen Sie die Anmeldedaten für das E-Mail-Konto in die betreffenden Felder **7** des angezeigten Formulars ein, und klicken Sie auf die *Anmelden*-Schaltfläche **8**.

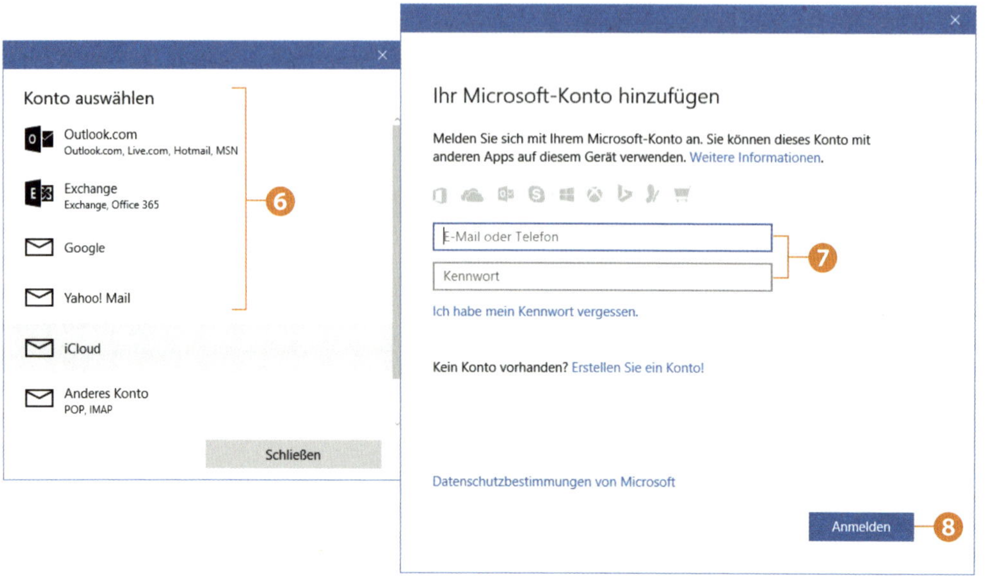

Das angezeigte Formular zur Eingabe der Anmeldedaten hängt vom gewählten Anbieter ab. Standardmäßig brauchen nur die E-Mail-Adresse und das Kennwort des gewählten E-Mail-Anbieters in das angezeigte Formular eingetragen zu werden.

Spezielle Anmeldedaten erforderlich?

Bei manchen Konten müssen Sie erweiterte Daten eintragen. Blättern Sie auf der Seite *Konto auswählen* nach unten, und wählen Sie *Erweitertes Setup*. Es erscheint ein Formular, in dem Sie vorgeben, ob ein Konto über Exchange Active Sync (EAS) oder Internet Mail (per Internet Message Access Protocol, IMAP oder Post Office Protocol, POP3) verwaltet werden soll. Dann können Sie z. B. *Internet-E-Mail* für ein POP3- oder IMAP-Konto wählen. Nach der Anwahl erscheint ein Formular mit weiteren Feldern, in denen Sie die Zugangsdaten für das Postfach eintragen. Dies ist erforderlich, wenn die automatische Anmeldung mittels E-Mail-Adresse und Kennwort fehlschlägt.

Für die meisten Konten bei deutschen E-Mail-Anbietern wird für Zugriffe der POP3- oder IMAP-Standard verwendet. Die Zugangsdaten für ein Postfach erfahren Sie vom E-Mail-Anbieter. Der Anbieter Web.de verwendet z. B. *imap.web.de* für den Posteingangsserver und *smtp.web.de* für den Postausgangsserver.

Verzichten Sie bei Microsoft-Benutzerkonten auf Sonderzeichen wie Umlaute im Benutzernamen bzw. im Kennwort, da es sonst eventuell Probleme bei der Anmeldung geben könnte.

Benachrichtigungen der Mail-App anpassen

Apps können auf dem Sperrbildschirm Benachrichtigungen anzeigen. Die Mail-App kann z. B. Benachrichtigungen über eintreffende E-Mails einblenden.

1 Rufen Sie die *Einstellungen* über das Startmenü bzw. die Startseite des Tablet-Modus auf.

2 Wählen Sie in den *Einstellungen* die Kategorie *System, Anzeige, Benachrichtigungen, Apps, Stromversorgung*.

3 Anschließend passen Sie in der Kategorie *System* in der Unterkategorie *Benachrichtigungen und Aktionen* die Optionen für die Benachrichtigung an.

Sie können über verschiedene Schalter die App-Benachrichtigungen z. B. auf dem Sperrbildschirm ein- oder ausschalten.

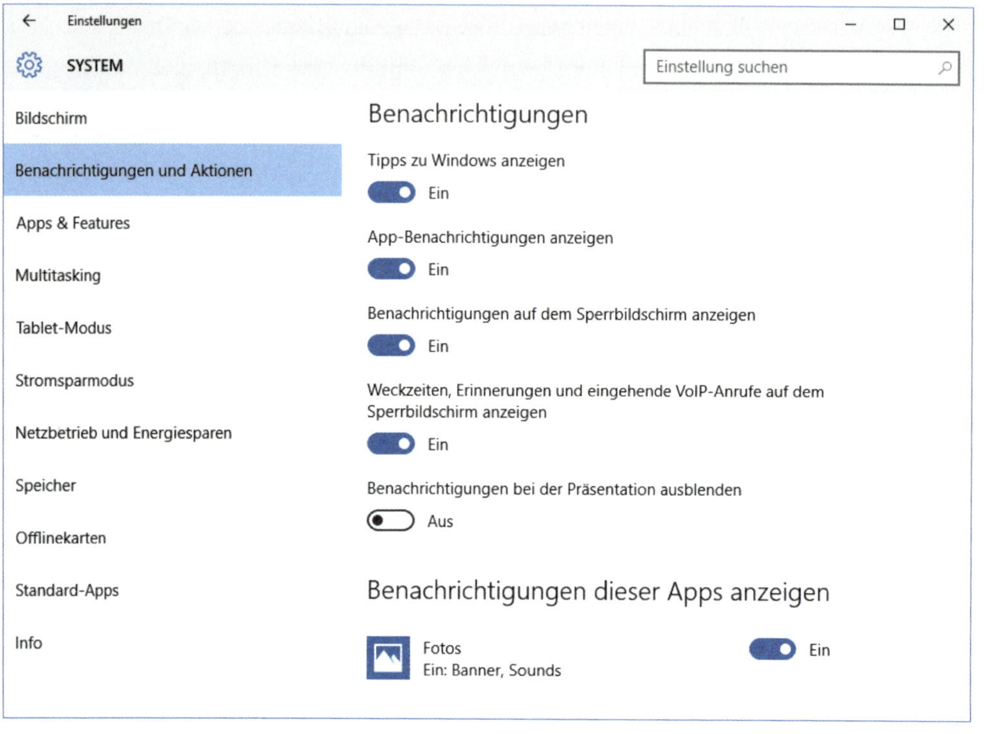

Arbeiten mit der Mail-App

Sobald E-Mail-Konten in der Mail-App eingerichtet sind, können Sie den Inhalt der Postfächer einsehen, auf E-Mails zugreifen, Nachrichten beantworten und auch selbst E-Mails schreiben. Im folgenden Abschnitt lernen Sie diese Funktionen kennen.

E-Mails einsehen und löschen

Sobald die Mail-App startet, können Sie auf die E-Mails der E-Mail-Konten zugreifen.

- Wählen Sie ggf. in der linken Spalte über die Kategorie *Konten* ❶ das gewünschte E-Mail-Konto ❷.

- Nach Anwahl eines Kontos blendet die Mail-App dessen Ordnerstruktur in der linken Spalte ein ❸. Abhängig vom Anbieter des Postfachs finden sich dort Einträge für Posteingang, Postausgang, Entwürfe, gesendete Elemente, eventuell gelöschte Elemente und für Junk-E-Mail. Hinter dem Ordnernamen wird die Zahl der ungelesenen Einträge ❹ in diesem Ordner aufgelistet.
- Wählen Sie einen der Ordner ❸ in der linken Spalte aus, erscheint die Anzeige des Ordnerinhalts ❺ als Nachrichtenliste. Über das *Suchen*-Feld oder das Filterfeld am oberen Rand der App lässt sich die Anzeige der Nachrichtenliste beeinflussen (siehe Abschnitt »Die Mail-App im Schnellüberblick«). Eine weitere Schaltfläche am rechten oberen App-Rand ermöglicht es, die Liste zu aktualisieren (bzw. zu synchronisieren).

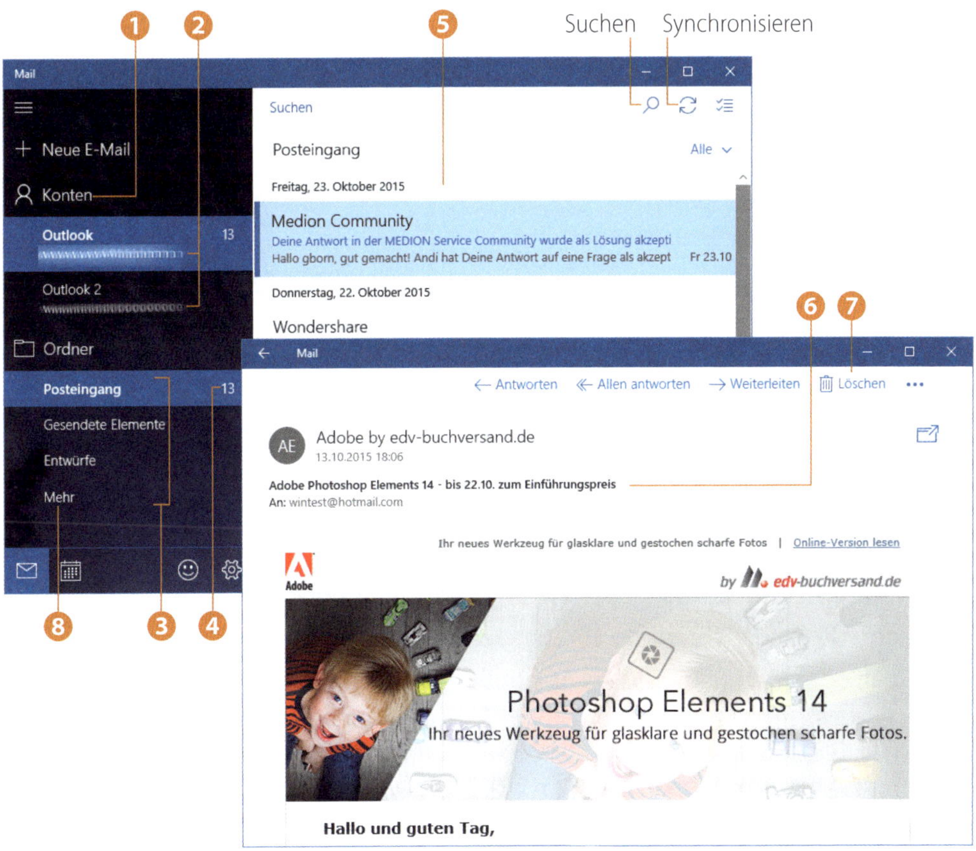

- Klicken oder tippen Sie auf eine der Nachrichten, erscheint deren Inhalt (je nach Breite des App-Fensters) entweder in der rechten Spalte des Fensters oder in einem separaten Fenster ❻.
- Eine Nachricht löschen Sie, indem Sie diese abrufen und dann die in der oberen rechten Ecke des App-Fensters ❻ angebrachte Schaltfläche *Löschen* ❼ anwählen bzw. die Tastenkombination Strg+D drücken. Die Nachricht wird ohne weitere Nachfragen entfernt.

Die Nachrichtenliste zeigt ebenfalls die *Löschen*-Schaltfläche, sobald Sie auf einen Eintrag zeigen ❾. Klicken Sie in der linken Spalte der Mail-App auf *Mehr* ❽, können Sie in der temporär angezeigten Spalte auf die gleiche Weise auf Entwürfe, gesendete Nachrichten, den Postausgang, Werbung (Junk-Mail bzw. Spam) und die gelöschten Mails zugreifen. Eine gelöschte Nachricht lässt sich also wiederherstellen, indem Sie in der linken Spalte auf *Mehr* klicken, den Ordner *Papierkorb* wählen und dann die Nachricht in den Posteingang zurückschieben. Das Verschieben wird im nächsten Abschnitt beschrieben.

Junk-Mail oder Spam

»Junk-Mail« oder »Spam« sind Bezeichnungen für unerwünschte E-Mails mit Werbung für Potenzmittel, unseriöse Jobangebote oder Ähnliches. Die Anbieter von E-Mail-Postfächern filtern eintreffende Mails und sortieren Spamnachrichten in den Ordner *Werbung* (auch schon mal mit *Junk-E-Mail* oder *Spam* benannt) ein. Dies verhindert, dass Ihr Posteingang mit Werbung oder Ähnlichem überflutet wird. Wählen Sie von Zeit zu Zeit den Ordner *Werbung* der Mail-App aus, und löschen Sie diese unerwünschten Werbenachrichten.

- Neu eintreffende Nachrichten werden mit einem blauen Balken am linken Rand der Nachrichtenliste ❿ angezeigt. Wählen Sie die Nachricht in der Spalte der Nachrichtenliste aus, hebt die Mail-App die Markierung nach einigen Sekunden auf. Gelesene Mails haben also den blauen Balken nicht mehr.

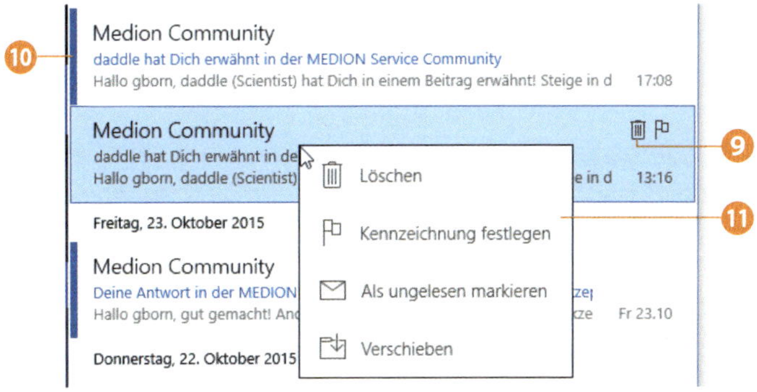

- Klicken Sie eine Nachricht in der Nachrichtenliste mit der rechten Maustaste an, lässt sich der Eintrag *Als gelesen markieren* bzw. *Als ungelesen markieren* im Kontextmenü ⓫ wählen. Die Nachricht wird in der Nachrichtenliste dann entweder als gelesen oder als ungelesen angezeigt.
- Über den Kontextmenüeintrag *Kennzeichnung festlegen* (oder das beim Zeigen eingeblendete Symbol) können Sie eine Nachricht in der Nachrichtenliste mit einem Fähnchen markieren oder diese Markierung über *Kennzeichnung löschen* aufheben.

Verwenden Sie die *Zurück*-Schaltfläche in der linken oberen Ecke des Mail-Fensters, um zur Seite mit der Kontenübersicht zurückzukehren.

Nachrichten verschieben

Nachrichten werden auf dem E-Mail-Server in die im vorangegangenen Abschnitt beschriebenen Postfachordner wie Posteingang, Postausgang, Entwürfe, gesendete Elemente, eventuell gelöschte Elemente und Junk-E-Mail einsortiert. Landen Mails unbegründet im Ordner *Junk-E-Mail*, oder finden Sie Spam-Nachrichten im Posteingang? Diese fehlsortierten Mails können Sie verschieben.

Über die Schaltfläche *Aktionen* in der rechten oberen Ecke der App lässt sich zudem ein Menü mit verschiedenen Einträgen einblenden.

1 Zum Verschieben einer Nachricht markieren Sie diese, sodass der Nachrichteninhalt im App-Fenster ❶ erscheint.

2 Blenden Sie das *Aktionen*-Menü am rechten Rand des App-Fensters über die betreffende Schaltfläche ❷ ein, und klicken Sie auf *Verschieben* ❸.

Am linken Rand der App erscheint dann die Leiste *Verschieben nach* mit den Ordnernamen des Postfachs ❹.

3 Klicken Sie auf den Eintrag des gewünschten Zielordners, um die Nachricht dort einzusortieren.

Die Nachricht wird ohne weitere Nachfrage vom Quell- zum Zielordner verschoben. So können Sie auch gelöschte Nachrichten aus dem Ordner *Papierkorb* in den Posteingang zurückschieben.

> Um eine Nachricht endgültig zu löschen, wählen Sie diese im Ordner *Papierkorb* und verwenden erneut die *Löschen*-Schaltfläche in der Kopfzeile der App.

E-Mail drucken

Eine Nachricht lässt sich über den Befehl *Drucken* im *Aktionen*-Menü ausdrucken. Das funktioniert wie das Drucken von Fotos (siehe Kapitel 4) oder Internetseiten: einfach den Befehl anklicken und im Druckfenster den angezeigten Drucker auswählen, die Druckoptionen festlegen und auf *Drucken* klicken oder tippen.

Postfach anheften

Benötigen Sie ein Postfach häufig? Wählen Sie in der linken Spalte des Mail-Fensters den Ordner *Posteingang* mit der rechten Maustaste aus.

Im Kontextmenü klicken oder tippen Sie auf den Eintrag *Auf Startseite anheften*. Das Postfach wird als Kachel mit dem Namen des E-Mail-Kontos im Startmenü bzw. der Startseite (Tablet-Modus) eingetragen. Anschließend können Sie über diese Kachel direkt die Mail-App öffnen und auf den Posteingang zugreifen.

E-Mail-Anlagen speichern

An E-Mails lassen sich Anlagen (Fotos, Dokumente etc.) anhängen. Treffen E-Mails mit einem Anhang ein, wird dies in der linken Spalte der Mail-App durch eine stilisierte Büroklammer angezeigt. Sie können diese Dateien zur weiteren Verwendung speichern oder direkt in anderen Apps oder Windows-Anwendungen laden.

1 Wählen Sie die Nachricht mit dem Anhang in der linken Spalte der Mail-App aus, um den Mail-Inhalt anzuzeigen.

2 In der angezeigten Nachricht öffnen Sie das Kontextmenü des Anhangs (z. B. indem Sie die Bild- oder Dokumentdatei mit der rechten Maustaste anklicken oder den Finger etwas länger aufdrücken).

3 Wählen Sie im Kontextmenü der angehängten Datei einen der angezeigten Kontextmenüeinträge aus.

Der Eintrag *Öffnen* lädt die betreffende Datei in der passenden App bzw. Windows-Anwendung, während ein ggf. eingeblendetes *Öffnen mit* Ihnen die Auswahl der zum Öffnen des Anhangs zu verwendenden App oder Windows-Anwendung ermöglicht.

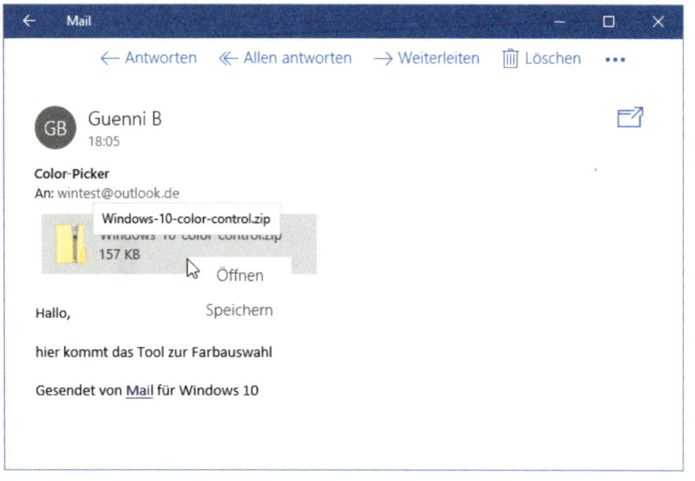

Wählen Sie im Kontextmenü *Speichern*, navigieren Sie im Dialogfeld *Speichern unter* zum Zielordner. Ist der Zielordner erreicht, ändern Sie bei Bedarf den Dateinamen im unteren Textfeld und klicken danach auf *Speichern*.

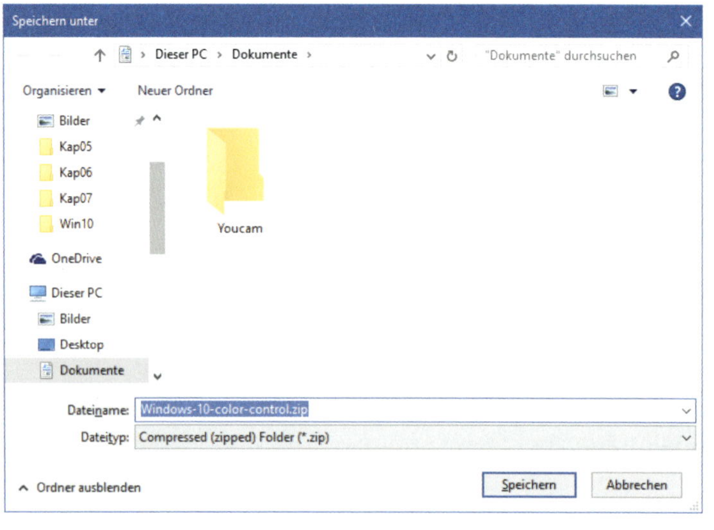

Fotos sollten Sie im Ordner *Bilder* ablegen. Andere Anhänge speichern Sie ggf. in die Ordner *Dokumente, Musik, Videos* oder in den Ordner *Downloads*. Hinweise zum Navigieren über den Navigationsbereich während des Speicherns finden Sie u. a. in Kapitel 3.

Achtung bei Anhängen!

Beachten Sie, dass angehängte Dateien durchaus ein Sicherheitsrisiko darstellen und Schadfunktionen enthalten können. Angehängte Dokumente im PDF-Format mit einem angeblichen Brief werden standardmäßig in Microsoft Edge angezeigt. Die Anhänge können aber sogenannte Trojaner enthalten, die Ihren Rechner ausspionieren. Oder es ist ein Virus in der angehängten Programmdatei enthalten, das Windows unbrauchbar macht. Stellen Sie sicher, dass die Signaturdateien von Windows Defender oder der eingesetzten Sicherheitssoftware aktuell sind, und benutzen Sie Ihren gesunden Menschenverstand. Anhänge von unbekannten Absendern, die Ihnen das neueste Windows-Update oder einen speziellen Virenscanner versprechen, sind mit Sicherheit Fälschungen. Auch E-Mails, die angeblich von einer Bank oder einem Onlineanbieter stammen und Sie zur Anmeldung auffordern, sind Fälschungen, die nur die Zugangsdaten abgreifen wollen. Ähnliches gilt, falls der Anhang irgendwie nicht zum Text der Mail passt. Bedenken Sie auch, dass Systeme aus dem Bekanntenkreis von Schadsoftware befallen sein können, sodass deren Computer infizierte Mail-Anhänge übermitteln.

E-Mails beantworten und weiterleiten

Haben Sie eine Nachricht empfangen, die Sie an Dritte weiterreichen möchten? Möchten Sie auf eine Nachricht antworten?

1 Wählen Sie die betreffende Nachricht in der Spalte des Posteingangs aus, sodass diese in der Mail-App angezeigt wird.

2 Wählen Sie im Kopfbereich der App einen der eingeblendeten drei Befehle *Antworten, Allen antworten* oder *Weiterleiten*.

3 Ergänzen Sie im angezeigten Formular die benötigten Informationen, und senden Sie die Nachricht ab.

Welchen der drei Menüeinträge *Antworten*, *Allen antworten* oder *Weiterleiten* Sie wählen, hängt davon ab, was geplant ist.

- *Antworten*: Die Mail-App öffnet ein neues Fenster, in dem bereits die Empfängeradresse und der Betreff eingetragen sind, zum Beantworten der Nachricht. Der Vorspann »AW:« (steht für »Antwort«) im Betreff kennzeichnet die Nachricht als Antwort. Darüber hinaus wurde der Text der empfangenen Nachricht bereits als Zitat in die Antwort übernommen.
- *Allen antworten:* Eine elektronische Nachricht kann an mehrere Empfänger verschickt werden – die Empfänger sind dann im Feld *An* oder *Cc* eingetragen. Um allen auf dem Verteiler stehenden Empfängern eine Antwort zukommen lassen, wählen Sie diese Option. Die Mail-App übernimmt die Empfängerliste aus *An* und *Cc* in die Antwort-Mail – alles andere bleibt wie beim Beantworten.
- *Weiterleiten*: Dieser Menübefehl ermöglicht Ihnen, die Nachricht an einen weiteren (oder weitere) Empfänger zu schicken. Bei Auswahl des Eintrags wird die empfangene Nachricht automatisch in das neue Fenster übernommen. Die Betreffzeile enthält den alten Text, dem aber ein »WG:« (steht für »Weitergeleitet«) vorangestellt ist. Außerdem wird automatisch der alte Nachrichtentext in das Fenster des Nachrichten-Editors übernommen. Bei einer Weiterleitung müssen Sie die Empfängeradresse im Feld *An* ergänzen.

Im neuen Fenster können Sie anschließend den Antworttext zur Nachricht hinzufügen und danach versenden. Dies funktioniert wie beim Erstellen einer neuen Nachricht (siehe folgenden Abschnitt).

Bitte die Netiquette beachten

Die Mail-App übernimmt beim Beantworten oder Weiterleiten automatisch den Text der Ursprungsnachricht und hängt diesen an das Ende der neuen Mail an. Wenn eine Nachricht mehrfach zwischen Personen pendelt, wird der zitierte Teil der vorangegangenen Nachrichten immer länger. Im Hinblick auf die Netiquette sollten Sie die nicht mehr relevanten Teile der vorherigen Nachricht vor dem Versenden löschen (z. B. indem Sie den Text markieren und dann die [Entf]-Taste drücken).

Neue E-Mails verfassen und senden

Das Erstellen einer neuen E-Mail ist mit wenigen Handgriffen erledigt.

1 Wählen Sie den in der linken oberen Ecke der Mail-App angezeigten Eintrag *Neue E-Mail* – klicken Sie dazu ggf. auf das Burger-Menü –, oder drücken Sie die Tastenkombination Strg+N.

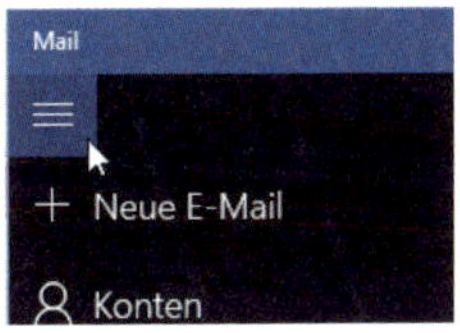

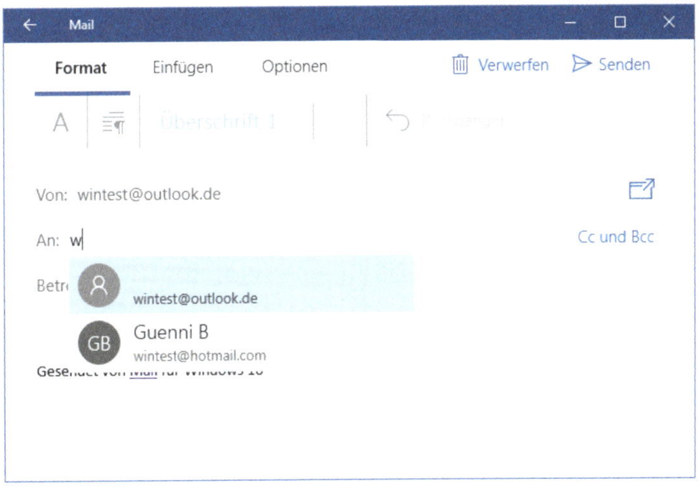

2 Anschließend tragen Sie in das von der App angezeigte Formular die notwendigen Informationen ein und klicken dann auf die *Senden*-Schaltfläche in der rechten oberen Formularecke.

Daraufhin wird die Nachricht über die bestehende Internetverbindung zum Postausgangsfach des E-Mail-Anbieters übertragen und von dort zugestellt. Sie wissen nicht, was Sie im Formular der neuen Nachricht alles eintragen müssen?

- Tippen Sie die Empfängeradressen direkt in das Feld *An* ein. Sind die Empfänger bekannt, blendet die Mail-App bereits bei der Eingabe erster Zeichen die Liste der passenden Kontakte in einer Liste ein. Die Trefferliste wird dann anhand der Eingaben gefiltert. Wählen Sie die Adresse komfortabel in der Liste aus, um sie in das Adressfeld zu übernehmen.

- Klicken Sie auf die Hyperlinks *Cc* und *Bcc*, um weitere Empfängerfelder einzublenden. Das Feld *Cc* steht für »Carbon Copy« und dient quasi als Verteiler für »Durchschläge« an weitere Empfänger zur Kenntnisnahme. Das Kürzel *Bcc* steht für »Blind Carbon Copy«, d. h., dort eingetragene E-Mail-Adressen werden beim Empfänger nicht angezeigt. So erfährt der Hauptempfänger der E-Mail nicht, dass eine Kopie der Nachricht an weitere Empfänger geschickt wurde.
- Tragen Sie im Textfeld *Betreff* einen aussagekräftigen Nachrichtentitel und im darunter befindlichen Feld den Inhalt der Nachricht ein.

Über die Registerkarten *Format*, *Einfügen* und *Optionen* schalten Sie zwischen verschiedenen Funktionen um, um die Nachricht zu formatieren, Fotos oder Dateien anzufügen oder Optionen zu setzen. Auf der Registerkarte *Optionen* finden Sie zwei Symbole, um dem Empfänger die Wichtigkeit der Nachricht (*Wichtigkeit: hoch* und *Wichtigkeit: niedrig*) zu signalisieren. Standardmäßig wird die Nachricht mit einer normalen Wichtigkeit übertragen. Die Einstufung der Wichtigkeit hat aber keinen Einfluss auf die Geschwindigkeit der Mail-Zustellung.

E-Mail-Adressen verstehen

Eingegebene E-Mail-Adressen erfordern eine gültige Schreibweise, da die Nachricht andernfalls als unzustellbar zurückkommt. E-Mails werden in der Form *Name@anbieter.xxx* geschrieben. *Name* steht für den E-Mail-Namen des Empfängers. Dann kommt das als At oder Klammeraffe bezeichnete Zeichen @, gefolgt von einer Art »Ortsangabe« mit der Adresse des E-Mail-Servers, auf dem das Postfach des Empfängers zu finden ist – z. B. zeigt mir *outlook.de*, dass der Betreiber die Firma Microsoft mit dem deutschen Ableger des Outlook-E-Mail-Dienstes ist. Um das in allen E-Mail-Adressen vorkommende Zeichen @ auf einer externen Tastatur einzutippen, drücken Sie gleichzeitig die Tasten [AltGr]+[Q].

Eine E-Mail formatieren

E-Mails können Sie beim Verfassen in der Mail-App über die Elemente der Registerkarte *Format* formatieren (Fettschrift, Farben etc.).

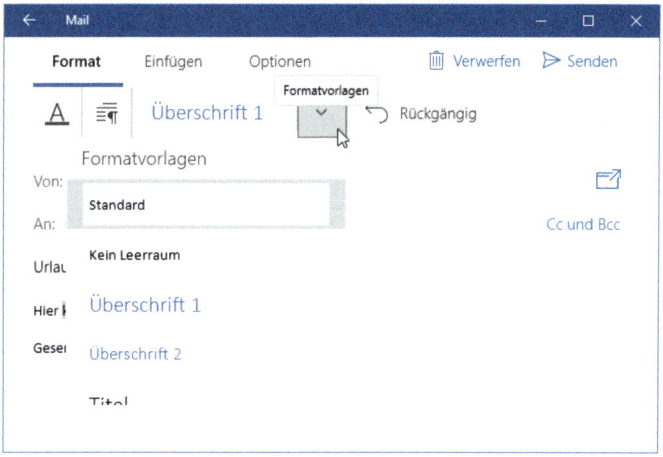

- Markieren Sie (z. B. durch Ziehen mit der Maus) einen Textbereich der Nachricht. Wählen Sie dann in der Symbolleiste am oberen Rand der Registerkarte *Formatieren* die gewünschte Formatschaltfläche (z. B. *Fett*, *Kursiv* oder *Unterstreichen*), um das Format dem markierten Text zuzuweisen.
- Durch erneute Anwahl der Schaltfläche wird die zugehörige Formatierung des markierten Textbereichs wieder aufgehoben.
- Reicht die Fensterbreite nicht, weisen einige Schaltflächen ein spitzes, nach unten zeigendes Dreieck als Symbol auf. Bei Auswahl des Symbols öffnet sich ein Menü mit weiteren Einträgen. Über *Schriftart* und *Schriftfarbe* variieren Sie das Schriftbild oder weisen farbige Textauszeichnungen zu.
- Das Listenfeld *Formatvorlagen* ermöglicht Ihnen, Überschriften oder weitere Formate zuzuweisen. Im Menü *Schriftart* finden Sie einen Eintrag, um die Formatierung zu löschen. Außerdem gibt es eine Schaltfläche *Rückgängig*, um die letzten Befehle zurückzunehmen.

> Tabellen, Bilder und Links fügen Sie auf der Registerkarte *Einfügen* (siehe folgende Abbildung) über die angebotenen Schaltflächen in die neue E-Mail ein.

Formatierte Nachrichten werden als sogenannte HTML-Mails verschickt. Bedenken Sie aber beim Einsatz solcher Formate, dass nicht jeder Empfänger der Nachricht dies wünscht. Häufig leidet z. B. die Lesbarkeit des Textes, wenn dieser zu stark formatiert oder gar farbig ausgezeichnet ist. Zudem sind solche HTML-Mails größer als Textnachrichten ohne Formatierung – was zu einer längeren Übertragung führt.

Eine Datei an die Nachricht anhängen

Einer E-Mail können Sie Dateien (Fotos, Textdokumente etc.) als Anhang zuordnen. Diese werden mit der Nachricht übertragen und können vom Empfänger bei Bedarf separat gespeichert werden (siehe den Abschnitt »E-Mail-Anlagen speichern« weiter vorne in diesem Kapitel).

1 Wechseln Sie im Fenster der neuen Nachricht zur Registerkarte *Einfügen*, und klicken Sie auf *Anfügen* ❶ oder *Bilder* ❷.

2 Navigieren Sie im angezeigten Dialogfeld *Öffnen* zum Ordner mit der (den) anzuhängenden Datei(en) ❸.

3 Markieren Sie die gewünschten Elemente, und klicken Sie auf die *Einfügen*-Schaltfläche ❹.

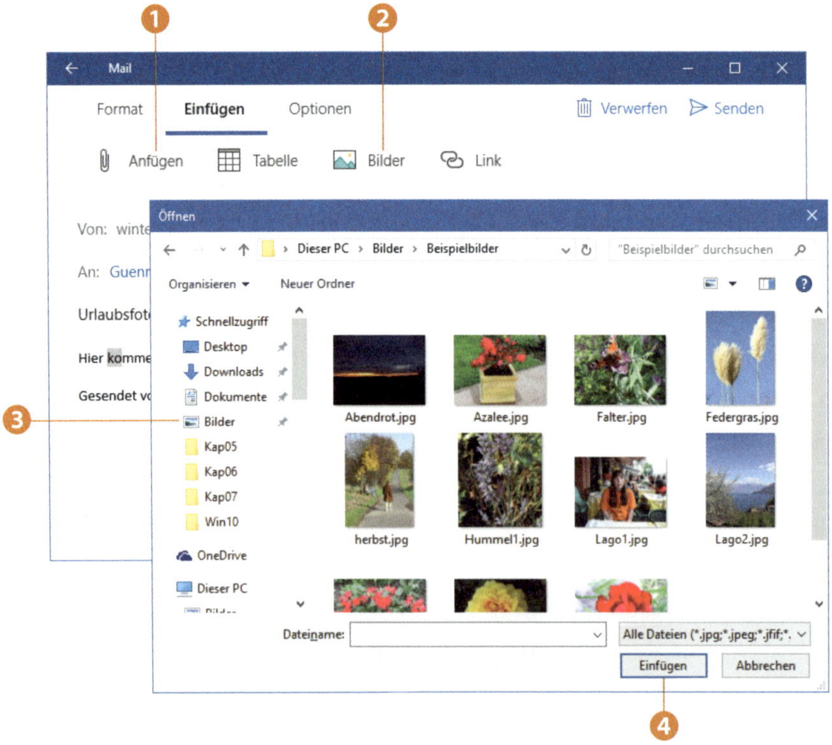

Dann werden die gewählten Dateien in die Nachricht eingefügt und mit der E-Mail zum Server übertragen. Bilder erscheinen direkt in der Ansicht der E-Mail, während andere Dateien als Platzhalter mit ihrem Namen zu sehen sind. Markieren Sie eingefügte Bilder, finden Sie auf der Registerkarte *Bild* Optionen zum Drehen, Zuschneiden, Ändern der Größe etc.

> Versand und Empfang dauern bei sehr großen Anhängen sehr lange. Vergewissern Sie sich daher vorher, ob der Empfänger dies auch wünscht. Zudem weisen manche E-Mail-Anbieter zu große Mail-Anhänge am Postfach ab. Die Lösung besteht darin, diese Dateien auf Ihr OneDrive-Laufwerk in einen separaten Ordner hochzuladen und diesen Ordner für Dritte freizugeben/zu teilen (siehe Kapitel 3). Der Empfänger enthält dann eine Mail, in die Sie den Link zur OneDrive-Freigabe einfügen. Über den Link kann der Empfänger dann auf die betreffenden Dokumente auf dem OneDrive-Laufwerk zugreifen und diese herunterladen.

Kleiner E-Mail-Knigge

E-Mail ist ein komfortables Medium, um schnell mittels Texten mit Dritten zu kommunizieren oder Informationen zu übermitteln. Um das Ganze möglichst effizient für beide Seiten zu gestalten, sollten Sie Folgendes berücksichtigen:

- Zeit ist Geld, speziell beim Empfänger Ihrer E-Mail. Formulieren Sie die Nachrichten so, dass neben einem aussagekräftigen und verständlichen Betreff (kein »Hallo«) auch der Text vom Empfänger verstanden wird. Fassen Sie sich kurz, und beschreiben Sie das Anliegen in klaren Sätzen. Kürzen Sie beim Beantworten von Nachrichten nicht relevante Teile des vorherigen Textes.
- Verwenden Sie einen sachlichen Ton in Ihren E-Mails. Eine geharnischte E-Mail ist schneller als ein Brief verschickt, kann aber unbeabsichtigte Folgen nach sich ziehen. Falls Sie sich über etwas ärgern, warten Sie mit dem Formulieren der E-Mail einige Zeit. Manches stellt sich, wenn der erste Ärger verraucht ist, doch anders dar.
- Schicken Sie niemandem eine Anlage zu, wenn Sie sich nicht sicher sind, dass dies erwünscht ist! Vergewissern Sie sich, dass der Empfänger Ihre Doku-

mentdateien auch öffnen kann. Nicht jeder hat das von Ihnen zum Erstellen der Datei benutzte Programm. Grußkarten in Form von EXE-Programmen sind aus Sicherheitsgründen als Anlage absolut tabu!

- Reduzieren Sie nach Möglichkeit die Dateigröße von Anhängen. Fotos lassen sich mit einem Bildbearbeitungsprogramm ggf. in der Größe reduzieren. Dokumente oder Programme können Sie mit einem Komprimierungsprogramm oder der Windows-Funktion *ZIP-komprimierter Ordner* in einem ZIP-Archiv speichern, wodurch sich die Dateigröße um den Faktor 10 bis 100 reduziert. Verwenden Sie OneDrive (siehe Kapitel 3), um größere Dateien hochzuladen, und schicken Sie dem Empfänger einen Link zum Herunterladen dieser Elemente, um die Datenlast auf den E-Mail-Servern zu reduzieren.
- Geben Sie keine E-Mail-Adressen bei Gewinnspielen oder auf Webseiten ein, wenn Sie den Zweck und die Verwendung nicht kennen. Solche E-Mail-Adressen werden häufig zum Versenden von Werbemails missbraucht, und Sie brauchen sich über die Zunahme von Spam-Mails nicht zu wundern.
- Löschen Sie E-Mails von unbekannten Absendern, denen ggf. noch ein Anhang mit Virenscannern, einem Windows-Update, einem BKA-Schreiben etc. angefügt ist, ungeöffnet. Die Gefahr, sich Schadprogramme einzufangen, ist einfach zu hoch.
- Vorgebliche Nachrichten Ihrer Bank oder anderer Dienstleister wie z. B. Onlineshops mit dem Hinweis, das Konto durch Eingabe Ihrer Anmeldedaten zu überprüfen, sollten Sie unbedingt ignorieren. Keine Bank wird eine Kontenverifizierung per E-Mail verlangen. Meist handelt es sich bei solchen unaufgefordert zugegangenen Mails um Phishing-Versuche. Betrüger leiten Sie über Links im Nachrichtentext auf gefälschte Anmeldeseiten und versuchen, Ihre Zugangsdaten für Bank- oder E-Mail-Konten etc. herauszufinden. Gelingt dies, übernehmen die Betrüger Ihre Onlineidentität und treiben ggf. in Ihrem Namen Missbrauch.

Wenn Sie bei der E-Mail-Kommunikation Ihren gesunden Menschenverstand einsetzen und aktuelle Virenschutzsoftware verwenden, sollten die Risiken überschaubar und beherrschbar bleiben.

Fazit

In diesem Kapitel haben Sie die Funktionen der Mail-App kennengelernt. Sie können nun E-Mail-Konten einrichten, Nachrichten lesen und Anlagen speichern. Zudem wissen Sie, wie neue Nachrichten erstellt oder weitere Mail-Funktionen verwendet werden. Damit steht Ihrer Kommunikation mit Dritten nichts mehr im Wege. Für ausgefeiltere Mail-Funktionen greifen Sie auf Anwendungen wie Microsoft Outlook oder Windows Live Mail aus den Windows Essentials 2012 zurück. Im nächsten Kapitel finden Sie noch einige Hinweise zu weiteren Apps, mit denen sich Kontakte (auch E-Mail-Adressen) und Termine verwalten oder Anrufe tätigen lassen.

Kapitel 8

Kontakte, Kommunikation und Termine

Windows kann Kontakte und Termine über Apps verwalten und Telefonate per Skype abwickeln. Die für diese Funktionen benötigten Apps sind bereits mit an Bord. In diesem Kapitel lernen Sie, wie Sie die Kontakte-App zur Verwaltung eines Adressbuchs verwenden oder Telefonate mittels Skype führen. Und mit der Kalender-App wird die Verwaltung anstehender Termine zum Kinderspiel.

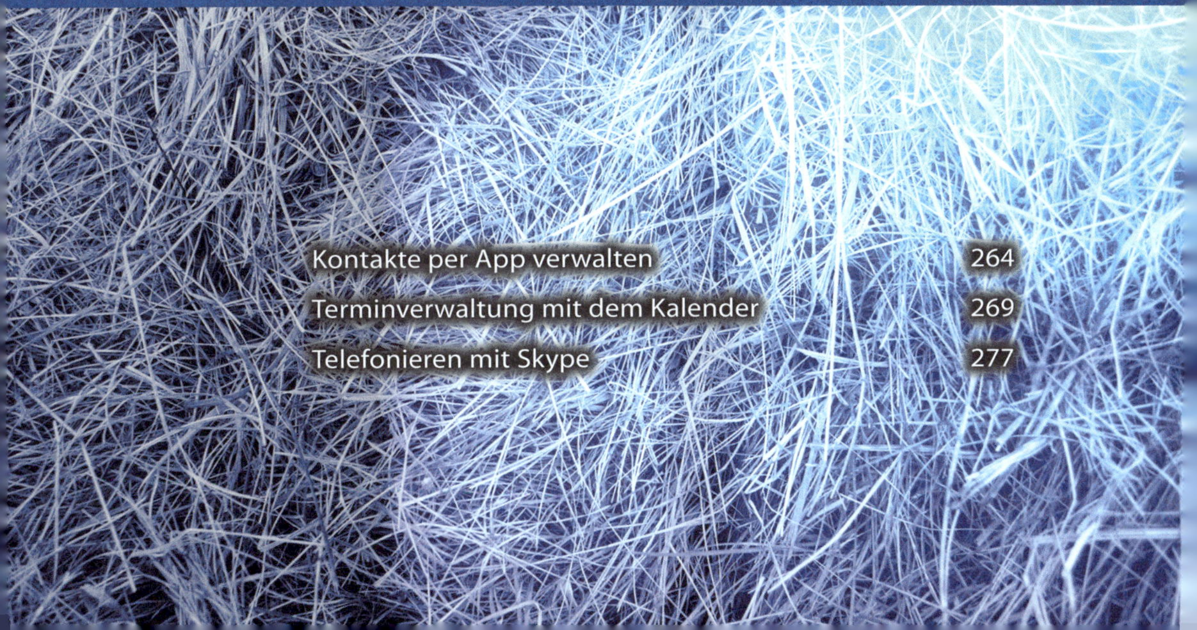

Kontakte per App verwalten

Windows ermöglicht Ihnen, mit der App *Kontakte* eine Art Adressbuch zu führen. Dies schließt auch E-Mail-Adressen ein. In diesem Abschnitt stelle ich Ihnen die Funktionen der Kontakte-App vor.

Die Kontakte-App im Schnellüberblick

Die Kontakte-App nutzen Sie zur Verwaltung von Kontakten (Adressdaten, E-Mail-Adressen) unter Windows. Sie starten die App über diese Kachel des Startmenüs bzw. der Startseite.

Falls die Kachel nicht angezeigt wird, gehen Sie über das Suchfeld oder über den Startmenüeintrag *Alle Apps*, um die App *Kontakte* aufzurufen. Die App öffnet beim Aufruf das in zwei Spalten unterteilte Fenster.

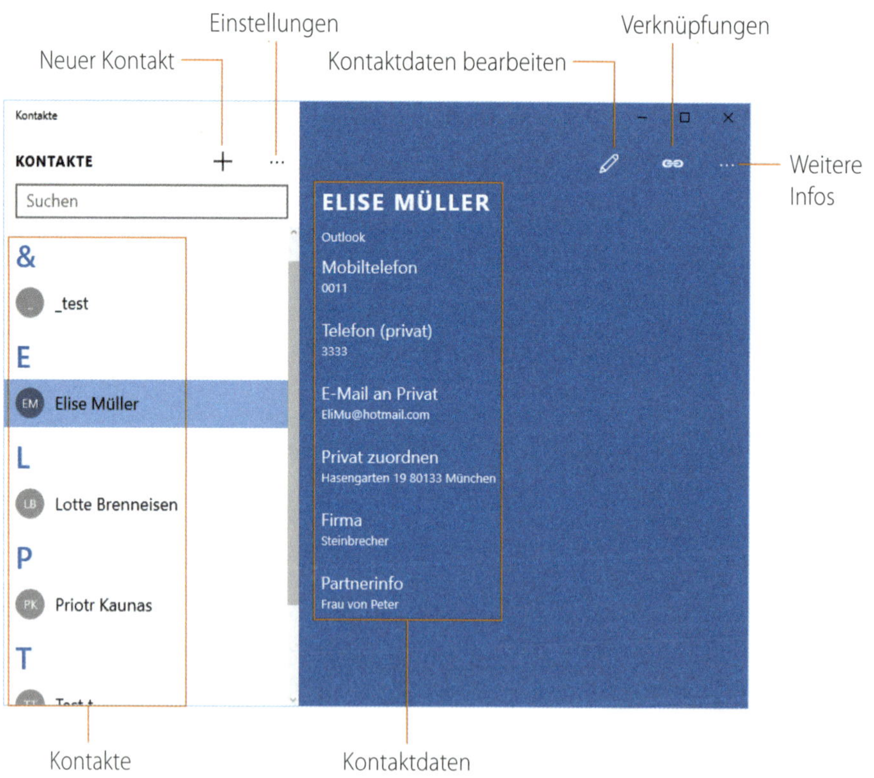

- In der linken Spalte werden die Kontakte alphabetisch gruppiert angezeigt. Klicken Sie auf einen Kontakt, erscheinen die Kontaktdaten in der rechten Spalte.
- Über das Symbol *Kontaktdaten bearbeiten* gelangen Sie in den Bearbeitungsmodus des aktuellen Kontakts und können die Daten ändern. Über das Symbol *Verlinkungen* können Sie Verbindungen zwischen Kontakten (z. B. Ehepartner verlinken) anlegen.
- Über *Weitere Infos* erhalten Sie Zugriff auf ein Menü mit Einträgen zum Teilen oder Löschen eines Kontakteintrags.
- In der linken Spalte finden Sie das Suchfeld, um nach einem Kontakt in der Liste zu suchen. Dazu klicken Sie einfach auf das Feld und tippen den Suchbegriff ein.

Außerdem weist die linke Spalte der Kontakte-App ein Symbol zum Anlegen neuer Kontakte sowie zum Zugriff auf die *Einstellungen* auf.

Einstellungen anpassen, Konten hinzufügen

Die Kontakte-App verwendet die Adressbücher anderer Onlinedienste wie Outlook, Google etc. Zum Einbeziehen der Kontakte müssen Sie die betreffenden Konten in den Einstellungen der Kontakte-App eintragen.

1 Wählen Sie in der linken Spalte der Kontakte-App das Symbol *Einstellungen* (die drei Pünktchen) und den eingeblendeten Befehl.

Auf der Seite *Einstellungen* können Sie dann über die angezeigten Optionen ① die Sortierung der Kontaktliste sowie die Anzeige umstellen sowie die Kontaktliste nach Konten filtern.

> Die Seite *Einstellungen* listet die bereits bekannten Konten auf ②. Das ist z. B. das Microsoft-Konto, das zur Benutzeranmeldung verwendet wurde. Auch in der E-Mail-App hinzugefügte Anbieter werden in der Kontakte-App zur Pflege des Adressbestands verwendet.

2 Um ein neues Konto einzutragen, wählen Sie den Eintrag *Konto hinzufügen* ❸.

3 Im eingeblendeten Fenster *Konto auswählen* klicken oder tippen Sie auf den Eintrag für den gewünschten Anbieter ❹.

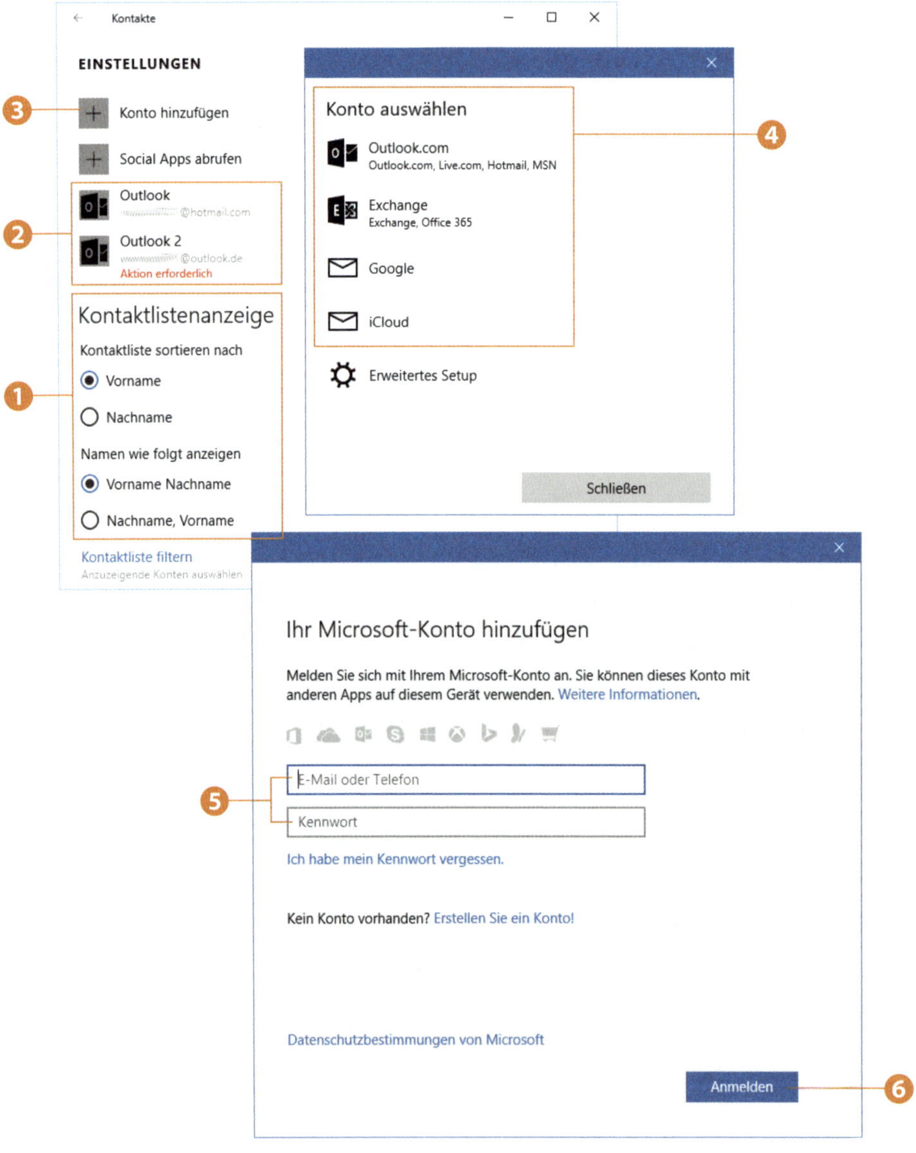

4 Ergänzen Sie die Kontenzugangsinformationen (meist E-Mail-Adresse und Kennwort) im angezeigten Formular ❺, und klicken Sie auf *Anmelden* ❻.

Das angezeigte Anmeldeformular hängt vom gewählten Dienst bzw. Anbieter ab. Für Microsoft-Konten fragt die App z. B. die E-Mail-Adresse und das Kennwort in einem eingeblendeten Fenster ab.

> Über *Erweitertes Setup* können Sie auch POP3- und IMAP-Postfächer hinzufügen. Die Formulare entsprechen weitgehend den Formularen, die in Kapitel 6 im Abschnitt zur Konfiguration von E-Mail-Konten bei der Mail-App beschrieben sind.

Sind die Konten erfolgreich eingetragen, werden die Kontakte mit dem betreffenden Dienst abgeglichen und dann auf der App-Seite angezeigt.

Neue Konten hinzufügen und bearbeiten

Sie möchten einen neuen Kontakt anlegen oder einen bestehenden Kontakt bearbeiten?

- Wählen Sie in der linken Spalte der Kontakte-App das Pluszeichen *Neuer Kontakt* aus, um das Eingabeformular in der rechten Spalte einzublenden. In einem Folgefenster müssen Sie ggf. noch das Konto (bei mehreren Konten) auswählen, in dem die neuen Kontaktdaten gespeichert werden sollen.
- Um einen bestehenden Kontakt anzupassen, klicken oder tippen Sie auf den betreffenden Eintrag. Dann wählen Sie in der rechten Spalte das Symbol des Stifts zum Bearbeiten der Kontaktdaten.

Anschließend tragen Sie im angezeigten Formular die Daten des neuen Kontakts ein oder passen bestehende Kontaktdaten in den gezeigten Feldern an.

- Bei Bedarf können Sie auf *Foto hinzufügen* klicken, um ein Bild des Kontakts aufzunehmen.
- Auf Textfelder wie *Name* klicken oder tippen Sie und tragen dann die gewünschten Daten ein.

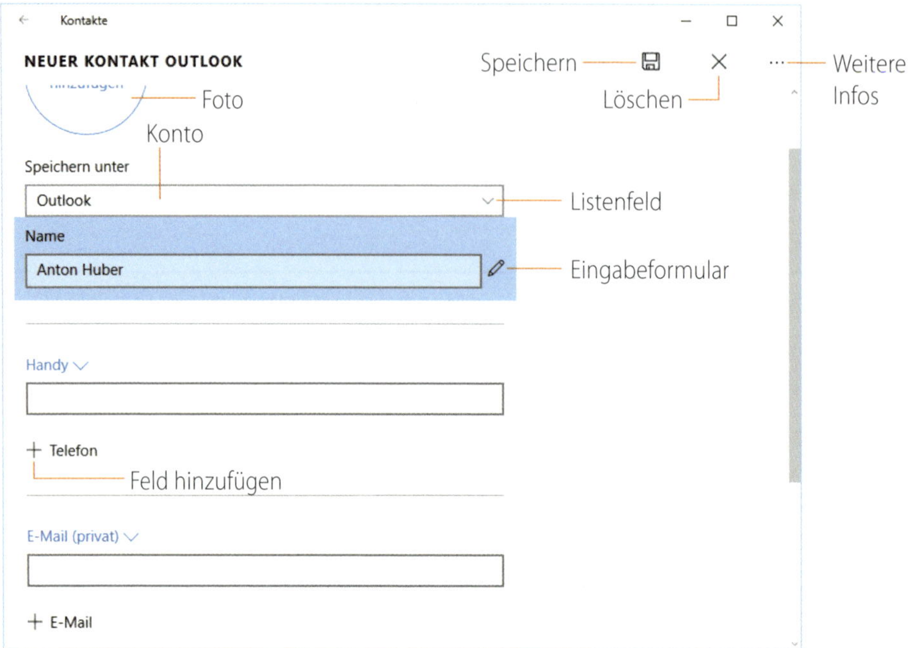

- Weist ein Feld am Ende das Symbol eines stilisierten Stifts auf, erscheint bei dessen Anwahl ein Zusatzformular, in dem weitere Felder zur Eingabe der Daten (z. B. Vorname, Name, Spitzname etc.) enthalten sind. Das erleichtert die korrekte Eingabe der Kontaktdaten, da diese dann im richtigen Format in das Feld übernommen werden.
- Manche Felder besitzen am rechten Rand ein nach unten zeigendes Dreieck. Bei Anwahl des Felds öffnet sich das zugehörige Listenfeld zur Auswahl der gewünschten Option (wenn z. B. mehrere E-Mail-Adressen existieren).
- Bei Bedarf blenden Sie über die bei manchen Einträgen angezeigte Schaltfläche mit dem +-Zeichen ein Kontextmenü ein. Über dessen Einträge fügen Sie zusätzlich weitere Eingabefelder wie zweiter Name, geschäftliche/private E-Mail-Adressen, Namen von Partnern, Websites etc. hinzu und ergänzen diese durch Daten.
- Um einen Formulareintrag zu entfernen, wählen Sie das Feld aus. Dann lässt sich der Feldinhalt über die ⇦- oder die Entf-Taste der Tastatur löschen.

- Das *Löschen*-Symbol in der rechten oberen Ecke der App entfernt einen bestehenden Kontakteintrag. Klicken Sie auf das Symbol *Weitere Infos* (die drei Pünktchen), blendet die App die Schaltfläche *Abbrechen* ein, über die Sie das Anlegen eines neuen Kontakts abbrechen können.

Tragen Sie in dem angezeigten Formular die gewünschten Kontaktdaten in die betreffenden Felder ein, oder passen Sie die Daten des bestehenden Kontakts an. Dann wählen Sie abschließend die rechts oben angezeigte Schaltfläche *Speichern*. Mehr gibt es zur Kontakte-App eigentlich nicht zu wissen.

Terminverwaltung mit der Kalender-App

In Windows steht eine Kalender-App zur Verfügung. In diesem Abschnitt erfahren Sie, wie Sie über diese App Termine verwalten.

Die Kalender-App im Überblick

Zur Verwaltung eigener Termine können Sie die Kalender-App verwenden. Aufrufen lässt sich die App über diese Kachel.

Nach dem Aufruf erscheint bei einer eingerichteten Kalender-App die folgende Darstellung. Termine werden dabei über der App zugeordnete Microsoft- oder Fremdanbieterkonten verwaltet.

- In der linken Spalte ist die Monatsansicht zu sehen. Über zwei Navigationsschaltflächen können Sie zwischen den Monaten blättern.
- In der rechten Spalte wird die Terminansicht in verschiedenen Darstellungen (Monat, Woche, Tag etc.) angezeigt.
- Über die Schaltflächen am oberen App-Rand lässt sich die Darstellung der Terminansicht zwischen Tagesansicht, Monat etc. umschalten. Reicht der Platz zur Darstellung der Schaltflächen nicht, klicken Sie auf *Anzeigen* und wählen den gewünschten Eintrag im eingeblendeten Menü. Wählen Sie die Kachel *Tag*, um zur Darstellung des Kalenderblatts mit den Tagesterminen zu gelangen.

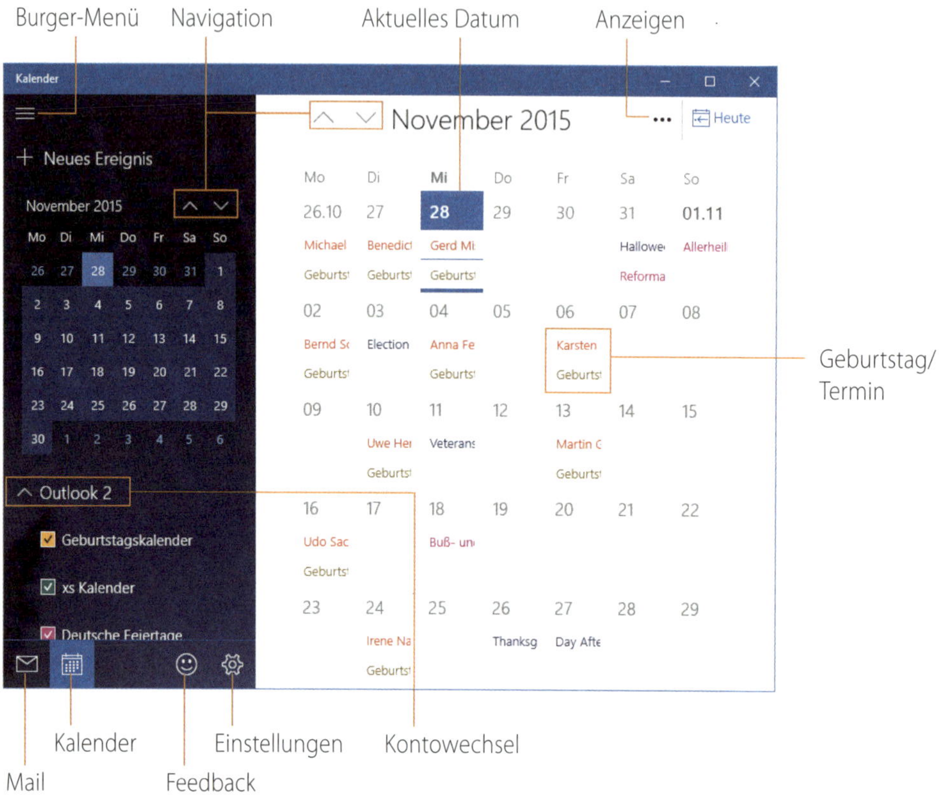

- Das aktuelle Tagesdatum wird in den Kalenderblättern und Terminansichten farbig dargestellt. Wählen Sie die Schaltfläche *Heute*, um zum aktuellen Monat und der Anzeige des Tagesdatums zurückzuspringen (falls Sie zu einem anderen Monat gewechselt sind).
- Im Terminblatt werden zudem die Termine und Geburtstage mit eingeblendet. Klicken Sie auf einen Tag, werden die Termine in einem Pop-up-Fenster dargestellt.
- Zur Navigation innerhalb des Kalenders blättern Sie in der Tagesansicht über eine Bildlaufleiste mit der Maus oder dem Mausrädchen nach oben oder unten.
- In der linken unteren Ecke der App finden Sie Schaltflächen, um auf die Mail-App zuzugreifen, Feedback an Microsoft zu senden oder die Einstellungsseite aufzurufen.

Sind mehrere Konten zugewiesen, finden Sie auch einen Eintrag, um zwischen diesen Konten umzuschalten und deren Termine einzusehen.

> In der Kalender-App ist übrigens weder eine Suchfunktion noch eine Druckfunktion vorhanden.

In der Abbildung sehen Sie eine Wochenansicht des Kalenders, die ich persönlich bevorzuge, da mir die wenigen Termine, die ich habe, übersichtlich präsentiert werden.

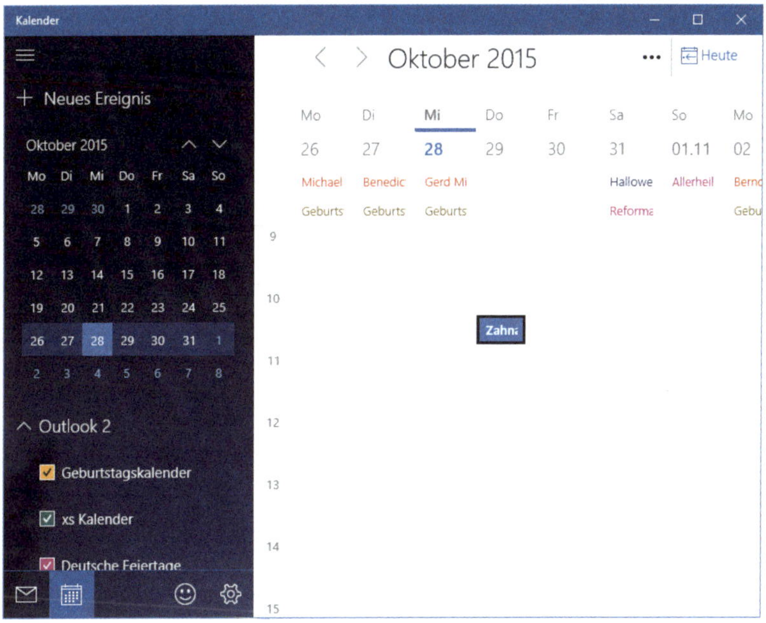

- Termine sind in der Darstellung farbig gekennzeichnet, das Tagesdatum wird mit einem Unterstrich markiert.
- Haben Sie kein Kalenderelement ausgewählt, können Sie alternativ die Tasten →, ←, ↑ und ↓ einer externen Tastatur zur Navigation im Kalenderblatt verwenden.
- Auf einem Touchscreen navigieren Sie durch Wischen mit dem Finger. Wischen nach oben oder unten ermöglicht es, z. B. in der Tagesansicht, im Zeitverlauf zu blättern.

Die Schaltfläche *Heute* bringt Sie auch hier zum Kalenderausschnitt mit dem aktuellen Tagesdatum zurück.

Einstellungen anpassen, Konto einrichten

Beim ersten Aufruf erscheint ein Willkommensfenster, in dem Sie die *Anfangen*-Schaltfläche wählen. Dann gelangen Sie zu einer Seite, auf der die bereits zugewiesenen Konten und eine Schaltfläche zum Hinzufügen neuer Konten angezeigt werden. Die Kalender-App wird automatisch mit dem Microsoft-Konto, das zur Benutzeranmeldung verwendet wird, verbunden.

1 Um neue Konten hinzuzufügen, wählen Sie in der linken unteren Ecke der App das Symbol *Einstellungen* und in der Seitenleiste den Eintrag *Konten*.

In der Seitenleiste *Konten* werden bereits eingerichtete Konten aufgelistet. Wählen Sie einen Konteneintrag, können Sie dessen Daten einsehen.

2 Klicken oder tippen Sie auf *Konto hinzufügen*, können Sie im eingeblendeten Fenster ein Konto aus den angebotenen Kategorien auswählen.

3 Ergänzen Sie im eingeblendeten Eingabeformular die Anmeldedaten des Kontos.

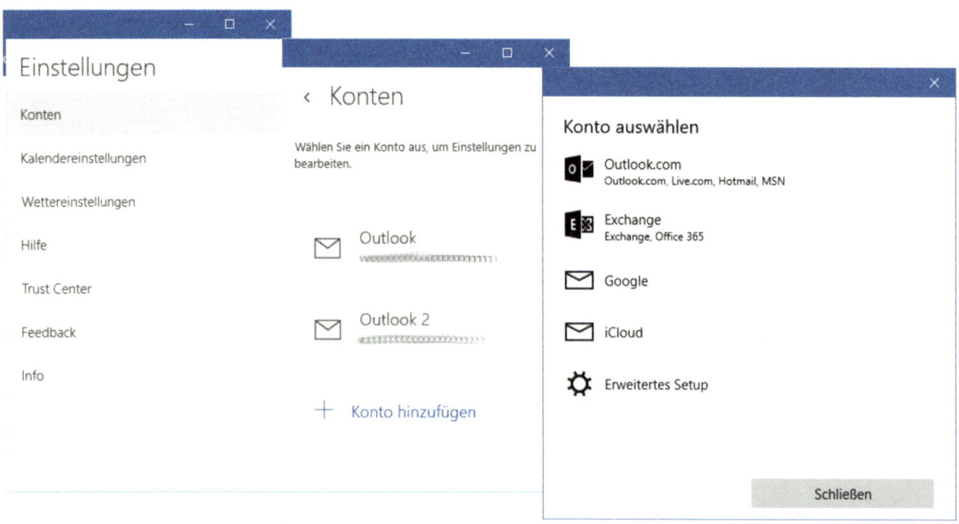

4 Abschließend tippen oder klicken Sie auf die Schaltfläche *Anmelden*.

Die Vorgehensweise gleicht dem Einrichten von E-Mail-Konten oder Kontakten.

> In der Seitenleiste *Einstellungen* gelangen Sie über den Eintrag *Kalendereinstellungen* zur gleichnamigen Seitenleiste. Dort finden Sie Optionen, um den Tag für den Wochenanfang, den Start der Arbeitszeiten und mehr anzupassen.

Termine eintragen und ändern

Um Termine neu im Kalender einzutragen, haben Sie verschiedene Möglichkeiten:

- Klicken oder tippen Sie in der linken oberen Ecke der App auf die Schaltfläche *Neues Ereignis*. Dann zeigt die App das Formular (hier im Hintergrund) zum Festlegen der Termindaten. Bestätigen Sie den Termin über die Schaltfläche *Speichern und schließen* in der linken oberen Ecke.
- Oder wählen Sie eine Terminzeile in der Tagesansicht (bzw. in der Wochen- oder Monatsansicht) des Kalenders durch Antippen oder Anklicken aus. Dann wird ein Pop-up-Fenster eingeblendet (siehe Abbildung hier im Vordergrund), in dem sich die Termindetails eintragen lassen. Klicken Sie auf *Fertig*, um den Termin zu speichern. Über *Weitere Details* wird die Anzeige zur Seite mit den Termindetails (im Hintergrund) umgeschaltet.

In allen Fällen legen Sie die Termindetails im angezeigten Pop-up oder auf der Seite fest. Hier noch einige Hinweise zu den verfügbaren Optionen.

> Die am oberen App-Rand eingeblendeten Schaltflächen für die Termineinträge oder die Darstellung hängen dabei von der Breite des Fensters ab – bei einem zu schmalen Fenster fasst die App die Elemente zu einer Gruppenschaltfläche zusammen. Im Hauptfenster erscheint dann die Schaltfläche *Anzeigen* mit den drei Pünktchen. Auf der Seite zum Erstellen eines Termins wird z. B. die Schaltfläche *Optionen* oder *Wiederholen* sichtbar.

- Neben der Uhrzeit und der Dauer müssen Sie einen Text (z. B. einen Arzttermin) unter *Name des Termins* sowie einen Ort im betreffenden Feld eintragen. Tippen Sie einfach auf die Felder, und geben Sie die Texte ein.

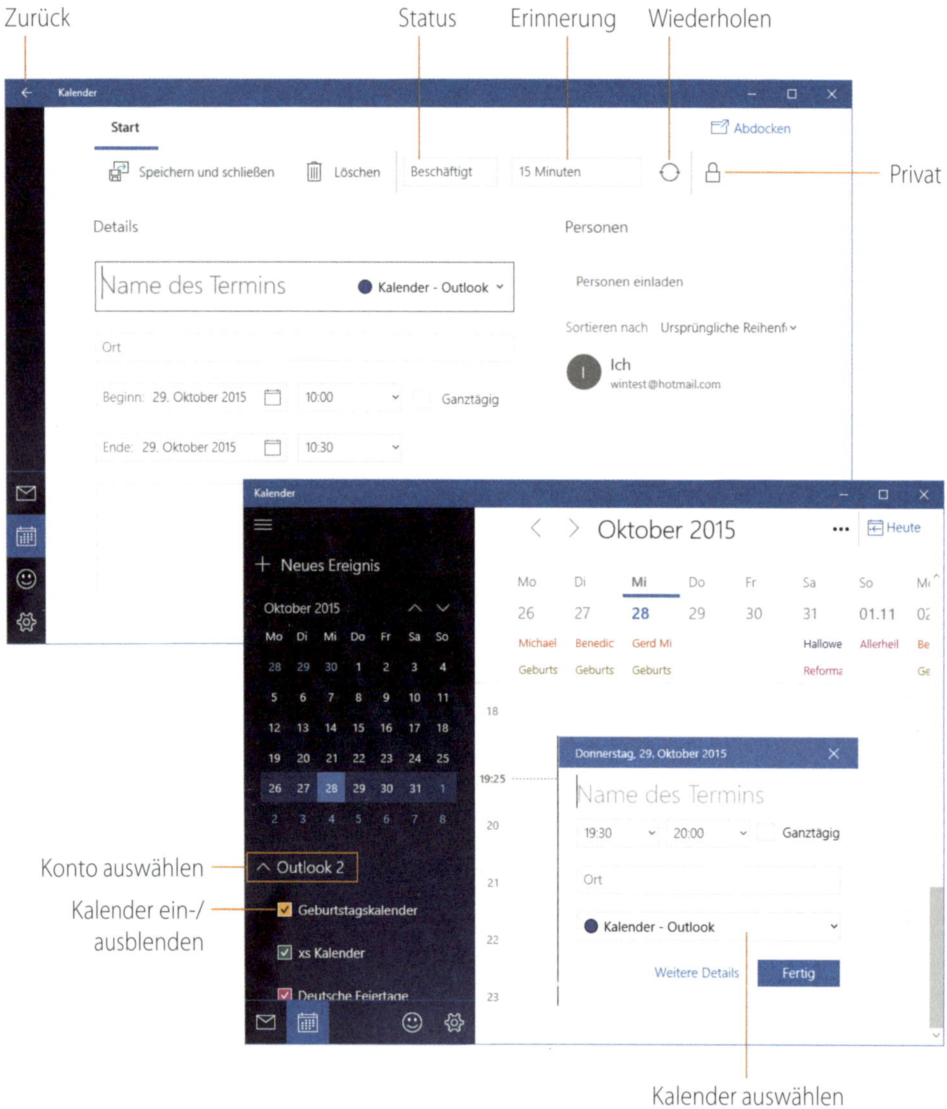

- Zeiten lassen sich in 30-Minuten-Intervallen über ein Kombinationsfeld abrufen. Tippen Sie auf das Feld, um Uhrzeitangaben minutenweise (per Tastatur) festzulegen. Markieren Sie das Kontrollkästchen *Ganztägig*, um den kompletten Tag mit dem Termin zu belegen.

- Über das Listenfeld *xs Kalender* lässt sich die Liste der Kalender einblenden. Dort wählen Sie, auf welchen Kalender sich der Termin bezieht. Welche Kalender der konfigurierten Konten in der App angezeigt werden, können Sie im Hauptfenster in der linken Spalte unten festlegen. Wählen Sie ein Konto (im Beispiel *Outlook2*), werden die verfügbaren Kalender mit farbigen Kontrollkästchen (*xs Kalender*, *Geburtstagskalender*, *Deutsche Feiertage*) aufgelistet. Ein markiertes Kontrollkästchen bewirkt die Anzeige des Kalenders.
- In der Symbolleiste des Detailfensters zum Eintragen eines neuen Termins gibt es eine Schaltfläche *Privat*, um einen Termin als privat zu markieren.
- Außerdem können Sie in der Symbolleiste über ein Listenfeld *Status* Zeiten im Terminkalender als *beschäftigt*, *abwesend* etc. blockieren.
- Das Listenfeld *Erinnerung* ermöglicht Ihnen, einen Zeitwert von 5 Minuten, 15 Minuten etc. zu setzen. Dann werden Sie vor dem Erreichen des Termins durch eine Benachrichtigung erinnert. Über ein Listenfeld können Sie das Erinnerungsintervall anpassen und mittels der Schaltfläche *Erneut erinnern* neu einplanen.

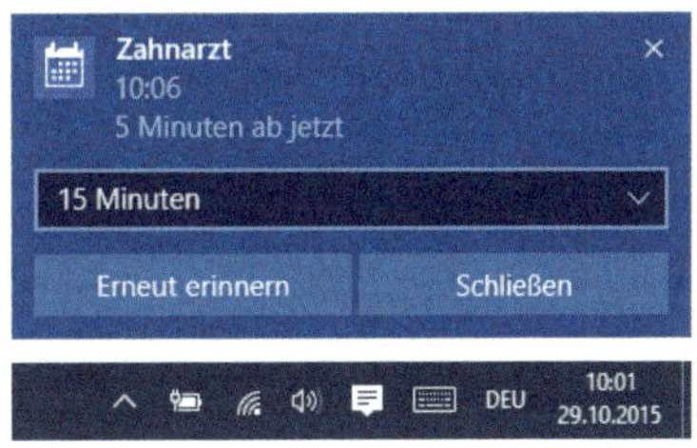

- Die Kalender-App unterstützt auch Serientermine, die wiederkehrend auftreten. Wählen Sie die Schaltfläche *Wiederholen*, erweitert die App das Formular um die gleichnamige Spalte. Dort finden Sie Felder, über die Sie einen Serientermin (z. B. jeden Donnerstag, jeden Monat, jedes Jahr) über Kontrollkästchen festlegen.

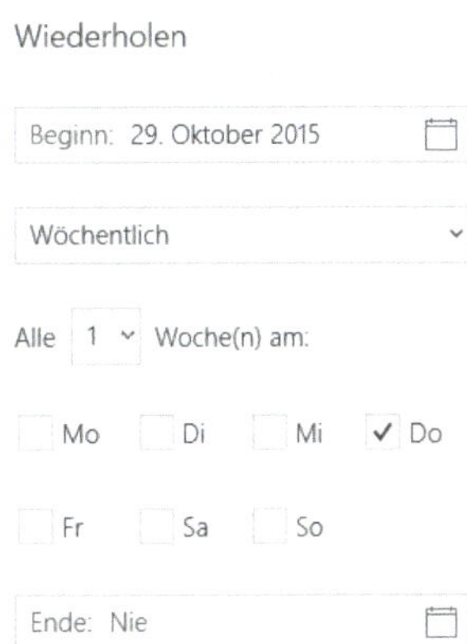

- Ist das Fenster zum Anlegen des Termins zu schmal, verschwinden die *Status*- und *Erinnerungsfelder*, und die Schaltfläche wird als Gruppenschaltfläche mit *Optionen* beschriftet. Bei Anwahl erscheint ein Pop-up-Fenster, in dem die ausgeblendeten Optionen für den Status, die Erinnerung und Terminwiederholungen abrufbar sind.

Über die *Zurück*-Schaltfläche in der linken oberen Ecke geht es zur Kalenderübersicht zurück. Klappt das nicht? In der erweiterten Ansicht finden Sie in der rechten oberen Ecke ein Symbol, um das Formular abzudocken und in einem separaten Fenster anzuzeigen. Dann wird das Hauptfenster der App separat angezeigt, und Sie haben die Möglichkeit, das Detailfenster zu schließen.

Um die Details eines Termins in der Kalenderübersicht einzusehen, zeigen Sie mit der Maus auf den Eintrag. Dann erscheint eine QuickInfo mit den wichtigsten Infos. Ein Doppelklick öffnet die Seite mit allen Termindetails.

Termine löschen oder verschieben

Soll ein Termin verschoben oder gelöscht werden, wählen Sie diesen in der Tagesspalte bzw. im Kalenderblatt (z. B. per Doppelklick) so aus, dass die Detailansicht angezeigt wird.

- Zum Verschieben passen Sie in der Detailansicht einfach die Werte der Felder mit dem Beginn, dem Ende und den Start-/Endezeiten des Termins an. Bestätigen Sie dies über die oben links in der Symbolleiste sichtbare Schaltfläche *Speichern und schließen*.
- Löschen Sie einen Termin durch Anwahl der oben links in der Symbolleiste eingeblendeten *Löschen*-Schaltfläche. Dieser Vorgang muss nicht bestätigt werden.

Enthält die Detailseite des Termins ungespeicherte Änderungen? Bei Anwahl der in der linken oberen Ecke eingeblendeten Schaltfläche *Zurück* erscheint ein Menü, über dessen Einträge Sie Änderungen speichern oder den neuen Termin bzw. am bestehenden Termin vorgenommene Änderungen verwerfen können. Mehr gibt es eigentlich über die Bedienung der Kalender-App nicht zu wissen.

Telefonieren mit Skype

Mit Skype lassen sich weltweit kostenlose Telefonate per Internet mit anderen Skype-Benutzern führen. In diesem Abschnitt erhalten Sie einen Überblick, wie Sie Skype nutzen können.

Skype einrichten

Skype ist einerseits eine in Windows installierbare Anwendung und andererseits ein Dienst, der von Microsoft bereitgestellt wird. Mit Skype lassen sich weltweit kostenlose Telefonate per Internet mit anderen Skype-Benutzern führen. Skype funktioniert dabei nicht nur unter Windows, sondern auch mit Android- und Apple-Geräten.

Tipp

Anrufe an Handy- oder Festnetznummern sind kostenpflichtig, aber relativ günstig. Die Details finden Sie unter *www.skype.com/de/rates/*. Microsoft entwickelt die Skype-Anwendung weiter. Beim Verkaufsstart von Windows 10 war nur eine Desktop-Anwendung vorhanden, die zudem installiert werden musste. Es gibt hier im Startmenü einen Eintrag *Skype herunterladen*, um Skype zu installieren. Beim Klick auf den Eintrag öffnet sich eine Webseite (*https://www.skype.com/de/download-skype/*), von der sich die Skype-Desktop-Anwendung herunterladen und dann installieren lässt. Mit dem Update aus dem November 2015 ist die App *Skype-Video* in Windows 10 hinzugekommen. Da beim Schreiben dieses Buches die Skype-App aber in ihren Funktionen beschränkt war, wird hier nur die Handhabung der Desktop-Anwendung behandelt.

Skype muss beim ersten Aufruf eingerichtet werden. Dazu müssen Sie es mit einem Microsoft-Konto (das z. B. zur Benutzeranmeldung unter Windows 10 verwendet wird) verbinden. Alternativ können Sie beim ersten Aufruf eine Verbindung mit einem bestehenden Skype-Benutzerkonto einrichten – dazu müssen Sie nur die Skype-Zugangsdaten eintragen. Oder Sie beantragen beim ersten Start kostenlos ein neues Skype-Benutzerkonto.

- Die betreffenden Optionen werden in diesem Fenster zur Auswahl angeboten (hier im Vordergrund sichtbar). Tippen Sie auf die Option, und geben Sie die geforderten Anmeldedaten oder Informationen ein.

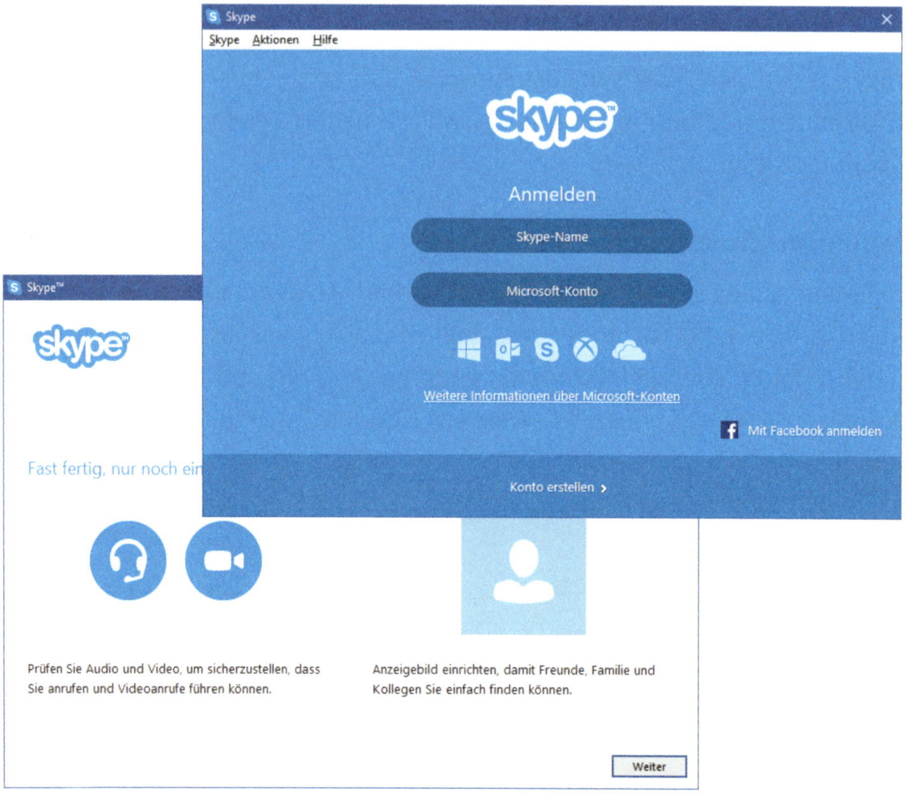

- Im Anschluss wird die hier im Hintergrund sichtbare Einrichtungsseite gezeigt. Dort durchlaufen Sie über die *Weiter*-Schaltfläche einen Einrichtungsassistenten, der Ihnen das Festlegen eines Benutzerfotos sowie das Einrichten von Mikrofon, Lautsprecher und Kamera (sofern vorhanden) ermöglicht.

Sobald der Einrichtungsassistent abgeschlossen wurde, ist Skype für Anrufe bereit. Falls Sie Guthaben erwerben, sich vom Skype-Konto abmelden oder die Einstellungen anpassen möchten, ist dies im Skype-Fenster über das *Skype*-Menü möglich.

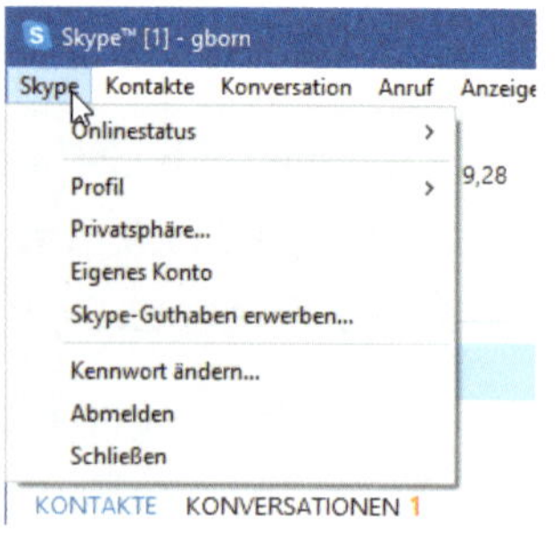

Guthaben laden Sie auf das Skype-Konto auf, indem Sie im *Skype*-Menü auf den Eintrag *Skype-Guthaben erwerben* klicken. Dann öffnet sich die Webseite des Skype-Kontos, auf der Sie die Schaltfläche zum Erwerb eines Guthabens vorfinden. Die Bezahlung kann per Kreditkarte, über den Zahlungsdienstleister PayPal oder über Sofortüberweisung erfolgen.

Skype zum Telefonieren verwenden

Starten Sie Skype, nachdem es eingerichtet ist, erscheint die hier sichtbare Seite mit dem Menü zum Zugriff auf die Skype-Befehle sowie die zweispaltige Darstellung.

- In der linken Spalte erscheinen oben das eigene Konto samt Kontenbild, das Guthaben und der Onlinestatus.

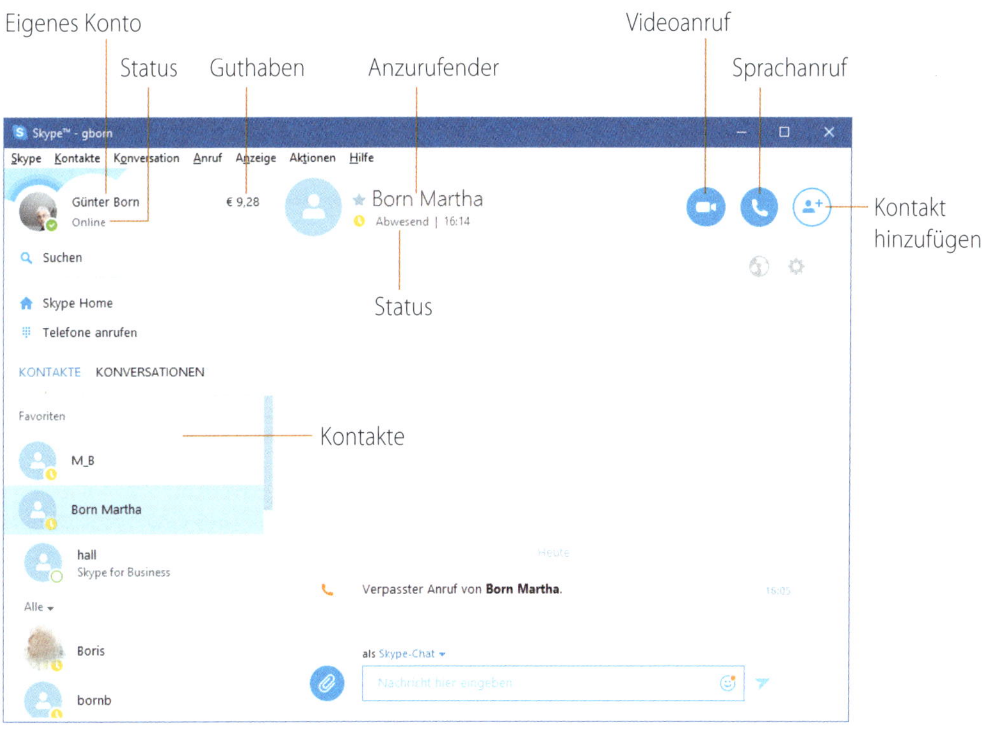

- Darunter finden sich das Feld zum Suchen nach Skype-Teilnehmern, der Befehl zur Anzeige der Skype-Startseite (*Skype Home*) sowie zum Einblenden der Wähltastatur (*Telefon anrufen*). Im unteren Teil der Spalte sehen Sie die Liste der Skype-Kontakte. Der Eintrag *Echo* in der Kontaktliste ermöglicht Ihnen einen Testanruf bei einem Microsoft-Server, um Mikrofon und Lautsprecher zu testen.
- Auf der Skype-Startseite sehen Sie in der rechten Spalte eventuell Optionen, um Facebook-Kontakte einzurichten, eine Liste der eingegangenen Anrufe, ggf. den aktuellen Anrufer und Schaltflächen, um Teilnehmer mit oder ohne Kamerabild anzurufen. Über eine weitere Schaltfläche fügen Sie Kontakte hinzu oder tragen Teilnehmer mit ihrer Handy- bzw. Festnetztelefonnummer ein.

Zum Telefonieren mit Skype gehen Sie wie folgt vor:

1 Zum Anrufen eines Teilnehmers wählen Sie dessen Namen in der Kontaktliste aus. Ein grüner Punkt vor dem Namen signalisiert, dass der Teilnehmer bei Skype angemeldet und damit erreichbar ist.

> Ist ein Anruf zu einem Festnetz- oder Mobilfunkanschluss gewünscht? Wählen Sie in der linken Spalte den Befehl *Telefone anrufen*. Dann blendet Skype ein Textfeld zum Eintippen der Rufnummer eines Festnetz- oder Mobilfunkanschlusses in der rechten Spalte ein. Sofern Sie über ein Skype-Guthaben verfügen, können Sie über ein angezeigtes Telefonsymbol den Teilnehmer anrufen.

2 Anschließend wählen Sie in der rechten oberen Ecke des Skype-Fensters entweder die Schaltfläche für Videoanrufe oder tippen/klicken auf das Symbol *Anrufen* mit dem Telefonhörer.

Sobald die Schaltfläche mit dem Telefonhörer oder der Videokamera angewählt wird, stellt Skype eine Video- bzw. Sprachverbindung her.

Dann erscheint die hier sichtbare Anzeige. Ist eine Kamera vorhanden, wird das Videobild ebenfalls sichtbar. Am unteren Rand finden Sie noch Schaltflächen, um

Kamera und Mikrofon ein-/auszuschalten. Die Schaltfläche mit dem Pluszeichen öffnet ein Menü, um Dateien oder Kontakte auszutauschen, die Wähltasten anzuzeigen etc. Über den roten Telefonhörer legen Sie auf und beenden den Anruf.

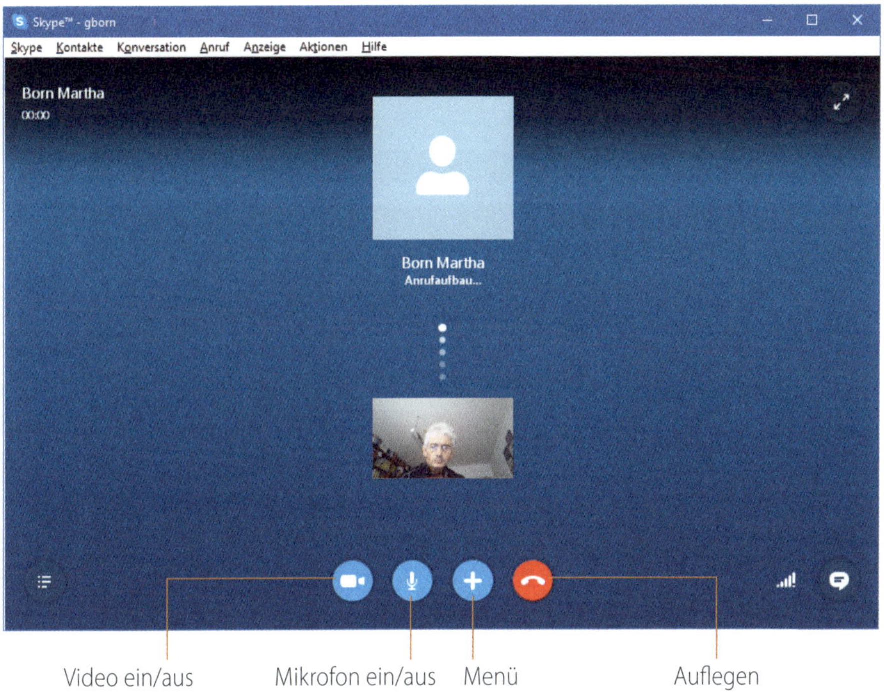

Beim Angerufenen klingelt es, und dieser kann die in Skype angezeigte Schaltfläche mit der Kamera oder dem grünen Telefonhörer anwählen, um das Gespräch anzunehmen. Eine rote Schaltfläche erlaubt es, das Gespräch abzuweisen. Reagiert der Angerufene überhaupt nicht, wird dies als abwesend erkannt, und Skype legt irgendwann auf. In Windows sieht das aus, wie hier gezeigt.

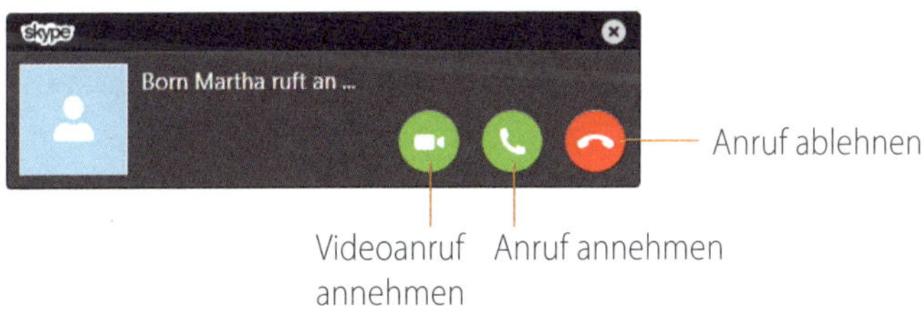

Wird der Anruf vom Gesprächspartner angenommen, lässt sich ein Telefonat führen. Dazu wird ggf. das Videobild in einem Fenster angezeigt. Zudem wird eine Infoleiste zum Beenden des Gesprächs auf dem Desktop eingeblendet, sobald das Skype-Fenster nicht mehr angewählt und im Vordergrund ist.

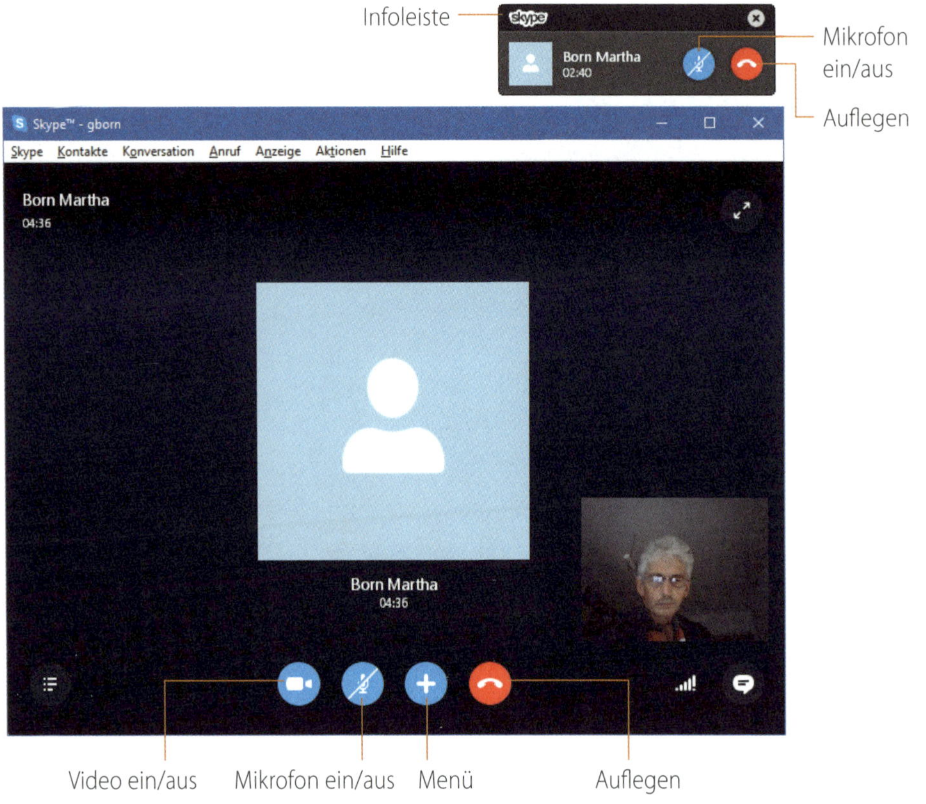

- Über Schaltflächen unterhalb des Teilnehmerfensters können Webkamera und Mikrofon ein-/ausgeschaltet werden.
- Die Schaltfläche mit dem Pluszeichen öffnet ein Menü, über das Sie z. B. ebenfalls Dateien oder Kontakte versenden oder Wähltasten einblenden können.
- Die rote Schaltfläche mit dem Telefonhörer im Skype-Fenster und in der Infoleiste beendet ein Skype-Gespräch.

Über Skype sind sowohl Videoanrufe als auch normale Telefonate ohne Bild möglich. Interessant ist das Ganze für Anrufe ins Ausland, da diese sehr günstig oder, falls der Angerufene ebenfalls bei Skype angemeldet ist, kostenlos sind. Skype steht als App zudem auf Android- und Apple-iOS-Geräten (Smartphones und Tablet-PCs) zur Verfügung.

Skype-Kontakte können Sie über den Eintrag *Kontakt hinzufügen* im Menü *Kontakte* des Skype-Startfensters aufnehmen. Dort lässt sich das Skype-Nutzerverzeichnis durchsuchen oder eine Telefonnummer speichern.

Fazit

In diesem Kapitel haben Sie die Grundfunktionen der Windows-Apps Kontakte und Kalender kennengelernt. Die Terminverwaltung mit der Kalender-App sollte jetzt kein Problem mehr für Sie sein. Für eine ausgefeilte Terminverwaltung bieten sich aber Fremdprogramme wie die Kalenderfunktion in Microsoft Outlook an. Außerdem wissen Sie, wie Sie mit Skype telefonieren können. Im nächsten Kapitel lernen Sie noch einige weitere Apps (z. B. Spiele, Kartendienst etc.) kennen.

Kapitel 9

Spiele und weitere Apps

In Windows können Sie verschiedene Spiele-Apps zur Entspannung verwenden, oder Sie nutzen über weitere Apps unterschiedliche Funktionen. So können Sie Notizen mit OneNote erstellen. Informationen wie die Wettervorschau lassen sich abrufen, ein Kartendienst kann zur Reiseplanung oder als Navi dienen. In diesem Kapitel stelle ich Ihnen die Funktionen solcher nützlichen Apps vor.

Spiele-Apps kurz vorgestellt

Microsoft liefert zwar keine Spiele mit Windows 10 aus. Aber es gibt ein Angebot an kostenlosen und kostenpflichtigen Spiele-Apps im Windows Store. Im Folgenden finden Sie eine Übersicht und eine Kurzvorstellung einiger Spiele-Apps.

Die Xbox-App

Die Xbox-App ist die Zentrale, über die Sie Zugriff auf die eigenen Spiele erhalten und Spielstände oder andere Funktionen verwalten. Der Aufruf erfolgt über die Kachel *Xbox* des Startmenüs oder der Startseite.

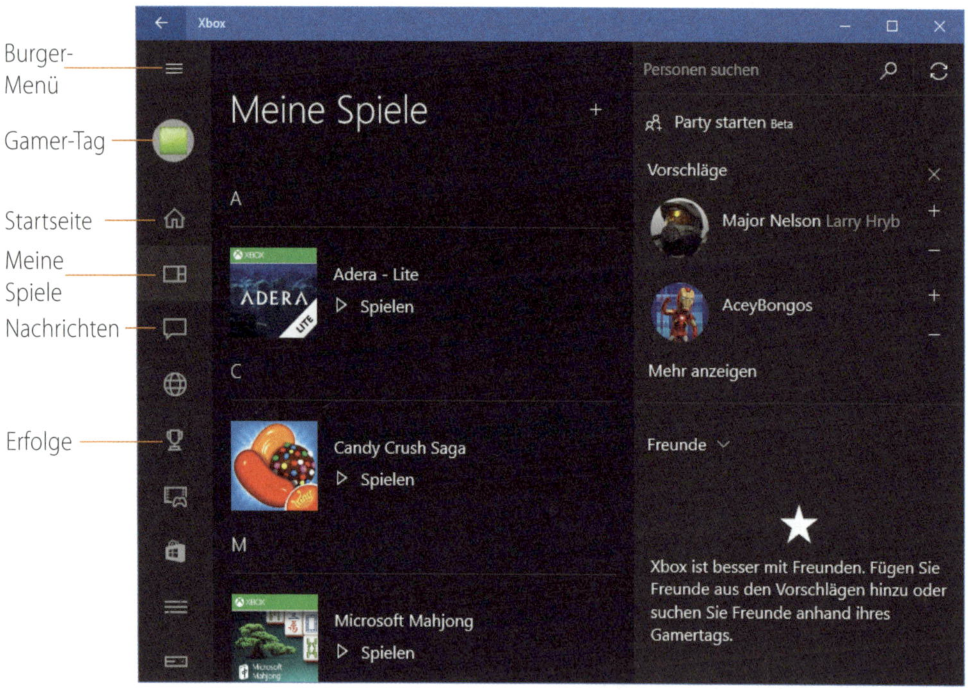

- Über die Symbole am linken Rand greifen Sie auf die Startseite, die eigenen Spiele, Nachrichten, Erfolge etc. zu. Das Burger-Menü blendet die Bezeichnungen für die Symbole ein.
- In der mittleren Spalte werden Informationen zur ausgewählten Kategorie (z. B. die eigenen Spiele oder Nachrichten) eingeblendet. In der rechten

Spalte erscheinen ggf. Namen von Mitspielern, die Sie zu einer Game-Party einladen oder in Freundeslisten eintragen können.

Die Spielaktivitäten werden über das Microsoft-Konto verwaltet. Über ein Symbol in der linken Spalte lässt sich der Spielername, auch als Gamer-Tag bezeichnet, abrufen. Dieser weicht vom Microsoft-Kontennamen ab.

Xbox für Online-Gamer

Xbox ermöglicht Ihnen, mit Freunden gemeinsam zu spielen oder gegen sie und andere Spieler online anzutreten sowie Spielergebnisse miteinander zu vergleichen. Sie können die im Folgenden beschriebenen Spiele aber ohne die Xbox-App aufrufen.

Das Kartenspiel Solitaire

Bei Solitaire handelt es sich um ein Patience-Kartenspiel, dessen Nachbildung Sie kostenlos als Solitaire-App aus dem Windows Store installieren können.

Aufgerufen wird das Kartenspiel Solitaire nach der Installation über die Kachel *Microsoft Solitaire Collection* des Startmenüs oder der Startseite.

Die Spiele-Apps von Microsoft fordern eine Anmeldung am Xbox-Live-Konto, um Spielstände an das Xbox-Live-Spielekonto zu übertragen. Falls Sie dies nicht möchten, spielen Sie als Gast. Fordert die App Zugriff auf Ihre Infos, können Sie das über die *Nein*-Schaltfläche unterbinden.

Über die Rubrik *Herausforderungen* auf der Startseite der App können Sie über Spielergebnisse »Münzen« und Auszeichnungen erhalten. Das soll die Spieler anspornen, wird im Buch aber nicht behandelt – zumal es immer wieder Probleme mit dieser Funktion gibt.

Die App *Microsoft Solitaire Collection* stellt Ihnen in der Rubrik *Spiele* eine ganze Sammlung unterschiedlicher Solitaire-Varianten und in der Rubrik *Designs* zumindest das klassische Design zum Spielen zur Verfügung. Wählen Sie auf der Seite eine der angezeigten Varianten (z. B. *Klondike*) aus, um das Spiel zu starten.

In der Kopfzeile finden Sie das Burger-Menü zum Zugriff auf die Spielvarianten oder die Spieloptionen. Außerdem gibt es die Schaltfläche zum An- und Abmelden am Xbox-Konto sowie ein Symbol, um zwischen der Vollbild- und der Fensterdarstellung umzuschalten.

Beim Spielstart erscheint ein Hinweis mit den Spielregeln, den Sie über die *Schließen*-Schaltfläche beenden. Das Ziel des Spiels besteht darin, Karten nach vorgegebenen Regeln umzuschichten. Für die Variante *Klondike* gelten folgende Spielregeln:

- Vom Ausgangsstoß in der linken Ecke müssen Sie die aufgedeckten Karten auf die vier Zielstöße in der rechten oberen Ecke in der Reihenfolge As, 2, 3 bis Bauer, Dame, König und geordnet nach der jeweiligen Spielfarbe (Karo, Kreuz, Herz und Pik) ablegen.
- Die Karten des Ausgangsstoßes lassen sich durch Anwählen aufdecken und dann auf die unteren sieben Zwischenstöße anlegen. Dabei können Karten

abwechselnd in den Spielfarben Schwarz und Rot in absteigender Wertigkeit (König, Dame, Bauer, 10 bis 2) an die Zwischenstöße angelegt werden.

- Die Schaltfläche *Rückgängig* in der rechten unteren Ecke macht schrittweise den letzten Zug rückgängig. Die in der linken oberen Ecke sichtbare Schaltfläche *Zurück* bringt Sie zur Einstiegsseite der App zurück.
- Am oberen Spielfeldrand werden während des Spiels die erreichte Punktzahl sowie die verstrichene Zeit angezeigt. Das Spiel ist gewonnen, wenn alle Karten auf die vier Zielstöße abgelegt wurden.

- In der linken unteren Ecke finden Sie eine Schaltfläche *Neues Spiel*, um das Spiel neu zu starten. Ein neues Spiel lässt sich auch durch Drücken der Funktionstaste F2 starten.

Am oberen Spielfeldrand werden die erreichte Punktzahl sowie die verstrichene Zeit angezeigt. Um die Spieleinstellungen anzupassen, klicken Sie auf *Spieloptionen* im Burger-Menü. In der angezeigten Seitenleiste passen Sie nun z. B. die Zahl der aufgedeckten Karten über die Optionsfeldgruppe *Karten pro Zug* an.

Beachten Sie, dass die diversen Solitaire-Varianten etwas abweichende Regeln haben. Diese werden in der Hilfe des jeweiligen Programms erklärt.

Microsoft Mahjong

Bei Mahjong handelt es sich um ein altes chinesisches Brettspiel, das Sie mit der Maus oder per Touchbedienung spielen können. Die App erhalten Sie kostenlos im Windows Store.

- Aufgerufen wird das Spiel nach der Installation über diese Kachel des Startmenüs oder der Startseite.
- Die Aufforderung zum Zugriff auf Ihre Infos sowie die Anmeldeaufforderung am Microsoft-Konto übergehen Sie mit der *Abbrechen*-Schaltfläche.

- Auf der App-Seite wählen Sie über Kacheln der Rubriken *Spiele* und *Designs* die Spielvariante. Das Design bestimmt das angezeigte Hintergrundmotiv des Spielfelds, während die Kachel der Rubrik *Spiele* Sie zur Auswahl der als *Puzzle* bezeichneten Spielaufstellung bringt.
- Wählen Sie zum Einstieg die Aufstellung der Spielsteine *Schildkröte*. Mit einem Schloss gekennzeichnete Varianten sind gesperrt, werden aber ggf. nach gewonnenen Spielen freigegeben.

Nach dem Spielstart können Sie ein Lernprogramm absolvieren oder überspringen. Abhängig vom gewählten Spiellevel wird beim Spielstart dann das Spielfeld mit den Steinen eingeblendet.

- Ziel des Spiels ist es, passende Pärchen an Spielsteinen durch Auswählen abzuräumen. Bei der *Schildkröte* sind nur Spielsteine durch Anklicken oder Antippen abräumbar, deren rechte oder linke Seite frei ist.

- Bei den meisten Spielsteinen legt das gleiche Muster die Übereinstimmung als Paar fest. Es gibt aber noch Steine für Blumen und die vier Jahreszeiten, die als Paare kombiniert werden dürfen.
- Lassen sich keine Spielsteine mehr abheben, wählen Sie ggf. das in der linken unteren Ecke sichtbare Element *Neu mischen*, um die restlichen Spielsteine neu zu mischen.
- Das Element *Rückgängig* in der rechten unteren Ecke des App-Fensters ermöglicht Ihnen, die letzten abgehobenen Spielsteine wieder zurückzuschieben, um neue Kombinationen auszuprobieren.

Blenden Sie das Burger-Menü über das Symbol in der linken oberen Ecke der App-Titelleiste ein, finden Sie verschiedene Befehle. Über den Eintrag *App-Befehle* erscheinen Kacheln am oberen und eine App-Leiste am unteren Rand. Dort können Sie das Puzzle wählen, das Spiel unterbrechen, ein neues Spiel beginnen, einen Tipp abrufen etc.

Außerdem finden sich im Burger-Menü sowie in der App-Leiste ein Befehl *Einstellungen* bzw. eine Schaltfläche *Spieloptionen*, um die gleichnamigen Seitenleisten aufzurufen. In den Seitenleisten können Sie einige Spieloptionen anpassen.

Es gibt eine Reihe weiterer kostenloser Spiele (z. B. Minesweeper, Sudoku, Taptiles, Wordament, Adera etc.) im Windows Store. Vielleicht stöbern Sie einfach ein wenig und probieren solche Spiele aus.

Notizen mit OneNote verwalten

In Windows ist das Programm OneNote zur Verwaltung von Notizen enthalten. Vorlesungsmitschriften an der Uni, Einkaufslisten, Rezeptsammlungen, Reiseplanungen, Besprechungsnotizen, Zeichnungen und Skizzen – alles, was Sie früher auf Papier notiert oder auf verschiedenen Festplatten abgelegt haben, lässt sich mit OneNote erfassen, clever verwalten und insbesondere auch schnell wiederfinden. Im nächsten Abschnitt finden Sie eine kurze Einführung in die Grundlagen der Programmbedienung.

Das OneNote-Fenster im Überblick

OneNote starten Sie über diese Kachel des Startmenüs bzw. der Startseite.

Nach dem OneNote-Programmstart öffnet sich ein Anwendungsfenster, über dessen Elemente Sie die OneNote-Notizen verwalten und erstellen. Hier eine kurze Übersicht über die spezifischen OneNote-Elemente:

- Ähnlich wie ein Notizbuch im realen Leben besteht ein OneNote-Notizbuch aus verschiedenen Seiten, die unterschiedliche Inhalte (Texte, Skizzen, Tabellen, Fotos etc.) enthalten können. Jede Seite besitzt dabei einen Seitentitel.
- Vermutlich kennen Sie auch die Möglichkeit, verschiedene Seiten in einem Notizbuch durch farbige Markierungen am Rand, durch ein Register oder durch Klebezettel in Kategorien (Rubriken) zu unterteilen. Da gibt es die Seiten mit Einkaufslisten, Notizen aus Besprechungsprotokollen, Notizen zu Projekten etc. Die Seiten eines Notizbuchs lassen sich noch in Abschnitte gruppieren.

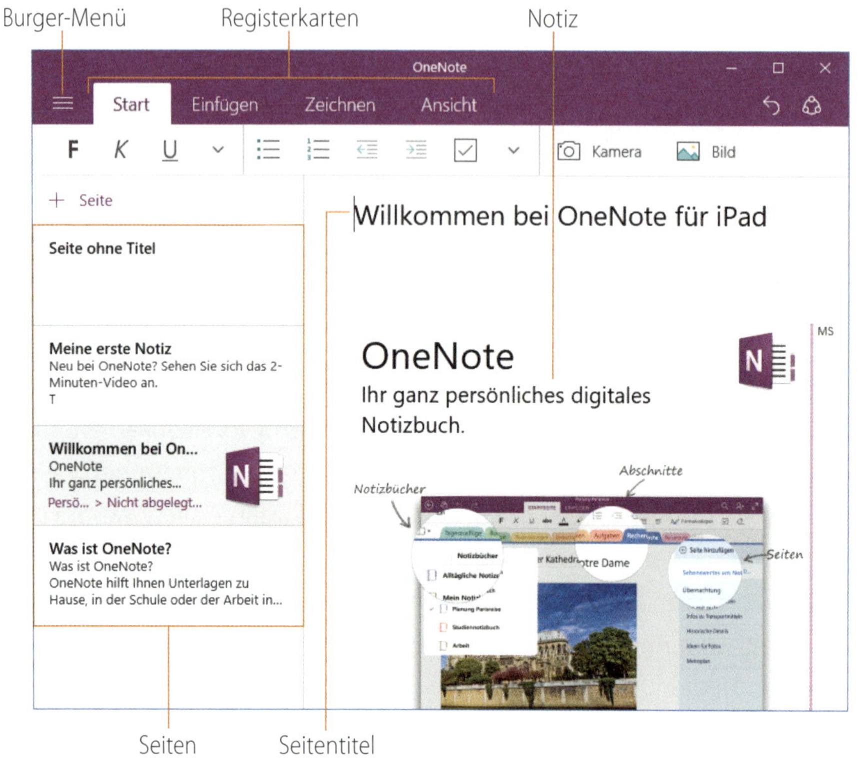

- Das aktuell gewählte Notizbuch wird im OneNote-Dokumentbereich angezeigt. Dieser ist in zwei Spalten unterteilt. Rechts wird die aktuell gewählte Notizseite (mit Text, Bildern, Links etc. und dem Titel) eingeblendet, während Sie auf die Notizseiten über die Einträge der linken Spalte (Seitenregister) zugreifen können. Gibt es Abschnitte, werden diese am oberen Rand, oberhalb der Notizseite, als Register eingeblendet.

Wählen Sie das Burger-Menü in der linken oberen Ecke aus, erscheint das hier sichtbare Menü, über das Sie auf bestehende Notizbücher oder die Kategorie *Aktuelle Notizen* zugreifen können.

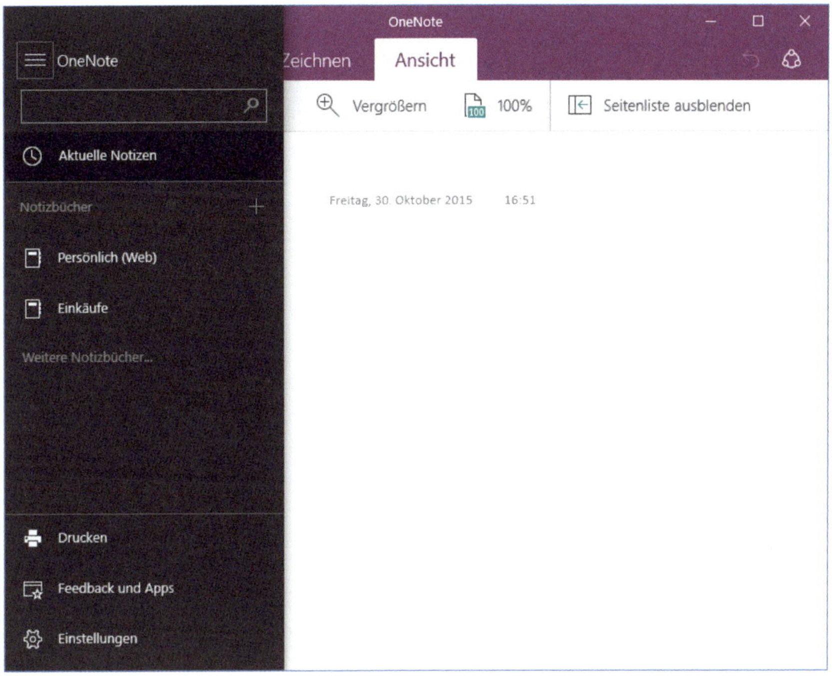

- Haben Sie ein Notizbuch mit vielen Abschnitten und Seiten angelegt, wissen aber nicht mehr genau, wo Sie eine bestimmte Notiz abgelegt haben? Tippen Sie den Suchbegriff im Suchfeld der Leiste ein, um nach diesem Begriff in allen Notizbüchern zu suchen.
- Über das +-Zeichen des Eintrags *Notizbücher* können Sie ein neues Notizbuch anlegen. Es wird dann ein Textfeld sichtbar, um den Notizbuchnamen einzutragen. Notizbücher werden automatisch auf dem OneDrive-Laufwerk abgelegt, d. h., OneNote benötigt eine Internetverbindung.
- Außerdem haben Sie die Möglichkeit, eine Notizbuchseite zu drucken oder auf die OneNote-Einstellungen zuzugreifen.

Zur Verwaltung von Notizbüchern, Notizseiten oder Abschnitten klicken Sie den betreffenden Bereich mit der rechten Maustaste an. Im Kontextmenü finden Sie dann passende Einträge, um Notizbücher, Seiten oder Abschnitte zu löschen, umzubenennen oder Elemente an das Startmenü anzuheften.

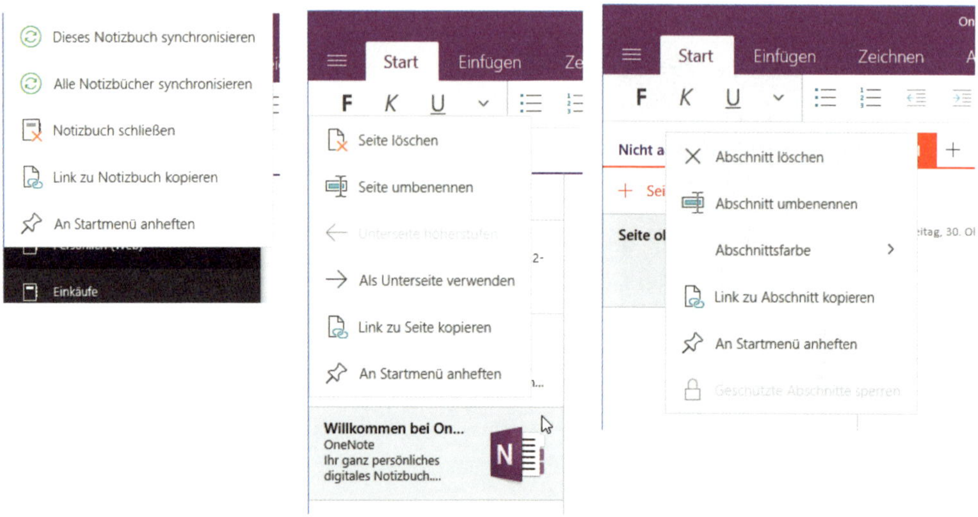

Notizbücher werden automatisch auf OneDrive abgelegt und beim Öffnen von OneNote aus diesem Onlinespeicher geladen. Sie brauchen sich also um das Speichern und Öffnen nicht zu kümmern.

Abschnitte verwalten

Wenn Sie ein Notizbuch mit mehreren Seiten öffnen oder neu anlegen, lassen sich diese Seiten ggf. in mehrere Abschnitte unterteilen. Je nach Anforderung werden Sie Abschnitte hinzufügen, löschen, umsortieren oder umbenennen wollen.

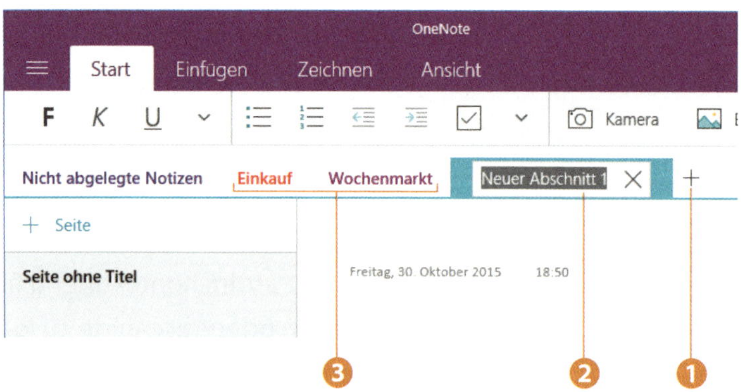

- Einen neuen Abschnitt erstellen Sie, indem Sie am oberen Rand auf das Pluszeichen ❶ klicken, dann den Abschnittsnamen auf das Register des neuen Abschnitts eintippen ❷ und abschließend die [↵]-Taste drücken.
- Die Abschnitte werden dann oberhalb des Dokumentbereichs angezeigt ❸. Um Abschnitte im Notizbuch zu bearbeiten oder zu verwalten, holen Sie diese durch einen Mausklick auf das Register in den Vordergrund. Auch ein neues Notizbuch wird mindestens eine Registerkarte *Neuer Abschnitt 1* aufweisen.
- Zum Sortieren der Abschnitte im Notizbuch klicken Sie auf ein Register und ziehen dieses mit der Maus horizontal nach links oder nach rechts. OneNote wird beim Loslassen der Maustaste den betreffenden Abschnitt an der gewünschten Stelle einsortieren.

Klicken Sie das Register eines Abschnitts mit der rechten Maustaste an, erscheint ein Kontextmenü mit Einträgen (siehe vorangegangenen Abschnitt).

- Der Eintrag *Umbenennen* bewirkt eine Markierung des auf der Registerkarte angezeigten Abschnittsnamens. Dann lässt sich der Text korrigieren oder ein neuer Name eintippen. Klicken oder tippen Sie anschließend auf eine Stelle außerhalb des markierten Namens, um den Modus wieder aufzuheben.
- Mit dem Kontextmenüeintrag *Löschen* wird der Abschnitt nach einer Sicherheitsabfrage samt den darin enthaltenen Seiten aus dem Notizbuch entfernt.
- Um die Farbe des Registers eines Abschnitts anzupassen, wählen Sie den Kontextmenüeintrag *Abschnittsfarbe* und im Untermenü eine Farbe aus.

Zudem haben Sie die Möglichkeit, einen Abschnitt per Kontextmenüeintrag im Startmenü anzuheften.

> Reicht der Platz im Dokumentfenster nicht zur Anzeige aller Registerkarten der im Notizbuch enthaltenen Abschnitte, blendet OneNote diese komplett aus.

Seiten mit Textnotizen anlegen

Sobald Sie das Notizbuch angelegt, die Abschnitte ergänzt oder deren Namen angepasst und Seiten eingefügt haben, können Sie die Notizbuchseiten mit Inhalten füllen. Textnotizen halten Sie z. B. mit folgenden Schritten auf einer Seite fest:

1 Klicken Sie ggf. das Register ❶ des gewünschten Abschnitts an, und wählen Sie im Seitenregister die gewünschte Seite ❷.

2 Sofern erforderlich, fügen Sie dem Abschnitt eine neue Seite hinzu (indem Sie auf + *Seite* im Seitenregister klicken ❸).

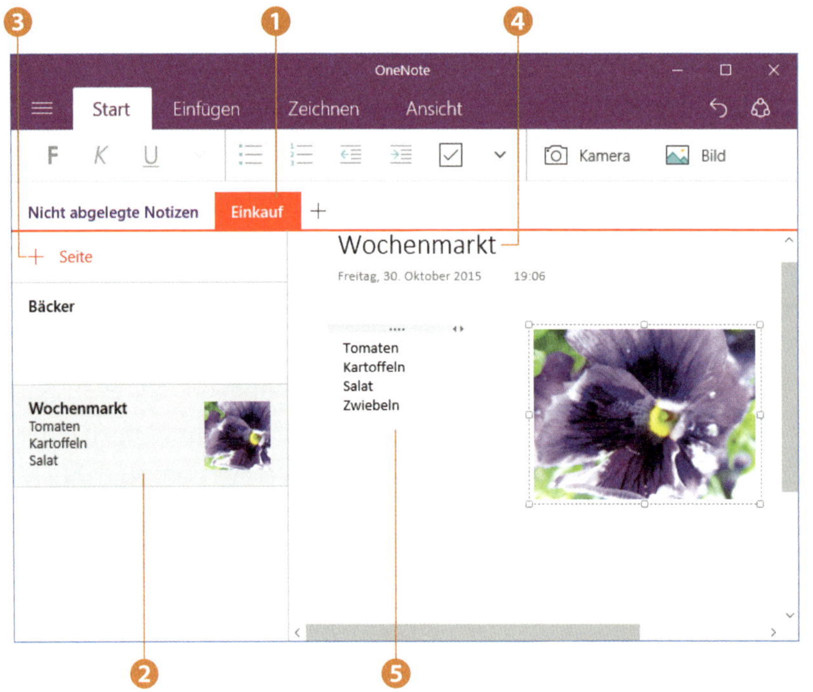

3 Klicken oder tippen Sie auf den Platzhalter für den Seitentitel ❹, tragen Sie den betreffenden Text ein, und wählen Sie eine andere Stelle der Seite aus.

> Der Seitentitel wird bereits während der Eingabe im Seitenregister mit eingeblendet. Um den Seitentitel nachträglich zu ändern, wählen Sie den Titeltext der Seite aus und passen diesen an.

4 Klicken oder tippen Sie anschließend auf eine Stelle der Notizbuchseite, und beginnen Sie mit dem Eintippen der Notiz **5**.

OneNote zeigt dann einen Markierungsrahmen, der den Text aufnimmt. Für Eingaben gilt Folgendes:

- Tippen Sie einfach den gewünschten Text ein, und drücken Sie zum Einleiten einer neuen Zeile die [↵]-Taste. Positionieren Sie die Einfügemarke an den Anfang einer Zeile, und drücken Sie die [⇆]-Taste, um einzelne Zeilen der Notiz nach rechts einzuziehen. Ist die Einfügemarke am Tabellenende angeordnet, legt das Drücken der [⇆]-Taste eine Tabellenzelle an.
- Um eine nummerierte Aufzählung der Art 1., 2., 3. zu erhalten, tippen Sie vor die Zeile die Nummer, einen Punkt und ein Leerzeichen ein. OneNote formatiert den betreffenden Absatz dann mit einem Nummerierungszeichen.
- Tippen Sie an den Zeilenanfang das Zeichen * oder -, gefolgt von einem Leerzeichen, ein. OneNote versieht den betreffenden Absatz mit einem Kreis oder Bindestrich als Schmuckpunkt.
- Haben Sie eine Sequenz an Aufzählungszeilen mit Schmuckpunkten oder Nummerierungssymbolen angelegt, können Sie einzelne Zeilen der Aufzählung (z. B. mit der [⇆]-Taste) um eine weitere Stufe nach rechts einziehen. Dann werden die Nummerierungs- oder Aufzählungssymbole an die betreffende Stufe angepasst.
- Um einen Zeileneinzug oder eine Nummerierung bzw. Aufzählung wieder aufzuheben, klicken Sie an den Zeilenanfang des Absatzes und drücken die [⇐]-Taste.
- Die eingetippten Texte lassen sich durch Überschreiben korrigieren, mit der Maus markieren und über die [Entf]-Taste auch wieder löschen.

> Die Schaltfläche *Rückgängig* der Symbolleiste für den Schnellzugriff oder die Tastenkombination [Strg]+[Z] ermöglicht Ihnen, die letzten Befehle zurückzunehmen.

- Eingaben sind an jeder Stelle der Notizseite möglich. Klicken oder tippen Sie auf eine Stelle der Notizseite, und tippen Sie dann den Text zeilen- oder absatzweise ein. OneNote blendet einen Rahmen ⑤ zur Aufnahme des Inhalts ein. Die Rahmengröße wird dynamisch an die Textbreite und -höhe angepasst.
- Klicken oder tippen Sie auf eine Stelle außerhalb des Rahmens, verschwindet dieser. Sobald Sie erneut mit der Maus auf Inhalte der Notizseite zeigen, erscheint der Rahmen wieder. Über den Rand lässt sich der Rahmen ⑤ samt Inhalt mit der Maus auf der Notizseite verschieben.
- Über die Schaltflächen *Kamera* und *Bild* lassen sich Fotos der Webkamera oder aus gespeicherten Grafikdateien in die Notizseiten einfügen.
- Auf der Registerkarte *Einfügen* finden Sie Elemente, um Tabellen, Dateien, Links oder Fotos in die Notiz aufzunehmen.
- Die Registerkarte *Zeichnen* stellt zudem Schaltflächen bereit, um mit verschiedenen Werkzeugen auf der Notizseite handschriftliche Anmerkungen, Markierungen und Zeichenelemente einzufügen.

Klicken Sie den Rahmen mit der rechten Maustaste an, erscheint eine Leiste. Entfernen Sie den kompletten Inhalt über den Eintrag *Löschen*.

Texte in Notizen formatieren

Haben Sie einen Text auf einer Seite des Notizbuchs eingetippt? Zur besseren Strukturierung, oder – falls die Notizen in Reinschrift erfolgen und länger Bestand haben sollen –, formatieren Sie die Texte. Denken Sie z. B. an eine Rezeptsammlung, bei der die Überschriften und einzelne Teile hervorgehoben werden. Oder Sie führen Besprechungsprotokolle, Vorlesungsmitschriften, Referatsentwürfe für die Schule etc. in OneNote als Notizen.

1 Markieren Sie auf der Notizseite den zu formatierenden Text ① (z. B. durch Ziehen mit der Maus).

2 Weisen Sie der Markierung die Zeichenformate über die Formatierungselemente ② der Registerkarte *Start* zu.

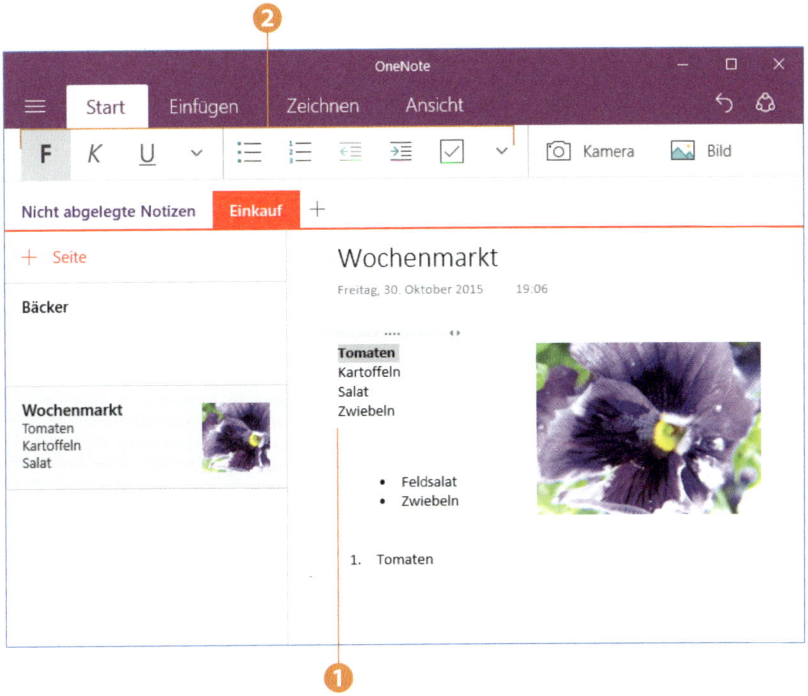

OneNote stellt Ihnen auf der Registerkarte *Start* 2 des Menübands verschiedene Schaltflächen und Formatelemente zur Verfügung. Über diese Elemente weisen Sie Schriftart, -grad, -farbe, Hintergrundfarbe oder Auszeichnungen wie fett, kursiv und unterstrichen zu. Zudem sind Einzüge, Aufzählungszeichen und Nummerierungen möglich.

Tipp

Durch Zeigen mit der Maus auf ein Element der Registerkarte lässt sich dessen Funktionsname als QuickInfo abrufen.

Neben OneNote ist bei einigen Windows-10-Systemen auch Microsoft Office mit Word, Excel und PowerPoint vorinstalliert. Oder es gibt eine Kachel *Office holen*, um sich das (ggf. kostenpflichtige) Office-Paket aus dem Internet herunterzuladen und es zu installieren. Aus Platzgründen kann auf die Funktionen dieser Office-Module an dieser Stelle jedoch nicht eingegangen werden.

Wetter- und Karten-App

Windows kann Sie auf Reisen mit Apps wie Wetter oder dem Kartendienst unterstützen. Die Funktionen dieser Apps werden im nächsten Abschnitt kurz vorgestellt.

Wettervorhersage im Blick

Die über eine Kachel des Startmenüs oder der Startseite abrufbare Wetter-App ermöglicht es Ihnen, eine lokale Wettervorschau von jedem Ort der Welt per Internet abzurufen.

- Die App zeigt die wichtigsten Wetterdaten direkt in der Kachel auf der Startseite an. Auf der App-Seite erscheint eine 15-Tage-Vorschau ❶, und durch Blättern sowie über die Symbole des Burger-Menüs ❷ können eine stündliche Vorhersage, das Reisewetter, Karten und mehr an Informationen abgerufen werden.
- Das Wetter wird zum gewählten Ort (z. B. dem aktuellen Standort) angezeigt. Blenden Sie die Einstellungen über das Zahnradsymbol ❸ ein, lässt sich über *Standort* der aktuelle Standort für die Wettervorhersage auch manuell eintragen. Über das Feld *Ort oder PLZ* im Kopfbereich der App ❹ können Sie die Wettervorhersage für weitere Orte abrufen.

Bei Geräten mit Positionssensor (GPS-Empfang) ermittelt die App den aktuellen Standort automatisch.

> Die Wetter-App bezieht die Wetterdaten online von Bing Wetter, kann also nur Informationen anzeigen, die dort bekannt sind. Zudem ist eine Onlineverbindung erforderlich, damit die App funktioniert.

Karten und Routenplanung

Maps ist ein von Microsoft angebotener Kartendienst, der sich als Pendant zu Google Maps versteht und sowohl Karten anzeigen als auch Routen planen kann.

Standortabfrage sperren

Beim ersten Aufruf erscheint eine Nachfrage der App, ob die Positionsdienste aktiviert werden dürfen. Dies ist bei Verwendung der Karten-App als Navigationshilfe erforderlich. Die Verwendung des Standorts können Sie sperren, indem Sie in der linken Spalte über das Zahnradsymbol in die *Einstellungen* wechseln und unter *Datenschutz Positionseinstellungen öffnen* wählen.

In Windows ist ein sehr komfortabler Zugriff auf diesen Kartendienst über die Karten-App möglich. Diese wird über die Kachel *Karten* des Startmenüs bzw. der Startseite aufgerufen. Anschließend wird eine Karte im App-Fenster eingeblendet.

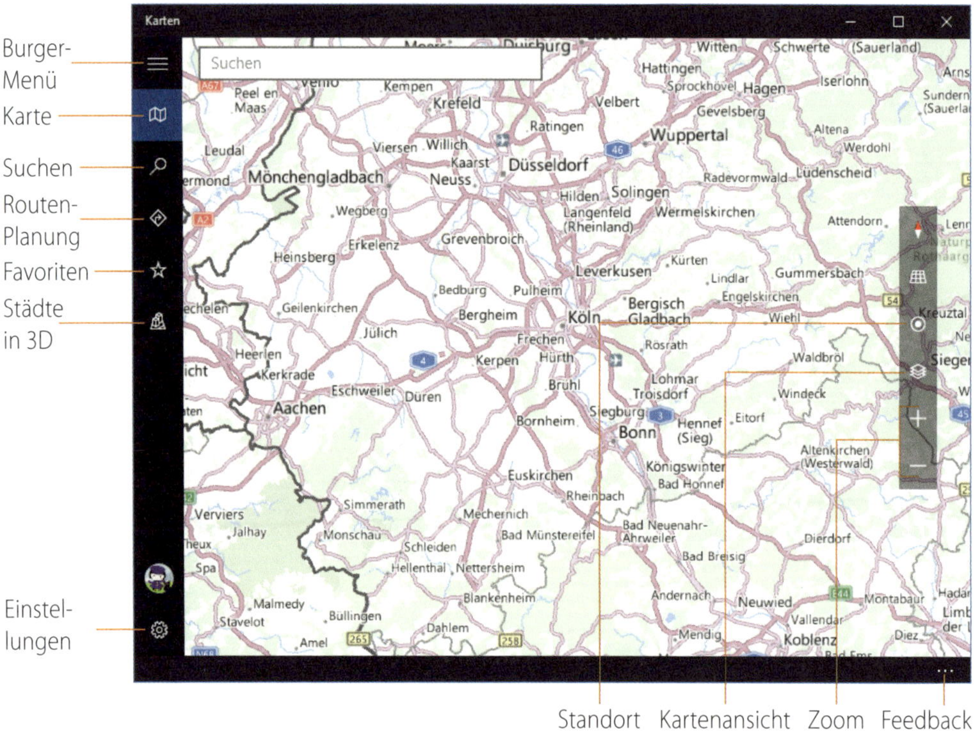

- Die App erfordert standardmäßig eine Onlineverbindung zum Laden der Onlinekarten. Wählen Sie das Symbol *Einstellungen* in der linken Spalte, wird in der Spalte *Einstellungen* eine Option zum Herunterladen von Offlinekarten angeboten. Sie können das Kartenmaterial also für unterwegs, wenn kein Internet zur Verfügung steht, vorab herunterladen.
- Die eigene Position innerhalb der Karte wird nach einem Klick auf die Schaltfläche *Standort* entweder über einen GPS-Sensor oder aus anderen Angaben (z. B. WLAN-Standort) ermittelt und durch ein Symbol in der Karte gekenn-

zeichnet. Bei der Positionsermittlung per WLAN kann der Standort aber um viele Kilometer abweichen.

- Blättern können Sie per Maus oder Finger im Kartenausschnitt. Zwei eingeblendete Zoom-Schaltflächen mit Plus- und Minuszeichen ermöglichen es, die Kartenausschnitte zu vergrößern oder zu verkleinern. Alternativ ist bei Touchbedienung der Zoom durch Spreizen oder Zusammenziehen zweier Finger möglich.
- Symbole in der eingeblendeten Leiste sowie in der linken Spalte ermöglichen es, den eigenen Standort, Wegbeschreibungen oder den Kartenstil abzurufen. Beim Kartenstil können Sie zwischen den Karten und dem Modus *Luftaufnahmen* (erstellt aus Satelliten- und Luftbildern) umschalten.

Eine Routenplanung ist über die Schaltfläche *Routenplanung* der linken Leiste des Burger-Menüs möglich:

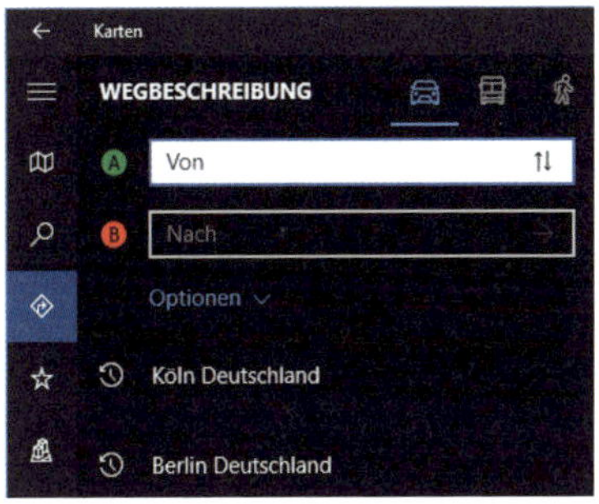

- Bei Anwahl werden in der Seitenleiste zwei Eingabefelder für Start und Ziel eingeblendet.
- Über die rechts neben dem Feld *Von* eingeblendete Schaltfläche lassen sich Start und Ziel tauschen.
- Über *Optionen* können Sie Vorgaben wie *Mautstraßen vermeiden* festlegen.
- Zudem lassen sich Routen für Auto, Bahn und Fußgänger über die rechts neben *Wegbeschreibung* eingeblendeten Symbole planen.

Die Fahrtroute wird sofort nach der Eingabe der Wegpunkte berechnet. Diese Wegbeschreibung wird dann farbig in der Karte angezeigt. Zudem finden Sie am Kartenrand eine Wegbeschreibung in Textform. In der Abbildung sehen Sie in der linken Spalte zwei alternative Wegbeschreibungen von Köln nach Berlin. Durch Anklicken eines Eintrags können Sie die jeweilige Route in der Karte aufrufen.

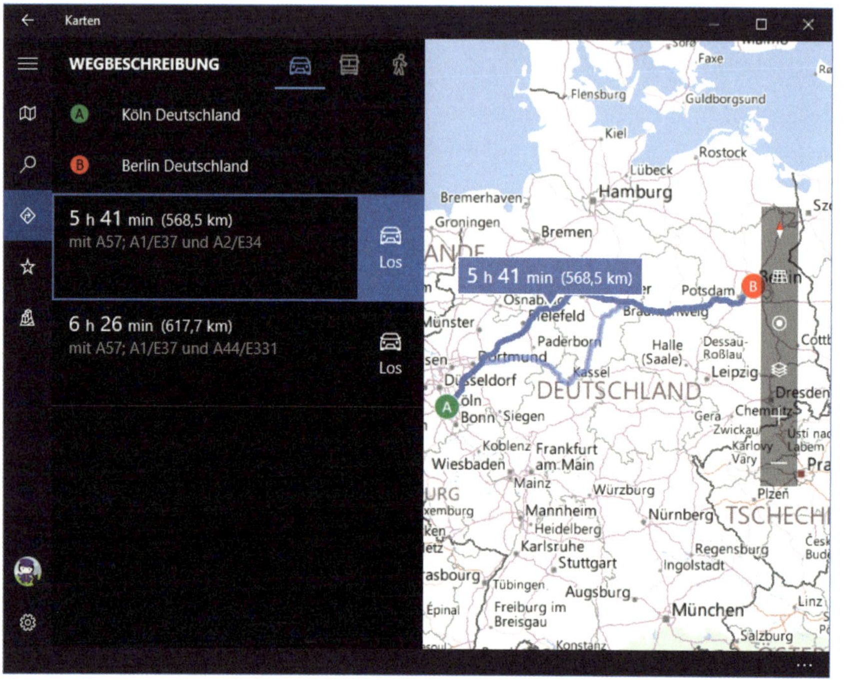

Zur Suche in der Karte klicken Sie auf das Suchfeld und geben den Suchbegriff ein. Über das *Suchen*-Symbol in der linken Spalte können Sie nach Cafés, Hotels etc. suchen.

> Es gibt weitere Apps, um Informationen (Reisen, Sport, Nachrichten, Finanzdaten) abzurufen. Es gibt noch die App *Alarm & Uhr*, die eine Uhr oder eine Stoppuhr bereitstellt. Über die App *Begleiter für Telefon* erhalten Sie Hilfestellung, um Ihr Smartphone mit Windows zu synchronisieren. Windows enthält noch weitere Apps, deren Funktionen ich aber in diesem Buch nicht vorstelle. Beachten Sie auch, dass sich die Funktionen von Apps mit der Zeit ändern können.

Fazit

In diesem Kapitel haben Sie verschiedene Spiele-Apps, OneNote, die Wetteranzeige und den Kartendienst kennengelernt. Sie kennen nun die wichtigsten Windows-Funktionen und können mit dem Betriebssystem arbeiten. Im nächsten Kapitel beschreibe ich noch die Funktionen zum Anpassen und Einrichten von Windows.

Kapitel 10

Windows anpassen und pflegen

In diesem Kapitel erfahren Sie, wie sich Einstellungen von Windows anpassen und Benutzerkonten, Programme oder Drucker einrichten lassen. Zudem erfahren Sie, was Sie zur Absicherung von Windows wissen sollten.

Windows-Einstellungen anpassen

Windows ermöglicht Ihnen einen zentralen Zugriff auf diverse Einstellungen über die neue Benutzeroberfläche, stellt aber weiterhin die Systemsteuerung zur Verfügung. Im nächsten Abschnitt erhalten Sie einen kurzen Überblick darüber, wie Sie die Windows-Einstellungen anpassen können.

So gelangen Sie zu den Einstellungen

Der Zugriff auf die wichtigsten Windows-Einstellungen ist direkt über Elemente der *Einstellungen*-App möglich.

1 Wählen Sie das Symbol *Start* (oder das Burger-Menü im Tablet-Modus) und dann im eingeblendeten Menü *Einstellungen*, um die App aufzurufen.

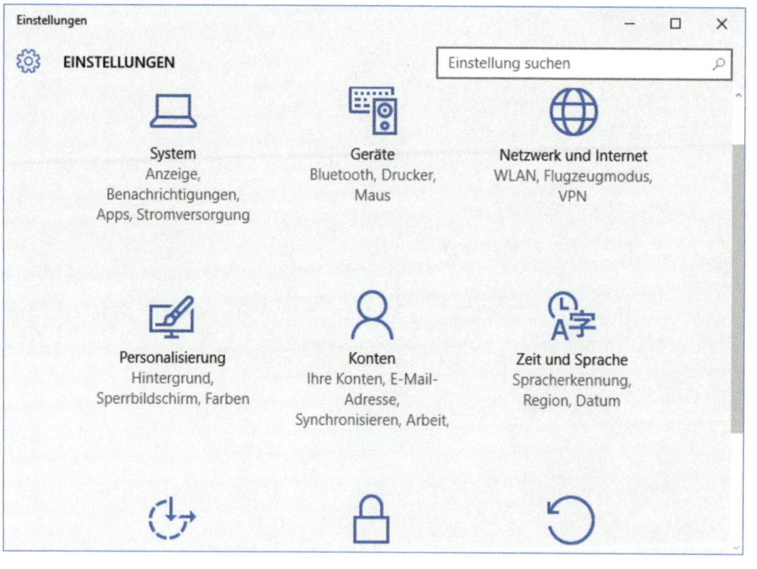

2 Wählen Sie die gewünschte Funktion in der angezeigten App *Einstellungen* aus, und passen Sie die gewünschten Einstellungen an.

Bei Bedarf können Sie über die Bildlaufleiste in der Liste der Symbole blättern.

Tipp

Tippen Sie im Suchfeld *Einstellung suchen* einen Begriff ein, werden Ihnen passende Treffer direkt als Befehle zur Auswahl angezeigt. Sie sparen sich dann die Navigation über die Einträge in der App *Einstellungen*.

Über das Symbol *System* in den *Einstellungen* öffnen Sie z. B. die im Folgenden gezeigte Seite. Diese gewährt Ihnen schnellen Zugriff auf die wichtigsten Systemeinstellungen.

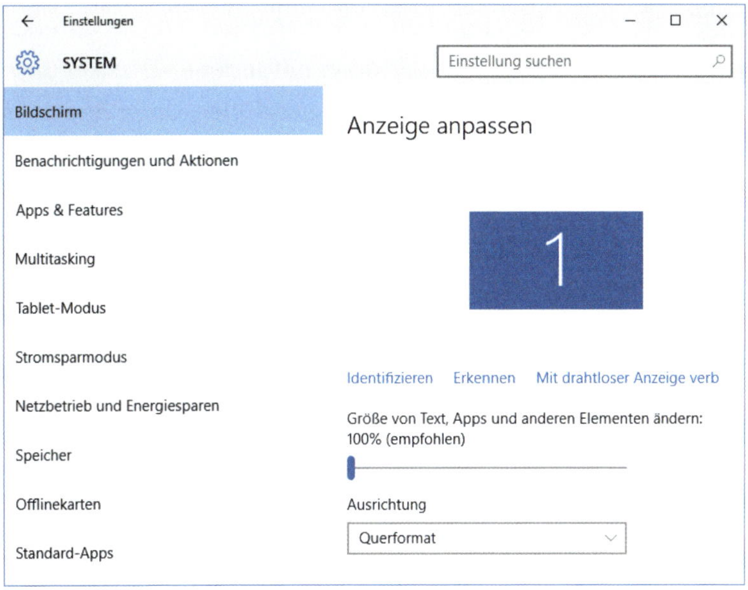

- Wählen Sie in der linken Spalte der Seite zuerst die gewünschte Kategorie aus. Dann erscheinen die Optionen im rechten Teil der Seite, und die Einstellungen lassen sich anpassen.
- Geänderte Einstellungen werden sofort wirksam. Grau abgeblendete Optionen stehen auf dem Gerät nicht zur Verfügung.

In der hier gewählten Unterkategorie *Bildschirm* finden Sie z. B. Einstelloptionen, um die Bildschirmausrichtung vorzugeben, den Bildschirm zu identifizieren, die Bildschirmhelligkeit anzupassen oder die Drehung (bei Tablet-PCs) zu blockieren.

- Über den Hyperlink *Erweiterte Anzeigeeinstellungen* gelangen Sie zu einer Folgeseite, auf der sich die Bildschirmauflösung einstellen lässt. Das ist aber meist nicht sinnvoll.
- Wählen Sie auf der Seite *Einstellungen* z. B. das Symbol *Datenschutz*, gelangen Sie zu einer Einstellungsseite, auf der Sie die Verwendung der Kamera, des Mikrofons oder der Position durch Apps und Windows ein-/ausschalten können. Dort finden Sie auch weitere Optionen, um die Datenschutzeinstellungen von Windows anzupassen.
- Unter der Hauptkategorie *Geräte* erhalten Sie Zugriff auf Unterkategorien, um z. B. Geräte, Maus, Touchpad und mehr anzupassen. Die Unterkategorie *Drucker & Scanner* zeigt die von Windows gefundenen Drucker und Scanner und ermöglicht es auch, neue Geräte hinzuzufügen. Unter *Angeschlossene Geräte* werden die gefundenen Geräte aufgeführt.

Tipp

Sind Sie Linkshänder und möchten die Maus umstellen? Gehen Sie in der Seite *Einstellungen* zur Kategorie *Geräte*, und wählen Sie die Unterkategorie *Maus und Touchpad*. Dann erscheint im rechten Teil der Seite die Option *Primäre Taste auswählen*. Klicken oder tippen Sie auf das darunter sichtbare Feld, und stellen Sie den Wert auf *Rechts*. Dann werden die Tasten vertauscht, und die rechte Maustaste fungiert als linke Maustaste.

Über weitere Kategorien passen Sie z. B. die Einstellungen der erleichterten Bedienung an (siehe folgende Seiten), legen Zeit und Sprache fest, schauen ggf. nach Updates oder setzen ein beschädigtes Windows auf den Auslieferungszustand zurück.

Die Systemsteuerung enthält weitere Einstellungen

Manche Einstellungen des Systems (z. B. Programme deinstallieren, Funktionen aktivieren) können Sie über das Fenster der Systemsteuerung vornehmen. Microsoft will diese Optionen in künftigen Windows-Updates schrittweise in die *Einstellungen* integrieren.

- Zum Aufrufen der Systemsteuerung tippen Sie im Suchfeld den Text »Sys« ein und wählen anschließend in der Liste der Suchtreffer *Systemsteuerung* aus.
- Oder Sie klicken mit der rechten Maustaste auf *Start* und wählen im Schnellstartmenü den Eintrag *Systemsteuerung* ❶.

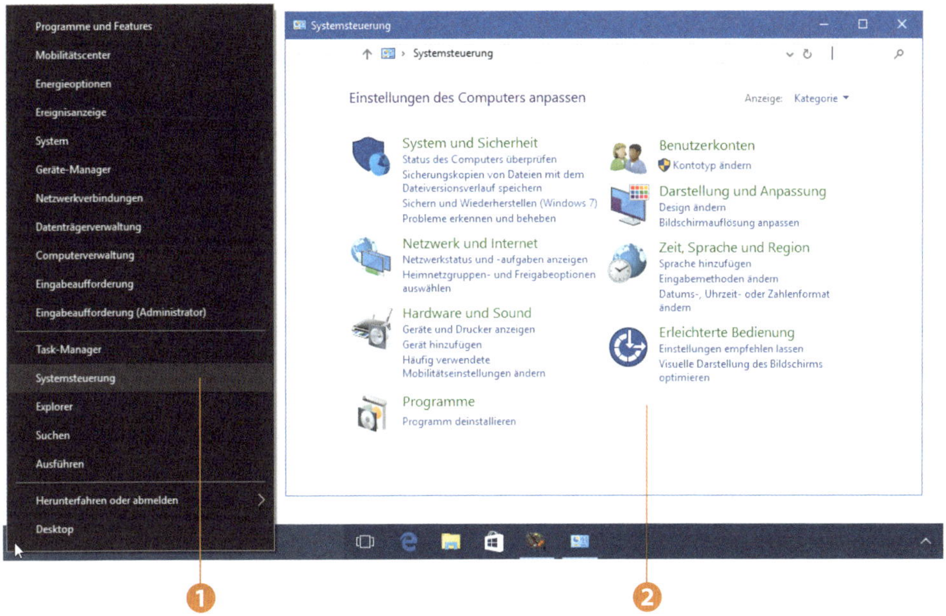

- Im Fenster der Systemsteuerung ❷ wählen Sie dann einen Befehl und verfeinern die Auswahl in mehreren Schritten. Das Fenster zeigt bei jedem Schritt ein Formular ❸ mit Unterkategorien der verfügbaren Befehle.
- Tippen oder klicken Sie auf das Suchfeld ❹ in der rechten oberen Fensterecke, können Sie einen Begriff (z. B. »Maus«) eingeben. Dann filtert Windows die Anzeige und blendet nur noch passende Einträge ❺ in der Systemsteuerung ein.

Wählen Sie einen Befehl aus, wird die Eigenschaftenseite mit den Optionen geöffnet. Anschließend passen Sie in den angebotenen Eigenschaften- und Dialogfeldern die gewünschten Einstellungen an und bestätigen dies über die angezeigte *OK*-Schaltfläche.

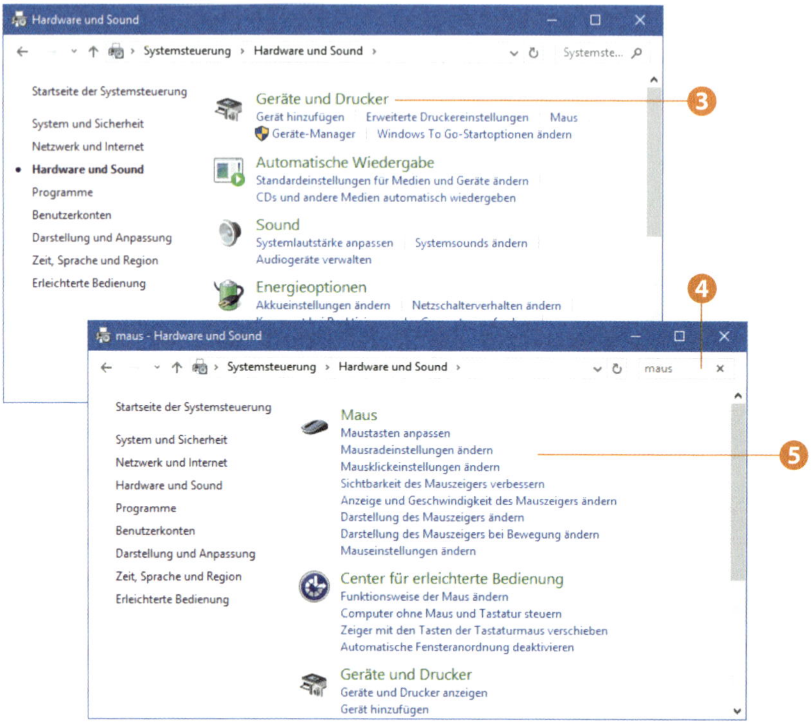

Nur dem Administrator vorbehalten

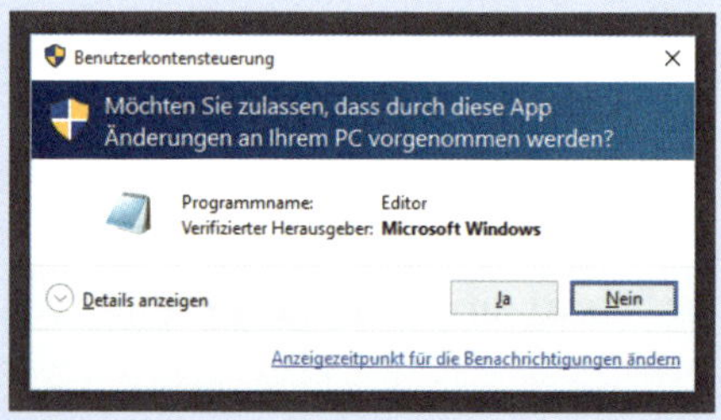

Manche Änderungen lassen sich aus Sicherheitsgründen nur von Benutzern mit Administratorrechten vornehmen. Die Befehle sind mit einem kleinen Schild Kontotyp ändern gekennzeichnet. Bei Anwahl des Befehls wird ggf. der Desktop abgedunkelt, und das Dialogfeld mit der Sicherheitsnachfrage der Benutzerkontensteuerung erscheint.

Im hier gezeigten Dialogfeld bestätigen Sie die Ausführung über die *Ja*-Schaltfläche. Bei einem Standardbenutzerkonto wird zusätzlich das Administratorkennwort abgefragt. Dies soll verhindern, dass Schadprogramme unbeabsichtigt ausgeführt und die Sicherheitseinstellungen von Windows ungewollt bzw. unbemerkt verändert werden. Solche Funktionen sollten Sie nur ausführen, wenn Sie sich über deren Auswirkungen im Klaren sind.

Anpassen des Sperrbildschirms

Sie können den bei jedem Windows-Start bzw. nach jeder Abmeldung angezeigten Sperrbildschirm durch eigene Motive ersetzen.

1 Rufen Sie die *Einstellungen* über das Startmenü bzw. die Startseite auf, und wählen Sie den Eintrag *Personalisierung*.

2 Auf der nun angezeigten Seite *Personalisierung* wählen Sie in der linken Spalte die Kategorie *Sperrbildschirm* ①.

3 Anschließend wählen Sie in der rechten Spalte der Seite eine der im Listenfeld *Hintergrund* angezeigten Optionen ② für den Sperrbildschirm aus.

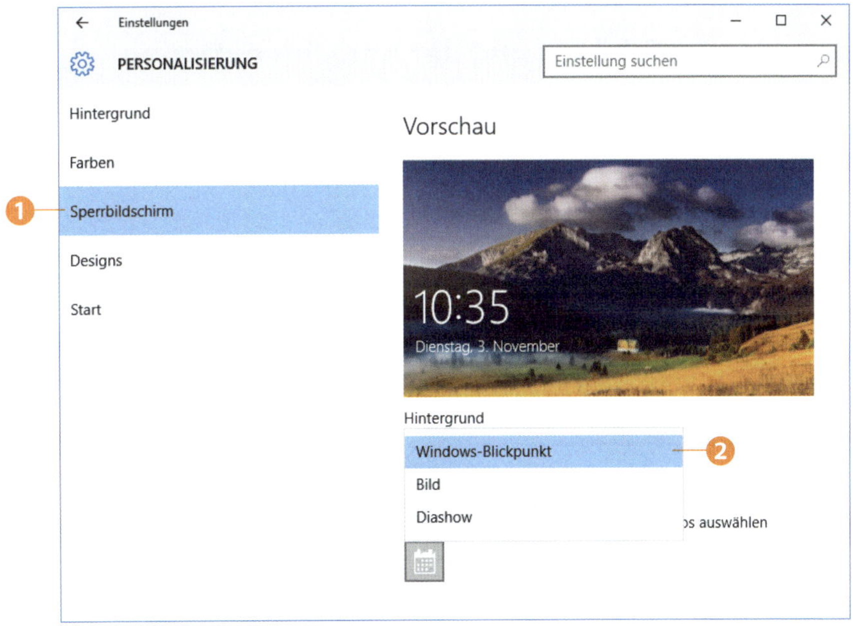

Bei Bedarf können Sie eigene Motive über den Wert *Bild* auswählen und dem Sperrbildschirm zuweisen.

App-Benachrichtigung für Sperrbildschirm konfigurieren

Einige Apps (z. B. Nachrichten oder Mail) können Benachrichtigungen auf dem Sperrbildschirm anzeigen. In der Kategorie *Sperrbildschirm* finden Sie Möglichkeiten, um Apps, die Daten auf dem Sperrbildschirm anzeigen dürfen, auszuwählen.

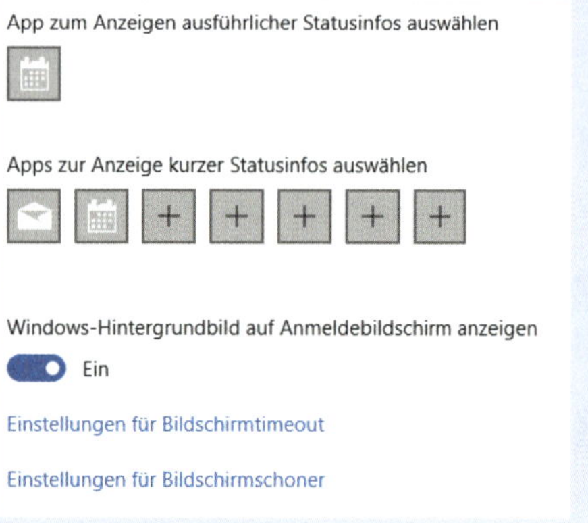

Ändern des Profilbildes und der Anmeldeoptionen

Das Profilbild eines Benutzerkontos der Windows-Anmeldeseite passen Sie über die *Einstellungen* an.

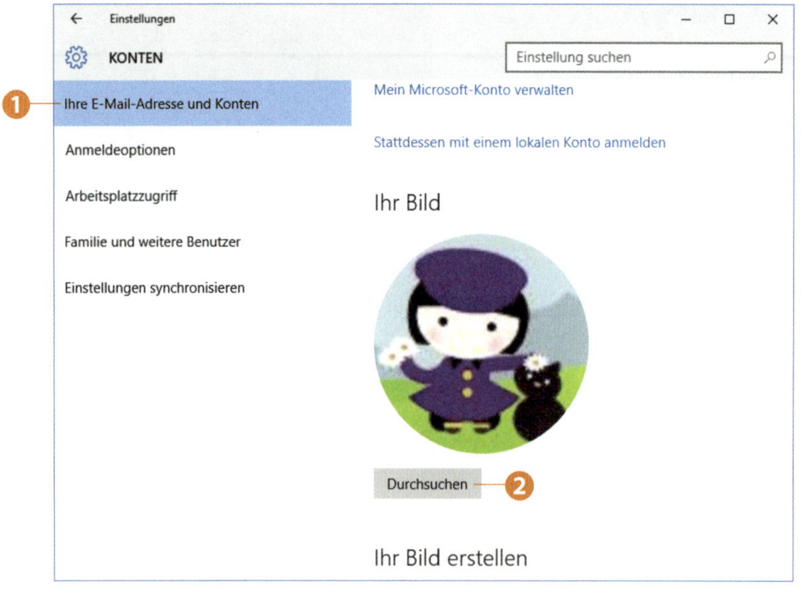

- Wechseln Sie in den *Einstellungen* zur Kategorie *Konten* und dann zur Kategorie *Ihre E-Mail-Adresse und Konten* ❶.

- Klicken oder tippen Sie auf die Schaltfläche *Durchsuchen* 2, um ein Foto aus dem Ordner *Bilder* auszuwählen und zuzuweisen.
- Über das Kamerasymbol der Rubrik *Ihr Bild erstellen* können Sie ein Foto über die Front- oder Rückseitenkamera des Tablet-PCs oder Notebooks anfertigen und dem Konto als Profilbild zuweisen.

Konten umstufen

Windows 10 unterscheidet zwischen lokalen Benutzerkonten und Microsoft-Konten. Letztere ermöglichen die Synchronisierung von Einstellungen mit dem OneDrive-Laufwerk bzw. von Benutzereinstellungen über verschiedene Geräte. Wählen Sie in den *Einstellungen* die Kategorie *Konten* und dann die Unterkategorie *Ihre E-Mail-Adresse und Konten* 1. Dann finden Sie in der rechten Spalte Einträge wie *Mein Microsoft-Konto verwalten* zum Anpassen der Microsoft-Kontoeinstellungen oder *Stattdessen mit einem lokalen Konto anmelden*, um den Typ des Benutzerkontos zwischen einem lokalen oder einem Microsoft-Konto zu ändern.

Um die Art der Anmeldung zu ändern (z. B. PIN-Anmeldung anstelle von Kennwort), wählen Sie in der Kategorie *Konten* der *Einstellungen* den Eintrag *Anmeldeoptionen* 3. Dann finden Sie die betreffenden Optionen im rechten Teil des Fensters.

- **Kennwort ändern:** Die Schaltfläche 4 ermöglicht es Ihnen, das Kennwort für ein Konto zu ändern. Beachten Sie bei einem Microsoft-Konto, dass dieses geänderte Kennwort auch für die Anmeldung über den Webbrowser zum Zugriff auf OneDrive oder Hotmail, Outlook.com etc. gilt.
- **PIN erstellen:** Diese Schaltfläche 5 fragt in einem Fenster das aktuelle Kennwort ab und ermöglicht es, in einem weiteren Formular einen PIN-Code anstelle des Benutzerkennworts festzulegen. Bei definiertem PIN-Code wird bei der Benutzeranmeldung ein entsprechender Hinweis im Kennwortfeld eingeblendet. Auf der Seite *Konten/Anmeldeoptionen* finden Sie dann Schaltflächen, um den PIN-Code zu ändern oder zu entfernen.

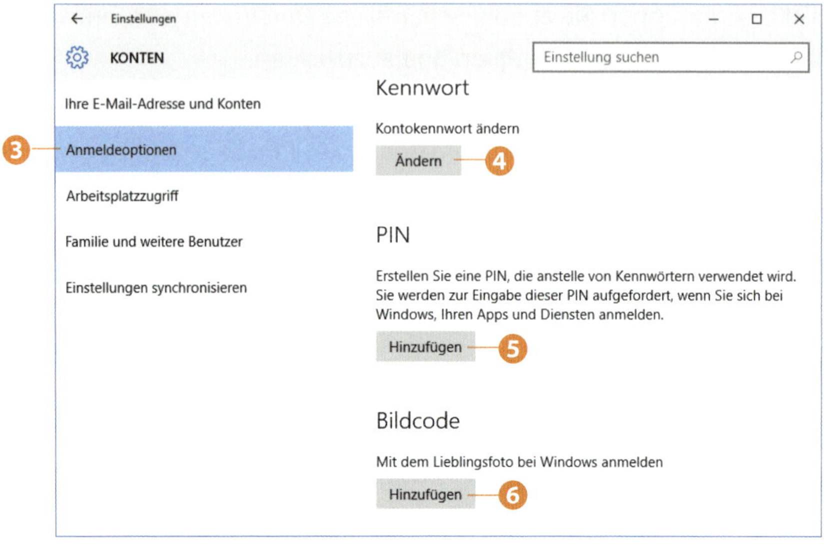

- **Bildcode erstellen:** Wählen Sie diese Schaltfläche 6, um die Anmeldung am Benutzerkonto über einen Bildcode einzurichten. Nach Eingabe des Benutzerkennworts und Auswahl des Bildes werden Sie durch die erforderlichen Schritte geführt. Sie werden aufgefordert, drei Gesten (Kreise, Verbindungslinien) festzulegen, die später als Bildcode zur Anmeldung ausgeführt werden müssen. Die festgelegten Gesten müssen Sie anschließend probeweise wiederholen. Dieser Vorgang kann jederzeit neu gestartet werden. Sind die Gesten festgelegt und akzeptiert, kann das Bildkennwort übernommen werden. Ist der Bildcode eingerichtet, zeigt die Seite *Benutzer/Anmeldeoptionen* zwei Schaltflächen, um den Bildcode zu ändern oder zu entfernen.

Je nach Gerät gibt es auch noch die sogenannte Hello-Anmeldung per Gesichtserkennung mittels der Frontkamera.

Benutzerkonten verwalten

Windows 10 kann verschiedene lokale Benutzerkonten und/oder Microsoft-Konten verwalten. Dabei wird nicht nur zwischen lokalen und Microsoft-Konten, sondern auch zwischen Standardbenutzer- und Administratorkonten unterschieden. Benutzerkonten lassen sich von Administratorkonten verwalten. Zum Anlegen oder Löschen von Benutzerkonten melden Sie sich unter einem Administratorkonto an und führen folgende Schritte aus:

1 Um Benutzerkonten zu verwalten, rufen Sie die *Einstellungen* auf und wählen die Kategorie *Konten*.

2 Wählen Sie in der linken Spalte die Kategorie *Familie und weitere Benutzer* ❶.

3 Anschließend verwenden Sie in der rechten Spalte die Optionen *Familienmitglied hinzufügen* ❷ oder *Diesem PC eine andere Person hinzufügen* ❸, um neue Benutzerkonten anzulegen.

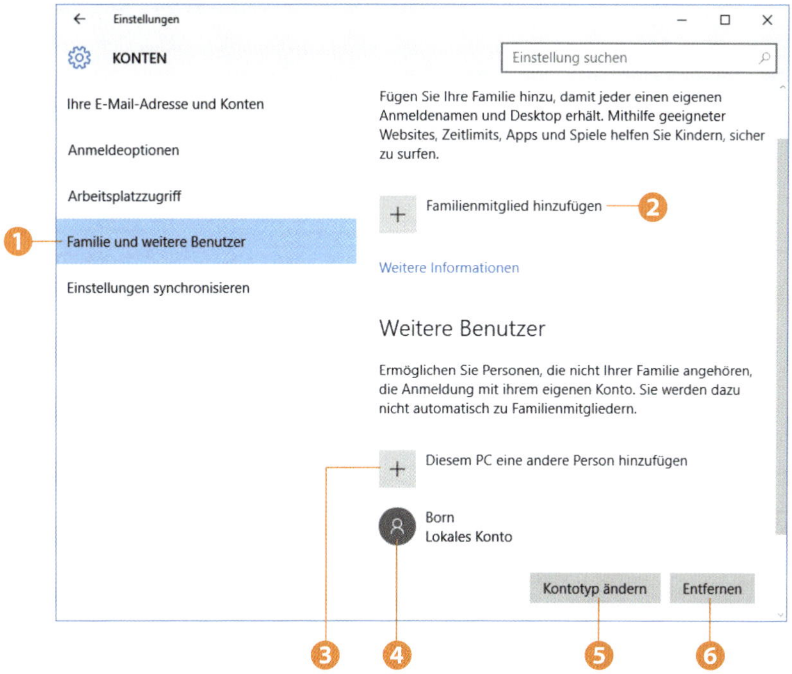

Die Option *Familienmitglied hinzufügen* ❷ ist hilfreich, wenn bestimmte Angebote (z. B. Onlinemusik) zwischen Familienmitgliedern genutzt oder Konten für Kinder eingerichtet werden sollen.

Die Option *Diesem PC eine andere Person hinzufügen* ❸ ermöglicht es dagegen, lokale oder Microsoft-Konten für andere Personen anzulegen. Bereits angelegte Konten werden auf der Seite angezeigt ❹. Wählen Sie ein bestehendes Konto aus, zeigt das Fenster Schaltflächen, um den Kontotyp zwischen Standardbenutzer und Administrator zu ändern ❺ oder das Konto zu löschen ❻.

Die Schaltfläche ❸ *Diesem PC eine andere Person hinzufügen* öffnet ein weiteres Fenster, in dem Sie durch die Schritte zum Einrichten eines Microsoft-Kontos oder eines lokalen Benutzerkontos geführt werden.

- Um ein bestehendes Microsoft-Konto hinzuzufügen, geben Sie die zugehörige E-Mail-Adresse im Textfeld ❼ ein und klicken auf *Weiter* ❽. Danach klicken Sie auf der folgenden Seite auf die Schaltfläche *Fertigstellen*.

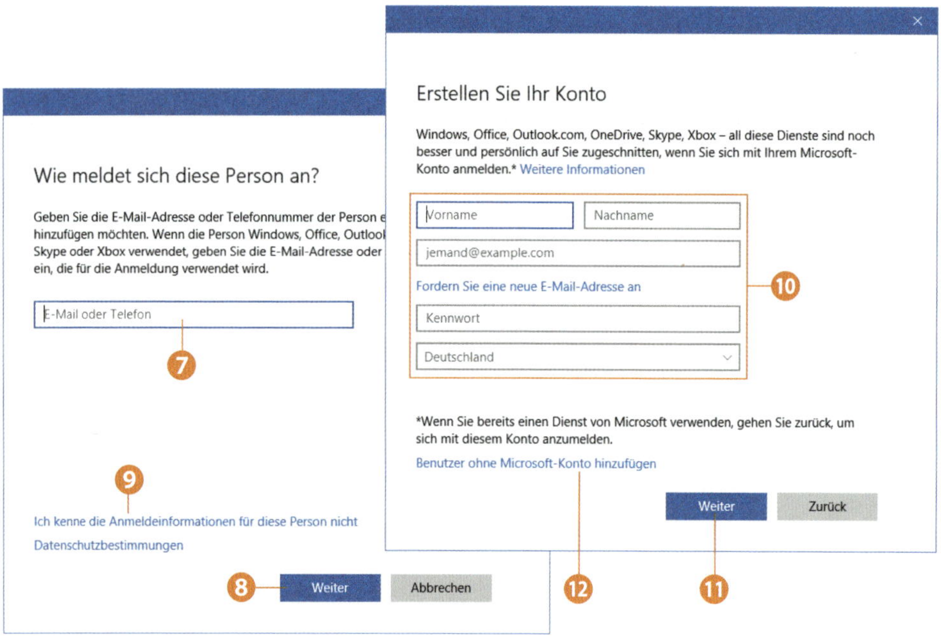

- Zum Anlegen eines neuen Kontos wählen Sie den Hyperlink *Ich kenne die Anmeldeinformationen für diese Person nicht* ❾. Dann können Sie auf der folgenden Seite die Anmeldedaten für ein Microsoft-Konto eintragen ❿ und über *Weiter* ⓫ bestätigen.
- Wählen Sie den Hyperlink *Benutzer ohne Microsoft-Konto hinzufügen* ⓬, um ein lokales Benutzerkonto über die angezeigten Seiten einzurichten.

Sie werden über Formulare durch die Schritte zum Anlegen des Kontos geführt.

Netzwerk-, Geräte- und Softwareverwaltung

Administratoren können Programme einrichten oder entfernen sowie Windows-Funktionen einschalten. Zudem lassen sich neue Geräte in Betrieb nehmen oder Drucker verwalten.

Geräteinstallation unter Windows

Zum Betrieb von Geräten benötigt Windows eine sogenannte Gerätetreibersoftware. Vor der Inbetriebnahme eines neuen Geräts sollten Sie sich dessen Installationsanleitung durchlesen und den Anweisungen folgen. Bei manchen Geräten müssen Sie zuerst den Gerätetreiber nach Anweisung installieren, bevor das eigentliche Gerät angeschlossen werden darf.

- Sind in den Geräteunterlagen keine besonderen Hinweise zur Installation angegeben, stellen Sie sicher, dass eine Onlineverbindung besteht.
- Dann schließen Sie das Gerät (z. B. per USB) an den Computer an, schalten es ein und warten, bis Windows das Gerät erkennt und den Treiber installiert.

Windows informiert Sie über Meldungen oder in den *Einstellungen* in der Kategorie *Geräte* über den Installationsstatus. Die unter *Angeschlossene Geräte* angezeigte Schaltfläche *Gerät hinzufügen* hilft, falls ein Gerät einmal nicht automatisch erkannt wird.

Schlägt die Geräteinstallation fehl, ist das Gerät in der Regel nicht für Windows 10 geeignet. Zum Löschen eines Geräts wählen Sie dieses in den *Einstellungen* in der Kategorie *Geräte* in der betreffenden Unterkategorie aus. Dann wird die Schaltfläche *Gerät entfernen* zum Löschen eingeblendet. Verzichten Sie, wegen der meist auftretenden Probleme, auf Programme zur automatischen Treiberinstallation oder zum Windows-Tuning.

Drucker und Druckaufträge verwalten

Beim Drucken aus einer App oder Windows-Anwendung erzeugt Windows sogenannte Druckaufträge. Diese werden an einen Druck-Manager weitergeleitet, der die eigentliche Ausgabe an den Drucker übernimmt. Zur Kontrolle der Druckaufträge oder Verwaltung der Drucker gehen Sie in folgenden Schritten vor:

1 Öffnen Sie die Systemsteuerung (z. B. mit einem Rechtsklick auf *Start* und dem Befehl im Schnellstartmenü), und wählen Sie in der Kategorie *Hardware und Sound* den Eintrag *Geräte und Drucker anzeigen*.

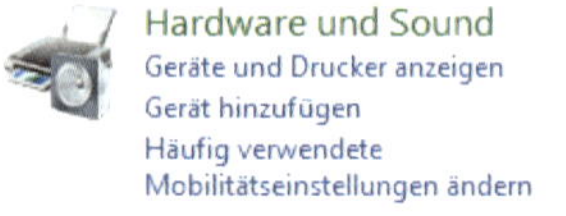

2 Führen Sie im Fenster *Geräte und Drucker* die gewünschten Funktionen aus. Im Fenster *Geräte und Drucker* erhalten Sie eine Übersicht, welche Geräte (USB-Festplatten, Wechseldatenträger, Drucker etc.) installiert sind, und können über das Kontextmenü der betreffenden Symbole auf die Gerätefunktionen zugreifen.

- Drucker sollten (ähnlich, wie oben für Geräte beschrieben) beim ersten Anschließen automatisch installiert werden. Klicken Sie auf die Schaltfläche *Drucker hinzufügen* ❶ in der Symbolleiste, falls der Drucker beim ersten Anschluss nicht automatisch erkannt wird. Sie werden dann von einem Assistenten über verschiedene Dialogfelder durch die Schritte zur Druckerinstallation geführt.

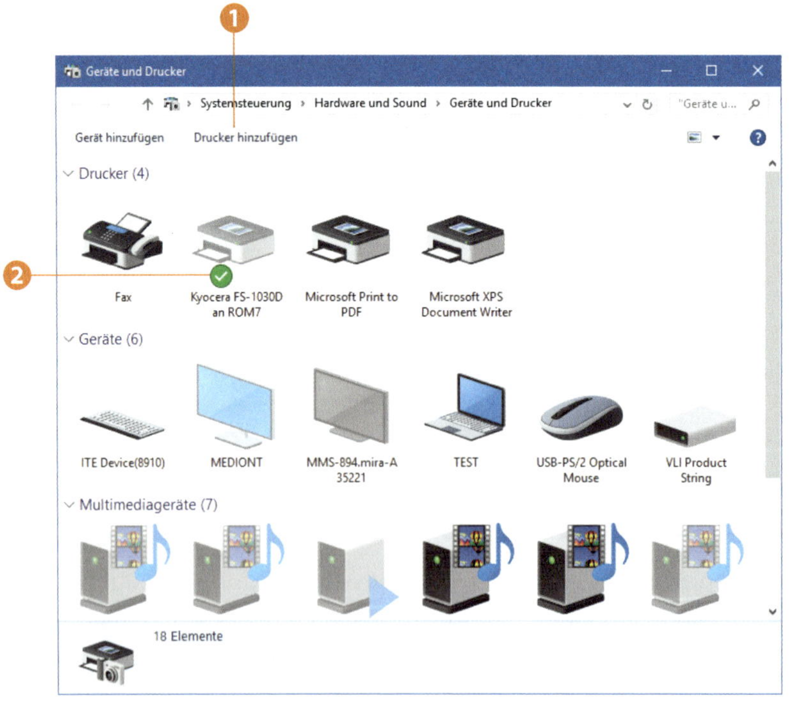

- Druckausgaben erfolgen an den Standarddrucker, es sei denn, Sie wählen explizit einen anderen Drucker für die Ausgabe. Der Standarddrucker ist im Ordnerfenster *Geräte und Drucker* mit einem weißen Häkchen in grünem Kreis ❷ markiert. Um den Standarddrucker zu ändern, öffnen Sie das Kontextmenü des gewünschten Druckersymbols und wählen den Kontextmenüeintrag *Als Standarddrucker festlegen*.
- Um sich über anstehende Druckaufträge zu informieren, wählen Sie das Druckersymbol per Doppelklick oder Doppeltipp aus. Windows öffnet das Fenster der Druckerwarteschlange, in dem die anstehenden Druckaufträge aufgelistet werden. Der gerade in Bearbeitung befindliche Druckauftrag ist in der obersten Zeile aufgeführt. Fehler beim Ausdruck werden in der Spalte *Status* gemeldet. Dort erkennen Sie auch wartende bzw. angehaltene Druckaufträge. Über Kontextmenüeinträge lassen sich Druckaufträge anhalten und abbrechen. Gab es Probleme beim Ausdruck (z. B. einen Papierstau), klicken Sie auf *Neu starten*. Windows wiederholt die Druckausgabe ab der ersten Seite.

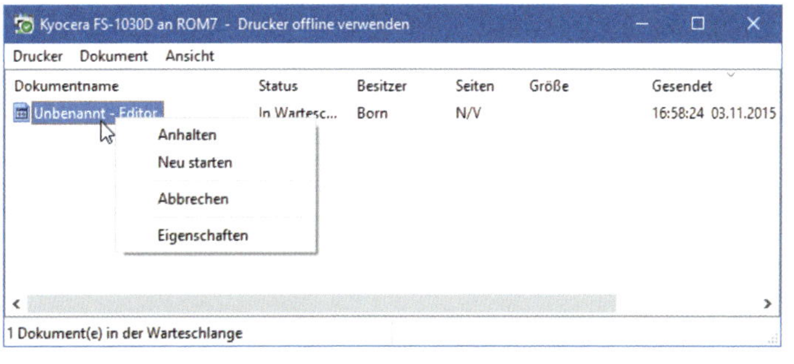

Bereits begonnene Druckaufträge können Sie nicht mehr anhalten, sondern nur noch abbrechen. Im Menü *Drucker* finden Sie Möglichkeiten, um alle Druckaufträge abzubrechen oder den Drucker anzuhalten.

Tipp

Gibt es Probleme mit einem Drucker oder einem Gerät, öffnen Sie das Kontextmenü des Gerätesymbols und klicken auf *Problembehandlung*. Ein Assistent versucht dann, den Fehler zu beheben.

Programme installieren und deinstallieren

Wie Sie Apps installieren und auch wieder deinstallieren, ist in Kapitel 2 beschrieben. Windows-Anwendungen werden dagegen separat über ein Setup-Programm installiert.

1 Meist genügt es, das Installationsmedium (CD/DVD) einzulegen und den Start des Setup-Programms über das angezeigte Fenster der automatischen Wiedergabe zuzulassen. Bei Downloads starten Sie das betreffende Setup-Programm (EXE- oder MSI-Datei) per Doppelklick.

2 Erscheint das Dialogfeld der Benutzerkontensteuerung, autorisieren Sie die Installation (ggf. ergänzt durch die Eingabe des Administratorkennworts) über die *Ja*-Schaltfläche.

3 Anschließend folgen Sie den Anweisungen des Installations- bzw. Setup-Assistenten, der Sie durch die Schritte zur Programminstallation führt.

Konsultieren Sie ggf. die dem Programm beiliegende Dokumentation, um weitere Hinweise zur Inbetriebnahme zu erhalten.

Nicht mehr benötigte Programme sollten Sie aus Windows entfernen. Die meisten Anwendungen unterstützen dies über eine Deinstallationsfunktion.

1 Öffnen Sie das Fenster der Systemsteuerung, und klicken Sie auf den Link *Programm deinstallieren*.

2 Markieren Sie im Fenster *Programme und Features* den Eintrag des gewünschten Programms, und klicken Sie auf die Schaltfläche *Deinstallieren*.

Anschließend bestätigen Sie die Sicherheitsnachfrage der Benutzerkontensteuerung und folgen den Anweisungen in den angezeigten Dialogfeldern, um die Anwendung zu deinstallieren.

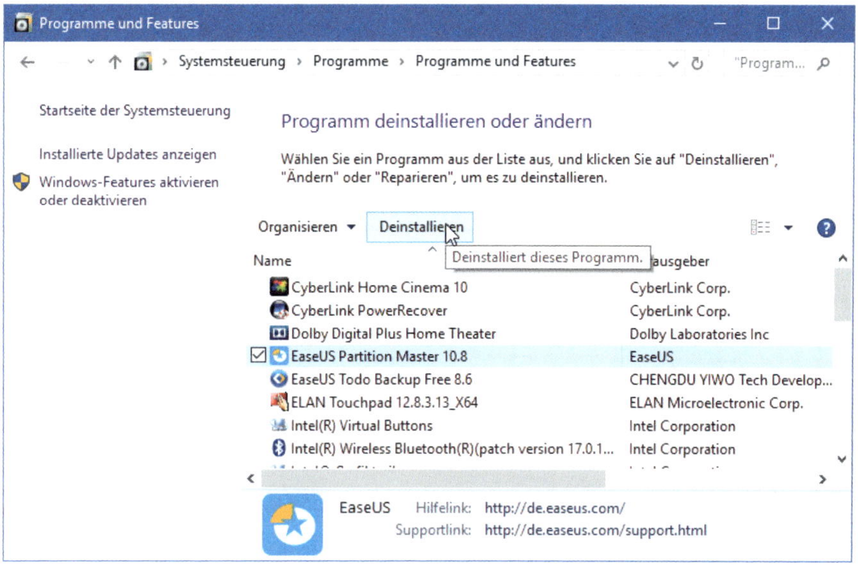

Über die ggf. angezeigte Schaltfläche *Ändern* des Fensters lässt sich bei manchen Programmen (z. B. bei Microsoft Office) ein Assistent aufrufen, über dessen Dialogfelder Sie sowohl den Installationsumfang der Anwendung nachträglich anpassen als auch eine beschädigte Installation reparieren können.

Windows-Features aktivieren und deaktivieren

Wählen Sie in der linken Spalte des Fensters *Programme und Features* den Eintrag *Windows-Features aktivieren oder deaktivieren*, erscheint ein Dialogfeld. In diesem können Sie durch Setzen oder Löschen der Markierung von Kontrollkästchen bestimmte Windows-Funktionen hinzufügen oder entfernen.

Automatische Wiedergabe anpassen

Beim Einlegen von Medien (CD, DVD, Speicherkarte etc.) erscheint entweder eine Benachrichtigung, oder es wird sofort eine Funktion (z. B. Aufruf der Fotos-App) zur Auswertung der Daten auf dem Medium gestartet. Zum Anpassen des Verhaltens tippen Sie im Suchfeld der Systemsteuerung »auto« ein und klicken auf

Automatische Wiedergabe. Die angezeigte Seite stellt Ihnen dann für verschiedene Medientypen (DVD, Speicherkarte etc.) Listenfelder zur Verfügung, über die Sie vorgeben, was beim Einlegen des Mediums passiert (z. B. Ordner öffnen, um Dateien anzuzeigen).

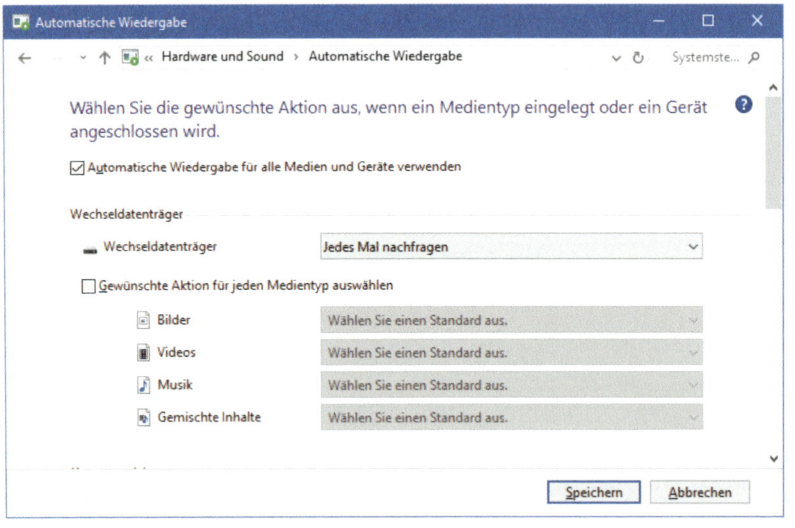

Einen WLAN-Zugang einrichten

Bei mit einer WLAN-Karte ausgestatteten Geräten können Sie per Drahtlosverbindung über einen sogenannten WLAN-Router zu Hause oder an öffentlichen Orten ins Internet gehen. Dazu wählen Sie das Drahtlosnetzwerk (WLAN) aus und tragen einmalig den Sicherheitsschlüssel für den WLAN-Zugang ein.

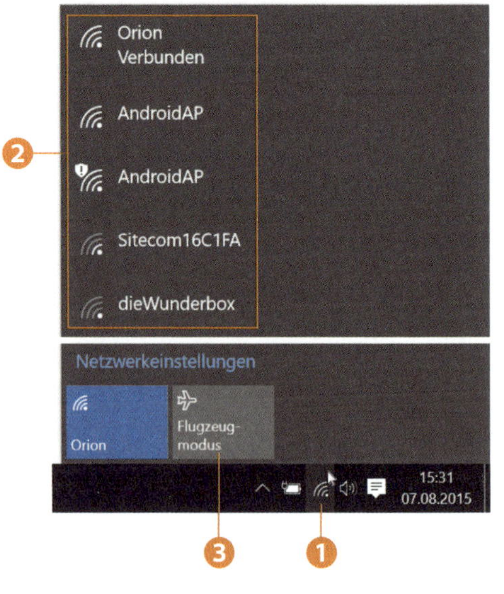

1 Wählen Sie im Infobereich der Taskleiste das WLAN-Symbol **1** aus, um die Palette mit den gefundenen WLANs **2** anzuzeigen.

Steht dort *Verbunden* neben dem Funknetzwerknamen, ist i. d. R. Internet verfügbar. Falls nichts erscheint, prüfen Sie, ob ggf. der WLAN-Anschluss deaktiviert oder der Flugmodus eingeschaltet ist. Den Flugmodus schalten Sie über die gleichnamige Kachel ③ ein oder aus.

2 Wählen Sie in der Liste das angezeigte Symbol des Funknetzwerks, markieren Sie ggf. die Option *Automatisch verbinden*, und bestätigen Sie dies über die *Verbinden*-Schaltfläche.

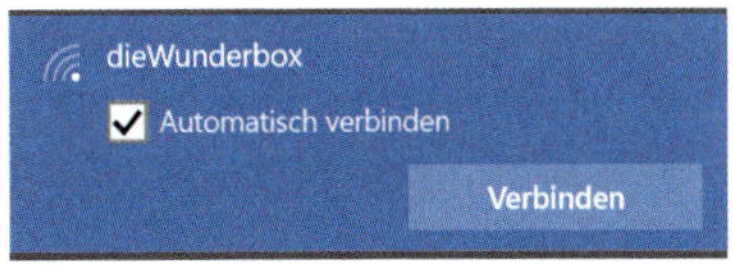

3 Tragen Sie auf Aufforderung den Netzwerksicherheitsschlüssel in das angezeigte Textfeld ein, und klicken Sie auf die mit *Weiter*, *Verbinden* oder ähnlich beschriftete Schaltfläche.

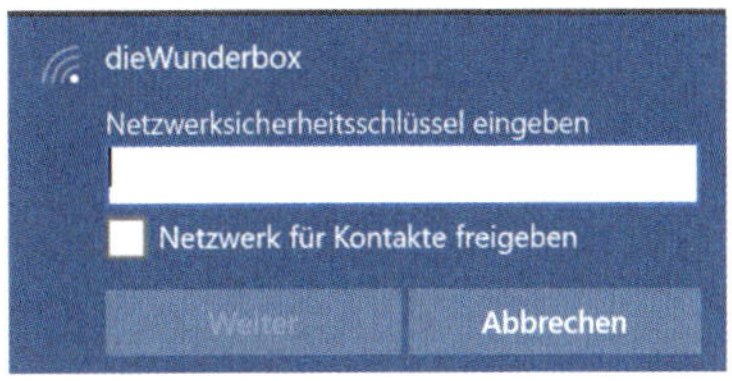

Führen Sie ggf. weitere Schritte aus, in denen Sie aufgefordert werden, festzulegen, ob die Netzwerkverbindung privat oder öffentlich ist. Dann sollte die WLAN-Verbindung eingerichtet und die Verbindung mit dem Internet hergestellt werden.

Die Zugangsdaten in Form eines Netzwerksicherheitsschlüssels werden nur einmal angefordert. Windows merkt sich diesen Schlüssel und kann Sie später, wenn Sie in der Nähe des WLANs sind, automatisch (bei markierter Option *Automatisch verbinden*) mit dem WLAN-Router verbinden.

Sicherheit und Zugang bei öffentlichen Hotspots

Bei WLAN-Verbindungen an öffentlichen Plätzen ist oft kein Netzwerksicherheitsschlüssel erforderlich, der WLAN-Zugang selbst ist ungesichert. Die Betreiber dieser auch als »Hotspot« bezeichneten WLAN-Zugangspunkte verwenden eine eigene Authentifizierung für den Internetzugang. Dann erscheint (meist beim Aufrufen der ersten Webseite) eine Formularseite, in der die Zugangscodes abgefragt werden. Diese bekommen Sie oft vom Personal des Hotels oder Restaurants. An Flughäfen wird oft ein Gratis-Internetzugang für eine halbe Stunde oder Stunde gewährt, wo der Zugangscode ggf. auf ein Handy geschickt wird. Die Formularseite sollte entsprechende Hinweise, wie Sie an den Zugangscode gelangen, enthalten.

> **Tipp**
>
> Verwenden Sie im öffentlichen Bereich einen Internetzugang, z. B. per WLAN, können Ihre Daten eingesehen werden. Erkennen lässt sich das an einem beim WLAN-Eintrag eingeblendeten Warnsymbol, wie hier AndroidAP beim WLAN-Zugang *AndroidAP*. Sensitive Daten (z. B. Kontozugangsdaten) sollten Sie dort nur in Internetseiten eintragen, wenn die Verbindung über das sogenannte HTTPS-Protokoll (siehe Kapitel 6) abgesichert ist und Sie Ihr eigenes Gerät verwenden. Onlinebanking oder Ähnliches, in einem Internetcafé an einem fremden Rechner ausgeführt, birgt die Gefahr, dass Ihre Zugangsdaten ausgespäht werden.
>
> WLAN-Netzwerke und Mobilfunkverbindungen werden in den *Einstellungen* über die Kategorie *Netzwerk und Internet* verwaltet. Dort lässt sich z. B. auch die WLAN-Verbindung ein- und ausschalten. Bluetooth-Verbindungen werden über die Kategorie *Geräte /Bluetooth* der *Einstellungen* verwaltet.

Erleichterte Bedienung

In Windows 10 sind verschiedene Funktionen zur Unterstützung von Menschen mit Behinderungen eingebaut. Im Folgenden möchte ich Ihnen die Möglichkeiten kurz vorstellen.

Einstellungen zur erleichterten Bedienung anpassen

Die Einstellungen zur erleichterten Bedienung lassen sich in den *Einstellungen* in der Kategorie *Erleichterte Bedienung* einsehen. Wählen Sie in der linken Spalte die Unterkategorie, lassen sich in der rechten Spalte die einzelnen Einstellungen zur erleichterten Bedienung ein-/ausschalten bzw. anpassen.

Bildschirmtastatur und Bildschirmlupe unterstützen Sie bei der Arbeit mit Windows.

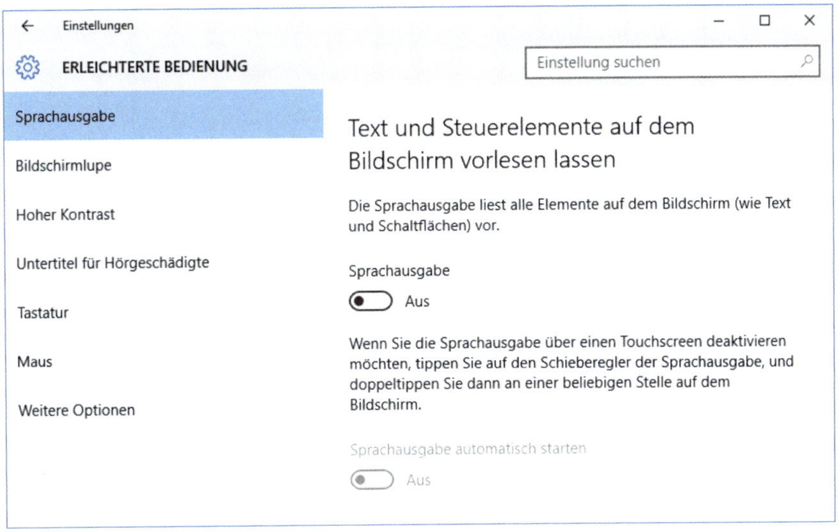

Die Bildschirmlupe verwenden

Funktionen wie Bildschirmtastatur, Sprachausgabe oder Bildschirmlupe erleichtern die Bedienung von Windows bei bestimmten Beeinträchtigungen. Es gibt in Windows die sogenannte Bildschirmlupe für Benutzer mit starker Beeinträchtigung der Sehkraft, denen ein Design mit hohem Kontrast nichts bringt. Geben Sie im Suchfeld der Taskleiste den Text »Bi« ein, und wählen Sie den Treffer *Bildschirmlupe*. Die Tastenkombination [Win]+[+] funktioniert auch zum Aufrufen.

Sobald das Programm startet, wird ein vergrößerter Ausschnitt des Bildschirms angezeigt. Bewegen Sie den Mauszeiger anschließend, passt Windows automatisch den gezeigten Ausschnitt in der Bildschirmlupe an.

- Klicken Sie auf das im Vordergrund angezeigte Lupensymbol ❶, erscheint die Leiste *Bildschirmlupe*.
- Über die mit + und – bezeichneten Schaltflächen ❷ der Leiste *Bildschirmlupe* ändern Sie den Vergrößerungsfaktor. Die Tastenkombination [Win]+[+] erhöht ebenfalls die Vergrößerung.

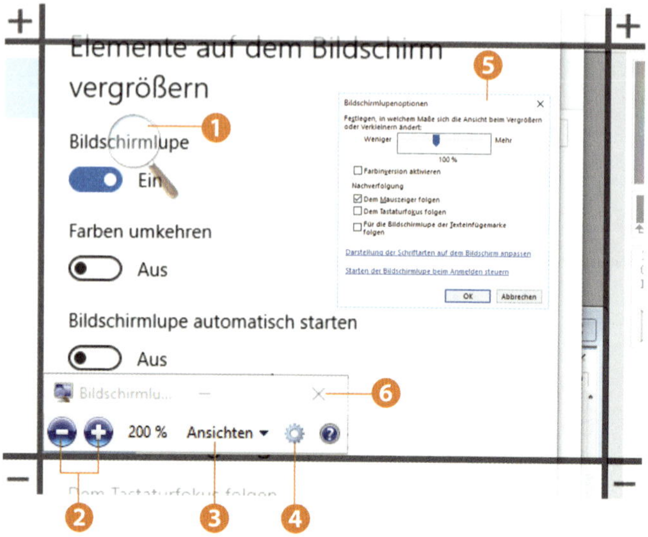

- Die Menüschaltfläche *Ansichten* ❸ ermöglicht verschiedene Darstellungen wie Lupenbereich, angedockt oder Vollbild.
- Die Schaltfläche *Optionen* ❹ öffnet das Dialogfeld *Bildschirmlupenoptionen* ❺, in dem Sie die Anzeigeoptionen einstellen können.

Beenden lässt sich die Bildschirmlupe über die *Schließen*-Schaltfläche ❻ der Leiste *Bildschirmlupe*.

> Rufen Sie das *Center für erleichterte Bedienung* in der Systemsteuerung auf, startet ein Assistent, der Sie durch die Konfiguration der Funktionen zur erleichterten Bedienung führt. Der Assistent fragt in Dialogfeldern die Beeinträchtigungen ab und konfiguriert die betreffenden Windows-Einstellungen.

Updates und Sicherheit

Microsoft hat einige Änderungen an Windows Update vorgenommen sowie Funktionen zur Verbesserung der Sicherheit integriert. Im nächsten Abschnitt erhalten Sie einen kurzen Überblick über diese Änderungen.

Windows Update

Windows lädt erforderliche Updates (speziell Sicherheitsaktualisierungen) automatisch per Internetverbindung herunter und installiert diese. Windows Update sammelt Aktualisierungen, die einen Neustart erfordern, um diese in einem Rutsch zu installieren.

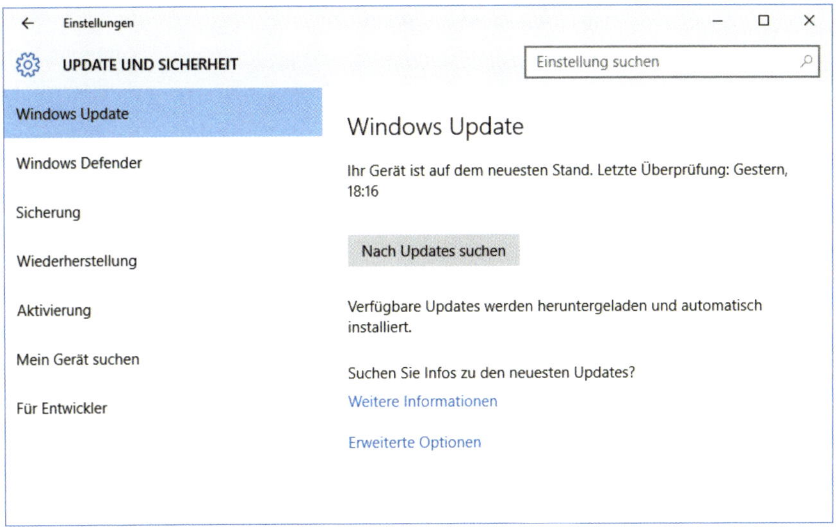

In der Kategorie *Update und Sicherheit* der *Einstellungen* finden Sie die Unterkategorie *Windows Update*. Diese ermöglicht es Ihnen, nach Updates zu suchen sowie weitere Informationen oder die erweiterten Optionen für Updates abzurufen. Oft ist auch ein Neustart zur Installation der Updates erforderlich. Die entsprechende Schaltfläche wird dann in der Kategorie *Update und Sicherheit* der *Einstellungen* angezeigt.

Kontrolle auf Probleme

Einen Überblick darüber, ob es Probleme unter Windows gibt, erhalten Sie im Fenster *Sicherheit und Wartung*. Öffnen Sie die Systemsteuerung, und geben Sie »War« im Suchfeld ein. Dann wählen Sie den Punkt *Sicherheit und Wartung* aus. Im dann angezeigten Fenster finden Sie detaillierte Hinweise dazu, welche Probleme erkannt wurden und was Sie dagegen tun können.

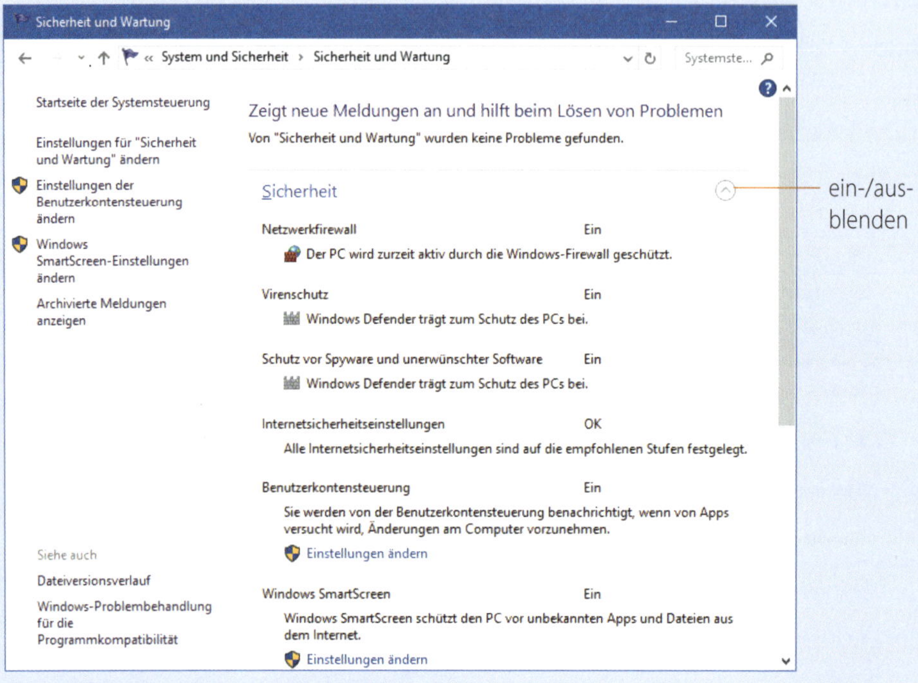

Öffnen Sie z. B. die Kategorie *Sicherheit*, erhalten Sie detaillierte Informationen darüber, ob die Firewall eingeschaltet und der Windows Defender aktuell ist. Das Fenster enthält auch Optionen, um z. B. die Problembehandlung aufzurufen. Die Problembehandlung analysiert Fehler und versucht, diese automatisch zu beheben.

Virenschutz, Firewall und SmartScreen-Filter

Windows schützt Sie durch verschiedene Mechanismen vor Schadsoftware und Bedrohungen aus dem Internet.

- *Firewall:* Die in Windows enthaltene Zwei-Wege-Firewall bewirkt, dass Ihr Windows-System vor Angreifern aus dem Internet versteckt wird. An der Konfiguration der Firewall brauchen Sie nichts zu ändern – stellen Sie lediglich über das im obigen Hinweis erwähnte Fenster *Sicherheit und Wartung* sicher, dass die Firewall eingeschaltet ist.
- *Virenschutz:* Der Schutz gegen Viren und andere Schädlinge erfolgt über den Windows Defender, der einen Virenscanner enthält. Aufrufen können Sie

diese Windows-Funktion entweder über die Suche des Startmenüs bzw. der Startseite oder über die Systemsteuerung – lassen Sie einfach nach »Def« suchen, und wählen Sie *Windows Defender* aus. Im Fenster von Windows Defender finden Sie eine Schaltfläche, um das System auf Schadsoftware zu überprüfen. Sind die Signaturdateien nicht aktuell, wird eine Schaltfläche zum Aktualisieren (per Internet) im Fenster eingeblendet.

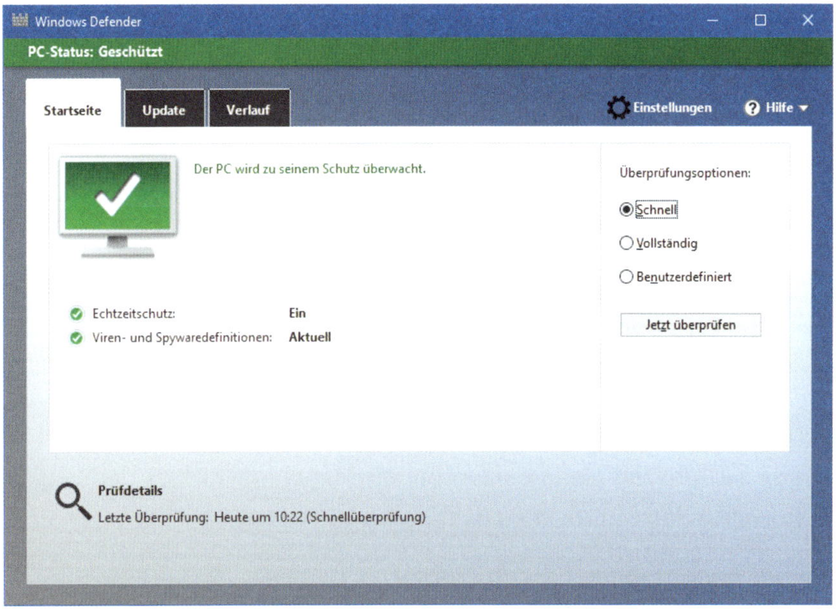

Die Installation eines separaten Virenscanners oder einer Internet Security Suite ist also nicht unbedingt erforderlich. Zum Schutz gegen Schadsoftware, die per Download eingeschleppt wird, ist Windows mit einem SmartScreen-Filter ausgestattet. Dieser schlägt Alarm, sobald Sie eine unbekannte Anwendung auf den PC herunterladen und dann versuchen, diese zu öffnen (siehe Kapitel 6, Abschnitt »Downloads aus dem Internet«).

Fazit

In diesem Kapitel haben Sie Funktionen zum Anpassen von Windows kennengelernt. Sie kennen nun die wichtigsten Windows-Funktionen und können mit Apps oder Windows-Programmen arbeiten.

Anhang

Kleine Hilfe bei Problemen

Probleme beim Start

Nach dem Einschalten tut sich nichts

Prüfen Sie bitte folgende Punkte:

- Sind alle Stecker an Steckdosen eingesteckt?
- Ist eventuell ein Stromkabel am PC oder am Monitor lose?
- Ist der Bildschirm eingeschaltet?
- Ist überhaupt Strom vorhanden?
- Kann bei einem Notebook oder Tablet-PC der Akku leer sein?

Bei Notebooks sollten Sie den Akku entnehmen, das Gerät an das Netzteil hängen und dann versuchen, das Gerät einzuschalten. Manchmal hilft es, den Einschalter für ca. zehn Sekunden gedrückt zu halten.

Der Rechner meldet einen Tastaturfehler

Prüfen Sie bitte folgende Punkte:

- Ist die Tastatur angeschlossen?
- Liegt etwas auf der Tastatur?
- Klemmt vielleicht eine Taste auf der Tastatur?

Drücken Sie nach der Fehlerbehebung ggf. die Funktionstaste [F1].

Windows-Anmeldung klappt nicht

Beachten Sie bitte Folgendes:

- Bei der Kennworteingabe wird die Groß-/Kleinschreibung unterschieden.
- Ist die Tastatur ggf. über die Tasten [⇩] oder [Fn] umgestellt?

Gerade ein aktivierter Fn-Modus ist bei Notebooks häufiger die Ursache dafür, dass falsche Zeichen über die Tastatur geliefert werden. Weiterhin können Sie in der Anmeldeseite unten rechts kontrollieren, ob dort ein deutsches Tastaturschema eingestellt ist. Bei einem deutschen Windows sollte nichts angezeigt werden. Zur Not blenden Sie die Bildschirmtastatur über das Symbol für die erleichterte Bedienung (rechte untere Ecke der Anmeldeseite) ein und geben dort das Kennwort ein. Wird die Anmeldung an einem Microsoft-Konto verweigert und haben Sie das Kennwort vorher geändert? Dann sieht es schlecht aus, ohne korrektes Kennwort können Sie sich unter Windows nicht mehr anmelden.

Probleme mit Tastatur und Maus

Die Tastatur funktioniert nicht richtig

Am rechten Rand enthält die Tastatur einen Tastenblock (den sogenannten Zehnerblock), über den Sie Zahlen eingeben können. Lassen sich mit diesen Tasten keine Zahlen eingeben, drücken Sie die Taste [Num]. Diese wird auch NumLock-Taste genannt und befindet sich in der linken oberen Ecke des Zehnerblocks. Sobald die Num-Anzeige auf der Tastatur leuchtet oder eine entsprechende Meldung am Bildschirm angezeigt wird, können Sie Zahlen eintippen. Ein weiterer Tastendruck auf die [Num]-Taste schaltet die Tastatur wieder um, und Sie können die Cursortasten dieses Tastenblocks nutzen.

Erscheinen beim Eintippen von Text nur Großbuchstaben? Dann ist die [⇩]-Taste eingerastet. Drücken Sie die [⇩]-Taste erneut, um die Tastatur in den normalen Modus zurückzustellen.

Sind die deutschen Umlaute (ä, ö, ü) oder der Buchstabe ß verschwunden? Dann ist das Tastaturschema vermutlich verstellt. Klicken Sie in der Taskleiste auf die links neben dem Infobereich angezeigte Buchstabenkombination EN. Im daraufhin geöffneten Menü stellen Sie das Tastaturschema von Englisch auf Deutsch zurück.

Erscheinen beim Drücken einer Taste plötzlich mehrere Zeichen? Die Tastatur besitzt eine Wiederholfunktion, die bei längerem Drücken einer Taste aktiv wird. Sie dürfen die Tasten nur kurz antippen. Passiert beim Antippen einer Taste überhaupt nichts? Prüfen Sie in diesem Fall, ob die Taste klemmt.

Funktioniert die Tastatur überhaupt nicht? Prüfen Sie, ob die Tastatur angeschlossen ist. Bei Funktastaturen kann die Batterie leer sein. Nach dem Batteriewechsel müssen Sie die Tastatur an der Empfangsstation anmelden (hierzu gibt es an der Tastatur und der Empfangsstation spezielle Anmeldetasten).

Der Mauszeiger bewegt sich nicht oder nicht wie gewünscht

Prüfen Sie bitte die folgenden Punkte:

- Ist die Maus korrekt am Rechner angeschlossen?
- Liegt die Maus auf einer Mausunterlage (Mauspad)?
- Ist die Kugel an der (mechanischen) Maus vielleicht verschmutzt?

Bei längerem Gebrauch einer mechanischen Maus verschmutzt das Teil zum Erkennen der Mausbewegungen. Entfernen Sie die Kugel an der Unterseite der Maus. Sie sehen einige kleine Rädchen. Sind diese schmutzig, säubern Sie sie (z. B. mit einem Wattestäbchen). Sie sollten die Maus auch nicht auf eine glatte Unterlage stellen, da dann die Kugel nur schlecht rollt. Bei Funkmäusen kann auch eine leere Batterie die Ursache sein. Wechseln Sie die Batterie und melden Sie die Maus an der Empfangsstation neu an.

Springt der Mauszeiger bei der Texteingabe auf dem Notebook? Oft ist das Touchpad, das beim Tippen mit den Handballen berührt wird, der Grund für Mauszeigerbewegungen. Das Touchpad lässt sich über eine im Handbuch beschriebene Tastenkombination abschalten.

Probleme mit Apps und Windows

Ein Programm/eine App lässt sich nicht mehr bedienen oder funktioniert nicht

Manchmal lässt sich ein Programm oder eine App nicht mehr bedienen und reagiert weder auf Tastatureingaben noch auf Mausklicks.

- Rufen Sie den Task-Manager auf und beenden Sie das Programm oder die App.
- Bei Apps hilft es häufig, diese zu beenden und anschließend neu zu starten.
- Bringt dies nichts, starten Sie Windows neu und versuchen Sie, die App erneut aufzurufen.

Eine App will nicht starten

Erscheint das App-Fenster kurz nach Anwahl der zugehörigen Kachel, verschwindet dann aber wieder?

- Starten Sie Windows neu und prüfen Sie, ob das Problem behoben ist.
- Prüfen Sie im Windows Store, ob Updates vorhanden sind.
- Helfen die obigen Punkte nicht, setzen Sie Windows zurück (siehe folgende Seite).

Oft sind auch installierte Antiviruslösungen von Drittherstellern die Ursache für nicht mehr startende Apps. Deinstallieren Sie zum Testen die Antiviruslösung und schauen Sie auf den Webseiten des Herstellers nach, ob es ein Bereinigungsprogramm für die Beseitigung von Installationsresten gibt.

Probleme mit dem Microsoft-Konto

Versuchen Sie sich im Windows Store oder in einer App am Microsoft-Konto anzumelden, diese Anmeldung wird aber verweigert? Oder lassen sich Funktionen nach der Anmeldung nicht einsetzen (z. B. Apps können im Windows Store nicht installiert werden)?

- Prüfen Sie, ob die E-Mail-Adresse und das Kennwort korrekt im Anmeldeformular angegeben wurden.
- Stufen Sie das Microsoft-Benutzerkonto zu einem lokalen Konto herunter (siehe Kapitel 10), starten Sie Windows neu und stufen Sie das lokale Konto erneut zum Microsoft-Konto hoch.
- Helfen die obigen Punkte nicht, setzen Sie Windows zurück (siehe folgende Seite).

Im Fenster sind nicht alle Ordner und Dateien zu sehen

Manchmal ist das Fenster zu klein. Sie können dann über die Bildlaufleisten im Fenster blättern und die nicht sichtbaren Ordner/Dateien anzeigen.

Einige Dateien werden nicht angezeigt

Sind Sie sicher, dass eine bestimmte Datei in einem Ordner enthalten ist, erscheint diese aber nicht im Ordnerfenster? Schauen Sie auf der Registerkarte *Ansicht* des Ordnerfensters nach, ob das Kontrollkästchen *Ausgeblendete Elemente* der Gruppe *Ein-/ausblenden* markiert ist.

CD/DVD/BD lässt sich nicht lesen

Beim Zugriff auf das Symbol des Laufwerks erscheint eine Meldung mit dem Hinweis, dass das Laufwerk nicht bereit ist. Überprüfen Sie in diesem Fall, ob eine CD/DVD/BD in das Laufwerk (mit der beschrifteten Seite nach oben) eingelegt wurde. Versuchen Sie, das Medium erneut einzulegen. Manchmal erkennt das Laufwerk das Medium beim zweiten Versuch und kann es lesen. Andernfalls ist das Medium leer, nicht mit dem Laufwerk kompatibel oder so beschädigt, dass der Inhalt nicht mehr lesbar ist.

Der Drucker funktioniert nicht

Die Ausgabe an den Drucker funktioniert nicht. Zum Beheben der Druckerstörung sollten Sie die folgenden Punkte überprüfen:

- Ist der Drucker eingeschaltet und erhält er Strom?
- Ist das Druckerkabel zwischen Rechner und Drucker richtig angeschlossen?
- Ist der Drucker auf Online gestellt?
- Hat der Drucker genügend Papier, Toner, Tinte?
- Gibt es eine Störung am Drucker (z. B. Papierstau)?
- Haben Sie vielleicht einen falschen Drucker gewählt?

Sie können einen Druckauftrag in der Druckerwarteschlange abbrechen (siehe Kapitel 10). Zudem lässt sich eine Problembehandlung für den Drucker im Fenster *Geräte und Drucker* durchführen.

Windows funktioniert nicht mehr

Gibt es gravierende Probleme mit Apps oder Windows-Funktionen? Sie können Windows auf den Werksauslieferungszustand zurücksetzen.

1 Rufen Sie die *Einstellungen*-App auf und wählen Sie das Symbol *Update und Sicherheit*.

2 Wählen Sie auf der Seite die Kategorie *Wiederherstellung* und dann rechts *Los geht's* in der Rubrik *Diesen PC zurücksetzen*.

Befolgen Sie dann die angezeigten Anweisungen. Beim Zurücksetzen werden Ihnen Optionen angeboten, um ggf. Ihre persönlichen Dateien auf dem Rechner zu belassen. Sie werden durch die einzelnen Schritte geführt, wobei Windows neu startet.

Nach dem Zurücksetzen installieren Sie benötigte Windows-Programme und Apps ggf. neu. Mit Windows 10 ausgelieferte Rechner besitzen häufig eine eigene Funktion, um das Gerät auf den Werkszustand zurückzusetzen. Schauen Sie im Gerätehandbuch nach, ob der Gerätehersteller einen sogenannten Factory-Reset zum Zurücksetzen auf den Windows-Werkszustand vorgesehen hat, und führen Sie diesen durch.

Internetprobleme

Die Verbindung zum Internet klappt nicht

Überprüfen Sie die folgenden Punkte:

- Sind alle Kabel richtig angeschlossen und ist der DSL-Router eingeschaltet?
- Ist der WLAN-Adapter am Notebook eingeschaltet (funktioniert meist über eine [Fn]-Tastenkombination)?
- Ist der Internetzugang korrekt konfiguriert oder liegt eine Internetstörung vor?

Die angewählte Webseite wird nicht geladen

Schauen Sie nach, ob die Adresse richtig geschrieben ist – geben Sie ggf. die Adresse einer anderen Webseite zum Test ein. Wird diese Seite angezeigt, liegt eine Störung im Internet vor; probieren Sie es zu einem späteren Zeitpunkt nochmals mit der Adresse. Manchmal stören auch sogenannte Internet Security Suites von Kaspersky, Norton etc., die vom Anwender installiert, aber nicht richtig eingerichtet wurden.

Glossar

Account

Berechtigung, sich an einem Computer per Datenleitung anzumelden und z. B. im WWW zu surfen.

Anwendungsprogramm

Programme (Windows-Anwendungen), die zum Arbeiten am Computer genutzt werden (z. B. Word, Excel, Access etc.).

App

Eine spezielle Form von Programmen für Windows 10, die nur über den Windows Store erhältlich sind und über die Startseite aufgerufen werden. Apps verwenden den gesamten Bildschirm für die Anzeige.

Arbeitsspeicher

Dies ist der Speicher (RAM) im Computer. Die Größe wird in Megabyte bzw. Gigabyte angegeben.

Benutzeroberfläche

Darunter versteht man die Art, wie der Rechner Informationen vom Benutzer annimmt und seinerseits Informationen anzeigt. Windows besitzt z. B. eine grafische Oberfläche mit Symbolen und Fenstern.

Bluetooth

Nach dem dänischen König »Blauzahn« benannte Funktechnik, um Geräte wie Maus, Tastatur etc. drahtlos mit dem Computer zu verbinden.

Booten

Starten des Computers.

Chat

Englischer Ausdruck für »schwätzen« oder »plaudern«. Bezeichnet eine Internetfunktion, bei der sich Teilnehmer per Computer über Textnachrichten (oder real, z. B. bei Videochats) unterhalten können.

Cookie

Eine kleine Datei mit Zusatzinformationen, die vom Server beim Surfen im Internet auf dem lokalen Computer (Client) abgelegt wird. Wegen der Gefahr des Missbrauchs (Ausspionieren des Surfers) allgemein nicht gern gesehen, bei bestimmten Webseiten wie beispielsweise Onlineshops aber zur Speicherung des Warenkorbs erforderlich.

Datenbank

Programme zur Speicherung, Verwaltung und Abfrage von Daten.

Download

Herunterladen von Daten aus dem Internet.

Drag-and-drop

Wörtlich »Ziehen und Ablegen«, eine Technik in Windows, mit der Objekte per Maus bei gedrückter linker Maustaste gezogen werden.

Firewall

Schutzsystem in einem Netzwerk, das wie eine »Brandmauer« gegen externe Bedrohungen schützt. Die Firewall lässt nur bestimmte Informationen aus der Außenwelt in das Netzwerk durch und verhindert so unbefugte externe Zugriffe.

Format

Anordnung von Daten. Datenträger werden durch Formatieren zur Aufnahme von Daten (Ordner, Dateien) vorbereitet. Bei Texten bedeutet Formatieren das Auszeichnen von Textstellen durch Unterstreichen, fette Hervorhebungen etc.

Freeware

Software, die kostenlos benutzt und nur kostenlos weitergegeben werden darf.

GByte (GB)

Abkürzung für Gigabyte (entspricht 1.024 Megabyte).

GIF

Dateiformat, das für Grafiken in Webseiten benutzt wird.

Hardware

Als Hardware werden alle Teile eines Computers bezeichnet, die sich anfassen lassen (Gegenteil ist Software).

HDCP

Ein Kopierschutzverfahren für die HDMI-Digitalschnittstelle.

HDMI

Digitalschnittstelle für Audio und Video mit HDCP-Kopierschutz, die für HDTV-Geräte vorgeschrieben ist.

Homepage

Startseite einer Person/Firma im World Wide Web. Von der Startseite führen Hyperlinks zu weiteren Webseiten.

Hotspot

Empfangsstation eines öffentlichen Funknetzwerks, die einen Internetzugang bereitstellt.

HTML

Steht für **H**yper**T**ext **M**arkup **L**anguage, das Dokumentformat im World Wide Web. Mit HTML werden Webseiten erstellt.

HTTP/HTTPS

Abkürzung für **H**yper**T**ext **T**ransfer **P**rotocol, ein Standard zum Abrufen bzw. Übertragen von Webseiten. HTTPS ist eine abgesicherte Variante des HTTP-Protokolls, die die Daten verschlüsselt (z. B. bei Zugriffen auf Bankdaten erforderlich).

Hyperlink

Verweis innerhalb einer Webseite auf eine Folgeseite.

IMAP

Standard (wie POP3 und SMTP) zur Verwaltung von E-Mail-Konten.

JPEG

Zur Speicherung von Fotos benutztes Grafikformat.

Kacheln
Die viereckigen Symbole auf der Startseite oder im Startmenü zum Aufruf von Apps und Programmen.

KByte (KB)
Abkürzung für Kilobyte (entspricht 1.024 Byte).

LAN
Abkürzung für **L**ocal **A**rea **N**etwork, bezeichnet ein Netzwerk innerhalb einer Firma (Gegenstück ist ein Wide Area Network).

MByte (MB)
Abkürzung für Megabyte (1 Million Byte bzw. 1.024 Kilobyte).

MP3
Standard zur Komprimierung und Speicherung von Musik in Dateien. Das MP3-Verfahren führt zu sehr kleinen Dateien, spezielle MP3-Player können die Musik auf Chips speichern und wiedergeben.

MPEG
Steht als Abkürzung für **M**oving **P**icture **E**xperts **G**roup, ein Gremium zur Standardisierung von Verfahren zur Komprimierung und Speicherung von Musik und Videos in Dateien. Es gibt verschiedene MPEG-Verfahren (MPEG-1, MPEG-2, MPEG-4) zur Speicherung und Wiedergabe dieser Dateien.

Netzwerk
Verbindung zwischen Rechnern, um untereinander Daten austauschen zu können.

POP3
POP ist die Abkürzung für **P**ost **O**ffice **P**rotocol. Dies ist ein Verfahren, mit dem ein lokaler Rechner die für den Empfänger im Internet-Posteingangsfach eingetroffene Post vom E-Mail-Server abholen kann.

QWERTY-Tastatur
Dieser Name bezeichnet eine englische Tastatur (die ersten sechs Tasten der zweiten Reihe ergeben das Wort QWERTY).

RAM
Englisch für **R**andom **A**ccess **M**emory) ist der Name für die Bausteine, aus denen der Hauptspeicher eines Rechners besteht.

Smiley
Aus Zeichen wie :-) stilisiert dargestellte Gesichter. Werden bei elektronischen Nachrichten (E-Mail) häufig in den Text eingebaut, um Aussagen abzuschwächen oder Stimmungen wiederzugeben.

SMTP
Abkürzung für **S**imple **M**ail **T**ransfer **P**rotocol, ein Protokoll, mit dem sich elektronische Post von einem lokalen Computer in den »Briefkasten« des E-Mail-Servers im Internet übertragen lässt. Gegenstück ist das POP3-Protokoll zum Abholen eingegangener Post.

Spam
Bezeichnung für unerwünschte E-Mails, die Werbung, Kettenbriefe oder anderen Müll enthalten.

Tabellenkalkulation
Dies sind Programme, mit denen sich Berechnungen in Tabellenform sehr einfach durchführen lassen.

Textverarbeitung
Dies sind Programme für das Erstellen von Briefen, Berichten etc. (z. B. WordPad oder Microsoft Word).

URL
Abkürzung für **U**niform **R**esource **L**ocator (Adresse einer Webseite).

USB
Abkürzung für **U**niversal **S**erial **B**us, eine bei Computern benutzte Anschlusstechnik, bei der sich mehrere Geräte (Drucker, Scanner, Mäuse etc.) an einer USB-Buchse gleichzeitig anschließen lassen.

Viren

Programme, die sich selbst verbreiten und in andere Programme kopieren, wobei häufig Schäden an anderen Programmen, an Daten oder an der Hardware auftreten.

WLAN/Wi-Fi

Kürzel für Wireless LAN, also ein drahtloses Netzwerk (Funknetz).

WMA/WMV

Zwei Microsoft-Formate zur Speicherung von Audio- (*.wma*) und Videodaten (*.wmv*).

ZIP-Datei

Eine mit einem speziellen Programm erstellte Archivdatei, die andere Dateien in einem komprimierten Format enthält.

Stichwortverzeichnis

Symbole

A

B

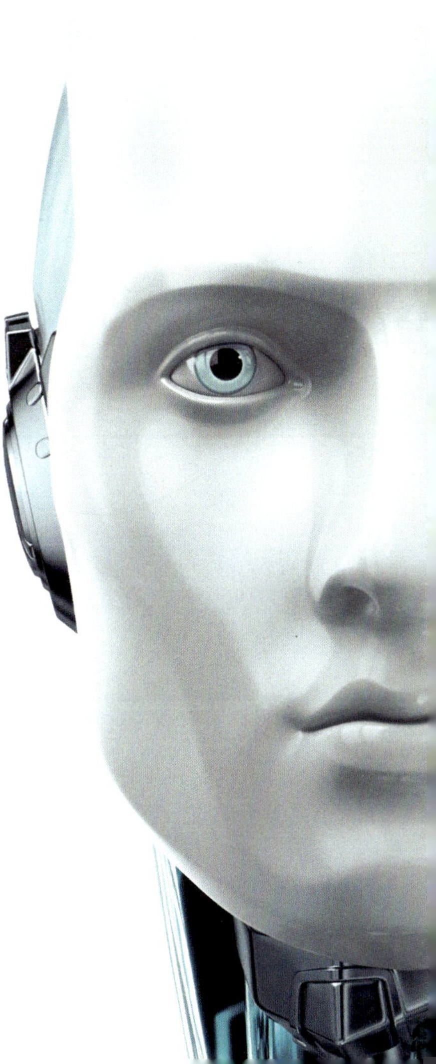